纪念 · 深化 · 对接

THINKING AND EXPRESSING

思想与修辞

“法学范畴与法理研究”
学术研讨会全实录

主　编｜张文显
副主编｜王奇才　郭　晔

法律出版社
LAW PRESS · CHINA

图书在版编目(CIP)数据

思想与修辞：“法学范畴与法理研究”学术研讨会全实录/张文显主编. --北京：法律出版社，2018
ISBN 978-7-5197-2923-3

Ⅰ. ①思… Ⅱ. ①张… Ⅲ. ①法哲学－研究②法理学－研究 Ⅳ. ①D903

中国版本图书馆CIP数据核字(2018)第266266号

思想与修辞
——“法学范畴与法理研究”学术研讨会全实录
SIXIANG YU XIUCI
—“FAXUE FANCHOU YU FALI YANJIU”XUESHU YANTAOHUI QUANSHILU

主　　编　张文显
责任编辑　陈　慧
编辑统筹　法律教育出版分社
装帧设计　凌点工作室
责任印制　沙　磊
出　　版　法律出版社/北京市丰台区莲花池西里7号(100073)
网　　址　www.lawpress.com.cn
总 发 行　中国法律图书有限公司/北京市丰台区莲花池西里7号(100073)
经　　销　新华书店
印　　刷　中煤(北京)印务有限公司
版　　本　2018年12月第1版
印　　次　2018年12月第1次印刷
字　　数　415千
开　　本　787毫米×1092毫米　1/16
印　　张　23.25
定　　价　86.00元
书　　号　ISBN 978-7-5197-2923-3
投稿邮箱　info@lawpress.com.cn
维权邮箱　jbwq@lawpress.com.cn
咨询电话　010-63939796
销售客服　400-660-6393
销售电话　010-83938360(北京)　021-62071639/1636(上海)
029-85330678(西安)　023-67453036(重庆)　0755-83072995(深圳)
(如有缺页或倒装,中国法律图书有限公司负责退换)

2018 年 7 月 19~21 日，“法学范畴与法理研究”学术研讨会在长春召开。会议的主题词为“纪念、深化、对接”，即以纪念 1988 年“法学基本范畴”学术研讨会为初衷，以深化法学范畴研究为导向，以对接法学范畴研究与法理研究为鹄的。会上，1988 年研讨会的部分与会代表、海内外法学界著名法学家、杰出青年学者共 110 余人齐聚一堂，近 80 位会议代表作了交流发言。

图为本次会议全体与会人员合影。第一排就座的代表左起为：高其才、舒国滢、石少侠、刘作翔、马新福、李仕春、沈国明、李林、公丕祥、徐显明、张文显、郑成良、付子堂、严存生、张恒山、葛洪义、张保生、杨宗科。

目　录

代序

迈向科学化、现代化的中国法学

张文显

“法学范畴与法理研究”学术研讨会刚刚落下帷幕，其强大的影响力就随着各个媒体对会议内容和过程的广泛传播而迅速形成并持续放大。有人说，这次会议“与30年前的法学基本范畴研讨会一样，堪称中国法学新的里程碑”；有人说，这次会议“开启了新时代中国法学的新征程”；还有人说，这次会议“标记着中国法学的新纪元”。究竟这次会议具有怎样的历史意义，我想，时间和实践会告诉我们一个答案。也许5年以后、10年以后，或许20年以后，才会有一个切实的、共识的结论，正像法学界对1988年召开的“法学基本范畴研讨会”的历史性评价那样。

在“法学范畴与法理研究”学术研讨会的闭幕式上，我讲道：“这次研讨会是在改革开放40周年之际召开的。在这样一个特殊时期召开的这次研讨会必将在中国法学史上留下深深的历史印记。我们在座的每个人都是这一历史印记的创作者。”固然，一切客观的评价都必须交由历史去追寻、去见证、去铭刻，但此刻涌动于我们心头的思想冲动和学术热情却给了我们主观上最直白的表达。《思想与修辞——“法学范畴与法理研究”学术研讨会全实录》记载着这次激情满溢的会议，镌刻着全体与会者的共同创作和每个人的独特贡献，也升腾着每个人热流涌动的学术情怀。

作为“法学范畴与法理研究”学术研讨会的主要策划者，我为本次研讨会确定了三个主题词，即“纪念”“深化”“对接”。这篇序言，就沿着这一思绪和程式而展开。

一、新时期中国法学的国家记忆

30年前的“全国法学基本范畴研讨会”有着特殊的历史底蕴和学术背景，有着超预设的、史诗般的过程，有着值得中国法学界共同铭刻的时代意义。

（一）独特的背景

时代是思想的胚子，20世纪70年代末的改革开放助推中国法学驶入了新时期。“全国法学基本范畴研讨会”不是一次历史的偶然，而是浸润于改革春潮之中，在三重背景的交融下生成的。

背景之一是“法学幼稚论”的讥讽。时任中国历史学会会长的戴逸先生用“哲学贫困”“经济学混乱”“历史学危机”“法学幼稚”等语词形容当时哲学社会科学的状况。的确，那时的法学很幼稚，表现在：法学讨论的几乎都是法学和法律实践的ABC问题，诸如什么是法、原始社会有没有法、法律有没有继承性、是法律面前人人平等还是人民在自己的法律面前平等，相对于法学成熟和法治发达的国家，我国法学尚处于补课阶段；法学还没有形成自己独立的概念、范畴体系，因而也就不可能建构起独立的知识体系和理论体系；法学与其他学科的对话能力很差，许多涉及中国改革开放和现代化建设重大问题的讨论很少有法学界的声音；法学界几乎没有实质性的学术批判，而只是政治批判，是所谓的“左”与“右”的政治互殴。如何摆脱“法学幼稚论”，让法学取得独立自主的地位，是法学界普遍思考的时代性课题。

背景之二是“法学阶级性”的纠结：中国法学虽然源远流长，涵养着丰富的思想精华，深刻影响了人类法律文化的成长，但是总体而论，中国古代法学是以罪和罚为基石构建的，这种法学传统一直持续到苏联法学引进中国才告终结。但古代的封建法学的终结并没有换来中国法学的福音，而是被苏联的僵化法学所替代。自从苏联法学引进中国之后，中国法学一直把阶级性作为法学的基石，阶级性几乎成为了人们观察、认识、评价法律现象的唯一视角和固定思维，法学因此沦为“阶级斗争之学”、无产阶级专政之学。到20世纪80年代中期，这种以阶级、阶级矛盾、阶级斗争为基调和核心内容的苏联法学理论，既不符合中国社会的实际，也不符合改革开放以后的中国国情，不符合社会主义初级阶段的基本路线，更不适应健全社会主义法制的时代需要。因而，破除阶级斗争范式、重构法学理论体系的任务便提上日程。

背景之三是“法学基本范畴研究”的苏醒：建构或重构中国改革开放新时期法学理论体系的现实需求，催生了法学基本范畴研究。人们意识到，任何一门科学理论体系的形成总是以该学科的基本概念、范畴的形成为前提，而学科成熟的标志也总是表现为将已有的理性知识成果——概念、范畴、定律和原理系统化，以及科学理论体系的构建。在“破旧”的基础上“立新”，就必须寻找法学的基本范畴，并以此为基石形成法学范畴体系、理论体系和学科体系。这种在改革开放东风激荡下逐渐树立起来的范畴意识，为法学基本范畴研究渲染了最浓重的底色。

在这独特的三重背景下，20世纪80年代中期起，法学界萌发了对开展法学基本范畴研究的意识，既包括对西方法理学（法哲学）基本范畴的借鉴性研究，又包括对中国传统法学的继承性研究。作为较早意识到范畴（概念）研究重要性的年轻学者，我1987年出版的第一本个人专著《当代西方法哲学》，便是按照法哲学范畴体系的逻辑构建的，囊括了法律概念和作用、法律与道德、权利和义务、守法和违法、责任和惩罚、法律与正义、法律与自由，法律与效益等西方法哲学的范畴概念。1988年，我主持编写了《法的一般理论》，又分别对权利、义务、法规范、法体系、法关系、法责任、法意识、法制、立法、执法、司法、守法、违法、制裁、法解释、法推理、法价值（秩序、正义、自由、效率）等法学的基本范畴进行了语义和意义分析。凭着对改革开放新时期的敏感直觉、对法学理论困境的艰辛探索和对法学范畴研究的有益心得，我形成了召开一个全国性法学基本范畴研讨会的想法。这一想法得到了吉林大学法律系领导的支持，同时也得到了吉林省社会科学院法学研究所领导的赞同。于是，这场由吉林大学法律系、吉林省社会科学院法学所等单位联合举办的“全国法学基本范畴研讨会”便应运而生。

（二）超乎预设的会议过程

会议谋划和筹备却与另外一场学术会议有着不解之缘，即1988年中国法学会法学基础理论研究会年会。是年5月28日至31日，法学基础理论研究会年会在广东珠海召开。期间，我和与会者谈及召开以法学基本范畴研究为主题的研讨会，竟然得到了大家的普遍支持和一致赞扬。会后便有诸多学者直接从珠海赶到长春筹备这场会议。漫长的旅途并没有阻挡学者们满腔的学术热情，我们像是赶赴一场期待已久的盛会，坐着绿皮火车一路北上。

这场说开就开的会议分成两个阶段：第一阶段，与会者围绕着权利、义务、法律规范、法的渊源、法律关系、法律责任、法制、法意识、法需要、法调整等法学基本范畴以及法学范畴体系进行了深入讨论，并达成了“以权利和义务为基本范畴重构法学理论体系”的共识。大家认为，权利和义务这对范畴凝聚了法所包含和涉及的一切社会矛盾的特殊性，几乎所有的法现象都可以以权利和义务为线索得到具体的说明。

第二阶段，与会者重点讨论了社会主义商品经济和民主政治的发展与新时期法学理论的重构，突出了法的价值和法制现代性问题，提出了“法应当以权利为本位”“法学是权利之学”等重要命题。大家普遍认为，权利意识是主体意识在法学理论和法观念中的具体反映，它既是商品经济、民主政治和法制实践的产物，又是推动商品经济、民主政治和法制的动力，现代法学应该是权利之学。

会议期间,22 位学者做了专题或即席发言,其中 20 多位学者提交了论文。会后,《当代法学》以《商品经济、民主政治的发展与法学的重构——法学基本范畴研讨会纪实》为题,对研讨会进行了纪实型专题报道,及时汇聚了 22 位学者发言的精华。

这次会议,总结了国内外学者在法学基本范畴研究方面的成果,开展了热烈、认真、充实的对话和争鸣,达成了具有历史意义的学术共识:权利和义务是法的核心和实质,是法学的基本范畴,我们应当以权利和义务为基本范畴重构我国新时期的法学理论。而以这一共识为起点的权利义务范畴研究对我国法学发展产生了变革性的影响,彻底否定了以阶级斗争为纲的法学理论,开始了以权利和义务作为法学基本范畴的新时期法学理论体系建构历程。法学基本范畴研究特别是权利和义务研究,在会议之后成为法学研究的热点和法学创新的切口,愈加深入的研究将焦点又推进了一步,即在权利和义务这对基本范畴中何者是更根本的范畴,或者说何者是基石范畴。基石范畴是某一学术领域或学科中根本观点和基本方法的集中体现,因而也是一种理论体系区别于其他理论体系的标记。而愈加热烈的争鸣使会议的影响日益升温,以权利作为法学基石范畴的“权利本位论”赢得了越来越多学者的赞同,并获得了从法学、哲学、伦理学、经济学等不同学科视角的广泛论证。

当理论研究深入到了这一步,权利本位就不仅仅是一个涉及权利和义务关系的观点,也是一个有关法的本体论和价值论的理论体系;不仅仅是一个理论体系,也是法学研究的新方法、新概念和新视野;不仅仅是法学研究的理论和方法,也是呼唤和推动中国法制现代化的精神动力。而如何表征这样一个有多重属性和意义的权利本位论,又引起法学界的苦苦思索。在大家仍处于模糊和朦胧状态的时候,科学哲学家库恩的“范式”(paradigm)概念如一缕光照亮了理论的前路,这便有了把权利本位概括为法哲学研究范式的论证,有了“权利本位范式”的鲜明表达。

在将权利和义务概括为法学的基本范畴以及将权利抽象为法学基石范畴之后,“权利本位论”的影响力又延伸到整个法学领域。“权利和义务是法的核心,是法学的基本范畴”“以权利和义务重构法学理论体系”“现代法以权利为本位”“法学是权利之学”“权利本位是法学研究的新范式”等崭新的理论命题,让部门法学家们眼前一亮,使他们产生了共鸣,并将法学基本范畴的研究成果视为解决其自身学科问题的“一把钥匙”。

回忆起这场不经意间召开的学术会议,其经历了思想解放、意识觉醒、理论争鸣、共识凝聚的过程,它紧张而有趣、起伏而坚定、热烈而理性。可以说,当会议结束收获思想果实的时候,我们依然沉浸在会议起步、持续过程的浓烈氛围之中。

（三）深远的意义

30 年前的这场会议不断被提起，人们总想用更美丽的语言去评价它、装点它、刻画它，但最生动的修辞莫过于最客观的事实，对会议价值最诚恳的论证莫过于描述它引发的学术高潮和思想浪花。

会议之后，法学的各个分支学科都发表了一系列论著，凝练、阐明本学科的基本范畴、核心范畴或基石范畴，集成或构建本学科的范畴体系。例如，李龙、周叶中发表《宪法学基本范畴简论》，认为宪法学的基本范畴应该包括宪法与宪政、主权与人权、国体与政体、基本权利与基本义务、国家权力与国家机构五对基本范畴。

罗豪才发表《关于行政法基础理论及其相关的几个问题》，主张把权力—权利关系作为行政法的核心范畴，并以权力—权利关系为分析框架，从公权利主体与私权利主体的"关系"视角来构筑行政法学的范畴和理论体系，重点研究权力—权利的结构状态和动态平衡。袁曙宏和韩春晖发表《公法传统的历史进化与时代传承——兼及统一公法学的提出和主张》，提出公法学理论体系的主要范畴可分为元概念、核心范畴和基本范畴三个层次。元概念就是公共权力；核心范畴包括公共权力与公民权利、自由与秩序、公平与效率、公益与私益；基本范畴则主要有法治、公法、公法主体、公法关系、公法行为、公法现象、公共治理、公共职能、公共服务、公法责任等。这些范畴渐次展开，并形成前后连贯的内在逻辑关系，奠定了统一公法学系统性的基础。

王保树和邱本发表《经济法与社会公共性论纲》，提出社会公共性是经济法的核心范畴，社会公共性决定并表现在经济法的产生、经济法的价值、经济法的主体、经济法的权力（利）和义务、经济法的属性等各个方面。冯彦君发表《中国特色社会主义社会法学理论研究》，提出社会法是保障公民社会权之法，社会权是社会法理论的逻辑起点和核心范畴，劳动权是劳动法学的核心范畴。蔡守秋发表《从环境权到国家环境保护义务和环境公益诉讼》，提出环境权是环境法的核心范畴，环境权是维护公众环境利益的法律基础和依据，是环境公益诉讼的逻辑前提。史玉成撰文《环境法学核心范畴之重构：环境法的法权结构论》，主张将"环境权利—环境权力"这一对立统一体作为环境法学核心范畴。

吴汉东发表《财产权的类型化、体系化与法典化》，提出财产、财产权、财产法是民法学研究的基本范畴，在财产权结构体系中，物权与债权是近代民法以来形成的两大基本范畴。郭明瑞发表《侵权立法若干问题思考》，认为"权利、义务、责任"是民法的基本范畴，全部民法是上述基本范畴的展开：设立和保护民事权利是民法的目的或中心任务,责任是民法逻辑的终结。王建文发表《从商人到企业:商人制度变革的依据与取向》,认为商人乃商法的核心范畴,至少属于与商行为相并列的核心范畴之一。陈兴良出版《刑法哲学(上)》,提出刑法哲学由15个基本范畴组成范畴体系主体,诸如刑法;犯罪,已然之罪、主观恶性、客观危害,未然之罪、再犯可能、初犯可能;刑罚,报应之刑、道义报应、法律报应,预防之刑、个别预防、一般预防。曲新久出版《刑法的精神与范畴》,提出了刑法哲学的12个基本范畴及其组成的三组范畴体系,即自由、秩序、正义、功利是刑法价值范畴,犯罪、犯罪人、刑事责任、刑罚是刑罚实体范畴,罪刑法定、罪刑相当、刑罚个别化、刑罚人道主义是刑罚关系范畴。汪海燕发表《论刑事程序倒流》,主张公正审判权是现代刑事司法制度中的核心范畴,以此表明国家对犯罪的追诉和惩罚应以保障被追诉者的公正审判权为前提。田平安和罗健豪发表《民事诉讼法律责任论》,提出权力与权利的矛盾是民事诉讼中的主要矛盾,权力与权利是民事诉讼法中的核心范畴。何家弘发表《论证据的基本范畴》,对证据功能与证据价值、证据属性与证据特征、证据能力与证据效力、证据形式与证据内容等证据法学的基本范畴及其关系进行专题研究。

何志鹏和高玥撰文《作为国际法研究方法的批判现实主义》,提出国际法的核心范畴是人权与主权两个概念,国际法研究两种主张、两项价值之间的张力。泽伟在其论著《主权论——国际法上的主权问题及其发展趋势研究》中,指出国家主权作为国际法的基本范畴,是整个国际法体系的支柱。车丕照、刘世元和韦经健撰文《关于国际经济法基础理论研究的思考》,将国际经济法学的基本范畴归结为交易权、管理权和经济主权三个基本概念。

此外,一些分支学科还连续举行了基本范畴研讨会。例如,截至2017年,中国宪法学基本范畴与方法学术研讨会已经举办了十三届。一些学者还出版了以"范畴"为关键词的专著,例如,范进学《中国宪法学基本范畴体系论》、刘斌《中国宪法学基本范畴研究》、胡建淼《行政行为基本范畴研究》、薛克鹏《经济法学基本范畴研究》、申卫星《民法基本范畴研究》、刘晓春和刘丽《诉讼法基本范畴研究》、江河《国际法的基本范畴与整个的实践传统》等。不断涌现的法学基本范畴研究和法学范畴体系的集成与构建,有力地推进了中国法学科学化和现代化的历史进程,也为各分支学科自身的理论成长和发展创造了条件。

二、全面深化和拓展法学范畴研究

深化和拓展法学范畴研究是构建新时代中国法学范畴体系、知识体系、理论体系、话语体系的学科基础工程,也是深入全面依法治国实践、推进法治中国建设的理论系统工程。法治理论和法治实践的发展都亟须深化对既有法学范畴和概念的分析和阐明，亟须提炼、凝练出更多更新的范畴和概念。在深化和拓展概念范畴研究的过程中，有些概念范畴将被“净化”、有些将被“增容”、有些可能被“重新解读”，也有更多的概念范畴需要进一步精致化、逻辑化、兼容化。

（一）以深化和拓展法学范畴研究，构建中国特色社会主义法治理论体系

1988 年以来，我国的法治实践全面深入，法治发展稳步推进。1997 年，党的十五大提出“依法治国，建设社会主义法治国家”，党的十六大、十七大进一步强调“全面落实依法治国基本方略，加快建设社会主义法治国家”，十八大提出全面推进依法治国，十八届三中全会提出“推进法治中国建设”，十八届四中全会做出《中共中央关于全面推进依法治国若干重大问题的决定》，开启了全面依法治国的新时代。实践是理论之源，法治实践的进步呼唤着法学范畴研究的纵深发展，进而推动着中国特色社会主义法治理论体系的完善。

一方面，我国法治建设和法治改革实践中出现的新情况、新问题、新经验需要新范畴去概括、去反映、去总结。例如，依法执政、依规治党，统筹推进依法治国与依规治党，全面加强党对依法治国的领导，不断推进党的领导制度化、法治化的经验；深化立法体制改革，科学立法、民主立法、依法立法，不断完善和发展中国特色社会主义法律体系的经验；依法行政、严格执法、深化执法体制改革，建设法治政府的经验；公正司法、为民司法，深化司法体制改革，建设公正高效权威的社会主义司法制度的经验；从严治军、依法治军，建设法治军队的经验；全民普法，弘扬法治精神，树立法治理念、建设法治社会的经验；以人为本，人才强法，建设高素质法治人才队伍的经验；统筹国内法治和国际法治，推进全球治理体系变革，构建人类命运共同体的经验等。这些经验需要通过范畴和概念形成理论，转化为理论成果，丰富和发展中国特色社会主义法治理论和法学理论体系。

另一方面，依法治国实践中形成的新理念、新思想、新观点，需要有新的范畴去凝练、去表达、去升华。改革开放以来，以邓小平同志、江泽民同志、胡锦涛同志、习近平同志为代表的中国共产党人在健全社会主义法制、建设社会主义法治国家的探索中提出了一系列思想观点和理论命题。特别是党的十八大以来，以习近平同志为核心的党中央全面推进依法治国、建设中国特色社会主义法治体系、建设社会主义法治国家，在新的伟大实践中创立了具有鲜明时代特征、理论风格和实践特色的习近平新时代中国特色社会主义法治思想，创造性地提出了一系列新理念、新思想、新观点。诸如，没有民主和法制就没有社会主义，就没有社会主义的现代化；党

领导人民制定法律,又自觉地在宪法和法律的范围内活动;依法治国是社会进步、社会文明的一个重要标志;依法治国与以德治国相结合、政治文明和精神文明相辅相成;建设社会主义法治国家,发展社会主义政治文明;法治建设要以人为本,把体现人民意志、保障人民权利、促进人的自由平等发展作为社会主义法治的灵魂,贯穿于法治工作的全部过程和各个环节;要充分体现全面、协调、可持续的根本要求,促进法律与社会的协调发展;树立以依法治国、执法为民、公平正义、服务大局、党的领导为主要内容的社会主义法治理念,加强以民主法治、自由平等、公平正义为核心的公民意识教育;尊重和保障人权,保证人民的知情权、参与权、表达权、监督权;坚持决策权、执行权、监督权既相互制约又相互协调;坚持党务公开、政务公开、法务公开,完善各类公开办事制度,提高政府工作透明度和公信力,让权力在阳光下运行;依法治国是党领导人民治理国家的基本方略,依法执政是新的历史条件下我党执政的基本方式,依法治军是党领导和管理人民军队的基本方针;社会和谐是中国特色社会主义的本质,构建民主法治、公平正义、诚信友爱、充满活力、安定有序、人与自然和谐相处的社会主义和谐社会;以平等开放的精神,维护文明的多样性,促进国际关系民主化,协力构建各种文明兼容并蓄的和谐世界;法治和人治问题是人类政治文明史上的一个基本问题,也是各国在实现现代化的过程中必须面对和解决的一个重大问题;全面依法治国是国家治理的一场深刻革命;依法治国是新时代坚持和发展中国特色社会主义的基本方略;依法治国是坚持和发展中国特色社会主义的本质要求和重要保障,是实现国家治理体系和治理能力现代化的必然要求,要实现经济发展、政治清明、文化昌盛、社会公正、生态良好,必须更好地发挥法治引领和规范作用;法治兴则国家兴,法治衰则国家乱;法治是国家治理体系和治理能力的重要依托;法治是治国理政的基本方式;党和法的关系是政治和法治关系的集中反映;党的领导和法治的关系是法治建设的核心问题;“党大还是法大”是一个伪命题;依法执政的要义是领导立法、保证执法、支持司法、带头守法;党的政策和国家法律互联互动;要正确认识和处理民主与专政的关系;国家和社会治理是一门科学,管得太死,一潭死水不行,管得太松,波涛汹涌也不行;公正是法治的生命线;宪法的生命在于实施,宪法的权威也在于实施;法律的生命力在于实施;制度的生命力在于执行;实践是法律的基础;法律是成文的道德,道德是内心的法律;权责统一、权威高效的依法行政体制;勤政、廉洁、高效、公正的法治政府;以公开促公正,以透明保廉洁;司法权是对案件事实和法律的判断权和裁决权;公正司法是维护社会公平正义的最后一道防线;司法权从根本上说是中央事权;以审判为中心的诉讼制度;让审理者裁判、让裁判者负责;党规党纪严于国家法律;和平与发展相辅相成；义利相兼、以义为先；文明因交流而多彩，文明因互鉴而丰富；全球治理体制变革正处在历史的转折点上；社会主义法治必须坚持党的领导，党的领导必须依靠社会主义法治；建设法治中国，必须坚持依法治国、依法执政、依法行政共同推进，坚持法治国家、法治政府、法治社会一体建设；以人民为中心，人民是依法治国的主体和源泉，法律为人民所掌握、所遵守、所运用；人民权益要靠法律保障，法律权威要靠人民维护；制度化、规范化、程序化是社会主义民主政治的根本保障；法律的权威源自人民的内心拥护和真诚信仰；让法律制度刚性运行；法律红线不可逾越、法律底线不可碰触；秉持法律准绳，用好法治方式；密织法律之网，强化法治之力；心中高悬法律的明镜，手中紧握法律的戒尺；权力是一把"双刃剑"，在法治轨道上行使可以造福人民，在法律之外行使则必然祸害国家和人民；法定职权必须为，法无授权不可为；自由是秩序的目的，秩序是自由的保障；发展是安全的基础，安全是发展的条件；以透明的法治环境稳定预期，给企业家以定心丸；治理国家和社会，关键是要立规矩、讲规矩、守规矩，法律是治国理政最大最重要的规矩；一手抓法治、一手抓德治，既重视发挥法律的规范作用，又重视发挥道德的教化作用，实现法律和道德相辅相成、法治和德治相得益彰；大力弘扬社会主义核心价值观，弘扬中华传统美德，培育社会公德、职业道德、家庭美德、个人品德，提高全民族思想道德水平，为依法治国创造良好人文环境；改革与法治犹如"鸟之两翼、车之两轮"；立法和改革决策相衔接；凡属重大改革要于法有据；在法治下推进改革，在改革中完善法治；依法治国的根基在基层；坚守公正司法的底线；司法公正对社会公正具有重要引领作用，司法不公对社会公正具有致命破坏作用；所谓公正司法，就是受到侵害的权利一定会得到保护和救济，违法犯罪活动一定要受到制裁和惩罚；法院独立审判，只服从法律，只服从事实；构建普通案件在行政区划法院审理、特殊案件在跨行政区划法院审理的诉讼格局；构建开放、动态、透明、便民的阳光司法机制；党内法规既是管党治党的重要依据，也是建设社会主义法治国家的有力保障；党的政策是国家法律的先导和指引，是立法的依据和执法司法的重要指导；厉行法治、严肃军纪，是治军带兵的铁律；依法设定权力、规范权力、制约权力、监督权力，把权力关进制度的笼子；执法者必先守纪，律人者必先律己；健全事实认定符合客观真相、办案结果符合实体公正、办案过程符合程序公正的法律制度；一个错案的负面影响足以摧毁九十九个公正裁判所积累起来的良好形象；把法治精神当作主心骨；形成人民不愿违法、不能违法、不敢违法的法治环境；立改废释并举；法治是长期繁荣稳定的重要基石；要完善全球经济治理，提高发展中国家的代表性和发言权，给予各国平等参与规则制定的权利；和平、发展、公平、正义、民主、自由是全人类的共同价值;要倡导以对话解争端、以协商化分歧;缺乏道德的市场,难以撑起世界繁荣发展的大厦;人类文明的多样性赋予这个世界姹紫嫣红的色彩,多样带来交流,交流孕育融合,融合产生进步;不同文明没有优劣之分,只有特色之别;在国际关系中遵守国际法和公认的国际关系基本原则,用统一适用的规则来明是非、促和平、谋发展;营造和平稳定的国际环境,发展和谐友善的国家关系,开展和睦开放的文明交流;中国外交有原则、重情谊、讲道义、谋公正;坚持从我国国情出发,坚持发展中国家定位;全面推进依法治国,必须从我国实际出发,同推进国家治理体系和治理能力现代化相适应,既不能罔顾国情、超越阶段,也不能因循守旧、墨守成规;要坚持问题导向,切实提高法律的针对性、及时性、系统性、协调性,发挥立法凝聚共识、统一意志、引领公众、推动发展的作用;在全面深化改革总体框架内全面推进依法治国各项工作;在法治轨道上不断深化改革,等等。这些新理念、新思想、新观点需要凝练为法学新范畴新概念,并把它们融入法学范畴和概念体系之中。

与此同时,对全面依法治国丰富实践和法学研究中形成的新概念、新范畴、新话语,也需要做出与时代相契、与规律相符、与法理相合的科学阐释。例如,中国特色社会主义法治道路,“三者有机统一”(党的领导、人民当家做主、依法治国有机统一),全面依法治国,法治中国,平安中国,法治社会,法治经济,法治政府,法治军队,依法执政,依法行政,依法治军,国家治理体系和治理能力现代化,法治定力,中国特色社会主义法治体系,法律规范体系,法治实施体系,法治监督体系,法治保障体系,党内法规制度体系,法治思维,法治方式,法治队伍,涉外法治、国际法治,职业良知,司法职业操守,良法善治,崇法尚德,枫桥经验,(重大改革)于法有据,总体国家安全观,信息主权,个人信息权,网络安全,人民主权,司法民主,诉讼诚信,国家和社会生活制度化、法律化,法治习惯,社会规范体系,严格执法,严格司法,柔性执法,阳光执法,执法资质,行政裁量权基准制度,权力清单(制度),社会治理法治化,司法责任制,司法审判的终局性,诉讼格局,诉讼的“主客场”现象,公益诉讼,人类命运共同体,新型国际关系,全球治理体制,现代国际秩序基石,国家形象,永续发展,和平行动能力,海洋强国,网络强国,文化强国,全球治理,利益汇合点,包容性经济,弘义融利,(法治)新常态,舆论审判,网络治理,等等,这些都是随着法治实践的发展和法学研究的深入而出现的新概念、新范畴,需要我们认真地分析研究,以丰富、创新和发展中国特色社会主义法学理论。

(二)以深化和拓展法学范畴研究,发展新兴、交叉学科,加快构建中国特色法学体系

1988 年以来,特别是党的十八大以来,党中央十分重视哲学社会科学的发展

进步，把哲学社会科学繁荣发展作为增强国家软实力、实现社会主义现代化的重要抓手。党的十九大重申“加快构建中国特色哲学社会科学”。在构建中国特色哲学社会科学中，加快构建中国特色法学体系尤为重要，也极为迫切。改革开放初期，邓小平就指出：“政治学、法学、社会学以及世界政治的研究，我们过去多年忽视了，现在也需要赶快补课。”在哲学社会科学座谈会上，习近平明确地把法学列为对哲学社会科学具有支撑作用的学科。

中华人民共和国成立以来，特别是改革开放以来，法学工作者坚持马克思主义对法学研究的指导地位，深入研究和回答我国法治建设面临的重大理论和实践问题，我国的法学体系获得了长足发展，积累了丰富的知识智慧和理性思辨。但是，当代中国正经历着我国历史上最为广泛而深刻的社会变革，也正在进行着人类历史上最为宏大而独特的法治实践创新，面对思想、观念和价值取向激荡、碰撞的新形势，面对经济发展形态与国际发展环境深刻变化的新挑战，面对改革进入攻坚期和深水区的新问题，面对世界范围内各种法学思想文化交融交锋的新局面，面对全面从严治党和党面临的风险集中凸显的新阶段，必须加快建设中国特色的法学体系，构建能够解决中国问题乃至世界性问题、具有国际竞争力的法学学科体系。

建构中国特色法学体系需要从学科创新发展的角度，致力于传统学科转型升级、新兴学科和交叉学科跨越发展。

第一，传统学科的升级转型。法理学、法律史、宪法、民法、刑法等传统学科在发展过程中积累了丰富的智识资源，持续不断地为法治建设提供智力支持。但相较于我国法治建设的实践创新，也出现了智识隔绝、知识老化、方法陈旧等问题，需要通过深入的调查研究，推动这些传统学科的升级和改造。因而，必须要以研究和解决中国问题、凸显中国特色为导向，更加注重立足国情实践和本土资源开展研究，对复杂现实进行深入分析、作出科学总结、提炼规律性认识，不断丰富中国特色社会主义法治理论体系并将其贯穿研究和教学全过程，逐渐摆脱对西方法学理论和研究资源的依赖。而加强法学范畴研究，是推进传统法学思想变革、知识更新、方法创新、体系升级的必由之路，从而也是传统学科掌握自身时代命运的必然途径。

第二，新兴学科的加快发展。面对社会发展和法律实践中产生的新问题和新需求，发展新兴学科是构建中国特色法学体系的重要任务。最近几年发展起来的立法学、司法学、国家安全法学、党内法规学、社会治理法学、网络法学、数据法学、计算法学、人工智能法学、空间法学、气候法学、极地法学等就是诸多新兴学科的代表。但是，实事求是地说，这些学科大多数还没有资格获得独立的学科地位，因为它们还没有形成表明学科地位的范畴概念体系。没有范畴概念体系,就不可能有自己的知识体系和思想体系,因而也就不可能有这些新兴学科作为一门独立学科的学术地位。过去,经济法学、环境法学、社会法学在很长时间内不被法学界普遍承认,就是因为那时候它们尚无独立的范畴体系。所以,发展新兴学科,必须注重凝练出新的范畴和概念,诸如隐私权、乞讨权、环境权、数据权、信息权、被遗忘权、转型正义、全球正义等;必须移植、转化一批范畴和概念,赋予其特定内涵;必须以马克思主义法学的理论和方法论为指导,在揭示研究对象客观规律的基础上赋予权利、义务、责任等法学基本范畴以新兴学科的认识内涵。要在提炼、移植、转化、深化范畴和概念的基础上,形成一系列具有原理性、解释力和想象力的命题,为新兴学科的知识和理论大厦构建"四梁八柱"。

第三,交叉学科的开拓创新。科技进步和社会发展出现的许多新问题不是传统的法学理论和方法可以独立解决的,诸如电子商务、网络治理、金融治理、社会治理、人工智能规制、无人驾驶规制等新兴问题,就需要管理学、经济学、统计学、社会学、政治学、网络工程学等学科的参与,需要文理工学科的协同。

发展法学的交叉学科,一方面,要突破以往按照法学二级学科设计重大研究领域和重点选题的习惯做法,着力打破法学内部的学科壁垒;另一方面,要主动"走出去",善于与哲学、政治学、经济学、社会学、人类学、自然科学、工程技术科学等其他科学"交朋友",以寻求思维启迪和理论资源,提供消化吸收其他科学理论和技术成果的能力,推进法学和其他学科的交叉与融合,增强与其他科学开展平等对话与交流的素质和能力。

从根本上讲,学科交叉靠的是概念共享。而法学学科要在概念共享中富有成效地开展与其他学科的交叉研究,就必须增强范畴意识,必须使法学范畴内涵精准、思想透彻、便于融通。近几年来,法经济学、法社会学、法人类学、法政治学、法伦理学、比较法文化、法律方法论、法治思维学、法律与文学、法律与艺术研究等的蓬勃发展,正展示出范畴研究对开辟交叉学科新境界的巨大作用,它们打破了学科壁垒造成的智识隔绝,提升了法学应对新问题新挑战的能力,扩充了法学学科的知识容量,越来越彰显出概念共享带来的理论能量和实践优势。

(三)深化和拓展法学范畴研究的着力点

深化和拓展法学范畴研究,是立体化、全方位、历时态的系统工程。从法理学的角度看,其着力点包括:

一是深化法律、法治、法理等基础范畴研究。法律、法治、法理是法学的三个基础范畴，它们既是法学的逻辑起点，又是法学的全部展开，所以，法学就是法律之学、法治之学、法理之学。相应地，有三个体系、三种思维、三幅图景。三个体系，即法律知识体系、法治理论体系、法理话语体系；三种思维，即法律思维、法治思维、法理思维；三幅图景，即法律中国、法治中国、法理中国。围绕着这三个基础范畴，国内外学者发表了数以万计的论文和专著。深化法律、法治、法理三个基础概念研究必然还要延伸到法学各学科的基础概念的研究上。例如，“宪法”“民法”“商法”“行政法”“经济法”“环境法”“社会法”“知识产权法”“刑法”“诉讼法”“非诉程序法”等“法”的概念，看起来已经非常清晰、已经归于“常识”，但在法学以及各自学科当中并没有达成共识。特别是当把它们置于新时代社会主义市场经济、社会主义民主政治、社会主义文明社会、社会主义法治国家、中国特色社会主义××××等的历史方位和时代背景下时，就不能沿用或照抄照搬西方“法”的概念，否则，很多法律现象和法治实践便解释不清。法治概念也是这样，除法治的一般概念外，诸如“法治国家”“法治政府”“法治军队”“法治社会”“法治经济”“国家法治”“地方法治”“区域法治”“法治体系”等在实践中已经具有一定独立性的概念，在理论上也都没有确定其精准内涵，更没有达成概念共识。

二是深化权利义务核心范畴研究。权利和义务是法学的核心范畴。对权利和义务范畴的分析表明，权利和义务的形式和内容是随着时代的变迁、社会的发展、法制的进化而演进的。这就需要根据新时代新社会新演进而深化对权利和义务范畴的研究。其中，权利带有根本性，是法学的基石范畴。因而，深化权利义务研究，着力点是深化对权利的研究。特别是伴随中国社会进入权利新时代，由转型期利益格局重整所激发的基本权利诉求，由信息技术、生物技术等新兴技术所催生的新兴权利诉求，由立法、执法和司法所产生的权利确认、权利保障、权利救济等制度和实践问题，都要求在权利概念和权利理论上得到科学论证与积极回应。由此，权利概念和权利理论研究必将进入又一个创新时代，必将继续带来法学领域最耀眼的理论景象。

这次研讨会第一分论坛的主题是“权利和权利本位”。我注意到，主持人和10位发言人、评论人都对深化权利内涵、“权利本位”研究发表了深刻论述。朱振主张在中国的语境里面努力建构出一种对权利本质的系统理解，使这种理解本身能够去论证权利具有优先性。陈景辉对权利概念的利益论、意志论等经典理论进行了分析批判，在此基础上提出“权利的规范力”概念。赵勇提出应从民本主义、社群主义的视野理解权利现象，给权利一个与个人主义解读不同的社群主义解读与构建。郑智航认为个人主义的方法论回答不了当代中国的权利问题，而关系主义的方法论则是取代个人主义方法论的选择，因为我们的逻辑起点不可能是人和人孤立存在的状态，人和人之间首先是以合作为前提来参与公共政治生活的。他认为，关系主义的方法论一是强调以主体间的关系作为构造个人权利的中心；二是强调重新认识个人与国家的关系，在个人与国家的关系中定位个人权利；三是强调程序权利在整个权利领域的地位。张镭对“法律权利与法律义务总量等值的命题”提出了简明的解析和逻辑上的质疑。尹奎杰强调权利的建设性本质，提出建设性的权利观。李拥军对权利本位的语义和意义进行了新的总体性分析，提出了若干颇有新意的命题。李建华和何志鹏在评论中指出，法理学的权利理论对部门法学的权利理论有决定性的影响和指导，部门法学的权利理论是对法理学权利理论的有效证成，也向法理学提出了提问和挑战。他们共同倡导法理学与部门法学深度互动，一方面，部门法学应为法理学提供各种各样的权利研究素材，并要求法理学予以证成；另一方面，法理学应该关注部门法学的权利研究，给予理论支撑，使部门法学可以放心大胆地向前进一步论证。这些分析、反思和批判为深化和拓展权利和权利本位研究增添了思想力量和学术资源。正如杨春福最后点评的那样，他们要么是对权利话语的前提的反思，要么是对权利本身的反思，要么是对权利和义务之间关系的反思，要么是对权利本位和权利话语的反思，这些反思尤其是那些前提性反思，都是对权利范畴和权利理论的深化。反思和深化的目的是什么？是再出发。这些被权利范畴所点燃的理论焰火勾勒出中国法学异彩纷呈的图景，也充分表明了权利义务这对核心范畴的研究仍然在路上。

三是深化中华法学传统概念的研究。自商至清，中华法系自成一体，中华法学源远流长。数千年间，各种学说、学派层出不穷。至汉唐，律学概念体系基本形成，标志着中华法学的成型与成熟。在中华法学中，有许多内涵精深且丰富的概念或概念组合，既包括含义和功能不尽相同的各种法律形式的名称，诸如典、律、令、格、式、比、诏、敕、例，又有规定在《唐律疏议》《大明律》《大清律》等著名成文法典之中无比丰富的法律术语，如“规矩”“名例”“强盗”“窃盗”“侵占”“入罪”等；既有称之为“母律”（律文之中的以、准、皆、各、其、及、即、若等）、“律眼”（但、同、俱、依、并、从、累减、递减、从重、罪同、同罪、听减、得减等语词）等技术性概念，又有承载着人文精神和法理意涵的概念，诸如“礼”“礼法”“义”“仁义”“理义”“道义”“人治”“德政”“仁政”“正名”“君权”“敬天”“保民”“经权”“定分止争”“明德慎罚”“刑罚世轻世重”“德主刑辅”等；还有古今通用的概念，诸如“德治”“法治”“天理”“法理”“国法”“人情”“公平”“宗法”“道法”“政法”“合同”“以法治国”“奉法强国”等。对这些概念，需要我们在认真研读古代法典和法学文献的基础上，结合中国古代的立法和司法实践，还原其本真意义；或者重新加以解读，剔除近代以来对它们的误读、误解，消除虚无主义对它们的曲解、贬损，以挖掘和传承中华法律文化精华，汲取营养、择善而用，推动传统法学思想创造性转化、创新性发展。习近平总书记在其一系列讲话和文章中，大量引用中国古代法学的概念、范畴和金句，充分体现出对中华传统法学和古代法学理论的择善而用，为我们树立了尊重历史、古为今用、文化自信的楷模。

四是跟踪研究西方法理学（法哲学）新范畴、新概念。20 世纪 50 年代至 80 年代是西方法理学（法哲学）的“鼎盛时期”“黄金时期”，涌现出了一大批世界著名的法学大师，如富勒、哈特、德沃金、拉兹、麦考密克、考夫曼等。他们提出的法学范畴和话语体系，例如，“法律的道德性”“法律的内在道德”“程序自然法”“最低限度的自然法”“第一性规则”“第二性规则”“承认规则”“法的模式”“法律帝国”“法律权威性”“法律的规范作用和社会作用”“制度性事实”等，在中国法学界可谓“家喻户晓、人人皆知”。但是，对于他们之后，特别是进入 21 世纪之后西方法理学（法哲学）的新概念、新话语，我们知之较少。总体而言，当下的西方法理学（法哲学）严重缺乏领军人物，缺乏国际社会公认的法学理论创新，但也还是有不少新的概念和话语，值得我们认真研究和借鉴。据朱振、王凌皞等人梳理，在西方法哲学体系中，在法律实证主义传统内，有包容性法实证主义、排他性法实证主义；规范的实证主义；行动理由、实践推理；一阶理由、二阶理由、排他性理由；法律是一张严密的网（The Law Is A Seamless Web）；言语行为（Speech Acts）；事实权威、正当权威；理论权威、实践权威。在自然法学传统内，有共同善（Common Good）、基本善（Basic Good）；明智的人（The Reasonable Person）；实践合理性（Practical Reasonableness）。在方法论研究领域，有重叠共识（Overlapping Consensus）；反思平衡；次优（Second Best）；公共理性；公共理由；平衡检验（Balancing Tests）；缺省规则和完备性（Default Rules and Completeness）；可废止性。在法律、道德与政治的交叉学科中，有代际正义、资格正义、普惠正义；公共物品、私人物品；美德法理学、美德伦理学；道义论（Deontology）；实在性、规范性（Normativity）；正当性（Legitimacy）、合法性（Legality）；解构（Deconstruction）；知识考古；话语权等。在法治研究领域，有作为法律原则的法治、作为治理原则的法治；程序法治；善治。在人权与权利研究领域，有政治性人权；少数人权利；发展权；选择论、利益论、能力论；作为王牌的权利；可行能力；权利话语。在司法领域，有司法能动主义（Judicial Activism）、严格解释（Strict Construction）；形式主义、工具主义、类型思维。这些都是需要跟踪研究并在批评基础上的吸纳，使我国法学与世界法学同步，从跟着走到并排走，最终在某些方面领着走。

五是拓展法学新范畴、新概念的研究。理论创新很大程度上表现为新概念、新范畴的提出。在科学演进历程中,学术思想的革命总是同概念、范畴的革命相连的,后者甚至标志着学术思想的革命或新的学术思想的诞生。例如,相对论中的物质、运动、时间、空间,量子力学中的量子态、波函数、并协,生物学中的遗传、变异、基因、生态系统,还有经济学中的“剩余价值”“交易费用”“边际生产力”,政治学中的“利益集团”“政治博弈”,社会学中的“社会连带”“和谐社会”等。这些概念的出现,既是相关领域学术进步和创新的标志,也是更大范围和更深程度革命的导火索。随着经济社会发展、科学技术进步、法治实践深入和法学新学科的出现,必然需要我们对涌现出的一批又一批新法学概念(词语)和范畴进行分析和阐明,也必然需要不断提炼新概念和新范畴,推动法学理论与时俱进、创新发展。例如,法治中国、平安中国、“三治融合”,“共建共治共享”,法治国家,法治社会,后法治国家,良法善治,法治思维,法理思想,法治强国,法的现代性,法律全球化,全面依法治国,法治体系,法治职业共同体,法本位,法需要,法律多元化,软法,民间法,党内法规,政治法,法律论证,指导性案例,合宪性审查,司法权,国家所有权,给付行政,非强制性行政行为,全球治理,转型正义,国际法治,人类命运共同体,居住权,关联物权,公共物权,隐私权,信息权,隐私权,环境权,生育权,数据权,数据法学,数字法学,区块链法学,人工智能法学,计算法学,生命法学等。诸如此类的新概念、新范畴,虽然已被广泛使用,甚至非常流行,但要追问其确切内涵,或试图获得一个定义,回答往往是不得要领,或者含糊其辞,甚至答非所问。所以,概念的精准分析和科学阐释就变得尤为重要,这是提升法学理论科学性、普适性的关键一环。

六是努力打造国际融通的法学概念。如今,世界不同文明交流互鉴呈现新常态,我国要全面依法治国、建设法治中国,不能故步自封、盲目排外。习近平总书记指出:“坚持从我国实际出发,不等于关起门来搞法治。法治是人类文明的重要成果之一,法治的精髓和要旨对于各国国家治理和社会治理具有普遍意义,我们要学习借鉴世界上优秀的法治文明成果。”“中华民族是一个兼容并蓄、海纳百川的民族,在漫长历史进程中,不断学习他人的好东西,把他人的好东西化成我们自己的东西,这才形成我们的民族特色。”“我们有符合国情的一套理论、一套制度,同时我们也抱着开放的态度,无论是传统的还是外来的,都要取其精华、去其糟粕。”

我们是在全球化的历史条件下建设法治中国,也是在全球化的历史条件下构建法学体系,必须面对经济全球化、世界一体化这个当今世界最鲜明的特征。全球化和世界一体化有力地改变了人类的生产方式、生活样式和生存状态,也在深刻地影响着人类社会和各个国家治理体系和法律制度，影响着思想理论体系。在这样一个时代，开展法学范畴研究，构建中国法学的范畴体系、知识体系、理论体系和话语体系，必须放大开放的眼光和视野，树立全球意识、全球思维，打造为国际法学界和国际社会可理解、可认同的融通性法学概念。2016 年 5 月 17 日，习近平总书记在哲学社会科学工作座谈会上的讲话中指出："发挥我国哲学社会科学作用，要注意加强话语体系建设。在解读中国实践、构建中国理论上，我们应该最有发言权，但实际上我国哲学社会科学在国际上的声音还比较小，还处于有理说不出、说了传不开的境地。"这种情况的存在，与我国哲学社会科学概念体系、话语体系与国际社会隔断不无关系。为此，我们"要善于提炼标识性概念，打造易于为国际社会所理解和接受的新概念、新范畴、新表述，引导国际学术界展开研究和讨论。这项工作要从学科建设做起，每个学科都要构建成体系的学科理论和概念。"习近平总书记提出的全人类"共同价值"就是这样一个颇具融通性的概念。20 世纪以来，西方一些国家总是把自己的价值观和价值体系标榜为"普世价值"而强加于人类社会，在发展中国家搞"颜色革命"，这是我们必须警惕和反对的。但是，我们不能因此而否认人类社会的共同价值，推进国际关系民主化、法治化、合理化，构建人类命运共同体，都需要由共同价值做支撑。基于这种考虑，习近平总书记在第七十届联合国大会上十分鲜明地提出"和平、发展、公平、正义、民主、自由是全人类的共同价值，也是联合国的崇高目标。"2014 年以来，习近平总书记还在其他重大场合提出并阐述了一系列具有国际融通性的命题和观念，例如，"全球利益共同体""人类命运共同体""和平与发展仍然是当今时代两大主题""文明是多彩的、平等的、包容的""构建和平、发展、合作、共赢的新型国际关系"。这些概念和命题产生了广泛的思想和政治影响，特别是以"和平、发展、公平、正义、民主、自由"为核心的"全人类的共同价值"的提出，使我们站在了价值和道义的制高点，为人类利益共同体、命运共同体的建设奠定了价值基础，也使我们在价值问题上摆脱了"被动挨批"的局面。

作为概念的语词，不但应具有形式上的融通性，也应当具有内涵上的融通性。例如，我们在对"法治""人权""产权""物权""良法善治""公平正义""自由平等""法治经济""全球治理""全球正义""程序正义"等法学的通用概念注入中国元素、中国理念、中国思想的时候，要注意普遍性、融通性因素，不能自以为是，更不能关起门来闭门造车。否则，我们就不可能拥有法治和法学的发言权和话语权，不可能产生出具有世界影响力的标识性概念和思想体系。在总结我国法治建设实践经验的基础上提炼标识性概念，打造易于为国际社会所理解和接受的法学新概念、新范畴，是破解我国"话语逆差"的关键，是提升我国法治话语权的历史性任务。

三、大力推进范畴研究与法理研究的对接

自1988年以来，法学范畴研究在打破阶级斗争范式的桎梏后焕发出蓬勃的生命力，研究的不断深入和拓展积累了丰硕成果，促进了法学的科学化。而法理研究却隐而不现。过去几十年，无论是在法理学中，还是在法律学中，“法理”概念和法理研究长期处于缺席或半缺席状态。既没有法理概念的精确定义，也没有较为明晰的概念解释，以致法理学的本质属性和功能优势无处彰显，对法律学的指导作用和对中国法治的学理支撑作用无法发挥。鉴于这种状况，经过将近一年的学术准备，2017年7月，我在《清华法学》发表了五万字长文《法理：法理学的中心主题和法学的共同关注》，提出了法理学作为“法理之学”必须以法理为研究对象，以法理为中心主题；论证了21世纪的中国法律学（部门法学）既要重视法律规则、法律行为、法律关系、法律责任、法律程序等法律范畴，又要重视作为法律和法律制度精神内核的法理；较为系统地分析了法理概念的内在要义，论述了法理的语义和意义。该文在法学及相邻学科产生了强烈反响。随后，我发起了“法理研究行动计划”，组织法理学、法史学和各部门法学的中青年学者70余人，分为20多个专题开展法理研究，点燃了法理研究的火种。同时，创办了“法理研究研讨会”（系列研讨会）、“法理学堂”“法理文丛”等法理研究的平台。一大批法理研究的成果迅速形成、日渐成熟、得到瞩目。这些均为法学范畴研究与法理研究对接创造了良好条件。

在“法学范畴与法理研究学术研讨会”上，我提出，本次会议的一个重要使命就是推进范畴研究和法理研究深度对接。之所以主张把法学范畴研究与法理研究联结起来，乃是因为这种对接有其客观的必然性、现实的必要性、方法的可能性。

（一）法理是法学基础范畴之一

从法学范畴体系的结构来看，法理自身就是法学的基础范畴。法律、法治、法理可以说是法学最基础、最具统领性的范畴。从法律到法治再到法理，体现了法学范畴在理论层次上的跃迁，体现了法治现代化和法学科学化的实践逻辑、历史逻辑和理论逻辑的一致性。可以说，法理范畴内涵于法律思想体系、法律制度体系、法治运行体系之中，几乎是无处不在、无时不有、无所不能。它们像一个个精灵在法律的灵魂深处跳跃，它们穿越在法律的时空中、播扬在法律和社会的广阔领域，是它们激活了法律的生命之原，是它们点燃了法治的理性之光，也是它们成就了法学的逻辑之美。“法理”范畴渗透于法律制度、法律生活、法治实践、法学理论各个方面、各个层面，可谓“法理泛在”，研究法理范畴是法学基本范畴研究的题中应有之义。

过去,法学范畴的研究更加注重法律、法治领域,而对法理缺乏应有的重视,原因自然是多方面的。其中,现实需求的不迫切、实践积淀的不深厚是决定性的因素。而在我国法治建设步伐越来越快、全球法治价值越来越凸显、法学更新换代的趋势越来越急迫的新时代,法理范畴越来越具有时代价值、实践意义和理论需求,加快法理研究已经是呼之欲出、万众期待了。

我们看到,在当今世界,无论是法律人还是非法律人,无论是政治家还是新闻记者和作家,无论是在法庭上还是在联合国峰会上,"法理"都成为十分流行的一个热词。在立法草案说明、法律法规、立法解释、司法解释、诉讼文书、司法裁判、指导案例、法学作品中,"法理依据""法理主张""法理支撑""法理前提""法理基础""法理支点""法理认同""讲法理""依……的法理""……的法理分析"等表达更是比比皆是。学者、官员、记者、民众、法官、检察官、律师、诉讼当事人等不同主体,纷纷把法理看作合法性、合理性、正当性的依据、将法理视为抢夺话语权的至宝、以法理作为明辨是非的利器,已经成为政治法律生活新常态。

近几年,"法理"这个词也频频出现在党和国家的重要文件、法律、政策解释和法律解释文本中。例如,《中华人民共和国国民经济和社会发展第十三个五年规划纲要》、《关于〈中华人民共和国民法总则〉(草案)的说明》、最高人民法院《关于加强和规范裁判文书释法说理的指导意见》等文件和文献中,分别强调法理维权、法理证立、法理明德等。

"法理"更是多层次、多方面、多学科地出现在法学研究中,仅中国知网期刊近年来的硕博学位论文中,包含"法理"这一专有名词的论文就有256篇;仅北大法宝检索到的近几年明确使用"法理"概念的司法解释及判决书就有121篇。此外,还有若干青年学者创办了《法之理》公众号,舒国滢教授主编了《法理:法哲学、方法论》学术刊物,吉林大学《法制与社会发展》杂志社设立了"法理中国"专栏。法理范畴在中国法学界受到广泛关注,出现了"复兴"的好势头。高等教育出版社出版发行的《法理学》第五版,从头至尾贯通"以法理为中心主题、以法理为研究对象"。我主编的"法理文丛"第一卷选择以"法理复兴之端"为主题荟萃了最近一年的法理研究硕果,正是希望呵护这棵新时代成长起来的法理青苗,借以铺设新时代中国法理的复兴之路。

但是,使用归使用,理解归理解。"法理"一词的误解和误用比比皆是。法学范畴研究向法理研究延伸的首要前提是澄清"法理"的意涵,剥离包裹于"法理"之上的"奇装异服",为"法理"正名。最基本的是要突破一些学者把法理局限在民事法律"非正式渊源"之意义的学术错误,而要回归自古以来法理的本真面貌和价值,即法理是整个法律制度、法律现象的精神所依,是整个法律体系、法治体系的灵魂所在,是法作为人类理性创作的实存。从这个意义上说,法学范畴的研究只有与法理相对接,才能真正从理论上把握法的存在,才能焕发法学范畴研究成果应有的思想活力,才能使中国法学切准新时代法学的脉搏。

(二)法理内涵于法学范畴研究纵深处

从法学研究的规律来看,法理内涵于法学范畴研究的纵深处。通过法学范畴研究与法理研究的对接,能够直接引领法学范畴的研究走向深入,使法学范畴的研究更加契合理论逻辑的伸展、更加融合时代意蕴的抒发、更加贴近法治实践的进步。法学范畴作为法律思想、法律规则、法律原则、法治理念、法律文化的凝结,本身并不是纯粹逻辑的概念、价值无涉的概念、形而上学的概念,而是渗透着“法理”,即“法之理”。法理赋予了权利、义务、责任、职权、职责、惩罚、赔偿、合法、违法、不法等其他法学范畴以人文意蕴和理性精神,揭示了其他范畴丰富的时代意涵。可以说,是法理润养着其他法学范畴,使它们更具理性和德性,更具有真善美的思想要义。很难想象,若没有法理元素的浸润和涵养,其他的法学概念范畴会是什么样。因而,法学范畴当中“法之理”的发现、挖掘和提炼,离不开对法理进行深入研究。

以权利、义务和责任这三个核心概念为例:无论持有何种权利学说,无论将其作为权利人的利益、优先性选择或为和不为的“自治”,我们都必须探求概念背后的法理依据,找到其天然性、正当性、合理性的基础。如果不能以“理”描述概念、以“理”论证学说、以“理”追问权利的本源,仅仅作出独断的定义、移植西方或历史的认识、诉诸政治权威的表达,那么“权利”范畴的研究就会僵化,甚至丧失生命力。认真对待权利,首先必须认真对待法理。又如“义务”,从表象上看,无非是必须做什么、严禁做什么、被迫做什么的规则规定,但为什么必须做、严禁做、被迫做,为什么可以“命令”义务人这么做,必然有其内在的法理依据,这个依据也就是“应当”“理由”,换言之“义务是由理由所支持的”。这种对“义务”之“理由”的追溯,包含了对“义务”的概念分析,也包容着对“义务”现实价值和历史背景的观照。如果把法理从“义务”概念中过滤出去,仅留“命令”作为当然事实,对义务范畴的研究将暗淡无光。正是法理学说的此起彼伏,让“义务”的讨论更有趣味、更加科学、更有时代特色。再如责任,法学家往往把责任归结于不利后果,归结为法律制裁。其实,从法理上看,责任或许意味着由于违反了第一性义务(必须做或禁止做)而招致的第二性义务(受到法律制裁);责任又或意味着“报应”“对等交换”;责任还可能意味着促进某种利益或善的手段。而一旦责任这一范畴落到现实的司法裁判中，责任的归结又将成为法理争鸣的场域。

仅以上述有限几例，我们就可以看出，法学范畴研究要脱离纯粹形而上学的空壳，要获得持久的生命力、回应实践的紧迫需求、增强法学自身的感染力，就一定要打开法理的门径。换言之，法理就站在法学范畴研究的必经之路上，二者的对接不是特意安排的合作，也不是偶然的际遇，而是法学范畴研究持续深入下去的逻辑必然。

同样，其他法学范畴的深入研究也必然会丰富法理范畴的内涵，使法理范畴更具认知基础和实践基础。例如，对近代以来各种政治体制下的国体和政体范畴的研究，必然会加深对“人民主权”“一切权力属于人民”“以人民为主体”“权力来源于权利”“把权力关进制度的笼子”等法理命题的理解。改革开放以来的法学范畴研究不仅夯实了法学范畴体系的基础、构建起中国特色法学知识的大厦，而且也雕琢出中国法理的晶体、沉积下法理范畴的重量。正像这次研讨会所显露出的，许多法律、法治范畴的研究创造了新的法理概念、提出了新的法理命题，例如“互惠正义”“权利的规范力”“责任共同体”“人类的良知和理性的自律是义务的真正本源”“权利本位是以权利作为论证的逻辑起点”等。这些新概念新命题，是法学基本范畴研究具有时代意义和实践观照的成果，是法理研究不断丰盈、日渐活跃的表现。因而，法理不仅滋养着其他范畴的成长，而且也借助其他范畴规定了自身、完善了自身、发展了自身、丰富了自身。正是在这个意义上，我们说，法学范畴研究必将在前方遇到法理，而法理研究也必将在范畴研究中寻到根脉。

（三）以对接构建法学话语体系

范畴研究与法理研究双向对接是构建中国法学话语体系的理论前提。换言之，法学范畴研究的意义不限于构建法学知识体系，还要形成新的法学话语体系。

法学话语体系是由诸多关于法律和法治的理论、信念和实践经验等所组成的思想体系，它以特定语言的形式集中表达了一个民族、一个国家和一个时代关于法律精神和法治理念的理解。其主要特征是：第一，法学话语体系的形成是以成熟的法学理论特别是成熟的法治理论体系为基础的，可以说是法律和法治理论体系发展的高级阶段，理论的思考在这个阶段已经进展到理论的自主性。第二，法学话语体系的形成代表了一种价值和信仰体系在社会中的建立，体现了一种成熟的、得到普遍接受的、获得内在认同的法律理论和法治观念。第三，法学话语体系是以一个国家的法律文化（法治文化）和民族语言的形式体现出来的。法学话语体系的建构既要立足于我们自身的法律现实生活的语言，又要植根于法治现实生活的充分要求。

在世界范围内,法学话语体系的核心都是法理话语。话语体系的本质是争夺话语、制度和实践的“合法性”,而法理正是其合法性的根据和基础。纵观近代以来各个国家、各个时期法学话语体系的构建或形成,无不以正义、权利、尊法等法理话语为先导、为基石。法理作为具有极高辩证力、号召力、感染力的概念和话语,在政治和法律生活中发挥着特殊的作用。用法理来争夺话语权已经成为政治“新常态”,甚至搞台独、港独的人也编织“法理话语”、大搞“法理台独”“法理港独”。

以正义话语为例。古往今来,关于“正义”的界说,聚讼纷纭、莫衷一是。“什么是正义”表面看来是一个纯粹的概念问题,但每一个看起来中立的答案都藏着其内在的价值倾向、文化背景、社会意识形态。佩雷尔曼曾引用一位哲学家的话说:“正义,在各种名义下统治着世界自然、人类、科学、良心、逻辑、道德、政治、经济、政治学、历史、文学和艺术。它是宗教的实质,同时又是理性的形式,是信仰的神秘客体,又是知识的始端、中间和末端。”无论正义被赋予怎样的解释,无论这种解释有多么“远离现实”,它终究还是现实的产物,必然被规定在时代、地域、经济、政治、文化的特殊结构中。从人类历史上看,无论是新秩序的支持者,还是旧秩序的维护者,人们总是凭借法理来支撑特定的正义话语,将自己拥护的社会制度和行为称为公正的。哪怕是在战争中,“正义”话语的争夺也是显而易见,甚至成为战利品的一种表征。中立的调停者呼吁公平正义,产生冲突的双方声称维护正义,“正义”凝结着每一方的共识,“正义”也扮演着每一种法理的伪装,“正义之战”不过是“法理之战”的代名词。甚至那些政变的发动者,也无不是在“正义”的名义下进行的。这也说明在复杂的政治实践中,“正义”语词本身并不是焦点,语词背后的概念以及对概念的法理阐释,才是决定语词之本质、反映实践之性质的关键。

再以权利话语为例。近代以来,人类社会快速迈向权利时代,权利备受关注和尊重,权利话语得到彰显和张扬,权利问题正以几何级数的速度增长。在权利时代,抽象的权利概念衍生出许多新的具体的权利问题,例如,从人身权衍生出生育权、亲吻权、贞操权、悼念权等;新的经济社会关系要求在权利家族中添列新的成员,新兴权利与日俱增;人的权利还没有从根本上解决,动植物的“权利”、机器人的“权利”已被提上日程;法学家们刚刚否定自然法学派的“自然权利”的概念,却又不得不以“人生而俱来的权利”“人作为人应当享有的人权”等观念和学说为人的生存权、生命权、人格权、财产权等基本权利辩护(证成);法律权利与“道德权利”“习俗权利”,国内法的权利与国际法的权利等“权利”形式交织在一起。“权利”已经不仅是法学词汇,而且延伸至社会生活的各个方面,成为一种信手拈来的日常话语，人们越来越习惯从权利的角度来理解社会问题，“拿权利说事”，越来越急于把自己的利益和主张上升为权利、标榜为“人权”，越来越在意将权利自身视为某种“权力”。在这种情况下，权利范畴的研究不断汲取着法理的营养，法理对权利范畴的解释力、论证力更加凸显，法理的讨论占据了权利范畴研究的核心，法理的力量直接决定着权利话语的力量。

实际上，我们与世界其他国家特别是与西方争夺法学、法律、法治的话语权，本质上就是争夺法理话语权。例如，我们主张变革全球治理体系和治理规则，推动国际关系合理化，举的就是民主、法治、正义、和平、发展、共商、共享的法理旗帜；我们要维护和拓展国家海洋权益，妥善应对海上侵权行为，维护好我国所辖海域的海上航行自由和海洋通道安全，借助的就是“合法权益”“习惯权利”“历史权利”等权利话语，而权利话语更有赖于“深化涉海问题历史和法理研究”的学理支撑。将范畴研究对接法理研究，不但标记着法学理论的逻辑推进，还有利于法学话语的养精蓄锐，满足国家话语权的需求。

（四）以对接满足良法善治

法学范畴和法理研究对接是实现良法善治的内在需要。世界上有各种模式的法治，中国古代的法治总体上是君权之下的法治，是“法术势”的合治，甚至表现为工具主义的严刑峻法，西方近代法治基本上是以立法权、行政权（执法权）、司法权的“分权与制衡”为标配，以“形式合法性”“程序正义”为要义的形式主义法治。在改革开放新时期，尤其是中国特色社会主义进入新时代，中国共产党在反思古今中外各种法治模式的基础上，提出“法律是治国之重器，良法是善治之前提”“以良法促进发展、保障善治”“把社会主义核心价值观贯穿立法、执法、司法、守法各环节，使社会主义法治成为良法善治”。这是对中国特色社会主义法治作为形式法治与实质法治相统一的法治模式的精辟定型，即中国法治作为现代社会主义法治，不仅应当是形式上的法律之治，更应当是实质上的良法之治。这种形态的法治同现代社会的制度文明和政治文明密不可分，它意味着对国家权力的限制、对权力滥用的防范控制、对公民权利和自由的平等保护等；意味着立法、行政、司法以及其他国家活动必须服从法治的一些基本原则，如人民主权原则、人权原则、正义原则、公平合理且迅捷的程序保障原则等；意味着国家维护和保障法律秩序，但必须首先服从法律的约束；意味着人民服从法律，但法律必须建立在尊重和保障人权的基础之上。

良法善治的精神实质和核心要义集中凝结在“法理”概念之中，因为法理凝聚了法的价值、法的美德、法的传统、法的通理、法的公理等，法理也呼应着法的理论、法的实践、法的历史、法的精神。可以说,“法理”是良法善治的晶体,良法善治是当代中国法理体系的精髓。把法学范畴研究与法理研究对接,必将校正法治实践的价值指向,引领中国法治朝着良法善治的方向健康发展。只有把法治领域的范畴研究与法理研究联结起来,把全面依法治国和法治中国建设夯实在国际社会公认的现代法治概念和法理信念的基础上、建立在马克思主义法治概念和法理信念的基础上、建立在中国特色社会主义新时代法治概念和法理信念的基础上,才能通向良法善治的光明大道,才能获得人民的信仰、参与和支持。

(五)范畴研究与法理研究的多重对接

范畴研究与法理研究对接是中国法学走向科学化现代化的必由之路。那么,如何实施对接呢?

一是与“法理研究行动计划”对接。我在法理研究行动计划的启动会议上,提出当前和今后若干年法理研究有十八个方面的重点领域和数十个课题。其中主要的论题包括:“法理”概念研究,新时代中国法理体系(核心法理、基础法理、具体法理等)研究,法理的载体或存在形式研究,法理在理论与实践中的意义和功能研究,中国传统法学和法律文化中的法理,西方法学和法律文化中的法理,西方法学之外其他国家法学和法律文化当中的法理,马克思主义经典作家有关法律和法治论述中的法理,法治实践中的法理、生活中的法理、案例中的法理,各部门法领域(宪法、刑法、行政法、民法、商法、经济法、环境法、社会法、军事法、国际法、诉讼法等法律部门)的基本法理,法治各领域、各环节的基本法理,法理思维的本质及其与法律思维和法治思维的关联研究,中心主题与基石范畴的关系研究,如何理解法理中国及其与法律中国和法治中国的关系,关于法学与哲学、文学、伦理学、文化学、经济学、社会学、心理学、思想史等的交叉学科中的法理研究,互联网、云计算、大数据、人工智能、基因工程等现代科学技术理论与应用中(特别是与法律、法治、法学的交汇处)的法理或法理议题,等等。这些论题覆盖理论和实践的不同领域,是蕴藏着丰富法理要素的资源宝库和生产场域。法学范畴研究首先要从这些方面与法理研究对接,以致融为一体,产生一大批新时代法理概念、法理命题、法理论述。

二是范畴研究方法与法理研究方法的对接。科学研究的方法数不胜数,总体上看可以分为两种:一是分析,二是综合。分析的方法着重于先验概念的逻辑演绎,更偏重概念到概念的必然性,是数学性的方法;综合的方法着重于经验的归纳,更偏重于命题到命题的可行性,是实验(实践)科学的方法。相应地,法学研究的方法也表现为两类:一类是逻辑,另一类是经验。逻辑的方法强调从抽象上升至具体，强调法学概念的体系性；经验的方法强调从具体现象到法律原理的抽象，强调法学命题的现实性。范畴研究的方法从根本上说以语义分析和逻辑推演为主，而法理研究侧重文化的、价值的、跨学科的方法，更广泛地包容了经验性的方法。但是，这两种方法不是隔绝的，更不是对立的。从我国法学知识谱系的形成过程来看，我们最初接受的法学基本范畴更多移植于苏联和西方法学，因而法学核心概念明晰化、具体化、体系化是重中之重，以“权利”“义务”为基本范畴建构我国法学知识体系，便成为法学研究的重要方法。而随着法学范畴研究的深入，尤其是随着中国特色社会主义法律体系的形成，法学理论面临着从保守走向开放、从建构解释走向反思论证、从逻辑走向实践的跨越。一方面，法学概念和范畴的语义分析方法更加重要、更值得深入下去，以完善法学范畴体系和法学知识体系，对法律法治实践具有更强的解释力；另一方面，具有资源和价值包容性的法理研究必须更加开放地吸收经验性的方法，从古今中外的人文社会科学资源中、从法律法治的实践运行中，发现、提炼、表达、阐释法理。于是，范畴与法理的对接具有重要的方法论意义，它是分析与综合、逻辑与经验、形式与实质、建构与反思的统一，这种统一不是对真理的放弃，不是不讲原则的妥协，实际上是法学走向成熟的表现。

所以，两种方法的对接必将使法学研究呈现出新的视角、新的维度、新的深度，必将引发对传统法学概念的重新解读。我赞同舒国滢教授提出的“法教义学的灵魂是法理”“法教义学的出路(发展)也在法理”的理论判断。舒国滢教授倡导的法教义学是以法理为基石的法教义学，与某些可以概括为“实用主义”“形式主义”“工具主义”“法条主义”的法教义学不同，他的法教义学，其对象不限于法律条文、法律规则、法律案例，而是包括法理、法的精神、法律文化、法律经验等。也正像耶林所言：“法学就是在法律事物中的科学意识。这种意识，必须往法哲学的面向发展，以便探究现实世界法律之起源与效力所赖以成立之最终基础。”从范畴意识迈向法理意识，从范畴研究向法理开放，不是对科学的放弃，而是对科学本身更加科学的尊重。

三是也是至关重要的一条，即“权利本位”与“法理中心”的对接。实现法学范畴研究与法理研究对接，权利研究无疑是一座桥梁，它生动地体现了法理话语与概念逻辑的连接。就此而言，主张把范畴研究与法理研究对接起来，其核心要义就是把“权利本位”与“法理中心”结合起来，构建以权利为本位、以法理为中心的新时代中国法理学。

“权利本位”的含义在于把权利作为法学的基石范畴和法治的逻辑起点，它的本质是尊重人的主体性、满足市场经济和民主政治的现实需求。“法理中心”的含义在于把法理作为法学成长的根本动力和良法善治的价值根基,它的本质是推动社会全面进步、促进人的全面发展,满足人民对美好生活的向往。从实践的层面看,社会全面进步、人的全面发展是人之主体性的最大限度发挥,人民对美好生活的向往是市场经济、民主政治、社会正义、生态文明的全方位进步,因而“法理中心”是“权利本位”的最高级和最优态。因而,“法理”是“权利”的升级版和智能版。而从价值的层面看,“权利”“权利本位”更偏重于以人身权、人格权、财产权为代表的自由(自治)价值,“法理”“法理中心”则全面囊括了秩序、文明、公正、效率、安全、人权等人类共同价值,“法理”“法理中心”是“权利”“权利本位”的科学化和现代化。

“权利本位”与“法理中心”的并轨,意味着“权利”范畴的研究必然要超越西方法学范畴定式,以中国问题为导向、以法治实践为聚焦、以兼容并包为姿态,建构彰显中国特色、符合时代趋向、面向中国法理的现代化权利话语。它还意味着法学基本范畴的研究必须要跳出古典自由主义的意识形态,以马克思主义法学思想为指导,从实践中积累范畴研究的要素和方法,从法理上探求范畴研究的科学之途。所以说,“法理中心”对接“权利本位”,将在一定程度上促进中国法学理论自信、中华法律传统自信、中国法学家共同体自信,对创新法学理论、构建中国特色法学体系无疑有着进步意义。“权利本位”与“法理中心”的并轨,还戏剧性地体现出1988年“法学基本范畴学术研讨会”与2018年“法学范畴与法理研究学术研讨会”的历史汇合,是中国法学科学化与现代化的逻辑契合。

行文至此,我们对2018年这场“法学范畴与法理研究”学术研讨会便有了更加明确的定位、更加清晰的认识、更加美好的祈盼。看起来,这场会议是站在当下而回首过往法学走过的风雨历程,纪念1988年燃起的激情、持续的能量、留下的感动。而细品之,这场会议却载着沉甸甸的厚重历史,散发着法学思想的时代气息,预言着法学中国的伟大前程。或许我们难以捉摸它将打开怎样的未来,但我们确实难忘它刻画的每一寸时光、它聚光的每一处亮点、它流过的每一个脸庞。我们在新时代亲历的这场会议,是一场思想与修辞的激情交会,中国法学四十年的厚积薄发出势不可当的理论能量,研讨会为法学思想火光的绽放提供了契机、释放了空间。我们要感谢所有发言人、评议人、致辞人等思想的创作者和传播者,表达我们对崇高思想的敬仰,对完美修辞的钦佩。我们要感谢全体忙前忙后的会务人员,表达我们永恒难忘的感动。我们还要感谢法律出版社的领导和编辑,感谢他们以如此动人的方式篆刻下的《思想与修辞》,我想,这既是一个真实的记录,也是一个动听的传奇。

开幕式

【主持人】

蔡立东

【致辞人】

杨振斌

徐显明

张文显

李　放

信春鹰

张乃根

齐海滨

李　淳

主持人／蔡立东

法学博士，吉林大学法学院院长、教授，中国法学会法学教育研究会副会长、网络与信息法学研究会副会长，吉林省法学会副会长。

尊敬的各位领导、各位嘉宾，大家上午好。

在这花木葱茏的北国之夏，我们相聚在美丽的长春，相聚在吉林大学，共同梳理中国法学研究法学教育的理路，共同谋划中国法学的美好前景。欢迎大家莅临法学基本范畴与法理研究学术研讨会。

本次会议由吉林大学法学院、吉林大学全面依法治国研究中心、浙江大学法理研究中心、吉林大学理论法学研究中心、《法制与社会发展》杂志社、《当代法学》杂志社共同主办，受主办方的委托，由我主持研讨会的开幕式。现在，我宣布法学基本范畴与法理研究研讨会开幕。

历史告诉我们，尽管法学研究和法学教育始终处于永不停歇的进步之中，但所有那些最具特色、最有生命力的成功之笔，往往产生于难得而又短暂的灵感勃发时刻，那些时刻之所以难得，就在于每个重要的时刻不仅需要酝酿的时间，而且需要点亮时刻的燃灯者。30 年前的此刻就是中国法学家一个难得的灵感勃发的时刻。在中国法学向何处去的时代关口，一批法学人以深沉的历史责任感和敢于担当的理论勇气劈开法学理论的迷障，阐明了权利义务理论，提出了权利本位思想，第一次以本土理论照亮了中国法治和中国法学的前行之路。透过泛黄的《当代法学》1988 年第 2 期的书页，我仿佛看到了法学前辈们以为万世开太平的豪迈慷慨陈词奋笔疾书的伟岸身影，也看到了法学前辈们因为发现法学理论宝藏解码中国法治基因而无法掩饰溢于言表的激动内心。今年是首届全国法学基本范畴研讨会 30 周年，又恰逢吉林大学法学学科创建70周年，在文显老师的推动和策划下，我们主办这次会议，不仅要总结权利本位思想的历史贡献，重温吉大法学的辉煌与荣光，更是要以法理为中心吹响我们迈向一流学科的号角。我们感谢各位专家对吉大法学曾经的关心和支持，我们也愿意与各位携手走进中国法学研究和法学教育的新时代。相信，与会专家的务实交流，能够激发创新思维，提炼法理共识，为中国特色社会主义法学理论的发展与繁荣作出积极贡献。

首先，请允许我介绍一下出席参与此次研讨会的嘉宾，他们是：吉林大学党委书记、全国政协委员杨振斌教授；全国人大常委会委员、全国人大监察和司法委副主任委员，中国法学会副会长、法理学研究会会长徐显明大检察官；江苏省人大常委会原副主任，中国法学会学术委员会委员、法理学研究会副会长，江苏省人大工作理论研究会会长，南京师范大学中国法制现代化研究院院长公丕祥大法官；吉林大学哲学社会科学资深教授、中国法学会党组成员、副会长、学术委员会主任，国务院学位委员会法学学科评议组召集人，教育部社会科学委员会法学学部召集人张文显老师；中国社会科学院学部委员，中国法学会副会长、学术委员会副主任、法理学研究会常务副会长、中国社会科学院法学研究所李林研究员；中国法学会学术委员会委员、法理学研究会副会长，上海交通大学人文社科资深教授、凯原法学院讲席教授郑成良教授；中国法学会学术委员会委员、法理学研究会副会长，上海交通大学凯原法学院讲席教授沈国明教授；中国法学会学术委员会委员、法理学研究会副会长，教育部高等学校法学学科教学指导委员会副主任委员，西南政法大学校长付子堂教授；中国法学会研究部主任李仕春教授。参加本次会议的代表有1988年法学基本范畴研讨会与会代表，来自国内外30多所高校和研究机构的法学各学科领域的法理研究专家。参加本次会议的还有来自新华社、《人民日报》、《法制日报》、《中国社会科学报》、《中国法律评论》等媒体的朋友们，来自法律出版社、高等教育出版社、法学研究编辑部、中国法学编辑部、中国大学教学编辑部等学术出版界的朋友们。吉林大学法学院、吉林大学理论法学研究中心班子成员也将全程参与本次会议。让我们以热烈的掌声欢迎各位领导和嘉宾的莅临。

首先，我们有请杨振斌书记致辞。

致辞人／杨振斌

工学硕士、研究员，吉林大学党委书记，中共十九大代表，全国政协委员。曾任清华大学党委副书记、教育部思想政治工作司司长、厦门大学党委书记。

尊敬的显明教授、公丕祥教授、李林教授，尊敬的文显老书记、各位专家和学者们：

大家上午好。

其实，刚才蔡立东院长主持的时候应该先介绍客人，这么多老专家老学者、这么多德高望重的专家，还有很多老教授。刚才，我陪显明老师往这一坐，显明老师就小声跟我讲，我们坐台上、老师坐台下，这样不太好。

受邀参加这一次"法学范畴与法理研究"学术研讨会，非常高兴。在此，我代表学校，也代表校长李元元院士，欢迎大家来到长春，来到吉林大学，同时我也代表学校对吉林大学法学院、吉林大学全面依法治国研究中心、浙江大学法理研究中心、吉林大学理论法学研究中心、《法制与社会发展》编辑部、《当代法学》编辑部等会议主办方表示衷心的感谢。举办这一具有历史意义的会议，同各位专家共同探讨法学范畴与法理研究，必将对我们学校的法学学科乃至整个社会科学的发展起到非常积极的促进作用。

我本身是学理工科的，所以我对法学确实是外行。下面我分两部分，一部分简单给大家报告一下学校的情况，我就脱稿说了，还有一部分是说学校的法学院和对我们30年前会议的评价，我就老老实实地按稿子念，如果不对，肯定是给我提供的稿子不对，不是我念得不对。

吉林大学地处东北，文显同志是我们的老书记了。我想把简单的情况给大家介绍一下。吉林大学是一个历史悠久的学校，因为我们是由六所学校合并，它的主干在老吉林大学，是我们党于1946年在东北成立的一个干部培训学校，2000年的时候有另外四所学校和吉大合并，2004年又有一所，这样总共是六所高校合并。据我所知，从2000年前后我们国家高等教育合并潮的时候起到现在，可能仍然还是吉林大学是全国高校当中合并学校数最多的。按照年代算，1904年的中国人民解放军军需大学的前身原来是满清政府所建的一个马医学堂，后来1949年刘邓大军挺进大西南的时候，整个学校就起义参加到了解放军的序列，成为我军部队一个最主要的培养兽医的学校，主要研究马匹，因为那个时候的机动作战部队没有机械化，主要是马。然后是

1939 年白求恩同志在晋察冀根据地倡导成立的一个卫生学校，这个学校后来就命名为白求恩医科大学。然后是 1946 年吉林大学，它最早是我们党在东北所建的一个专门培养干部的学校，再后来更名为东北人民大学。1952 年院系调整的时候，得到了党和国家的大力支持和兄弟高校的大力支持，它就很快地发展起来，后来更名为吉林大学。然后是 1947 年成立的长春邮电学院，是为东北战场培养密码人才的一个学校，以及 1952 年成立的长春地质学院和 1955 年成立的长春汽车拖拉机学院（就是我们后来的吉林工业大学）。可以这么说，坐落于在长春市的，我认为在全国比较有名气的高校一共有八所，除了我刚才提的六所之外，还有东北师范大学，还有长春光机学院，那么这八所比较著名的学校前面的那六所就合并组成了新的吉林大学，所以这六所学校在原来的各自行当里头都是排名比较靠前的高校，因此我认为，这所学校就是一个学科非常综合、在各个方面都比较好的一所大学，并且到目前仍然是全国高校人数最多的大学，我们的学生是 71000 人，也是学生人数最多的一个大学。

学校这些年发展非常快，在文显老书记打的良好的基础和前提下，这几年学校的发展非常快。社会上对我们吉大有两个错误的信息，我今天利用这个机会给各位做一个纠正。第一个错误信息是说吉林大学欠债很多，这个是流传了好多年的信息了，现在我可以告诉大家，我们确实有一段时间由于并校之后的发展和各种原因有些欠债，我们最高纪录是欠了 20 多亿元，有一年我们最高还息 1.93 亿元。这些年，在包括文显老书记他们当时的努力下，在有关部门和省委省政府的支持下，在我们自己的努力下，前年，学校党代会已经正式宣布我们全部还清了欠款。由于还清了欠款，经济状况略有好转，我们就比较大幅度地提高了教师的待遇，尤其是提高了高端人才的待遇。而且由于我们现在有一点点存款了，我们把钱放到银行，银行也会给我们付息，现在一年银行给我们付息是 8000 万元，就这样里外里有近 3 亿元。应该说钱永远没有够花的时候，但是也向文显书记报告，比您那会儿日子还是好过一点。所以，应该说我们欠款帽子没有了，现在应该还是进入一个更好的循环了。也正因为如此，学校提高了高端人才待遇，所以这些年在我们传统的事业留人、待遇留人、感情留人基础上，积极宣传黄大年精神，也以理想信念留人，所以学校这些年在人才引进方面也还是可以的。以前有一种说法，像吉林大学出走的人才已经是够再建一个 211 了，这个说法准确不准确，我没统计过，但是这几年下来，学校总体来讲人才发展还是比较快的。我们统计了一下，2014 年的时候学校的高端人才，我指的是国字号，就是千人计划、万人计划、长江学者等这种国字号，2014 年我们学校的这种高端人才总共是 80 多个人辞职，那么到现在我们是 290 多个人次，这样就是三四年时间净增了 200 多个人次，那么平均一年就净增 50 多个人次，那么这几年也有走的，但是最多我们统计下来也就三两个这么一个情况，每年净增 50 到 60 人次，所以现在从将近 80 人次到了将近 300 人次，态势仍然在保持着，所以现在也不能说我们是一个人才流失严重的学校了，因为人才走的情况哪个学校都有。当年我在清华，我也知道清华北大也有走的，我们现在基本上就说净增五六十位的态势在增加，所以说学校态势也总体向好。另外，我们学校最近也总结了三种颜色作为我们的精神支柱，一个是我们是党创建的一所学校，有红色基因；一个是我们有白求恩的精神；一个我们有黄大年的精神。这一红一白一黄三种颜色就是我们的精神支柱，所以现在学校总体发展态势还是比较好的。我们不完全看重各种排名，但是，若大家注意观察一下各种排名，无论国际国内的各种排名，吉林大学位次上总体都是在稳中有升的这么一个态势。所以，我们也有这个决心，在各位专家的大力支持下团结协作，相信将来学校会进入一个更好的状态。

吉林大学的法学教育和研究从 1948 年就开始了，法学学科是吉林大学办学伊始就有的学科，也是我们学校的高峰学科与传统的优势学科。从创办至今，在风雨兼程中，它从未中断过办学，延续着新中国法学教育的血脉，在人才培养和科学研究方面取得了举世公认的成就。2017 年吉林大学被认定为一流大学建设高校之后，法学学科作为学校申报的一流学科，获得了教育部“双一流”建设专家委员会的批准。另外也顺便向各位报告，今年的 9 月 8 日是我们吉林大学法学院成立 70 周年，所以到时候我们也会举行盛大的纪念和庆祝的活动，也欢迎各位专家届时再来学校参加我们的活动。

30 年前，1988 年 6 月在长春召开了法学基本范畴研讨会，与会学者普遍认为权利和义务是法的核心内容，并提出以权利和义务为基本范畴建构我国的法学理论体系的理论主张。此后，学者们进一步提出在权利和义务这对基本范畴中，权利是更根本的范畴，是法学的基石，并对此进行了充分的论证。法学界把这种观点和理论标识为“权利本位论”。这种权利本位思想引领了中国法治和中国法学 30 年，构成了中国改革开放总体走向的法学背景。从历史的角度来看，如何高度评价这一思想都毫不为过。今天，在座的张文显教授、郑成良教授、徐显明教授被称为吉大法理的“三剑客”、权利学派的重要成员及其组成的学术共同体，成为法治中国的重要贡献者，也亲身推动了吉大法学的发展，亲眼见证了吉大法学的辉煌。70 多年来，吉大法学学科一直秉持“开拓创新、励志图强”的校训，薪火相传，砥砺奋进，积极参与法治中国建设，法学学科在双一流建设过程中，以新时代中国特色社会主义法学理论体系的创新发展为引领，坚持以权利为本位、以法理为中心，推动基础学科转型升级。新兴交叉学科的培育可以推出重大工程、重大活动、重大项目、重大成果，着力于中国特色社会主义法学理论、当代中国政治文明和法治文明、中国特色社会主义司法理论与实践、现代科技与法制创新等领域的深入研究。在文显教授的带领下，吉大法学人正以百倍的热情积极投身于一流学科的建设，在新的历史时期正在开启伟大的新征程。法学学科群成为一流学科群，不仅对于吉大法学院意义重大，对于吉林大学同样意义重大，学校将不遗余力地推动支持法学学科的创新发展。刚才提到今年我们法学院建院70周年的院庆，这不仅是吉大法学回顾往日辉煌凝炼办学传统的时刻，也是吉大法学夯实自信、迎着新时代的朝阳再出发的时刻，法学学科将建设目标定位于新时代中国特色社会主义法学理论体系的创新发展这一中心，而体系的创新发展又有赖于基本范畴的总结。因此，经过30年的发展，在新时代重新梳理法学范畴，既有历史回顾的意味，更是不断前行的，我们非常希望并且预祝这次会议如同30年前的会议一样，也成为一次标志性的会议，足以载入中国法学和中国法治的史册。吉林大学和我们的法学学科的发展离不开诸位专家既往的大力支持，也期望各位专家能一如既往地继续关注、关心吉林大学法学院的发展。而说起这30年前的盛会，刚才会前几位专家还说好不容易找到一张照片，好不容易又找到一张照片，可见这种会议的珍贵。我建议今后就不一定30年开一次，有个10年就开一次，咱们现在纪念30年，再过几年纪念35年、纪念40年，我们都非常愿意欢迎各位随时到吉林大学来。

我到长春已经快四年了，我觉得东北吉林是一个充满活力的非常好的地方，一年四季都是好风光，欢迎各位朋友各位教授到这里来。我总结了一下，我觉得东北这个地方一年四季都好，你来长春、来吉林，可以冬看万里雪飘，秋赏层林尽染，春观嫩芽初绿，夏沐凉风习习。这两天温度算高的，在长春人看来已经是热得不得了了，但是对我们南方人来说，还是非常凉快的，所以这个地方是个好地方，欢迎大家！预祝会议圆满成功！谢谢！

主持人

谢谢杨书记。特别感谢杨书记对法学学科发展的大力支持。现在我们有请徐显明教授致辞。

致辞人／徐显明

法学博士，全国人大常委会委员、全国人大监察和司法委员会副主任委员，中国法学会副会长、法理学研究会会长，教育部高等学校法学学科教学指导委员会主任委员，国家教材委员会专家委员会委员，教育部社会科学委员会法学学部委员。

尊敬的母校的领导杨振斌书记，各位领导，各位老师：

大家上午好。回到母校，很是激动，因为我在这儿度过了七年最有意义的人生时光。

今年这个年份很特殊，不仅是马克思200周年诞辰，也是共产党宣言发表170周年，还是日本明治维新150周年。150年前，西方的法理学传到了东方，没有日本对法理学的概括，没有他们创造了700多个我们今天须臾离不开的汉字概念，像法律、宪法、立法、司法、人权、权利、义务、物权、革命、干部、经济等的话，也可能就没有我们今天的法理学。

早在一百多年前，穗积陈重在写《法窗夜话》的时候就已经把法学的本质揭示出来了，法学是什么？法学就是权利之学。这是这本书留给我最深刻的印象。一百年过去了，法学的本质改变了没有？没有！此外，今年还是世界人权宣言70周年。7月18日我参加了在武汉由中宣部和中国人权研究会与中共湖北省委宣传部共同主办的"改革开放与中国人权事业的发展进步"研讨会，会上我讲了世界人权宣言对我们今天社会进步的意义，没有世界人权宣言，可能就产生不了我们今天要回顾和肯定的中国权利学派。

刚才吉大杨振斌书记说今年是吉林大学法学院成立70周年。这个历史时刻对今天有何意义？吉大法学院前身乃东北行政学院司法系，它是我们党于1948年在沈阳创立的。所以我们党亲手设立的第一个法学学科就是吉林大学的法学学科，比人民大学的法学学科建立还要早两年。这个红色法学资源值得我们今天认真去挖掘和利用，它留给我们的宝贵经验是：中国共产党早在中华人民共和国成立前就已经懂得法治人才对治国理政的重要性了。

今年还是改革开放40周年，没有改革开放，就没有我们30年前的研讨会，所以今天我们的会议最重要的还是回顾纪念30年前的这场盛会。

30年前的研讨会开辟了中国法学研究的新纪元，也寻找到了我们法理学研究的新起点，这个起点我认为它是一个逻辑起点，在这一起点上，法理学找到了自己应该研究的对象，从此，法理学走向了科学。所以今天的会议应该是向历史这一起点致敬的一个会，也是向法理学经典范畴致敬的一个会，更是向这一历史时刻创造者致敬的一个会。对我个人来说这还是向母校致敬、向老师致敬的会。在台下坐的马新福老师，曾经给我们上过辅导课，今天老师在台下，我们在台上，很有些不好意思。

奥地利大学的创新学派代表人物熊彼特最早提出了创新的概念，那么创新意味着什么？创新意味着从旧价值向寻找新价值的转变。创新里边有科技创新，有理论和思想创新，有制度创新，有文化创新，有实践创新。这些创新当中我认为最难得的是思维创新，而思维创新当中处在前提条件的应该是寻找新的逻辑起点。我们 30 年前关于法学基本范畴的研讨，就是寻找到法理学的新的逻辑起点。

逻辑起点找对了，就找到了正确的创新路径。讲几个寻找逻辑起点比较成功的例子。

前几天丁肇中教授到山东大学做演讲，我有幸于五年前在瑞士他家里与之一起生活过三天。我观察他三天，最后得出结论：他是寻找逻辑起点的大师。丁教授获得诺贝尔奖是寻找到了新的逻辑起点，现在进行的暗物质的研究也是在寻找新的逻辑起点。人的肉眼能够看到的物质只不过是全部物质的 4% 左右，剩下的 96% 是我们看不到的，看不到的物质就被称作暗物质。如果暗物质能够找到的话，就有可能会产生很多颠覆性的结论，不仅人类的能源问题可以获得解决，我们的意识来源、我们为什么会产生感应、感应是不是物质刺激的结果？甚至意识是不是物质的等，这些问题都可能获得新的解决认识。日本探索暗物质的途径是从地下寻找，钻一个深入地下两千多米的洞来探索，韩国也是这样。我们中国是在四川打了一个横洞，进去 20 多公里也在寻找，但是都没有找到。所以丁肇中想了一个办法，能不能制作一个能够捕捉到暗物质的仪器，把它发射到超静的太空当中去寻找？这就是他发明的阿尔法磁谱仪，搭载美国航天飞机的最后一个航班送到了国际空间站。这个故事告诉大家，当你在其他地方不能获得突破的时候，你需要改变逻辑起点。丁肇中寻找暗物质在思维上的一个重大变化，就是重新确立了新的起点，这是一个思维创新的伟大案例。

第二个案例我想讲一下教育。我在山东大学任校长的时候，我想在青岛设立山大新校区，怎样说服国务院的领导同意呢？用逻辑起点作为切入点。山东大学 1958 年从青岛搬到济南以后，状况是每况愈下，怎样能够实现它的振兴？我打了一个比方，山东大学现在是在一个斜坡上，山东大学像一个巨大的铁球，是全日制在校生过 6 万人的这么一个巨大的铁球，怎样防止它再继续下滑？一直努力防止斜坡下滑是治标不治本，必须改变思维，跳脱出斜坡。如果这个铁球不是放在斜坡上，而是放在平坡上，情况会怎样？我们用相同的力，这个铁球就不再是往下滑，而是往前走。所以领导就问我什么叫斜坡，什么叫平坡？我的回答是，山东大学如果继续在济南办学，就是在斜坡上，我们用尽了所有的力量，它还要下滑。改成平坡就一个办法，就是恢复在青岛办学，山大历史上的两次全国之最和历史辉煌，都是在青岛时期创立的。所以国务院领导最后同意山东大学在创办新的办学模式上先行先试。因此后来才办成了我们山东大学的中国式大学系统——多地区办学，即山东大学（济南）、山东大学（青岛）和山东大学（威海）。这就是具有创新性的中国式“加州大学系统模式”，这一创新说到底是思维创新也即是逻辑起点创新。

第三个案例是政治案例。党的十八大之后，习近平同志并不像先前我们党的第一代、第二代等领导人那样，治国理政从经济入手、从改革开放入手、从社会建设入手，而是从管党治党入手，他的治国理政的逻辑是：治国必治党，治党必从严，他把管党治党和从严治党作为伟大工程，作为“四个伟大”之首，习近平同志找到了治国理政的新的逻辑起点。

思维逻辑起点的改变可以用于法理学。30 年前这场讨论我认为也是改变了逻辑起点。在这场讨论之前，法理学的逻辑起点是阶级和阶级斗争，所以那个时代的法学可以称作阶级斗争法学。30 年前的研讨会上，当确立权利义务作为基本范畴之后，我们就寻找到了法理学的新的逻辑起点，这个逻辑起点改变了我们的法理学的研究对象，也改变了法理学的研究方向，使我们走出了一条今天的法理学的道路。

今天纪念这个历史的时刻的同时，我想今天参加会议的人都应该在思考面向未来，我们法理学要不要再寻找新的逻辑起点，如果要找的话，超越权利义务的新起点应该是什么？

我想有几个特殊的概念，也应该成为我们今天法理学的基本范畴。比如十八届四中全会决定确立的法治体系能不能成为我们新的逻辑起点？再如十九大报告当中，在新的社会主要矛盾之下，人们对民主法治、公平正义、安全、环境的需求能不能找到一个总括这六个方面的总概念，如果能找到的话，法治是不是就是一个总概念？所以面向未来，我想我们还要继续创新。法理学不变的主题就是创新。在面向未来的时候，如果我们找到新的逻辑起点，法理学应该实现“五化”。

第一，学理化。叙述事情不是法理学的使命，阐述法理才是我们的安身立命之本，把法的内部关系、法和外部诸事物间的关系科学地表达出来就是我们的法理学，探求规律与公理是法理学存在的根本逻辑，所以学理化应该是我们未来的一个方向，而不是叙事化，也不是过程化。

第二，本土化。我想我们法理学应该到了实现本土化历史阶段了。我们有那么多的优秀的本土资源，能不能把中华法制文化最优秀的部分创造性地转化，创新性地发展，创造出我们自己的话语体系。言必称希腊的历史已结束，言必称美欧的历史也应当尽快结束。本土化应该是法理学的发展方向。

第三，大众化。如果我们提炼的这些核心概念能够为人民群众所掌握的话，中国法治的力量就是无穷的，以在今天能不能出现一个大众法理，就像 20 世纪 40 年代大众哲学的出现一样，法理学一旦为人民所掌握，我想中国法治的动力会发生质的变化，像法律至上、法律面前人人平等、尊重和保障人权、维护公平正义、良法善治、法不禁止即自由、公权有限、限制公权、权利神圣，这些基本理念应普及为大众公理，用大众公理推动形成法理社会。所以大众化也应该成为我们法理学努力的一个方向。

第四，实践化。我们的所有研究应该变成法治的实践，理论是实践的先导，没有正确的理论就没有正确的实践。法理学应对中国的法治实践具有引领性。法理学价值的大小，取决于它在多大程度上能满足社会实践的需要。学理源于实践，又高于实践，才能指导实践，才可向实践转化。

第五，现代化。法治现代化一直是近代以来中国法学的核心命题。时代乃思想之母，法理学不能落伍于中华民族伟大复兴的时代，也不能落伍于世界法治发展的历史潮流。我们要敢于像雄鸡一样，倡首先鸣，不断叫响时代的最强音。

面向未来，如果有这“五化”作为我们新的起点和方向的话，中国法理学对中国法治所做的贡献就将是无与伦比的。最后，预祝会议圆满成功，谢谢大家！

主持人

谢谢徐老师。我想，徐老师刚才讲的寻找新的逻辑起点和法理学的“五化”将为我们的法学发展又提供一个新的动能。最后，我们有请文显老师致辞。

致辞人／张文显

哲学博士，吉林大学哲学社会科学资深教授，浙江大学文科资深教授、法理研究中心主任，中国法学会副会长、学术委员会主任，国务院学位委员会法学学科评议组召集人，教育部社会科学委员会法学学部召集人，中央马克思主义理论研究和建设工程咨询委员会委员，国家教材委员会委员。

尊敬的振斌书记，显明、丕祥、李林、景文、成良、国明教授，各位专家、各位同志：

上午好！在大家的共同支持和努力下，“法学范畴和法理研究”研讨会如期召开。

我代表中国法学会学术委员会、教育部社会科学委员会法学学部，向与会的专家朋友们表示热烈欢迎和衷心感谢，对研讨会的胜利召开表示热烈祝贺！

作为本次研讨会的主要策划者，我为本次研讨会确定三个主题词，即"纪念""深化""对接"。

纪念：就是纪念1988年由吉林大学法律系和吉林省社会科学院法学研究所发起召开的全国法学基本范畴研讨会30周年。30年前的法学基本范畴研讨会是具有历史意义的会议，其重大意义有四个方面：第一，增强了中国法学界的范畴意识、理论意识、体系意识。法理学、宪法学和各部门法学都高度重视法学范畴研究，召开了一系列法学范畴研究的讨论会、座谈会，发表了数千篇有关范畴的专题论文，由此推进了中国法学的概念化、科学化、体系化。第二，促成了法学研究范式的变革，法学研究范式的变革意味着一种研究范式被另一种研究范式所代替，亦即一个概念范畴体系被另一个概念范畴体系所代替，而这往往是由概念范畴的革命所引起的。长春会议之后，权利本位论逐步地发展为一种新的法学范式，推进了法理学研究的变革。第三，推进了法律观、法制观、法治观的升华，从以罪和罚为核心的法律观到以权利和义务为核心的法律观，从义务本位的法制观到权利本位的法治观，催生了法治现代化理论，对中国法治领域的变革产生了强大的推动力量。第四，助推了法学和其他学科的学术对话，以前法学与其他学科的对话能力很低，是因为我们没有自己的概念体系因而也没有自己的话语体系，法学基本范畴研究推动了我国法学范畴体系、理论体系、话语体系的建构，从而提高了我们的对话能力，提升了中国法学的话语权，同时也促进了中国法学与国外法学的学术交流，我国学者有关权利义务等概念的研究成果在国外学术界得到了比较广泛的承认。仅就这四个方面而言，1988年的长春会议就值得纪念、值得传承。所以，我们这次会议的首要目的就是纪念30年前召开的法学基本范畴研讨会。

深化：深化法学范畴研究。理论和实践的发展亟须深入开展法学范畴研究。第一，1988年以来，特别是党的十八大以来，法治建设和法治改革实践在中国特色社会主义法治道路上全面推进和拓展，新情况、新经验、新观点话语需要有新的范畴去概括、去凝练，例如，法治中国、法治体系、法治社会、法治军队、法治政府、法治改革、法治思维、法治道路、司法责任制、良法善治、于法有据等，这些都是随着法治实践的发展而出现的新概念、新范畴，需要我们认真地去分析研究。第二，1988年以来，中国法学学科在发展，特别是新兴学科、交叉学科不断兴起，诸如法政治学、法经济学、法伦理学、比较法文化研究、人工智能法学、计算法学、数据法学、法律与文学、法律与艺术，新兴学科交叉学科的出现必然带来大量的新概念、新范畴，诸如环境权、数据权、信息权、被遗忘权、转型正义等；也必然需要凝练出新的概念和范畴，去指引法学新兴学科、交叉学科的发展。第三,法学方法论的发展使法学研究呈现出新的视角、新的维度、新的深度,诸如法教义学、社科法学、文化历史学,法学方法论的进步引发对传统法学概念的重新解读,例如对“礼法”“德政”“德治”“仁政”“人治”等都需要重新解读;对西方法学的一些概念范畴也需要进行必要的审视。我认为,在深化概念范畴研究的过程中,有的概念范畴将被净化、有的被增容、有的被重新解读,也有更多的概念范畴有待于我们精致化、逻辑化。

对接:本次会议把范畴研究与法理研究放在一个主题之内,体现了主办方大力推进两个研究对接的设想。这种对接有客观的必然性和必要性。一是法理就是一个法学的基本范畴,法学的基本范畴有很多,法律、法治、法理可以说是最基础、最具统领性的范畴。从法律到法治再到法理,体现了法治现代化和法学科学化的实践逻辑、历史逻辑和理论逻辑的一致性。二是法理研究与其他范畴研究是相辅相成、相得益彰,法理赋予了其他法学范畴的人文意蕴和科学精神,揭示了其他范畴的时代意涵,可以说,是法理范畴润养着其他法学范畴使它们更具理性和德性,更具有真善美的思想要义。很难想象,在当代中国,没有法理的元素和涵养,其他的法学概念范畴会是什么样。同样,其他法学范畴的深入研究也必然会丰富法理范畴的内涵,使法理范畴更具认知基础和实践基础。三是法理研究的范围十分广泛,深入的法理研究在每一个领域都会牵引出更多的范畴,或者说,可以帮助法学家发现和提炼出更多的新范畴。四是通过法学范畴研究与法理的对接,促进以权利为本位向以法理为中心的法学理论跃升,对中国特色法学体系的构建无疑有着进步意义。

各位专家,为了使本研讨会获得预期的目标,我提议,本次会议的学术规范为:开放(论域是开放的)、自由(思想、言说是自由的)、多元(方法是多元的)、求真(目的是纯粹的,以真理为本)。以此,为中国法学理论体系的创新发展,为加快构建中国特色法学体系,为推进社会主义法治现代化的进程,凝聚更多真理、更多智慧、更多共识。

谢谢。

主持人

谢谢文显老师精彩的致辞。文显老师的致辞阐明了本次会议的宗旨是“纪念”“深化”“对接”,本次会议的特点是开放、自由、多元、求真。我想,在文显老师的推动下,我们必将对法学产生新的理解、凝练新的范畴,势必能形成新的学科。让我们在文显老师的带领下,以法理为中心,揭开法学研究的新时代,再次感谢文显老师。此外,参加了1988年会议,因工作或其他原因未参加本次会议的部分代表也发来了书面致辞。他们是:吉林大学法学院教授、全国杰出资深法学家李放先生;中共十九届中央委员会委员、全国人大副秘书长、机关党组副书记、吉林大学法学院校友信春鹰教授;复旦大学张乃根教授;华东师范大学齐海滨教授;深圳市国浩律师事务所合伙人李淳先生。另外,与会的高其才教授也是参加1988年范畴会议的代表,组委会特别向高老师表示由衷的敬意。

现在,我宣布法学范畴与法理研究学术研讨会开幕式到此结束。请大家移步到B座合影留念,铭记这一重要的历史时刻,让中国法学研究在30年后再次深深地烙上2018年长春印迹。

图片来自网络

电话致辞/李　放

吉林大学法学院教授,全国杰出资深法学家。

法学范畴与法理研究学术研讨会各位专家:

我今年90多岁了,因病在外地,不能应约参加本次盛会,谨以下面只言片语书面致辞。

三十年前的法学基本范畴研讨会给我留下的印象是深刻而难忘的,老中青三代法学学者集聚长春,就如何开展法学基本范畴研究、如何提炼法学的核心范畴、如何以核心范畴为基础构建法学范畴体系,进而推动法学理论体系重构,进行了深刻的学术讨论。每个人都是自由平等、畅所欲言,人与人之间的交流讨论是那么真诚、那么由衷,所以会议产生了丰硕的成果。那次会议之后,法学范畴研究和法学理论变革呈现出繁荣发展的景象。我虽然年事已高,不能亲自参与和推动法学范畴研究的深化,但看到年轻学者的高水平研究成果,甚为高兴!希望这次会议继往开来,进一步推动法学范畴研究,推进范畴研究与法理研究的互动,为新时代法学繁荣做出新的贡献!

书面致辞/信春鹰

中共十九届中央委员，十届、十一届、十二届、十三届全国人大常委会委员，全国人大常委会副秘书长、机关党组副书记。

图片来自网络

法学范畴与法理研究学术研讨会各位专家：

大家好！

1988年，全国法学基本范畴研讨会在我的母校所在地长春召开。30年前，我作为一名参会的年轻学者，亲历了那个年代解放思想、勇于探索、百花齐放、学术平等的浓厚学术氛围，至今仍然历历在目。

那次研讨会围绕着“法学基本范畴”，特别是“权利”和“义务”这对基本范畴，进行了深入的探索、广泛的交流、真诚的对话，形成了“权利义务是法学核心范畴”的共识，推进了法学范畴体系和法学理论体系的建构，为中国法学特别是法理学的科学化、现代化做出了历史性的贡献。所以，那次会议值得我们永恒地纪念，它的成果值得我们不断巩固和发展，会议精神和会风也值得我们发扬光大。

由于公务繁忙，很遗憾不能参加这次盛会，不能和三十年前的老朋友们追忆学术往事、再叙学术情怀，也失去了与诸多学者分享“深入开展范畴研究、推进法理研究”之心得的宝贵机会。谨以此信作为一个书面的简单致辞。

最后，预祝研讨会圆满成功，并请接受我对各位最美好的祝愿。

书面致辞／张乃根

法学博士，复旦大学法学院教授、复旦大学知识产权研究中心主任，中国国际法学会常务理事、中国国际经济法学会常务理事、中国高校知识产权研究会学术委员会副主任、中国法学会国际经济法研究会副会长。

图片来自网络

法学范畴与法理研究学术研讨会秘书处：

首先，非常感谢吉林大学和张文显教授的邀请！因复旦大学在先安排暑期留学生课程，无法与新老朋友们相会，希谅解！30 年前，我有幸参加在长春举办的法学基本范畴研讨会。我记得，这应该是继重庆法社会学之后召开的，接着又在北京开了法经济学研讨会。这些在 20 世纪 80 年代末三次法理学界的盛会，尤其是法学基本范畴研讨会，为近三十年中国法理学的发展奠定了基础。当年的与会者很多已成为目前中国法学界特别是法学理论界的顶梁柱。重温历史是为了未来取得更大进步。我当年的参会论文是关于德沃金的权利哲学，这构成后来拙作《西方法哲学史纲》“当代篇”的部分内容。朋友们也了解，近二十年，由于工作需要，我主要研究国际法，但是，当年的法哲学研究为深入研究国际法理论打下了基础。我为曾与大家一起探讨学术、受益终生而感到由衷高兴，并希望今后继续得到帮助。祝本次会议圆满成功！

书面致辞／齐海滨

法学硕士，华中师范大学教授。

图片来自网络

法学范畴与法理研究学术研讨会秘书处：

大家好！

我很希望能参加这个非常有纪念意义的会议，然而很遗憾我得到消息时已无法变更暑假行程和机票了。我委托会议学术联系人丰霏向主办方转达了我的感谢、遗憾和祝贺。在会议即将召开之际我收到张文显教授的短信，嘱我写个致辞或寄语。仓促受命勉为其难，却之不恭受之有愧。

三十年前的这个重要会议，是在当代中国社会转型过程中留下深刻轨迹的重大学术史事件。对它的学术检讨和评价允我告免，我相信与会者们将要做好这件事。而作为当年的与会者之一，允我提供一点有关的回忆细节，或使各位年轻学者借以透过理论概念而稍许感触到这一事件的生命温度。1988 年 6 月在吉大法学院召开的“法学基本范畴研讨会”，是主办方自 20 世纪 80 年代中期酝酿已久的一项学术活动，我和朋友们在参与这一筹备过程中把它叫作长春会议。法学界也有人以其引人瞩目的主题而称之为权利本位研讨会。会议是在当年 5 月下旬全国法理学（珠海）年会后召开的，我与《法制日报》评论部主任张宗厚在珠海会议后访问刚建省的海南，待辗转赶到长春时已迟到一天，而我又因连续旅途劳顿患了严重耳鸣，精神状态很差。即使这样，我仍可强烈感受到当时会场内外激动人心的学术氛围，即使在那样一个年代也是不多见的。

张文显、郑成良、杨春堂等主办方学者为研讨会取得如期的理论成果做出了巨大努力，我到会时虽已错过他们在第一天会议上的主旨发言，但是即便在后续展开的论证和争辩中，也让我非常惊喜于当代中国的法理学思维已经可以达到如此值得称道的水准，给予我在专业学术会议上很少得到的充分享受。会议也展示了专业的研讨方式和论争风格，持不同观点的与会学者开门见山单刀直入，在尖锐质询和激烈争辩中仍保持友好风度和相互吸引，完善和强化各自论证的同时也成功地提升了总体的讨论水平。还记得我刚赶到招待所登记入住，主张义务重心的张恒山就敲门而入急切地问我：“海滨你赞同权利本位吗？法律怎么可能是以权利为本位呢？”随即不容我稍歇便展开长篇论述，其纯真的学术态度令我感动。

会议结束归程航班中我与孙国华老师邻座，孙老师也和我作了一路的讨论，记得我们由维辛斯基法律理论而延及斯大林大清洗运动的历史逻辑，孙老师句句沉重意味深长。尽管手头缺少可依凭的资料，但我有根据判断这个会议是在 6 月上旬，因为我连续外出开会错过儿子的生日，中国大百科全书法学卷编辑张遵修老师建议并陪同我到邮局特别给儿子拍了电报。我在会议结束一年后出国，1989 年秋季在波士顿大学做访问学者时曾接到临时访美的文显兄电话，知道他们仍在尽可能以各种方式继续进行着未完成的讨论，而我也依然密切关注，拜托国内的朋友和学生选取有代表性的文章复印下来寄我。1990 年我在耶鲁读书时曾选修著名教授 Coleman（科尔曼）的法哲学课，结课论文我写的就是当代中国关于法律基本范畴的这一场学术论争，我自认因时间仓促英文又不好写得词不达义，交上去后难免惶恐，却万没想到竟获得 A 评分。

耶鲁法学院的课业考试成绩教授很少给 A,我把这个极不寻常的 A 当作给予我的朋友们在那个不平凡年代所做的出色学术工作的专业评价。

卅年往事,白云苍狗。几年前我在上海交大拜访刚从校领导职位退下的郑成良教授,席间我问成良:“不用说三十年来中国有了翻天覆地的巨大改变,那么在你看来,以我们当年曾为之努力的预期而言,这个改变与期待相比是有过之还是有不及,或者大体相符呢?”成良沉吟有顷,作了一个两分式的回答。我以为他回答得恰到好处,应该也符合当今大多数社会成员的经验常识。

图片来自网络

书面致辞/李　淳

法学硕士,国浩律师事务所创始合伙人、执行合伙人、首席合伙人,深圳市律师协会第五届、第六届会长,广东省律师协会第八届副会长,中华全国律师协会律师发展战略委员会副主任。

法学范畴与法理研究学术研讨会秘书处:

收到了张文显老师的邀请函,才意识到,自己也曾为学者,也曾研究过基础理论课题,也曾有过一定的学术地位和影响。那一年,我三十一岁,时任吉林省社会科学院法学研究所副所长、副研究员。而“法学基本范畴研讨会”就是由吉林大学法律系和吉林省社会科学院法学研究所共同主办的,研讨会就在我们社会科学院主楼的二楼会议室召开,我是这个研讨会的秘书长。谢谢张文显老师有心、有意、有情。从今天的视角来看,30 年前的那次对法学基本范畴的讨论,对法学、对法律、对法治,都意义重大和意义深远。

第一单元　法学范畴研究与新时代中国法学

【主持人】

张文显

【报告人】

徐显明

公丕祥

付子堂

舒国滢

高其才

沈国明

於兴中

【评议人】

李　林

马新福

主持人 / 张文显

哲学博士，吉林大学哲学社会科学资深教授，浙江大学文科资深教授、法理研究中心主任，中国法学会副会长、学术委员会主任，国务院学位委员会法学学科评议组召集人，教育部社会科学委员会法学学部召集人，中央马克思主义理论研究和建设工程咨询委员会委员，国家教材委员会委员。

尊敬的各位领导，各位嘉宾，老师们，同学们，大家上午好。受会议主办方的委托，由我来担任大会报告第一单元的主持人。第一单元的主题是“法学范畴研究与新时代中国法学”，这一主题蕴含着双重使命：一是回味三十年来法学基本范畴研究的丰硕成果，追忆法学从幼稚走向成熟的艰难求索；二是感悟新时代中国法学理论崛起的力量，展望法学基本范畴研究的远景前途。法学范畴研究推动了中国法学的成长，中国法学的发展趋势也预示着法学范畴研究的未来。

本单院的报告人，既有参加第一次法学基本范畴研讨会的资深法学家，他们见证了中国法学从幼稚走向成熟的30年风雨历程，又有在法学范畴研究中颇有心得、在新时代理论与实践中均有建树的中青年法学家，他们砥砺了中国法学在时代春风中不断奋进的步伐。他们是徐显明、公丕祥、付子堂、舒国滢、高其才、沈国明、於兴中。下面有请第一位报告人徐显明教授，他发言的题目是“习近平新时代中国特色社会主义法治思想”。

报告人 / 徐显明

法学博士，全国人大常委会委员、全国人大监察和司法委员会副主任委员，中国法学会副会长、法理学研究会会长，教育部高等学校法学学科教学指导委员会主任委员，国家教材委员会专家委员会委员，教育部社会科学委员会法学学部委员。

习近平新时代中国特色社会主义法治思想

党的十八大之后，习近平总书记在治国理政的逻辑起点选择上，我认为有重大创新。党的十八大之后,伟大斗争、伟大工程、伟大理想、伟大事业,治国理政先治什么?从经济入手?从社会公正入手?从文化振兴入手?都不是,习近平总书记选择的逻辑起点是“治国必先治党,治党务必从严”。党的十八大之后,我们国家发生的根本性变化,找其中一个代表的话,就是从严治党。从严治党改变了我们国家,从严治党也推进了我们法治,这就是新的逻辑起点,与以往不同。总书记反复讲,党要管党、从严治党,“治国必先治党,治党务必从严”是逻辑起点的一个成功新范例。

文显教授要求我在这个单元的演讲中对总书记的法治思想作一个概括,在 15 分钟之内,要把总书记的法治思想讲清楚是很困难的,所以我只能把一些代表性的篇章和主要的观点,给大家做一个梳理。从 2012 年到今天,总书记关于法治的重要讲话有 15 个代表性的篇章。每一个代表性的篇章里面,总有几个非常重要的法学思想、法治思想。

第一篇讲话。2012 年 12 月 4 日,也就是现行宪法颁行 30 周年这一天,总书记在人民大会堂发表了重要讲话,这一篇重要讲话的核心思想是加强宪法的实施,所以宪法实施的思想是习近平宪法思想当中具有灵魂的部分。我们做了一下概括,从党的十八大以来到现在,加强宪法实施的重大举措有九项,这些举措都是党的十八大之前没有的。大家现在熟悉的,“国家宪法日”是十八届四中全会的决定确定下来的。“宪法宣誓”制度是 2015 年 7 月 1 日第十二届全国人民代表大会常务委员会第十五次会议上通过的《全国人民代表大会常务委员会关于实行宪法宣誓制度的决定》上确定的。全国人大常委会的一项职权——特赦——的激活,是在 2015 年中国人民抗日战争暨世界反法西斯战争胜利 70 周年之际完成的。新中国成立以后有五次特赦,那五次特赦都是对战犯的特赦,而对刑事罪犯进行的第一次特赦是这一次。“辽宁拉票贿选案”是运用宪法的方法解决的,全国人大常委会宣布通过贿赂当选的全国人大代表当选无效,然后为不能工作的辽宁省的人大常委会创造性地成立了一个工作机构——辽宁省十二届人大七次会议筹备组,作为临时性机构,代行省人大常委会部分法定职权。像这些措施都属于宪法的实施,所以宪法实施的思想是习近平重要的法治思想。习近平总书记强调,“全面推进依法治国,加快建设社会主义法治国家。实现这个目标要求,必须全面贯彻实施宪法”“全面贯彻实施宪法,是建设社会主义法治国家的首要任务和基础性工作”。所以习近平总书记的宪法思想是极其丰富的。

第二篇讲话。2013 年 2 月 23 日,总书记主持了十八届中央政治局的第一场法治讲座结束之后,发表了重要讲话。这一篇重要讲话有两个重要的法治思想:一个是依法治国、依法执政、依法行政共同推进,法治国家、法治政府、法治社会一体建设,这个思想应该称作“习近平加强全面依法治国顶层设计的思想”。在这篇讲话里,总书记表达的第二个思想是回答了什么叫“全面依法治国”。他说,全面推进依法治国,必须坚持科学立法;全面推进依法治国,必须坚持严格执法;全面推进依法治国,必须坚持公正司法;全面推进依法治国,必须坚持全民守法。这 16 个字是“新时代全面依法治国的总方针”。

第三篇讲话。2013 年 11 月 12 日的下午,也就是十八届三中全会结束的当天,总书记发表了重要讲话。十八届三中全会的主题是“全面深化改革”,全面深化改革有三个重点领域,其中一个就是深化司法体制改革。这篇讲话讲了全面深化改革的总目标,这给全面司法体制改革指明了方向。这篇讲话中和总书记的法治思想有关的有两个观点:第一个是“凡属重大改革要于法有据”,重大改革于法有据,是习近平非常重要的法治思想,解决了改革和法治之间的关系。过去人们总认为改革就要突破法律,总书记改变了逻辑起点,凡改革先要立法,“先立后破,有序进行”。这里有五部曲:第一步,重大改革的设计和立法的设计相衔接,要同步完成。第二步,通过人大做决定的方式授权在某个领域某个地区进行改革试点。第三步,把改革所形成的经验向人大常委会作出报告,概括出成功的地方。第四步,把可复制可推广的经验重新上升为法律,修改一般的法律。最后一步,根据新通过的法律在全国推行。这就叫“重大改革于法有据”。改革和法治是“鸟之双翼、车之双轮”,改革和法治要相互促进,用法治来引领改革、保障改革、规范改革,用改革来推进法治、完善法治,这就是改革和法治之间的辩证法。这篇讲话中的第二个思想就是制度建设的思想。我们的全部改革最终要瞄向一个制度,全面深化改革的总目标是完善和发展中国特色社会主义制度,推进国家治理体系和治理能力的现代化。推进现代化永远是一个过程,凡被称作“化”,它就是一种趋势,它就是一个运动过程,它是没有止境的。所以推进法理学的现代化就应该包含在推进国家治理体系和治理能力现代化之中。

第四篇讲话。2014 年习近平总书记在法治方面有四篇重要讲话。第一篇是 2014 年 1 月 7 日,讲的第一个问题是和法治有关的政治问题。第一项就是党法关系,要处理好党法关系,所以这里我们把它概括为“一二三四”,已经写在十八届四中全会的决定当中了。一是党的领导是社会主义法治的根本保证。二是“两个必须”,第一个必须,社会主义法治必须坚持党的领导;第二个必须,党的领导必须依靠社会主义法治。第二句话社会上现在认识还不够,但是这两个必须是辩证法、是同时的。三是“三统一”,第一个“统一”,把依法治国的基本方略和依法执政的基本方式统一起来;第二个“统一”,把党总揽全局协调各方和人大政府审判检察以及政协机关依法依章程履行职责、行使职权统一起来;第三个“统一”,把党领导立法和保证法律实施与党也在宪法法律范围内活动统一起来。这叫作“三统一”,是处理党、法和政权三者关系的基本原则。最后还有一个是“四善于”,“四善于”是党处理和法治之间关系的四门艺术。

第一,要善于把党的主张通过法定程序上升为国家意志,这就是党领导立法;第二,要善于把党组织推荐的人选通过法定程序成为国家机关的领导人员,这是解决党管干部的问题;第三,要善于通过国家机关实现党对国家和社会的领导,这回答了共产党执政是在政权之内还是在政权之外的问题,表明是在政权里执政,所以党政合一、党政只有分工而不能分开的思想已经包含于其中。最后一个,要善于运用民主集中制来维护中央的权威、维护全党全国团结统一。民主集中制既是政治原则、宪法原则,也是法治原则,所以这叫作共产党处理和法律之间关系的四门艺术。最后要落在这四句话上——党领导立法、党保证执法、党支持司法、党带头守法,这是第一组关系。第二组关系是党的政策和法律之间的关系。我们的法律就是党的意志、党的主张和人民的利益、人民的意识共同的集中体现。第三组关系,要处理好维稳和维权之间的关系。维稳的本质是维权,维权是维稳的基础。这是总书记两句非常有名的话,解决了“人民内部矛盾用人民币解决”“花钱买稳定”“摘定就是稳定”这些不正当的法治理念、政法思想,这些观念都要用总书记的法治思想去纠正。第四组关系,要处理好社会秩序和社会活力之间的关系,法治很重要的一个目标就是要激发社会活力。最后一组关系,要处理好民主和专政之间的关系。这篇讲话里边有大量的法学创新,像司法的本质是判断,司法权本质上是中央的事权,司法的功能是定分止争就是权力制约公权,像这一系列判断,我认为都是创新,这是 2014 年的第一篇讲话。

第五篇讲话。也是 2014 年第二篇讲话,是 4 月 15 日,现在这是一个国家的法定日子,已经在《国家安全法》里定下来了,叫“国家安全教育日”。这一天总书记概括了他的总体国家安全观。总体国家安全观要处理好五组关系。第一组关系,发展和安全之间的关系。发展是安全的条件,发展是安全的基础,我们越发展国家越安全,解决中国所有问题的关键就是靠发展。第二组关系,要处理好传统安全和非传统安全之间的关系。现在对我们的政权构成威胁的不是传统安全,更多的是非传统安全。第三组关系,要处理好国土安全和国民安全之间的关系。在国土安全上没有余地,但最终要落在国民安全上。第四组关系,要处理好自身安全和共同安全之间的关系。要把自身安全和共同安全协调起来。最后一组,要处理好内部安全和外部安全的关系。维护国家安全还有一个外部安全的问题。这就是要处理好的五组关系。总体国家安全观中每一个具体安全有不同的地位。在这次会议上总书记讲了 11 个安全,现在又增加了几项,形成了“11 + N”的一个体系。总书记用五句话来表述国家总体安全观。第一句话,以人民的安全为宗旨。总体国家安全观是人民的安全观,在任何时候都不能侵犯人民的利益。第二句话,以经济安全为基础。这句话总结了人类近百年以来的经验。第三句话最关键,要以政治安全为根本,一切都是围绕着政治安全展开的,它是最根本的。第四句话，以国防安全、社会安全、文化安全为保障。最后一句话，以促进国际安全为依托。我们决定不了世界上哪个地方安全不安全，但是我们是国际安全的促进力量。这就是总书记讲的五个安全，是国家安全观中最核心的五句话。

第六篇讲话。2014 年的第三篇讲话是 9 月 5 日，在庆祝人民代表大会成立 60 周年的时候，总书记发表的重要讲话。这篇讲话讲了人民代表大会制度对中国政治发展道路的意义，我们讲党的领导、人民当家做主、依法治国这三者要有机统一。这篇讲话的一个重大的理论贡献是，明确了人民代表大会制度是实现三者有机统一的根本制度安排，回答了我们政治上的一个重大理论问题。“三统一”到底统一在哪里？这篇讲话告诉大家就是要统一于人民代表大会制度。

第七篇讲话。2014 年最后一篇讲话是 10 月 23 日，十八届四中全会结束的那一天，总书记发表了重要讲话，这篇重要讲话中有三个核心思想：第一，法治是人类有史以来最好的治国理政的方式，这是总书记的一个重要判断；第二，提出了建设中国特色社会主义法治体系的概念，这是一个原创的概念；第三，坚定不移地走中国特色社会主义法治。

第八篇讲话。2015 年总书记有两篇重要讲话，第一篇是 2 月 2 日，在中央党校省部级主要领导干部学习贯彻十八届四中全会精神全面推进依法治国专题研讨班上的讲话。这篇讲话中的第一个思想，在中国全面依法治国，要抓住领导干部这个关键少数。第二个思想，要把过去的“学法尊法守法用法”这个顺序颠倒过来。领导干部如果不尊重法律，他也不可能学法，他也不可能守法，他也不会去用法，所以要把尊法放在第一位。第三个思想，讲了什么叫法治思维，总书记概括了四个方面：第一，要尊重法律、尊重程序，就是我们法学界讲的规则之治的程序。第二，要牢记职权法定，要知道权力是从哪里来的，要知道权力的界限。第三，要知道权力拿来是做什么的。我们权力是拿来保护人民群众的权益的，把法治的目的解释清楚了。第四，要知道权力都是要接受监督的，所以要把权力装进制度的笼子里。这就是总书记关于法治思维的四个定义。这篇讲话中还讲了若干重大问题，像“党大还是法大”的问题是一个伪命题，因为这个命题无论得出什么结论来，都会落到别人的陷阱里，但是权大还是法大是个真问题，是个科学问题，总书记的结论是法律比权力要大，要奉行宪法法律至上。这是 2015 年的两篇讲话。

第九篇讲话。2015 年的第二篇是 3 月 24 日，在主持中央政治局关于司法体制改革讲座之后，总书记发表了重要讲话，讲话有三个要点：第一，司法体制改革要坚持正确的方向，一是党的领导，二是司法为民。第二，司法体制改革要坚持符合国情和遵循司法规律相结合。不能让我们今天的改革再成为未来改革的对象。第三，要紧紧地抓住提高司法公信力根本尺度。提高司法公信力是习近平总书记重要的法治思想。

第十篇讲话。2016年12月9日，习近平总书记又主持了一次中央政治局的法治讲座，主题是历史上的法治和德治。讲座结束之后，他的一些重要的法治观点，比如用八个字来概括法和道德的作用，“法安天下，德润人心”已经成为经典了。法律是成文的道德，道德是内心的法律，法律是调整行为的，道德是调整心灵的。法律和道德要相辅相成，相得益彰。这篇讲话最重要的是讲了我们为什么把中国特色社会主义法治道路的特色确立为依法治国和以德治国相结合讲清楚了，这是中国的传统经验，是中华优秀的传统文化，我们要继承有创造性的转化，要创新式的发展。

第十一篇讲话。2017年总书记有两篇重要讲话，第一篇是5月3日视察中国政法大学时的讲话。讲的第一个核心的观点，全面推进依法治国是一项长期而重大的历史任务，不是一蹴而就的。第二个重要的观点，全面做好法治人才培养工作。总书记说：“全面依法治国是一个系统工程，法治人才培育是其重要组成部分。”法治人才培养成为全面依法治国重要的一环，过去我们是讲四环，现在又增加一环。“法治人才培养上不去，法治领域如果不能人才辈出，全面依法治国就不可能做好。”然后告诉大家法学专业应该怎么办，法学教育要坚持“立德树人”，这是总要求，对法学专业来说还要“德法兼修、明法笃行”。

第十二篇讲话。2017年的另一篇讲话大家都熟悉了，就是10月18日习近平总书记在十九大上的报告。这篇报告讲法治有三个地方，第一个是讲“八个明确”的时候，明确了全面依法治国的总目标。第二个讲“十四个坚持”的时候，第六项就是讲坚持全面依法治国。第三个就是在安排今后的政法工作的时候专门讲了一段，标题就是深化全面依法治国实践。这篇讲话中最核心的观点有两个。第一个是提出了两个核心的法治理念。党的十九大报告里总书记讲法治理念只讲了两个，没有用等字，第一个就是坚持法律面前人人平等，第二个就是坚持宪法法律至上。这两个理念就是我们法治的最核心的理念。这在党的十九大报告中讲清楚了。第二个核心意思就是成立中央全面依法治国领导小组，现在这个小组已经改成全面依法治国委员会。这个委员会已经开始运作工作，要全面加强对全面依法治国的集中统一领导。这就是党的十九大报告里边涉及的法治思想。

第十三篇讲话。2018年总书记连续有三篇重要讲话，这三篇重要讲话都和宪法有关系。第一篇是今年的1月18日，这是十九届二中全会召开的时候，总书记就宪法发表讲话。第一个观点，宪法修改的基本考虑。为什么要进行宪法修改，总书记作了说明。第二个基本观点，此次宪法修改所坚持的原则。此次宪法修改坚持的四条原则，一一作了说明。对宪法作出了一系列重要判断，比如宪法是依法治国的总依据，宪法是中国共产党长期依法执政的总依据，这是两个新的创新性的判断。然后讲了宪法要修改的 21 个地方。这是一篇重要的宪法讲话。

第十四篇讲话。2018 年的第二篇讲话是 1 月 19 日下午，十九届二中全会结束的时候，总书记又发表了重要讲话，从八个方面提出要全面实施宪法，维护宪法的权威。

第十五篇讲话。2018 年第三篇是 2 月 24 日。总书记又主持了一次宪法讲座，讲座结束以后，总书记发表了重要讲话。这篇讲话讲了一个核心的观点，我们的现行宪法是历史逻辑、实践逻辑和理论逻辑的统一。

以上这 15 篇讲话，是习近平总书记从 2012 年以来到今年关于法治的全部讲座的内容。我给大家作一个梳理，把其中的核心思想提炼出来。总书记有非常丰富的法治思想，已经形成了一个博大精深的思想体系，这是我们法理学的指导思想，是中国法治道路的指导思想。学习习近平总书记中国特色社会主义思想，学习他的法治思想，要用联系的观点来学，要结合我们的实践，结合我们的工作来学，要从心灵上真正地理解悟透。

好，谢谢大家！

主持人

徐显明教授在法理学、法律史、人权法、东亚法等领域都有精深的造诣。今天上午，他对习近平新时代中国特色社会主义法治思想给出了权威的解读，让我们受益很深，也为本次研讨会明确了思想导向。再次对显明教授表示感谢。

下面有请第二位报告人公丕祥教授。

报告人／公丕祥

法学博士，南京师范大学教授，中国法治现代化研究院院长，中国法学会学术委员会委员、法理学研究会副会长、法学教育研究会副会长。

新时代的中国法理学

非常感谢文显教授的会议邀请，30 年前，我非常荣幸地参加了在长春召开的首届法学基本范畴研讨会，这是新时期中国法学的一次历史性的盛会。30 年后的今天，再一次受文显教授的邀请来到长春参加这次会议，这是中国法学界的又一次历史盛会，所以深感荣幸！

如果说30年前的首届法学基本范畴研讨会极其深刻地影响了改革开放历史新时期中国法理学的重构进程，那么30年后的今天，这次法学范畴与法理研究学术研讨会无疑是新时代中国法理学创新发展的一个标志性的重大的法学学术活动，必将产生广泛而深远的影响。在这里，我们对会议的成功举办表示诚挚的祝贺！

刚才，徐显明教授对习近平总书记新时代的法治思想作了精到准确的深刻阐述，听了以后很受启发。今年是当代中国改革开放40周年。40年前，1978年12月召开的党的十一届三中全会开启了中国改革开放的历史新时期，这是继1949年人民大革命胜利后的中国的又一次新的伟大社会革命。40年来，中国社会生活领域发生了前所未有的历史性变化。伴随着中国社会大变革进程的深入展开，当代中国法理学研究的理念更新、形态转换、空间拓展、原理阐释、方法创新、体系重构等诸多理论层面，日益焕发出蓬勃的学术生机和活力。

在全面依法治国进入新时代的历史条件下，推进新时代中国法理学的创新发展，建立和发展中国风格、中国气派的法理学话语系统的艰巨理论任务，已经历史性地摆在当代中国法理学工作者面前。习近平总书记强调，“社会大变革的时代，一定是哲学社会科学大发展的时代。当代中国正在经历着我国历史上最为广泛深刻的大变革，也正在经历着人类历史上最为宏大而独特的实践创新。这种前无古人的伟大实践，必将给理论创造、学术繁荣提供强大的动力和广阔的空间。这是一个需要理论而且一定能够产生理论的时代，这是一个需要思想而且一定够产生思想的时代。我们不能辜负了这个时代”。因此，对于当代中国法理学工作者来说，在习近平新时代中国特色社会主义法治思想的指引下，关注中国法治现实，思考中国法治问题，总结中国法治经验，进而在中国法治实践进程中逐渐形成具有鲜明的中国印记的法理学话语系统，这无疑是一个不可推卸的法学学术责任。诚如马克思所指出的，任何真正的哲学都是自己时代的精神上的精华，并且同自己时代的现实世界接触并相互作用；哲学家是自己的时代、自己的人民的产物，人民的最美好、最珍贵的、最隐蔽的精髓都汇聚在哲学思想里。作为以法的现象运动的普遍性规律和最一般的宏观问题为研究对象的法理学，无疑应当是法的时代精神的集中体现，或者说是自己时代的法的精神上的精华。新时代中国法理学的创新发展，必须悉心把握大变革时代所提出的重大的法治问题，深入探讨法理学领域的基本的法理问题，借以概括和表达法理学话语系统的崭新形态。文显教授近年来在推动中国的法理学研究方面提出一个著名的命题：“法理学是法理之学。”这的确是非常深刻的。法理学是法的现象的基本的逻辑原理，需要我们认真深入的开掘和阐释。

从法理学本体论来看,在法理学体系中,本体论具有核心的地位,它所探究的是一定的法的现象及其存在的根基。什么是法的现象的本体属性?这的确是一个古老而常新的课题,不同学派的思想家们总是力图通过艰苦的法学思维,来为自己的法理学体系寻求本体意义上的理论根据。按照马克思主义法理学的基本观点,法权关系"是一种反映着经济关系的意志关系。这种法的关系或意志关系的内容是由这种经济关系本身所决定的"。一定的法权关系是一定社会生活条件的法权要求,是社会经济关系的意志化形态,每一种法权要求都凝聚着满足一定社会生活需要的意志关系。因此,法的现象在本体意义上是社会主体在社会生活中所形成的法权要求。换句话说,一定社会关系的法权意志要求,是法权关系或者法的现象的本体。新时代中国法理学本体论的深厚的根据,就在于对大变革时代社会主体的法权要求及其意志关系进行深入的探究,加以类型化的逻辑建模,进而确立新时代中国法理学的历史的和逻辑的基石。

从法理学价值论来看,法的现象的价值分析意味着一定的社会主体对一定的法的现象的评价、选择以及价值取向,这种对法的现象的评价以及价值选择,反映了社会主体的价值判断,体现了社会主体的法的精神。在《德意志意识形态》中,马克思、恩格斯运用历史唯物主义法权原理,分析了偶然的个人与有个性的个人之间的差别,认为有个性的个人与偶然的个人之间的差别不是概念上的差别,而是历史的事实,在不同的时期,这种差别具有不同的含义。这个历史过程交织着生产力与交往形式之间的矛盾运动。在近代社会,个人自主活动与交往形式的矛盾发展到了尖锐的和普遍化的形式,马克思在《1857—1858 年经济学手稿》中试图将人与人之间的关系类型确定为法的现象历史差异性的价值尺度,遂而使法的现象的价值分析具有坚实的社会人类学的基础。从"原始的丰富"到人的依赖关系,从人的依赖关系到物的依赖关系,再从物的依赖关系到自由的个性,这一历史的和逻辑的行程深刻反映了法权文明成长的基本走向。由此,马克思认为,要用全面发展的个人来同受到物的关系支配的个人相对立,那种以交换价值为基础的人的关系,不过是在为个人的全面发展的关系创造条件;个人关系和个人能力的普遍性和全面性,不是自然的产物,而是历史的产物;这种社会生活表现为自由结合的人们活动的产物,这种新的社会关系也是服从于个人自己的共同控制的,从而为自由的个性之确证和自由人联合体的决定建立提供了可能。在新的时代条件下,坚持以人民为中心的发展思想,彰显了人民至上的价值取向;新时代我国社会主要矛盾的新变化,要求法治发展必须不断满足人民的法治新需求。因此,新时代中国法理学价值论的时代意义,就在于坚持人民主体地位,展示人的自主性和主体性规律，把增进人民福祉、促进人的自由而全面的发展作为法治发展的出发点和落脚点。

从法理学认识论来看，它要理解根源于一定社会生活条件的社会主体的直接社会权利要求上升为国家意志的过程，以及国家意志转化为社会成员的实际行为的过程。这显然是一个法的实践理性的问题。它所要探讨的是法的现象的应用和现有的关系及其转化的问题。一般来说，社会主体的权利要求是现实存在的，立法者并不能创造或者发明社会主体的权利要求，只是把社会主体的直接社会权利要求作为自己的认识对象，并且通过有目的的主观创造活动，把社会主体的权利要求上升为国家意志。在这个过程中，社会主体的权利要求在法律上得以记载，表现在有法律根据的规范体系。而法律的实现则把记载着社会主体权利要求的国家意志转化为人们的实际行为，转化为社会主体享受权利履行义务的事实上的法权关系。因此，新时代中国法理学认识论的历史天职，就在于植根于中国大地上生机勃勃的法治实践土壤之中，以法治实践中的主客体关系为逻辑主轴，深入探讨深化依法治国实践进程中的基本的法理问题，科学描述法治现象从必然性到现实性的逻辑行程。

从法理学功能论来看，这是一个基于法治现象为何、能否、何以满足社会生活需要的基本命题而展开的一种功能分析范式，涉及功能性质、功能取向、功能类型、功能状态、功能评价等诸多法理层面的问题，体现了法理学辩证法的内在的要求。不仅如此，法理学的功能范式还要从时间和空间有机统一的逻辑视角，关注现代民族国家主权范围内的国家法治和区域法治之间的互动关系格局，既着眼于国家主义立场上的国家发展与国家法治的运动趋向，又认真对待区域主义视野下的区域发展与区域法治的内在机理，进而揭示法治发展进程的多样性统一的基本法则。当下中国正处在一个深刻的社会转型过程之中，发展和法治这一重大的法治命题，鲜明地彰显着大变革时代社会转型发展的法治需求。因此，新时代中国法理学功能论的基本的理论任务，不仅是对于发展与法治之间关联的深刻阐释，深入分析新时代的中国法治现代化在实现什么样的发展、为何与如何实现新发展类型的时代进程中的功能定位，充分展示法治对于平衡且充分的高质量发展的鲜明的目标指向，而且要在遵循国家主权一元化和国家法制统一性原则的前提下，着力探讨区域发展不平衡规律和区域法治发展不平衡规律的理论内涵和实践取向，坚持国家法治和区域法治的协调发展，坚定地走出一条反映中国法治国情特点的自主型的法制现代化道路。

从法理学方法论来看，这是一个关于如何认识法的现象运动规律性的各种方法的有机体。它不仅强调法理学的每一个概念、范畴和原理都必须建立在丰富的实证材料之上，只有从现有的客观关系出发，才能说明一定的法的现象必然由当时存在的关系所引起；而且强调要重视科学的理论抽象，通过思维的抽象力，善于对法的现象加以辨证的分析和辨证的综合，进而深刻把握法的现象的基本逻辑规定性。在新的时代条件下，中国法理学体系的重构问题已经或者正在提上重要的学术议程，文显教授牵头正在实施的法理研究行动计划反映了大变革时代的法学需求，所以体系构造的方法论选择问题就愈益迫切。因此，在这里我们要回到马克思关于从抽象上升到具体这一形成和建立理论概念体系的辩证法方法论原则，这是科学思维“所专有的方式”。这一方法论原则的核心要义就在于，“抽象的规定，在思维行程中导致具体的再现”，从而构成“许多规定的综合，因而是多样性的统一”。所以，这种方法“显然是科学上正确的方法”，对于重建新时代中国法理学话语系统是不可或缺的。

总之，新时代的中国法理学领域的基本命题、基本问题和基本法理确乎面临着一种批判性的反思。这需要当代中国法学工作者立足新时代中国法治现代化的伟大实践，深入研究全面依法治国进程中的基本的重大法理问题，系统地表达新时代中国法治发展的一般原理和基本规律，或者叫基本的法理逻辑以之来重构具有鲜明中国风格的新时代法理学体系，回应大变革时代法理学创新发展的理论挑战，满足新时代全面依法治国、全面提升法治文明的理论需要。

以上发言不当之处，请各位批评指正。谢谢大家！

主持人

刚才，公丕祥教授从马克思主义法学原理、法学的方法论和认识论出发，立足中国新时代的历史方位和基本国情，对新时代中国法理学的历史使命、发展方向、路径定位进行了深刻的阐述。我们再次感谢公丕祥教授。

下面有请第三位报告人付子堂教授。

报告人／付子堂

法学博士，西南政法大学校长、教授，中国法学会常务理事、学术委员会委员、法理学研究会副会长、法学教育研究会副会长，教育部高等学校法学类专业教学指导委员会副主任委员。

1978—2018：走向实践的中国法理学

非常荣幸，今天能够参加纪念法学基本范畴研讨会30周年这样一个重要而有意义的学术活动；非常不幸，1988年没能赶上参加那个盛会，当时我还没有拿到硕士学位，但后来一直在学习这次研讨会的成果。

首先，请允许我代表西南政法大学，对当年参加那次研讨会的学者们表示敬意！

昨晚，我认真拜读了1988年第3期《当代法学》。当年提交研讨会的论文共20篇，其中11篇论文的作者今天都到会了。当年那期《当代法学》封三“编后记”里有一句话：“参加研讨会的有来自全国各地知名的法理学学者以及近五年来脱颖而出的部分青年理论工作者和法律工作者”。这些当年“脱颖而出的”青年学者们，今天已经是法学界的大家了！让我们一起鼓掌，对他们表示崇高的敬意！

我提交给这次研讨会的论文收在论文集二的第47页至67页，时间关系我就不照着念了。我只讲一下这篇论文的核心观点，即论文摘要的最后一句话：“如果说实践是检验真理的唯一标准，那么，1978年以来40年的中国法治实践，也正是检验中国法理学40年发展的唯一标准。”

从1978年到2018年，中国法治建设已经走过了40年风雨历程。在这40年中，中国法治建设取得了巨大成就，中国法理学也逐渐地从恢复、重建，走向发展、繁荣。毫无疑问，法理学学科是在改革开放的背景下恢复、发展起来的。

在这个过程中，逐渐跳出了中华人民共和国成立之初“苏式”法理学的影响，重构了中国法理学的研究体系，并经历了由移植西方话语、西方范畴到构建具有中国特色法理学的过程，中国法理学自身由此实现了从建构到实践的转变。实践化或者说走向实践，正是中国法理学40年的发展轨迹，也是中国法理学的未来走向。

关于中国法理学学科的恢复重建过程，具体表现在三个方面：一是法理学研究概念的界定，关于法理学或法哲学基本范畴的讨论在新时代肯定仍将继续进行下去，但随着进一步走向实践，在实践走向的指引下，完全可以实现相关概念范畴的定型；二是法理学研究组织体系的变迁；三是法理学研究论域的变迁。

改革开放之前，中国法理学的论域十分有限，法理学研究者们的志趣没有充分展现出来，主要是围绕国家与法的理论展开，对很多问题、很多范畴没有进行深入探索。

改革开放以来，尤其是在真理标准大讨论之后，法理学研究论域逐步发生了变化。随着法理学研究体系的变化，法理学的研究范围或者说论域逐渐扩大。

20 世纪 80 年代中后期，关于法的本位、法的价值、法的精神、法制与法治等基本问题的学术讨论越来越多，尤其是 1988 年 6 月 6 日至 10 日在长春召开的那次法学基本范畴研讨会，可以说是中国法理学发展的一个里程碑，必将载入中国法学发展史册。

关于中国法理学的实践性问题。显明老师早在《中国法学》2008 年第 6 期就曾发表过一篇非常重要的文章，阐明了中国法理学的时代转型和精神进路，认为法理学的使命就在于为一个时代的法律生活建构深广的、一元化的理念世界，以之统摄和承载法律的有序运动；而能够支撑一个时代法律生活的法理，一定是与该时代的精神相契合的。

这实际上就是我们经常所说的“法的精神”，法是时代精神的一种体现。如果用一个词来概括我们法理学者改革开放 40 年来不负使命所作出的共同努力，这就是实践。

走向实践，不仅是中国法理学的使命，也是对“中国法理学向何处去”问题的最好回应。

“走向实践的中国法理学”主要体现在四个方面：一是法理学基本范畴及其实践互动；二是法律价值论及相关法哲学研究；三是法律方法论和司法中心主义——这一点主要是讲，自 20 世纪 90 年代以来，我国法学经历了从宏大叙事到微观论证的研究转换，而以司法为中心的法学研究取向正在逐渐超越以立法为中心的法学研究视角；四是法律社会论与法律的社会科学研究。

总体上看，改革开放以来中国法理学取得了有目共睹的成就，当年大家曾说“幼稚的法学、贫困的哲学”等，现在客观地讲，不能再认为法学还是幼稚的。

回顾这 40 年的发展，中国法理学走出了一条通向实践的法理学之路。但是，这条实践之路尚未在学界获得广泛认同。今年的《法学评论》第 1 期上，有一篇青年学者的论文写得非常好，应当引起整个法理学界的高度警醒。这篇论文对迈向法理时代的中国法学提出了一些质疑。比如说，法理学在中国还存不存在？或者干脆得出了一个论断，就是中国法理学已经死亡！我们要理性地看待这些问题。一方面，这说明中国法理学事业后继有人、生生不息，青年学者正在后来居上，后生可畏；另一方面，回顾法理学40年的发展,虽然取得了一定的成绩,但确实还必须反思自身的问题。要从不同的角度,反思和回应质疑。

当然,我们必须坚定不移地沿着“走向实践的法理学”这条路继续进行深入研究,必须旗帜鲜明地坚持以马克思主义为指导,必须通过回归本土研究具体法治,必须通过包容开放等多种路径,夯实走向实践的法理基础,进而努力引领整个中国法学更好地走向实践。

为此,一要从移植西方到回归本土。这就是显明老师刚才提到的法理学的本土化问题。在推动中国法理学的实践转向方面,我们要承担起构建中国法治发展理想图景的使命,需要大家共同努力,融通古今中外各种资源,构建中国特色的法理学,或者说构建“中国文化特色”的法理学。

十几年前,有位中国法文化学者曾经提出过一个设想,就是能不能编一本法理学,其中一个西方的引注都不要?他把这叫作“中国文化特色”的法理学。但是,任务非常巨大,至今确实难以完成,需要大家共同努力。

二要从左右之争到包容开放。习总书记说,只有以我国实际为研究起点,提出具有主体性、原创性的理论观点,才能构建具有自身特质的学科体系、学术体系、话语体系,我国的哲学社会科学才能形成自己的特色和优势。因此,走向实践的法理学,与其他哲学与社会科学一样,也应当立足于中国的实际,研究中国的问题,努力形成中国特色的法理学学科体系、学术体系和话语体系。

三要从宏大叙事到具体法治。要把法理作为中心主题,引领和倡导部门法学接受法理学的研究成果,研究如何发现、如何提炼法理。今天拿到的论文集《法理学复兴之道》中,十几篇论文写得都非常好。走向实践的中国法理学不仅要求法理学自身走向具体法治,而且还应该以法理引领整个法学研究。只有走向具体法治,才能使中国法理学迎来一个走向实践的新时代。

四要从注重研究范式到注重研究方法。习总书记2017年5月3日讲话,专门就法学的发展提出了具体要求,指出法学学科是实践性很强的学科,没有正确的法治理论引领就不可能有正确的法治实践。法理学作为哲学社会科学的重要组成部分,必须坚持以马克思主义为指导,提炼出标志性的概念、范畴,力求形成为国际社会所理解和接受的新概念、新范畴。只有如此,才有可能让外国人接受我们中国的法理学研究成果,才有可能让部门法学的学者认可和自觉接受、运用法理学的研究成果。

总而言之,按照习总书记对哲学社会科学的指示,要按照立足中国、借鉴国外、挖掘历史、把握当代、关怀人类、面向未来的思路,在指导思想、学科体系、学术体系、话语体系等方面,充分体现中国特色、中国风格、中国气派。中国法理学的发展也应当以此为目标,努力展现其实践性。

走向实践的法理学,必须坚持中国问题导向,以中国特有的问题为立足点,以更为具体的研究方法,在实践中发现法理,从而展开新时代中国特色法理学的发展之路。

主持人

付子堂教授的发言主题非常鲜明。我理解,走向实践的中国法理学,既是对40年来的一种描述,更是对未来的一种规范。在实践中出生,在实践中成长,回应实践需求,汲取实践的滋养,这是中国法理学的发展之路,也是必由之路。那么,我也回应一下子堂教授,可否把"走向实践的中国法理学"与"走向法理的中国法理学"有机统一起来,共同为法治中国提供学理支撑?谢谢子堂教授。

下面有请第四位报告人舒国滢教授。

报告人/舒国滢

法学硕士,中国政法大学法学院教授、法学院教授委员会主席,中国法学会法理学研究会副会长。

从法学范畴的讨论看中国法学的走向

感谢大会给我这次发言的机会。1988 年的法学基本范畴的研讨会,在法学思想界引起了一场有关权利本位、义务本位和阶级斗争法学的大争论,对中国法学的发展确实起到了极大的推动作用,带有法学理论之强烈震波的效果。以吉林大学张文显教授为代表的团队给整个法学界提供了一种了不起的精神滋养。

我想谈的问题,可能更多的是一种反思:中国法学到了今天,面临着发展的"瓶颈",或者是一个十字路口,我们该怎么走?

刚才几位大咖都谈到了中国法学特别是法理学的前景,大家的感觉基本上都是乐观的,讲到"四个自信""中国特色"。而我个人的感觉,其实中国法学面临着一种抉择,即再往前该怎么走的问题。

我最近十年来一直在做西方法学的知识谱系的梳理工作,我想知道当下中国所继受的这一套法学知识在历史上是如何形成的、怎么来的？它遇到了什么样的知识挑战？西方法学家在历史上是怎么解决这些问题的？

我想通过自己的研究为中国法学的未来发展找到一个路径,希望我们在面临同样问题的时候,不至于走那么多的弯路。

但是就我个人看,自清末修律以来一直到现在,中国一直在争论,在讨论,在选择,我们的法学家像一群没有目标的鱼,面临着彷徨困惑,在不断地冲撞“无知之幕”“无知之网”。直到今天,这样的争论其实仍然没有结束。

最近几年,整个法学界比较激烈的有影响的争论有:民法学上,人格权编要不要入民法典的问题;刑法学上,关于犯罪构成论是“四要件”还是“三阶层”的争论,包括犯罪行为的“行为无价值”和“结果无价值”的争论;法理学界有关“社科法学”与“法教义学”之争。这些争论的背后其实就隐含着刚才我谈到的问题:实际上,我们并不知道当代中国法学所处的知识背景到底是什么？当下的中国法学家并不太清楚我们自己真正在做什么,我们需要什么样的知识？甚至,“法学”这个概念在中国已经变成一个混乱的概念,每个人都讲自己在研究法学,但是要知道,包括我们台上刚才讲话的这些大咖们所理解的法学可以说是完全不同的。我们现在面临的最大问题是“法学是什么?”

这个问题并不简单,这直接决定中国法学未来走向。这个问题真正需要比较严肃的研讨会来研究讨论。如果今天会议的主题换成“法学是什么?”或许可能更有意义。我们可以看到,当下很多学者在谈法教义学,但是法教义是什么,包括我的学生在内也写了不少文章谈这个问题,我都不太满意。原因在于,法教义学在德国也并不是完全清晰的概念。

中国学者参与这一场讨论的动机是什么,或者说什么触动我们要讨论这样的问题？我个人的观察是,争论本身伴随着我们中国法学,到现在也没有结束。但是大家不要忘了一个问题,争论容易陷入悖论。

苏格拉底的学生美诺,曾经提出来一个著名的悖论,叫作“美洛悖论”。在他看来,争论其实本质上没有意义,因为我们如果对问题很清楚,而且答案很清楚,我们就没有必要争论;如果我们对答案不清楚或者要寻找一个未知的答案,即在不知道要寻找什么样答案的情景下提问,其实也是没有必要的,原因在于我们不知道我们提出来问题的答案是什么,我们没有办法检验我们所不知道的问题的答案的正确性。

所以大家要清楚我们现在走到这样一个十字路口上,真正的问题摆在我们面前,我们面临着抉择，这是我个人的理解。比如民法，如果我们不选择德国的“学说汇纂体系”会怎么样？很多民法学者在做英美的私法研究，我并不是否认研究英美私法的重要性。但是，我们一定要清楚中国法学在形成自己的一套法学知识的过程中，必须选择什么样的法学知识模型作为基础，因为我们是后发国家，如果我们中国古代的律学在知识论上已经很发达、很成熟，我们就不需要学习、模仿西方的法学。

如果我们的马克思主义法学已经发展到在各个方面都达到了完全科学的程度，我们还要学习西方的法学吗？所以问题的根本还在于法学到底是什么，其实我们对这个问题并不是很清楚。

在我看来，法学本质上就是法教义学，这是第一点，但是为什么它叫法教义学，我们可以专门开研讨会讨论这个问题。第二点，作为教义学的法学，本身就是一门科学。但是，法学这门科学绝对不能被当作自然科学，也不能把它当成是一般的社会科学，它是一种特殊的学科，法学的形成比自然科学和社会科学更古老，它是独特的。

如果我们非要对它做归结的话，法学只能归结为人文科学。人文科学能不能叫作科学？它们研究些什么内容？这才是我们要回答的。我看到很多部门法学者，包括一些特别著名的部门法学者，对法教义学抱有鄙视的态度，这很大程度上源于他们对法学是什么的问题还是没有一个清晰的理解，故而导致对法教义学的误解。

所以我基本上持这样一种观点，刚才徐显明教授讲到法学要做到“四化”，后来又加上一个“现代化”，我觉得应该再加一个更重要的内容，即“法学的科学化”。法学不走向科学，我们就会失去竞争力。大家要知道，中国已经进入整个世界体系之中，我们的一只脚跨进来，但是我们的整个思想理论还远远地落在门外，根本就没有进入这个体系。未来的竞争，是思想和理论竞争。中国法学的竞争力在于它要能对中国自己的问题、本土的问题有更强的解释力，我们不能完全用西方的理论来解释中国的问题。

但是在这之前，我们必须要跨越一个阶段，即解决“我们的法律科学的知识从哪里来”这个问题，如果这个问题都思考不清楚，未来的 30 年到 50 年，我们还在那里争论道路问题，那么我们实际上就在耽误时间。我的看法是：中国法学未来的道路就是走“法学的科学化之路”，但其中必须有一个中介，那就是学习，在我看不学习没什么出路。

最后再讲三点。第一点，法理学在中国法学走向科学化的道路上担当什么样的使命？要知道，法理学是不是法学本身就是一个问题。首先必须明确，法理学根本不是法教义学，这是肯定的，所以社科法学者批法教义学的最大问题，在于误把法理学中持教义学立场或者说为法教义学提供理论支持的法理学理论当成法教义学本身，这是一个错误。

第二点，法理学是多元的，未必是混乱的。法理学要有自己的逻辑起点，逻辑起点有了才不至于混乱，徐显明教授谈到的这一点非常重要，这也是张文显教授开这个会的宗旨。但是，在实践中有那么多的问题，能不能找到一个法理学的逻辑起点，这需要认真地研究。需要说明的是，法理学的这个逻辑起点未必是法教义学的逻辑起点，因为每一个部门法的法教义学都有自己的逻辑起点，这不需要法理学者帮助部门法学者寻找。我们寻找的是法理学自己的逻辑起点。不过，法理学又是多元的，没有任何一个国家的法理学是一元的：要知道，每一个法理学者其实都在寻找自己的逻辑起点，都在建构自己的法理学体系，其构成的理论体系显然是多元的。

但我要强调另外一点，即第三点，恰好对法教义学非常重要：法教义学不能是多元的，而应该是一元的，这就像其他科学一样。比如，化学、物理学的语言、定律、逻辑、方法不能是完全不同的；民法学、刑法学也同样如此，这个问题可以争论。这正是目前中国法教义学成长中出现的问题，刑法学者、民法学者都各有不同的话语体系，然后相互之间进行没有交集的无谓的争论。

在这种情况下，法理学要做的就是利用学科的优势去厘清和解决某些法学争论。法理学者的使命不要过多地纠缠政治，而应该认真地对待法律科学。谢谢！

主持人

这个研讨会从舒国滢教授开始又呈现出另一种风格，就是反思的风格。国滢教授在演讲当中以反思来定位，实际上是给我们寻路，给我们提供一个抉择的思路。中国法学如何更加科学？我觉得这是一个时代命题。我们首先要理解什么是科学、历史上法学如何成为科学、新时代的中国法学如何更加科学。我觉得，这就是我们要思考的问题，非常重要。谢谢舒国滢教授。

下面我们有请第五位报告人高其才教授。

报告人／高其才

法学博士，清华大学法学院教授，中国法学会法理学研究会常务理事、中国农业经济法研究会副会长。

建设中国的法理学

谢谢张老师。尊敬的各位老师、各位同学，大家上午好。30 年前我受张文显老师的邀请，非常荣幸地参加了那次具有历史意义的学术讨论会，这对 24 岁、刚刚工作做大学教师才 3 年的年轻人而言，是无上的荣光和莫大的鼓励。今天我又蒙吉林大学法学院和张老师的邀请参加这次重要的会议，内心也非常的激动。首先，我向张文显教授表示我深深的谢意。

当年会上我深受教益。会后随沈国明老师北上，一路获益良多，在哈尔滨又受到孙育玮老师他们一家的热情招待，如沐春风，所以我也向沈国明老师和孙育玮老师表示感谢。30 年前我是第一次到东北，也是第一次感觉到我们国家的广阔，这种多元的视野也增进了我对我们国家法现象、法实践的一些感性认识。

30 年来我主要的兴趣是在田野调查中描述一些法现象。今天向大家报告的也是根据我 2004 年的调查，还有 2018 年调查而引发的一些关于建设中国法理学的想法。建设中国的法理学，刚才各位老师讲的对我非常的有启发。

建设中国的法理学需要面对中国的法现实，思考中国的法现象，关注中国的法问题，推进中国的法发展，保障中国民众的法权益。所以我今天要给大家介绍的是一个祭社引发的一些关于法理学的看法。

中国一直是一个农业社会，所以土地对于广大的农民或者依靠农业为生的人来说非常重要，因此一直以来有祭祀的传统并一直传承至今。

背景材料就是 2018 年 6 月刚刚去调查的广西金秀一个只有 37 户人家的小村落。当地是三年一大做，当地人称祭社为做社。做社或者祭社是非国家法意义上的习惯法。“做社”（“祭社”）习惯法包括基本原则和主体规范、组织规范、程序规范、责任规范等。平时是三月三、六月六、八月二来祭祀土地公。

我通过一些照片来介绍一下做社活动和做社规范。这张照片是2017年4月,突然一场怪风把社庙很粗的树刮倒了,从而引起他们村里面一些人的生病,所以他们决定要大做或者说大祭一次。前期要有很多的准备;这张照片是17日准备的一个状况,从他们本屯外面可以说是运来或者说偷来的土,还要从外屯要来谷子。因为这个土经过仪式以后,他们每家都要拿到自己的田里面去,也就是说象征着能够借各方之力使自己五谷丰登。

整个来说,做社是道教的七十二醮这样一个仪式,整个的活动、正式活动需要一天一夜,这张照片是活动的场景之一,这也是常见的念经。太阳花和点天灯也是其中的一个仪式,旁边有竹子竖着的,在太阳花旁边点上天灯,他们开玩笑地说奥运圣火是从他们这里借过来的。

这张照片是在社王庙前进行念经;这张照片是到村落后面的山上来进行祭祀;这张照片是看热闹的村民;这张照片是在祭祀中间休息,玩他们当地的一种三棋;这张照片是在社庙祭祀完以后聚餐。唐人有诗歌,春天祭社以后家家扶得醉人归这个情景应该是祭祀完之后的。

这张照片也是在做社期间一个聚餐的,这张照片是在算账,财务公开,严格的一笔一笔的,因为都是村民凑钱,估计他们每个人要出六七十元,这一次。

通过介绍这一做社活动和做社规范,面对这样一个做社习惯法、这样一个规范、这样一种活动、这样一个实践,对于我们思考建设中国法理学很有启发。

我由“做社”习惯法而有一些法理学方面的思考:第一方面,法概念:村民眼中的法,包括一定群体成员的合意、某种强制力、行为准则;第二方面,法规范,包括鬼神旨意、祖宗规矩、村规民约、国家法律等;第三方面,法作用,主要是维护安宁的社区状态,也就是对外抵侮、对内认同;第四方面,法价值上,村民强调有序生存;第五方面,法目标为和谐,包括天与人、人与人、村民与政府等方面关系的处理;第六方面,法执行,依靠自我、家庭、群体来实施,既有人间力量,也有鬼神威慑;第七方面,法责任,有财产、人身、面子等形式,特别是隔离、驱逐更有意义;第八方面,法保障,通过个人意识、群体舆论、社会评价等力量予以保障。

我通过观察他们做社,觉得它们生活中的法的主题词可能包括:敬畏、惧怕;有礼、守法;群体、共同团结、互助;参与、合作;传统、代承;信仰、面子;责任、处罚。

我觉得从我所看到的这样一个个案来看,好像他们是更强调一种团体的法理学,更强调的是一个和谐的法理学。我觉得建设中国的法理学是不是需要从具体的法现象中总结那些法的术语、法的精神,从生活中思考法理。就像张老师这些年在讨论法理,他提出18个方面需要共同讨论的。

我认为需要从我国社会的法实践中来思考中国法理学、建设中国法理学。我主要是在村里跑,我发现我们有两套规范系统,国家所建构的那套法的概念、法的规范系统跟老百姓、村民的法概念、法规范系统，这两者之间的连接点、两者这种共同性方面好像还是比较弱的。

我觉得我们建设中国的法理学可能是要把这种多元的规范以及历时代形成的这样一种规范怎么样能够在共时代中得以成为一个整体，特别是能够满足中国特别是乡民的需要，保障他们的权益，维护他们的安宁生活。

当然了，我今天的这样一个简要的报告肯定有局限，无论是在对象，因为这是一个个案，还是方法方面、分析方面、观点方面都有很多的局限，所以要请大家批评指正。

主持人

高其才教授从事法人类学、习惯法的研究，他是真正地深入老百姓当中，在深山老林里、在原始的部落当中去发现法律的渊源、法律的精神，这和我们从经典文献当中发现法理的精神，可以说是同样的重要。所以，他最后提出来建设一个体现共同体精神的、体现一种和谐社会精神的、体现一种自治法治德治相融合的法理学，我觉得是一种非常好的建设性思路。所以，我们再次向其才教授表示感谢。

另外，我这里要说一下，由于这次会议秘书处提供的信息不够准确，把高其才教授从1988年法学基本范畴研讨会代表名单当中遗漏了。秘书处的同志们说，我们要向高其才教授致歉。我说致歉就不需要了，最好的致歉就是致敬。（掌声）

现在有请第六位报告人沈国明教授。

报告人／沈国明

法学硕士，上海交通大学凯原法学院讲座教授、中国法学会学术委员会委员、法理学研究会副会长。

建设满足制度创新需求的法学

感谢会议主办方的邀请，并安排我在这个单元发言。

我有幸参加了30年前的那次会议。当时我提交的论文现在翻翻觉得还可以，没有过时。对于30年前那个会议的意义，我总结了四条：一是解放思想，摆脱苏联教材模式，构建中国法理学基本范畴的一次努力；二是跳出了像法的本质属性等一些传统的话题，设置新话题的一次努力；三是突出了权利和权利保护问题，这是与改革开放的大潮和改革开放的需求契合的；四是介入制度建设的一个新的起点。

会议之后，我感受到，很多法学界的同行开始更多地关注社会现实，关注制度建设，而且参与其中。我本人就是在那个会议结束不久，到深圳参加中国城市土地制度改革的研讨会，会议对于启动城市土地管理制度改革也就是实行土地批租很重要，大家为这项改革做了一些基础性研究，在制度层面进行了一些设计。法学基本范畴研讨会在这方面可以说起的作用很大。

现在回想起来，关于法学基本范畴的研讨学术风气很好，赞同权利本位或者不赞同权利本位的各种观点展示得很充分，没有定于一尊。张恒山的义务本位理论很有生命力，而且还在发展中。孙国华老师带着他的博士生郭华成参加会议的，孙老师跟我谈了蛮久，还专门讲了我的文章，他对我的文章加以肯定，同时给了我一个非常重要的建议。他建议我把文章里的“个人权利”改为“个体权利”。这个改动可以解释很多社会现象，对我以后的写作影响非常大。所以说，30年前的那个会议从我个人经历来总结，也觉得是很有意义的。

改革开放的40年，包括会议至今的30年，我们法学界是做了很大贡献的。第一，是从宏观层面为改革开放和经济社会发展提供了基本秩序；第二，从微观层面为市场主体的活动提供了基本规则；第三，为消除影响经济社会发展的负面因素提供了依据；第四，法学在推动经济社会发展的同时，自己也获得了发展。在这个过程中，“国家与法的理论”变成了“法学基本理论”，然后进一步蜕变为“法理学”，为中国特色社会主义法律体系的形成提供了理论支持。法学40年，我自己切身地感受到成绩巨大，但是我们法学特别是我们法理学在满足制度创新需求方面，还存在不足。

因为参与了法制恢复和重建，所以，那个时候大家比较珍视法制恢复和重建以后的成果，期望保持稳定的秩序，事实上，这导致我们有时候固守既有的法律而在制度创新上有所不足。以“良性违宪”“恶性违宪”这个争论而言，现在回过头来看，其实争论的双方立足点大致相同，都是基于对现有法律的认可。

我一直想，我们怎么来解释这种现象，如果我们换个视角，立足于实践、关注改革开放的过程，认识到正在进行的是基本经济制度的转换，那么我们就应该自觉地主动地去探索、建立与新的经济制度相适应的规则，而不是维护面临突破的法律的权威。

在这个方面，我觉得，我们今后应该有点改进，让我们的关注点与改革开放的聚焦点缩小距离。因为两者间距离过大，我们法学错过了多次设置话题、推动甚至引领改革的机会。比如,进行土地批租的试点,不少人质疑这种做法违宪;国有企业改革实行所有权与经营权两权分离,这应该在法学界是很有发言权的话题,但事实上这个话题是由经济学家来设置的。类似的例子很多。所以,我们这些法学专业工作者在满足制度需求方面应该有所反思,今后做得更好一点。

在满足制度创新需求方面,经济学家给我们提供了很多很智慧的经验。比如,传统的企业制度发展不下去了,他们提出建立"现代企业制度",绕过了很多改革的障碍。为提高第三产业的比重,又推出发展"现代服务业","现代服务业"这样的概念有很大的包容度,便于对现状做出解释,又可以凝聚更多的力量进行制度设计和实际运作。在这些方面我们可以有所改进。

法学在满足制度创新方面是可以有所作为的。在改革过程中,法学工作者发挥作用的空间很大。影响全国的营业税改增值税即"营改增",这项改革的前期研究是上海的一些学者做的。当时设立了课题组,有六个子课题,我负责诚信这一部分。结果,研究成果被采纳,国务院批准上海进行"营改增"试点,这项税制改革在全国产生巨大影响,推动了中小企业和服务业的发展,现在这项改革在全国推开了。

国家税务总局前副局长许善达在"经济 50 人论坛"上说,"营改增"的意义不会小于中央设立四个经济特区。从事税法研究的法学界同仁如果在法律文本研究的基础上再研究得更深入一些,有更多的对经济形势的敏感,也许提出"营改增"建议的就是法学界了。

法学界容易忽视制度创新需求有多种原因。其中重要的原因是对转型期法律生命周期比较短认识不足。法律生命周期短暂,与改革目标模式逐步清晰相关。从 1978 年提出实行计划经济,但要利用商品交换价值规律,一直到 1992 年明确提出社会主义市场经济中间,中央对改革的目标模式有多次修改,每确定一次目标模式,法律规定必须要与其相适应,需要进行修改,这决定了我国的法律生命周期较短。如果没有这样的认识,固守既有的法律,法学就会在推进改革开放时显得保守,与需求脱节。

经济快速发展也会导致法律生命周期比较短。2005 年全国人大常委会通过听证,立法确定个人所得税起征点为 1600 元,其后进行了七次调整,最近,全国人大新出了立法草案,起征点变成 5000 元。仅仅 13 年,我们个调税的起征点是以前的三倍多,说明经济发展得非常快,法律如果不及时更新,会拖累改革和发展,而且无法执行。

法律体系形成以后,全面深化改革需要法律更新完善,也会显得法律生命周期相对短。为了在法治的框架内推进改革,全国人大常委会决定在上海自贸试验区以三部法律暂时调整实施。对通过这个决定,有的常委会组成人员是有不同意见的,认为损害了法律体系的权威。这是对法律生命周期较短认识不足的表现,也说明,在如何满足改革和制度创新的需要方面,在认识上还存在不足。

我们法治建设的成功经验就是立足现实，设立阶段性的目标，积小胜为大胜。所以，我不赞成现在就提诸如“法律至上”等看上去“高大上”但实际做不到的口号。“法律至上”近乎绝对真理，在当下没有实现的条件，如果过于强调，有可能固化既有的法律制度，固化既得利益，其实，我们的法律内容远没有达到至上的水平。巴西、墨西哥等拉美国家为什么跳不出“中等收入陷阱”，主要的原因是既得利益集团为了固化既得利益，反对一切改革。中国要避免跌入“中等收入陷阱”，我认为，要慎提“法律至上”等口号，因为无助于全面深化改革，无助于真正确立法律权威。

基本经济制度的变化对法律的影响是长期的，我们今后还会碰到很多新的问题，需要法理学提出有说服力的理论推动法治实践前进。法理学在构建权利义务这对范畴之后，对于权利义务怎么实现应该进一步深入研究，以提高法理学的解释力，这对于制度建设非常重要。我举个例子，《劳动合同法》提出只有辅助工种、临时工种和替代性的工作，可以用劳务派遣工，但是，实际与这项规定相去甚远。其中反映出的问题是多方面的。总体而言，中国的法治建设是艰难的，要实现法治国家的目标，我们还要做很多努力，包括法学理论上的创新。

敝帚自珍，最后，我念一下30年前那篇文章的结尾：法学理论要适应这个社会需要，它应该走出一条创新之路，而创新之路就是通向实际生活之路。

我的发言完了，谢谢！

主持人

我非常认同沈国明教授对1988年那次会议重要意义的概括。昨天，信春鹰教授做了一个书面致辞，她里边的话也体现了我们当时与会者的共同感受。她是这么说的：“30年前我作为一名参会的年轻学者，亲历了那个年代解放思想、勇于探索、百花齐放、学术平等的浓厚学术氛围，至今仍然是历历在目。”她还讲道，那次会议的成果值得我们不断地巩固和发展，会议精神和会风也值得我们发扬光大。那次会上和会后，与会者围绕着权利和义务、权利本位而进行的讨论，可以说是非常充分。像我与恒山教授，自从30年前的那场会议之后，我们的关系越来越近。学术界那样一种平等的学术争鸣，那样一种真诚的学术对话，是真理出现的一个必由之路，也是高尚的学术友谊形成的必由之路。我觉得，我们学术界尤其是年青一代，应在一些激烈的交锋过程当中，回味一下、传承一下1988年那次会议的会风。所以，我们也感谢沈国明教授刚才的那样一种概括。

那么，下面有请第七位报告人於兴中教授。

报告人／於兴中

法学博士，美国康奈尔大学法学院讲席教授，西北政法大学特聘教授，杭州师范大学法学院特聘教授。

法理的核心思想、关联概念与基本规定性

非常感谢文显老师！各位老师、同学好！各位领导好！

应该说我是唯一的一位从外面来的朋友。我注意到文显教授在介绍的时候，用到了“朋友们”这个词，我觉得我可能就属于朋友们这一类。

30年前的那次具有划时代意义的会议，我未能参加，因为那个时候我刚开始学法律，而且正在哥伦比亚大学做访问学者。也就是在那一年或者是后一年，我结识了文显教授，然后一直就保持这种友谊关系。还有在座的好几位，我都是很早就认识了，所以说应该都是朋友。今天来参加这个会对我来说确实是非常荣幸的一件事。我在康奈尔大学教中国法，也教法理学。我有一门课是比较法哲学，其中有一节课是关于中国的法学理论的。所以我一直在关注国内的法哲学和法理学的发展。

虽然我没有亲身参与并直接推动中国法理学的发展，但是我也感受到了1978年之后发生的好多大的变化，包括“人治与法治”的大讨论、法律与政策、法的阶级性和社会性、法的继承性等讨论。李步云老师曾经写过一篇文章，讲法律面前人人平等，后来法律面前人人平等这个原则还写入了宪法。这一系列的大讨论最后迎来了一个高潮，那就是1988年的“法学范畴”研讨会。

因为我长期在国外，我观察中国法理学的视角大体是外部的。我注意到，文显教授提出来的法理这个概念，显明教授从人权体系、法律体系、法治体系等系统的角度看待中国法理学的任务和特色，实际上是在总结中国过去的40多年，甚至更长的时间法治建设的经验，而且试图把这些经验系统化。这样一种做法，在现在的背景之下，我觉得是非常必要、非常及时的。中国的法理学界也到了拿出自己的研究成果的时候了。

我们知道哈特、德沃金过世之后，西方的法理学界基本上没了领军人物。与此同时，西方对法理学的话语霸权时代已经结束。在这种情况下，各个国家各个民族都有

机会来展示自己的风采，来努力提倡自己的观点。而且还有一个角度很重要，就是现在在西方世界，尤其在美国，人们对法律产生了怀疑，法律制度正在面临着很大的信任危机。如何能够重拾人们对法律的信心已经不是一个国家或者英美人独有的任务，应该是全世界人的任务。

在这种情况下，总结中国实践中出现的一些好的经验，并把它理论化，进一步提高到普遍的程度，乃是建立具有中国特色的法理学，并能够真正地使其立于世界民族之林的一件重要举措。很多教授、学生、青年学者都提出了很好的建议。我们现在需要的是进一步的梳理，进一步把已有的东西总结起来。

我今天发言的题目是法理的核心思想、关联概念及其基本规定性。我简单地说下面三点：

其一，就像舒国滢教授说的，我们在讨论之前首先应该弄清楚概念是什么，比如说法教义学的概念。在今天的场景之下，我们关心的概念就是法理。其二，因为任何一个概念都和其他的概念相联系、相关联，所以，我想谈谈与法理关联的其他概念。其三，接受法理的概念就等于采取了一种态度，这种态度确定了我们的研究方法和视野，这就是所谓的基本规定性。

第一，关于法理概念的界定，文显教授在几篇文章中都对法理这个概念做了非常认真的梳理和界定。不仅从语义的角度、意义的角度做了界定，而且列举了多项内容，其中就有法的道理、法的理念或者法的公理、原理、学理、学说、格言、原则、美德等。这种概括涵盖了现有法理学研究的基本内容，但同时又更为广泛，因为它注意到了法律的科学层面和审美层面。文显教授在文章中提到了公理。公理就是科学的内容，而在这个层面上，虽然莱布尼茨、普芬多夫等学者早就尝试过运用科学方法研究法律，但西方曾经占主流地位的法理学始终没有把科学纳入法学理论研究的范围。鲁曼、托依布纳等学者的自创生系统法学仍然没有被广泛接受。在法的审美层面，文显教授也注意到了法的德性的研究。近几年来，西方法理学界才开始有人做这方面的研究。浙江大学的王凌皞教授在这方面做的研究已经很出色。

由上可见，法理这个概念具有很明确的内涵。但它的外延在哪里，可能还需要进一步探讨。我想要强调的是，文显教授的这种梳理有其理论来源和方法上的支撑。并不仅仅是针对中国现有的经验的总结，而且有来自西方的资源，也有来自中国传统的资源。因之，具有理论的延续性和权威性。

因为我是从外部的视角入手，刚才付子堂教授也谈到了，我们的研究成果应该获得国际社会的认可。因此我就从英语的角度来考虑法理这两个字怎么来表达。文显教授在他的书里面也提到了很多种翻译，而且指出，那些翻译都不是特别达意。我能想到的比较接近的有两种说法,一种叫 reason in law,还有一种叫 reason of law。reason in law 大家都比较熟悉,就是法律里面的理性或者理由。这个理性相当于比较大的一个词——rationality。一般的意义上来说,理性有四种可能性:理论的理性、实践的理性、科学的理性与功利的理性。在法学里面的理性绝大部分都应该是功利和实践的类型,但是也不排除理论理性。显明教授提到的新的逻辑起点也可能就存在于理论理性和科学理性里。reason of law/ratio 这个就比较清楚简单。ratio 在拉丁语里意思是规律,指的是有一种强制性的力量,所以在这个意义上来说 reason of law 指的是,法本身就是一种理由,是做决定的基础。

我特别想要强调的是关于道理。香港中文大学哲学系的王庆节教授从事存在主义与道家思想的比较研究。他写了一本书,专门研究海德格尔和道家思想的比较,对道理这个概念有独到的见解。葛洪义教授也曾经谈到法律必须建立在一种道理之上。我觉得法律中的道理是一个可以进一步发掘的课题。中文的道理这个词很难翻译成英语。翻成 logos、reason 或 rationality 总觉得缺了点什么,不能完全表达中文的意思。这方面是可以再进一步努力的。

与此相联系的是法理学的研究对象。在西方,尤其在英语世界里,法理学的研究对象一般指法的理论(theories of law)和关于法的理论(theories about law)。法的理论就是法律的内部理论,指的是有关法律本身的原则和学说等。比如,刑事诉讼程序里的无罪推定原则及学说、合同法中关于合同的缔结和终止的学说等。

相比之下,关于法律的理论则是对法律外部关系的研究和陈述。比如法律与道德、法律与宗教、法律与政治等关系,以及对这些关系的认识与解释,或从自然法的角度、实证主义的角度、经验研究的角度对这些关系的论述。文显教授提出来的法理学研究的对象应该是法理的思想既包含了法的理论,也包括了关于法的理论。

把法理看作法律研究的对象至少有三个方面的优势。

其一,具有理论联系实际的优势。以往的法理学,无论自然法学还是分析法学,重视的都是理论层面的问题,而极少关注现实的法律制度。而法理不仅仅存在于抽象的理论层面,而且存在于具体的法的实践中。

其二,具有打通一般法理学和部门法理学的潜力。法理贯穿于一般法学理论和部门法学理论。法理的有些具体内容本来就来自部门法。刘作翔教授有一篇文章专门探讨部门法理学和一般法理学的关系,针对法理学对部门法没有太大用处的说法做了很有说服力的论析。

其三,具有包容多学科多角度多方法研究的可能性。比如像高其才教授刚才展示的法人类学研究的成果,实际上是完全可以容纳到法理学的研究范围之内的。

第二,关于关联性概念。因为概念往往是相互关联的,包括法律概念,比如像全人类的自由平等公正等都是相互联系的,所以要从体系的角度来把握法律改革和法学研究的核心内容和重要问题。法理这个概念与“人权体系”“法律体系”“法治体系”这些概念是相联系的。概念思维和体系思维是相辅相成的。显明教授刚刚提到的寻找新的逻辑起点及法理学的“五化”,也充分体现了体系思维和整体把握的重要性。由于时间关系,我在这就不赘述。下面是最后一点。

第三,关于法理概念的规定性。既然我们已经采取了法理这个概念,那就意味着我们也接受了这个概念的局限性。从本体论或者认识论和方法论的角度来看,法理这个概念无疑是站得住脚的。刚才公教授从马克思主义的立场出发,比较系统地谈到了传统法哲学的五个层面,即本体论、认识论、方法论、价值论、目的论,及其在新形势下的运用和生命力,比较全面。就法理这个概念而言,从本体论和认识论的角度来看,它肯定是一个很重要的贡献。如果从价值论的角度来看,这个概念是不是可以像其他一些概念,比如公平、正义、平等、自由、财产那样作为一种分析的模式,帮助我们进一步分析和认识法律现象?法理这个概念可以不可以为其他学科的发展增加活力。不仅能使法理学自己发展,而且能让其他的学科也发展,比如像正义公平这样一个关键的概念,它们既是法律概念,又是政治学概念,也是社会理论概念。法理这个概念是不是也有可能会成为这样?既是法律的概念,又是政治理论或者社会理论或者更大的文化背景里面的概念,我相信这些都是值得去研究的。

谢谢!

主持人

於兴中教授从外面的视野,实际上就是从国际视野来看中国法理学的发展,提出了一些非常好的思路。特别是开展法理研究的一些前提性的问题,例如,如何理解法律,如何理解法理相关词,如何把法理与规律性的问题、价值论的问题相连接等,这些可能都是深入开展法理研究无法越过去的认识论、方法论的地带。谢谢於兴中教授。

刚才,几位教授都发表了非常精彩的演讲。下面,我们就进入点评或者叫评论的阶段。担任第一单元评论人的是李林教授和马新福教授。现在,有请李林教授来做评论。李林教授两次给中央政治局授课,可以说是资深的马克思主义法学家,也是一个富于理论创新的我们学界的领军人物。有请李林教授。

评议人／李　林

中国社会科学院学部委员，中国法学会副会长、学术委员会副主任、法理学研究会常务副会长、网络与信息法学研究会会长。

非常高兴参加今天的会议，并担任评议人。七位大家、大咖发言以后，我真的不知道怎么评议了，尤其是文显老师已经在每个人发言后做了非常精到的点评，我再怎么讲，都好像没有主持人把握的高度、凝练、画龙点睛。我就尽力而为吧。

我想，七位讲得都非常好，从不同角度深入浅出，宏大的、具体的、中国的、外国的、历史的、当今的、原理性的、方法性的等。我试图找一条主线，能不能把它们梳理起来、串起来，看看这七位的安排和发言当中有什么特点。认真学习以后，我有一个粗浅的、初步的认识。能不能这样说：徐显明教授重点是讲了习近平新时代中国特色社会主义法治思想，对总书记党的十八大以来的具有历史意义的多次讲话做了简明扼要并且重点突出的总结，亮点非常明显。其实，讲到最后我觉得，他主要告诉我们今天的法学研究，特别是法理学的繁荣发展，必须坚持正确的指导思想，这个指导思想就是习近平新时代中国特色社会主义思想和习近平新时代中国特色社会主义的法治思想，也包括其宪法思想。也就是说，我们这一天半的研讨会的整个指导思想、主基调，是在徐显明教授的主旨报告当中体现出来的。

在这个前提下，在这个基础上，我觉得，公丕祥教授特别侧重的是把马克思主义法学的基本原理方法和新时代的中国特色社会主义法学、中国特色社会主义法治实践紧密结合起来，然后阐述了相关的理念、方法、路径、原则等。我们有了指导思想，接下来就需要把马克思主义法学中国化、当代化、实践化。

在这个定向和道路的指引下，我想第三位就是付子堂教授的演讲，实际上就是要讨论，经过 30 年或者 40 年，中国新时期法学、法理学的发展应该怎么办？他总的思路就是要走向实践，然后走向国情，走向现实，实现五个方面的转变或者转化，那么这是思路之一。

第二个思路就是到了舒国滢教授。他的看法是不仅要走向实践，走向国情，走向现实，也要走向科学，或者特别要走向科学，走向法学知识的科学体系。因为我们不管怎么绕来绕去、讲来讲去，讲到最后是科学为本，法学是科学，不能忘了初衷。我们讲，不忘初心，牢记使命。我们法理学的初心就是科学，如果我们把法学做成别的学问，甚至是伪学，那可能我们就没有生命，就没有基础和前提了。

高其才教授其实是在认同前面的这样一些方法、思路和走向的前提下，主张要给予中国本土更多的关注，尤其是我们民间的、基层的、乡村的那样的一些民间法、习惯法，只有把国家法和习惯法，把整个的这种正式的法律和传统的老祖宗留下来的不断繁衍生息的、依然还有生命力的这样一些习惯，即广义的法结合起来，我们今天的法理学和法治、法学的发展才会有生命力和前途。

沈国明教授，我觉得他的思路是走向制度，特别是走向制度创新，要特别关注我们当下的经济社会制度在推动法学和法理学方面的这种原动力、这种社会性，从而要面向改革、回应改革，在这个面向和回应中，特别是经济改革、制度改革当中，找到我们法理学和法学的新的增长点和推动力。

我想，最后於兴中教授实际上讲的主要是，中国法学和法理学要走向世界，走向法理学的原本原初，即我们基本的理性、基本的规律、基本的概念、基本的范畴，最基本的那些规定性的、那些很考功力的东西。在今天，我们怎么样在坚持的基础上去理解世界的这些新的发展？更多的是关照和回应今天中国法学和法治的新的进步，然后赋予一些新概念以新的时代内涵。

所以，我想把以上七位的发言概括起来就是：坚持指导思想，坚持马克思主义法学的中国化，然后从五个大的方向向前走，推进中国法学和法理学的向前发展。那么一句话，今天的研讨会实际上既要总结过去、关注现实，更要开辟未来，就是我们大家要共同努力来回答中国法学走向何方，中国法理学未来发展的路在什么地方。然后，在这样一个法学和法理学发展的未来路径上，我们更好地回应中国改革发展的现实，更好地回应我们法治中国建设的现实需要。最后的闭幕式上我还有发言的机会，所以我就先简单讲这些。谢谢大家！

主持人

谢谢李林教授的精彩评论。

下面请马新福教授评论。

评议人／马新福

吉林大学法学院教授。

各位专家、各位学者和年轻的朋友们，我今天看到大家都非常高兴，特别是年轻的朋友们，一个个笑逐颜开、精神饱满。像我们老一茬的人，也真的是非常开心。我今天大概看了一下，我和严老师，咱们两个是年岁最大的。所以，看到这些新生力量，特别高兴。我还要说的是，刚才文显老师对每个发言者都做了精彩的点评，李林教授又做了一个系统的点评，到我这就没什么话可说了。我只是讲述三个方面的问题。

一是我们这次会议上午的单元很成功。成功的里面有一点特别突出，即大家都肯定了 1988 年 6 月在长春开的全国法学基本范畴研讨会，它具有划时代的意义，这一点大家普遍都认识到了。我听了大家这样一种结论，也感到很欣慰。法学范畴的问题，文显老师在我们这里首先提出来，后来得到大家的认同，所以就决定召开这么一次会议，把这样一种理论成果和认识与全国的专家学者共同来讨论研究。

因为我也是个亲历者，所以知道那次会议讨论相当热烈。很多老先生也觉得这种提法具有新意，年轻的学者更是兴奋，最后大家取得了一致的意见。那么，这个意见是什么呢？就是肯定了法学的基本范畴，特别是权利和义务范畴是法学的核心范畴、基石范畴，具有支撑法理学发展这种基础性的意义、值得进一步发展、扩展的支撑意义。那么，尤其可贵的是，大家在思想当中，把那个时候原来误作为一种法理学研究范畴的东西、误认为是基本范畴的东西扬弃了，即阶级性、阶级专政、阶级斗争这些东西。这些东西否定了以后，大家眼前一亮，法理学的研究今后就有了明确的方向。这个方向就是，沿着权利和义务这对基本范畴所提供的一种理论框架推演下去，那之后，人们普遍开始认识到这个问题。

我想说的还有一点：为什么那个时期在长春这个地方能提出这样的问题？那次全国性会议的召开，与国家大势的发展有密切的关系，虽然那个时候没有明确提出市场经济的问题，但是已经酝酿市场经济的发展。我认为，是市场经济的发展和涌动催生了理论上的这次会议。也就是说，市场经济显然要确立参与市场经济的主体，这种主体是有独立人格的，不是像以前那种条件下的社会主体是模糊的、不确定的、没有人格的。在那样一种状态下,人们往往从阶级色彩上、政治色彩上分析一个人、分析一件事。有许多例子都能说明这个问题,提到某人的时候,不是评价这个人他具有什么社会地位、社会价值,而是考虑他是什么出身。这和市场经济所要求的那种主体是不一致的,也与市场经济所需要的社会全面发展不相符合。这是我想要说的第一点,即我们的会议再次肯定了这种划时代的意义,今天看来也是十分明显。

正因为这样,所以接着第二个问题是,我们今天面临的法理学研究的历史任务也是很繁重的。显明教授这个发言明确指出了这一方面的研究,我们既有了理论这样一种指向,又有了正确的指导思想,就是总书记的一系列指示,而且提出了一系列重大的问题。总书记每次提出新时代新思想,他总是结合着国家发展所需要解决的一些重大问题,而我们的法理学就应该把这些重要问题从法理角度来做出说明。如果法理缺乏这方面的理论力量,就应该在总书记的思想的指引下,马上解决这样一些问题,来丰富自己的理论体系。好多发言者不都提到了嘛,我们要回归本土,回归现实,对现实所提出的一些重要问题,我们要做理论上的探讨和说明。因此,我觉得我们面临着重大的任务,实际大家已经看到了,而且会上给予了充分的讨论,今后需要在法理学研究方面做出我们的努力,作出我们的贡献。这里还有一个问题,部门法学理论需要解决的问题,首先我们法理学应该拿出自己的见解,应该有明确的理念。好多部门法学已经涉及了一些问题,金融方面的问题、经济发展改革方面的问题、税收方面的问题等刚才都提到了。这些方面,我们法理学不能默默无闻或者安于现状,不做出积极的反应,这都不行,要是这样的话,我们就落后了,需要努力。这是我评论的第二点。

最后一点,我觉得大家在发言当中也涉及今后法理学研究的一些问题,虽然明确了我们的范畴体系,但是在研究方法和研究风格上可以保持多元,或者说要倡导各种风格和不同见解。那么,从这次成功的会议上我也感受到,就法理学研究的这些重大问题可以展开讨论,可以进行争论,在讨论、争论过程当中互相沟通、达成共识,最后博采众长,把我们真正具有科学意义的一些理论成果汇总到一起,形成法学理论体系有机组成部分。大家的发言实际上也都讲出来这个了,有不同的观点可以讨论,这种讨论更能丰满我们理论研究成果。谢谢大家。

主持人

谢谢马新福教授的精彩评论。马新福老师的评论为我们第一单元的报告会画了一个圆满的句号。感谢报告人、评论人和全体与会者对本主持人工作的支持。

第一单元的报告到此结束,我们下午进行第二单元和第三单元的大会报告,时间是2点准时开始,现在休会。

第二单元　法理学核心概念与法学概念体系

【主持人】

葛洪义

【报告人】

郑成良

张恒山

季卫东

刘作翔

孙佑海

张保生

胡玉鸿

谢鸿飞

王伟国

【评议人】

石少侠

姚建宗

主持人／葛洪义

法学博士，浙江大学光华法学院特聘教授，中国法学会法理学研究会副会长，教育部高等学校法学类专业教学指导委员会委员。

下午将由我来主持大会第二单元的讨论，这个单元的主题是"法理学的核心概念与法学概念体系"。在上午的讨论中，张文显老师对沈国明老师对30年前那次会议评价给予了充分肯定，我也是非常地赞同。我也认为，30年前的那次会议有关法学基本范畴问题的研究，其实还有更广阔的空间是有待开拓的。那么，今天下午我们这一单元的讨论，将就这一问题而展开。我们先后有郑成良、张恒山、季卫东、刘作翔、孙佑海、张保生、胡玉鸿、谢鸿飞、王伟国九位老师发言，同时还有两位评议人。

下面，我们首先请郑成良老师发言。郑成良老师是咱们1988年法学基本范畴研讨会上一个非常重要的参会者。会议结束之后，他马上就发表了一篇《权利本位说》，有关权利本位的问题其实是由他那篇文章的讨论揭开的。

报告人／郑成良

法学博士，上海交通大学人文社科资深教授、凯原法学院讲席教授，中国法学会学术委员会委员、法理学研究会副会长，教育部社会科学委员会法学学部委员。

权利本位与社会本位的关系

时隔30年又回到长春，见到这么多老朋友和新秀，感到非常的高兴，今天我做一个10分钟左右的发言。我发言的题目是《权利本位与社会本位的关系》。

自从权利本位讨论以来,对权利本位的各种批评一直没有停息。到目前为止,有各种各样的批判意见,其中有一种批评意见就认为权利本位在现时代已经过时了,批评者强调,权利本位在19世纪末以前是一种普遍的现象,到了19世纪末20世纪初,整个世界由权利本位时代进入社会本位时代。对于这种观点,我本人是持不同意见的。判断一个时代从权利本位时代进入社会本位时代,其理论潜台词是建立了一个用于评价的两极概念,向南北东西高矮胖瘦一样,被观察、被评价的事物一定是发生了某种根本性的变化,才可以说它从一端迁移到另一端,从南到北,从高到矮,从一个时代到了另一个时代。那么,我们看一下从19世纪末以来的数十年间,世界范围内整个社会的政治、经济、法律层面到底发生了什么变化,才足以得出这样的结论——我们现时代已经从权利本位时代过渡到社会本位时代?发生哪些变化呢?我觉得一共有四个事件标志着世界确实发生了变化。

第一个标志性事件就是1896年德国民法典的制定。德国民法典制定使法律的精神发生重大变化,在拿破仑民法典时代,私人财产权是被保护到无以复加的程度的,财产权的行使近乎完全由权利人的自由意志来决定,而德国民法典开辟了一个新的时代,它明确规定所有权的行使要受到社会公共利益的限制,这确实是一个重大变化。

第二个标志性事件是1910年在英国议会通过“人民预算法案”。1909年在英国执政的自由党搞了一个“人民预算”,所谓“人民预算”,简单地说就是对富人征税,对穷人减税,政府利用法律手段“劫富济贫”。我们知道,私有财产神圣不可侵犯的原则在此前是一项绝对刚性的原则,虽然我特别富有而你很贫穷,但是,我的钱你不能动,只要是合法收入,法律就必须保护,穷人不能指望用富人的钱来改善自己的生活。但是,从1910年开始,世道变化了,英国起了一个头,政府伸手从富人口袋里掏钱来帮助穷人,后来各国纷纷效仿,成为工业化国家普遍存在的现象。这在拿破仑民法典的时代实在是不可想象的事情。

第三个标志性事件是美国1933年开始实施的罗斯福新政。在罗斯福新政之前,政府的定位就是守夜人,政府不能干预经济,但是罗斯福新政开始大刀阔斧地干预经济。此后,欧美各国也纷纷效仿,虽然程度不一样,但是,在工业化国家也属于比较普遍的现象。政府干预经济在民事法律领域意味着什么?意味着对契约自由的限制!到了这个时间段,19世纪各国法律划定的私人财产权和契约自由的空间,都被大大压缩了,这在拿破仑民法典的时代也同样是不可想象的事情,因为在过去的标准看来,它们都是对所有权的侵犯,对契约自由的侵犯。

第四个事件就是“二战”结束之后,欧美国家普遍实施的福利国家政策。20世纪50年代之后,引发前三个事件的原则和逻辑进一步普及并且升级,对私人财产权的限制、对契约自由的限制达到了空前的程度(想一想几乎所有国家都曾经实施过的外汇控制),政府以法律方式"劫富济贫"也越来越司空见惯,并且被视为天经地义的事情。

从1896年德国民法典制定之后,法律世界在50年左右的时间里确实发生了重大变化,问题是根据这些变化是否足以推导出法律世界已经从权利本位时代过渡到社会本位时代呢?这需要严谨的分析才能够回答。

我觉得前面提及的四个事件标志着在法律层面上有两个重大变化。

在法律层面的第一个变化是法律对个人行为的评价原则。在拿破仑民法典时代,对个人权利的保护是无微不至的,而从四个事件开始则对个人权利进行了限制。记得我大学刚毕业不久,有一件事情令我感到很震惊:美国的十大银行家之一米尔肯因为低价出售自己的财产被美国法院判刑10年,这在拿破仑民法典时代是完全不可能发生的,拿破仑民法典所理解的所有权就是滥用权,我的财产我做主!别人凭什么限制我?但在拿破仑之后一百多年的美国,法律评价个人行为的原则发生变化了,米尔肯的行为构成不正当竞争,因为他是金融家,他的资产就是债券,低价出售之后导致美国上千家中小金融机构破产。个人权利的行使受到公共秩序和公共利益的限制,法律对个人行为的评价原则不再像拿破仑民法典时代那样允许对私人权利无限制的行使,这大概就是有些人所说的社会本位时代到来的一个根据。

在法律层面的第二个变化就是对政府行为的评价原则。在拿破仑民法典时代,政府是没有经济职能的,是不可以干预经济的,经济生活私人空间是神圣不可侵犯的私人财产权和契约自由决定一切的领域;政府更不可以扮演侠盗罗宾汉的角色拿富人的钱去帮助穷人过上好日子。但是,在19世纪末之后的50多年里,这些做法都成为理所当然之事了。于是有人就说,权利本位时代已经被社会本位时代所终结了。不管你喜不喜欢,我们已经进入了一个全新的时代——社会本位时代。

我认为上面这种概括是不严谨的,也是不严肃的。在文学夸张的意义上也可以说我们进入了社会本位时代,但在法学的意义上不能这样理解和表达。为什么?因为权利本位和社会本位是个相互对照的两极的概念。所谓权利本位就是以个体权利作为法律制度的目的和理由,我们为什么需要法律?因为要确认和保护平等和普遍的个体权利。我们都知道,文艺复兴的伟大之处在于"人的发现",由此所形成的现代文明的一个核心的价值观就是确立了人的主体性,承认每个个人都是主体,平等的主体,而人的主体性在法律层面是什么?就是个体化的平等和普遍的权利!这种权利是神圣的。任何法律制度的正当性,它的逻辑起点必须以平等和普遍的个体权利来论证,这就叫权利本位。什么叫社会本位呢?社会本位如果成立的话,它就必须是一个严谨的概念而不是"白发三千丈"之类的夸张,因此,在法律意义而非文学意义上,社会本位意味着以社会整体利益作为法律的目的和理由,以社会整体利益作为法律的逻辑起点。这种法律制度存在吗?存在。某些原始部落中的法律就是社会本位的法律,比如说你来到在数百年之前的印第安部落,你就会发现那里是严格的社会本位制度,社会整体利益就是一切,个体权利没有独立价值。在中国古代极端的宗法制度里(想一想焦仲卿和刘兰芝),在纳粹德国的国家社会主义体制下(想一想纳粹的优生学),也是实行社会本位的,整个立法目的和理由就建立在对共同社会整体利益的保护的基础上,在社会整体面前,个人利益没有独立价值。所以社会本位是有的,但这种社会本位绝不是现代文明的方向,从大历史的尺度上,权利本位是现代法律文明区别于前现代法律文明的基本标志,以个体权利为正当性基础来论证整个社会法律制度的正当性,这是文艺复兴运动教给我们的价值观念,只要现代文明没有被终结,这个观念就不可能被抛弃。可以说到目前为止,如果说欧美的法律是社会本位的,我想欧美的人就不会同意,它仍然是以尊重和保护个体的权利作为整个法律制度的逻辑起点,绝没有发展到以社会整体利益作为整个制度的逻辑起点的程度。

因此,以个人管见,如果准确地理解和表达 19 世纪末以来的法律变化,根本没有什么权利本位时代的结束和社会本位的到来。真实的情况是,从 19 世纪末德国民法典开始,欧美国家对权利本位的极端发展做了某种限制,因为权利本位的逻辑如果绝对化地向极端发展,现代文明所珍视的自由、平等和博爱等核心价值就会受到不可接受的损害。与此相对照的是,在前现代文明中,法律的社会本位也曾经绝对化地向另一个极端发展,也许在某一个历史特定时段之内它也具有其时代合理性,然而,在当代世界推行社会本位的法律,恐怕只有在某些宗教极端教派控制下的区域才行得通,而这种做法在那些认同了现代文明基本价值的人们看来,是可怕的事情。

总之,宏观地说,以权利本位为根本特征的现代法律文明大致上可以被划分为两个大的阶段,德国民法典之前是刚性的权利本位时代,此后,进入柔性的权利本位时代。所谓柔性的权利本位,意思就是,在黑白两极的渐进色带中,现代法律文明的历史经历了一个从原来的无限靠近一极的位置向另一极方向发生了一定幅度的位移,具有了某种程度的社会本位色彩,但是其基本底色仍然处于权利本位的范畴之内。

主持人

谢谢郑成良教授。第二位报告人是来自中央党校的张恒山教授。在 1988 年的法学基本范畴研讨会上,张恒山教授是著名的“义务重心说”的代表人,他今天下午报告的题目是《义务重心论的研究成果与权利本体》。

报告人／张恒山

法学博士，中共中央党校一级教授。

义务重心论的研究成果与权利本体

法学基本范畴研讨会已经过去30年，回顾这30年，我们每人都有很多体会。30年前，在改革开放、恢复法学教育之后的相当长一段时间内，中国的法学研究，尤其是法学理论研究是处于初始、起步状态中。这表现在，我们对法学基本理论的一些基本范畴、概念都缺乏准确的认知。正是在这样的背景下，吉林大学法律系主倡进行法学基本范畴的研究是有重大意义的。

但是，会议的本意是倡导对法学的基本范畴、概念（譬如规则、义务、权利、正义、效力、责任、制裁）等加以研究阐释，但参加会议的一群年轻人在知识储备不够，在还没有弄清这些基本范畴、概念的情况下，就提出法学要以权利为本位的命题。

可以说，这一命题在当时，在很大程度上是一种猜想。因为，什么是“权利”、什么是“义务”这些基本概念都不清楚。

提出这一命题的学者们是读20世纪70、80年代的法学基础理论教科书成长起来的，对这些基本概念的理解，基本上就是处于那个时代教科书的水准。那个时代的教科书把“权利”解释成自由或利益，是正价值的东西，把“义务”解释成负担或不利，是负价值的东西，所以，参会者绝大多数青睐权利、轻视义务，非常自然。

但是，我从外法史的角度看，人类社会的法律客观上从古至今都是以义务性规范为主导的，所以，在会后提出一个相反命题，“法以义务为重心”。这在当时也带有一定的猜想性。因为，对义务是什么、义务和义务性规则有何区别以及其他相关问题，在当时我也说不大清楚。

从后来的历程看，两大命题——权利本位论和义务重心论——并没有形成真正意义上的正面论战，而是各自在对传统理论加以反思的基础上，各自试图重构法学理论。

“权利本位派”总结自己的研究成果,宣布已经形成了一个以权利为本位的法学研究范式。我在围绕着为什么“法是也必然是(只能是)以义务为重心”这一命题加以论证时,也形成了自己独立的、原创性的研究思路和框架。

我在研究中发现,传统法学(20 世纪 70、80 年代教科书代表的法学)对义务、权利、规则、法等概念的理解、阐释都是错误的,或者至少是含混不清的,尤其是其依据的理论框架、逻辑思路都是有严重问题的。

我的研究成果大体包括以下要点:

1. 针对传统法学无视人性研究的缺陷,以人的思维机制——人的认知思维机制和行为驱动行为机制——研究作为法学研究的起点,我认为,由于人性的缺陷、由于人类所能利用的资源的有限性,使人和人之间必然存在矛盾冲突,为了控制和解决这种矛盾冲突才产生规则,尤其是法律规则。

2. 摒弃传统法学(包括直至现在教科书流行的)一方为国家另一方为民众,或者一方为统治阶级另一方为被统治阶级的两人社会模式设定,提出三人社会模式设定,以第三方评价、达成共识为道德规则乃至法律规则的本源。

3. 摒弃传统法学由苏联学者那里继承而来的“统治阶级意志论”,强调人类社会从古至今的法主要源自社会成员们的共评、共识。

4. 改变传统法学对法律规则的不当解说,论证了法律规则的禁为性义务规定与必为性义务规定的统一性、义务规定与权利规定的统一性,以致所有的法律规则的首要部分都可以被视为禁为性义务性规定,其第二部分是对违反义务的制裁性规定。

5. 抛弃传统法学将权利说成是自由或利益、义务是负担或不利的不适当解说,将义务定义为“应当”、将“权利”定义为“正当”,并强调这两者都不过是社会成员们的看法,属于精神形态的现象。

6. 纠正传统法学将义务说成是国家,或统治阶级以武力强迫个人服从的结果的错误看法,强调武力强制下的服从并不是义务,人类良知和理性的自律才是义务的真正本源、义务的本意。

7. 纠正传统法学将义务附从于权利、义务是保证权利人利益得以实现的手段的武断解说,从社会第三方依据良知理性评价外在行为为出发点,阐明道德义务主要源自人类良知评价形成的道德规则,道德规则的底线规则——禁止损他类的规则全部是义务性规则,它们是法律义务规则的本源,从而是法律义务的本源。道德义务乃至法律义务都先行独立自存,并不依附于权利。

8. 纠正传统法学关于权利先于义务的不当看法,指出只有在先行确定义务规则和义务的“应当”的前提下,才能确定“正当”,即确定“权利”,不履行义务者不能享有权利。

9. 厘清法价值研究的混乱，指出用“关系”定义“价值”的错误，对“价值”概念做全新定义，并在保持与这一定义一致的前提下阐释“法的价值”；进而阐释，以“正义”为统摄性概念的“法的价值”体系。

这些是我自以为有价值的研究成果，欢迎大家批判、拍砖。

长期以来，我们对“权利”概念的研究没有明显的进展，基本上还停留在“利益说”“自主意志说”（自由说）的水准上。而且，部门法学常常对“权利”与“行为”混淆不清。根据我的最新研究，“权利”不是行为、权利不是利益、权利也不是简单的自主意志的自由，“权利”是社会群体对某种行为作评价所形成的“正当”这种看法，它是一种主观精神状态的现象。

一个人可以通过某种行为去保有、接受、追求某种利益，也可以通过某种行为给出、放弃某种利益，当此人作此行为时，社会群体成员作为旁观者对该行为加以观察、评价；当该行为不损害他人利益时，社会群体就评价该行为是“正当”或“正当的”，即“权利”。也就是说，社会群体赋予该行为以“正当—权利”之特性，并不关心该行为是否给该主体带来利益，而是关心该行为是否损害他人利益。社会群体所依据的这种“不得损害他人利益”这一标准，是一个典型的义务性标准，也就是义务规则。所以，权利的本体就是“正当”；“权利”被确认，是因为该行为符合一个先行确定的义务规则——“不得损害他人”。

主持人

谢谢恒山教授。前面两位发言人，郑成良教授从社会本位这一教科书上多次谈到的问题出发，讨论了所谓社会本位对权利本位是否构成否定，并提出一些自己的看法，重申了权利本位的观点。而恒山教授则介绍了他对由义务重心理论延伸出来的一些问题的一些看法，并在最后简要地论述了一下他对权利本体的看法。我在一开始就说了，法学基本范畴的讨论虽然提出了非常重要的问题，但是它所展示出来的这样一个研究的空间，远远没有被挖掘殆尽。所以我们非常期待下午的发言能够将这个问题做进一步的拓展。

那么，我们现在先离开“权利”，有请季卫东教授做发言。

报告人／季卫东

上海交通大学人文社科资深教授、凯原法学院讲席教授，中国法学会法学教育研究会副会长。

全球化时代的正义标准

1988年6月召开的关于法学范畴的长春会议可以说是当代中国法理学发展的一段传奇，也可以说是中国法制现代化进程中的一个关键性的界碑。刚才，洪义教授介绍了，当时我正好在日本，没有办法躬逢其盛，但是我一直很关注以文显教授为首的中国这一批中青年学者所推动的学术运动。权利本位与义务本位之争当然是一个学术之争，但是在某种意义上也可以说是两种本位论之争，前面一种是权利本位（right - standard），后面一种是权力本位（power - standard），在这个意义上说也是两种权利（力）本位之争。今天上午，显明教授提到逻辑起点。的确，从中国法学理论的发展来说，这可以说是一个逻辑起点。围绕着权利以及权利主张、权利认定、权利维护的程序，以及在权利与程序之上的正义理论、合法正义的理论，可以说这个逻辑线条是非常清楚的。转眼间30年过去了，中国和世界又站到了历史的一个新的十字路口。在这样的背景下，我们重温30年前的学术讨论，不忘初心，对于中国未来的发展，具有非常重要的现实意义。

我今天讲的这个题目是关于在新的背景下对于权利本位论、对于法理学提出了什么样的挑战。大家都知道，最近美国总统特朗普在世界掀起了大的波澜。大家都觉得他是一个商人总统，关注的是利益，是美国利益的最大化，把国家利益推到了一个前所未有的高度，这样的说法当然没有错误。但另外一方面我们也看到了，其实特朗普总统在强调利益的同时提出了正义之问。大家都知道，他说在现在的全球化的体制下公平究竟是什么？在这个时候我们可以看到，发展中国家和发达国家对公平的理解不太一样。在特朗普总统之问中提出来一个关键的词，我们都很熟悉，叫“互惠原则”。而他对“互惠原则”的理解不一样。过去我们讲互惠，是在WTO体制下的普惠，现在不行了，他要讲究对等。不管我们是否认同他的价值主张、是否赞同他对全球化体制和秩序的看法，但他确实提出来一个我们不得不面对的问题：在全球治理这样一个背景下如何理解正义、如何实现正义。在这样的情况下，我们可以看到确实有一些变化，在2001年布什总统上台的时候，当时美国强调的是世界法治秩序，这是一个整体，是一个全球化的体制。今天我们看到，美国的立场倒过来了，强调的是双边主义。中国在过去很长一段时间也是强调双边主义，真正地推动整体外交其实是20世纪90年代后期才开始的，所以这种变化是非常有意义的。那么，在这样的情况下，我们首先要面对在现代法治制度设计之下，正义应该如何理解。我想，在座的各位每个人都会有一套说法，我在这里想强调的只是三个维度，现代法治秩序中的正义观包括三个维度：第一点，一定要合法，即守法性，如果没有守法性的话，你就没有正义可言，首先要有规则。第二点，这个规则必须正当，有正当性，没有正当性的话，仅仅强调规则是不行的。第三点，这种合法的正当的规则，其衡量的标准是什么呢？是得其应得。它包括两个层面，一个是尊重权利，包括我前面讲的正当程序，也是与权利的认定、维护、保障密切相关的；另一个定分止争，要解决纠纷，从定分止争这个方面来看，当事人的公正体验、当事人在地位上的平等、如何实现分配的正义就会提上来。我们可以看到，这三个维度是迄今为止正义观的重要内容。

全球化对这样的正义观实际上提出了非常严峻的挑战，第一个是全球化导致不同文明、不同文化之间在同一个舞台上竞争，这个时候其实各个正义观是不同的。如何提出一个让不同文明能够沟通与相互理解的正义观，这个就至关重要了。如果我们仅仅强调文明的主张、国家的特色，那就很难对其他文明做出有说服力的论证。第二个就是互联网导致整个世界已经网络化了，而网络结构的一个非常重要的特点是平面的互动关系非常发达，这种互动关系因为纵横交错，所以导致对于情境伦理与互惠原则的强调，我们中国人是最熟悉的，在一个关系网络非常强的社会里面，我们确实可以看到互惠原则、情境伦理非常重要的意义。在当今的世界也出现了类似的趋势，这是一个饶有兴趣的问题。特别是在人工智能的互联网社会，特朗普之间提出来的两个侧面同时出现了，一方面是人工智能互联网社会特别强调，同时也有条件提供一种互惠的制度设计或者说公共服务，但另一方面，由于人工智能互联网社会导致了非常复杂的不同层面的互动关系，所以在实践层面上互惠就变得非常重要了。普惠和互惠同时并存，这是当今人工智能互联网社会的一个非常重要的特点。普惠这个原则有可能会导致"免费搭车"所造成的不公平，而互惠有可能导致缺乏客观的正义标准，这就是我们现在所面临的问题。所以在这个意义上来说，我们在考虑正义问题和权利问题的时候不得不注意互惠的问题。我前段时间有个短评，就是关于互惠的正义观，我把这个内容再总结一下。关于互惠的正义观的八项规定，我觉得从八个角度来把握它是非常重要的。

第一,在允许各种差异和差距的社会结构当中,不同层面的互惠关系势必成为普遍化的秩序原理,过去我们谈互惠基本上是小圈子里的,但是现在成为一个普遍性的原理。第二,互惠的特征是双方有利,那么就会导致利己的动机和利他的动机交织在一起,并且不断地进行重组,这个重组会导致我们没有绝对的标准,因为这个重组的状况是不是让人们满意,是一个相对化的问题,是一个程度上的问题。第三,互惠与既定的绝对的正义观是不一样的,具有动态性、暂时性,在这样的情况下,在这个意义上,我们就可以看到,罗尔斯所说的反思性的均衡、重叠性的共识就会具有越来越重要的意义。第四,就是互惠的预测可能性和实效性,这是一个很复杂的问题,因为是双方在博弈过程中形成的互惠,所以它缺乏明显的可预测性,但是另外一方面我们可以看到只有通过这种互惠才能使一般的规则具有实际的效力,这是我们当前所面对的现状。第五,为了防止互惠关系流于偶然,所以需要强调一种大家都认同的社会正义,所以在这个意义上来说,社会正义变得越来越重要。这种社会正义在某种意义上可以理解为公共理性,也可以理解为一种说服别人的过程,但是社会正义本身就存在于社会,我们需要社会正义是为了防止随意性、主观性,但是我们知道社会正义本身是取决于重叠共识,所以这个时候它本身会带来偶然性。这里存在一个悖论。第六,纯粹的博弈是以合理的利益计算为本质特点的,但是互惠原则要求对于这样的理性计算进行调整,根据道德价值来进行调整,所以在这个意义上来说互惠正义也就是程序正义的折扣系数。第七,互惠原则反映到权利观上就会拒绝那种把权利义务相对立的观点,我们可以看到权利观包含了调整的契机。第八,要通过正义的界说与善的界说相区分这样一个视角来理解全球化的治理以及网络社会的治理,或者说我们开头提到的特朗普这个贸易战的逻辑。在这个地方,我们可以看到在全球化的背景下什么是善?什么是正义?这是一个非常重要的问题。以当前世界的两极分化和差异的普遍存在为背景,我们不得不把互惠和妥协也纳入正义的范畴进行研究,这也就是我认为今天谈到的这个挑战对于法理学的意义。如果我们把互惠和妥协也纳入正义范畴的话,这就意味着需要反思、需要宽容。在这个意义上来说,我们纪念法学范畴长春会议30周年的意义就在于强调反思和宽容。

谢谢大家。

主持人

谢谢季卫东老师。季卫东老师谈到一个非常重要的问题,其实是对我们刚才两位发言人的一个非常好的延续。关于权利本位问题,我觉得有两点是特别需要大家注意的。第一点就是在认识论上,权利本位其实是代表着认识论上的一个很大的变化,就是主体的确立。主体的确立导致主体的责任和主体的个体行为是联系在一起的,所以说,这是我们现代法律一个基石性的东西。第二点就是一个方法论的问题,也就是说在法学研究的方法上,是侧重于个体主义的方法论的。那么,季卫东老师刚才在发言中谈到的问题,是对这两点在全球化背景下所带来的挑战做了一个很重要的分析。因为他认为,把互惠这样一个因素纳入正义的标准中之后,就会改变过去的判断。所以说,他后面谈到了互惠正义和程序正义,谈到了对权利义务关系的可能的重新理解,反思了宽容这样一些概念的引入。所以,这些问题其实都是和我们说到的权利本位的观点是有联系的。他在发言的一开始就说了,在全球化的背景下,关于这一标准问题的讨论对权利问题会有很大的影响,刚才他的发言其实就是对这个话题的展开,非常感谢。

下面,我们的第四位报告人是刘作翔教授。

报告人 / 刘作翔

法学博士,上海师范大学光启学者特聘教授、法治与人权研究所所长,中国法学会法理学研究会副会长、法治文化研究会副会长,中国社会学会法律社会学专业委员会副会长。

"法源"的误用:关于法律渊源的思考

谢谢会议的邀请!我们今天齐聚在这里,参加这样一个盛会。首先应该向30年前以张文显教授为发起人召开的这样一次法学范畴基本范畴理论研讨会致敬!向30年前参加这次会议的各位参与者表示致敬!30年前的这次会议,大家对它的意义做了很多的概括和提炼。我个人觉得它的最重要的意义是催生了法学界的思想解放运动,并且催生了一系列新法学命题、法学概念的研究。今天我们纪念30年前召开的这样一次会议,我想既可以有宏观的理论关怀,也可以对一些具体法律理论问题作更深入的阐发,我想这是我们对30年前召开的这次会议的一个最好的体现和传承。

本着这样一个想法,我在想一个问题:我们如何超越30年前的这次会议,以及如何超越30年间对有关问题的讨论。就权利理论来讲,刚才张恒山教授发言说我们中国的权利理论研究是很不深入的,对这一点我深有同感。如何深化我们的权利理论,我想仅就30年前提出的权利本位这样一个理论而言,我们可能还有一些具体的权利理论问题需要挖掘、需要探讨、需要深入。就我个人能想到的,比如有一个很重要的权利理论问题,就是“权利相对性理论”,和这个相对性理论有关的是权利的限度理论、权利的滥用理论,还有关于权利绝对主义与相对主义的争论。很多年前国外就对权利相对主义和绝对主义有过争论。关于权利相对性理论,我在《清华法学》2013年第6期发表过一篇文章,题目是《权利相对性理论及其争论——以法国若斯兰的“权利滥用”理论为引据》,阐述了我个人的一些看法。我觉得这样一些权利理论的研究,有助于把权利理论向前推进一步。这是我想谈的一个想法。

今天我想给大家谈的是《“法源”的误用:关于法律渊源的思考》。为什么讲这个问题呢?法律渊源是法理学中一个非常重要的基本理论问题和实践问题。我们这个单元我觉得设计得非常好,就是法理学核心概念和法学概念体系。法律渊源,我个人认为是对什么是法这样一个法学元问题的另一种具体化解读,并且法律渊源不仅仅是对于法理学,也是其他各个法学学科的基础性概念。我们在座的大多都是研究和教授法理学的老师,还有学习法理学的学生,不了解法律渊源的概念,就无法形成对于具体法律形式的判断和应用。遗憾的是,在我国法学界,目前对于法律渊源的概念并没有达成有效的共识,因而在学术理论的讨论中就出现了对这一基础性概念的误用,并且影响着法治实践。

一个具体的例子就是2017年3月全国人大通过了《民法总则》,其中第10条规定:“处理民事纠纷,应当依照法律;法律没有规定的,可以适用习惯,但是不得违背公序良俗。”《民法总则》颁布以后,有几位著名的民法学家在一些演讲或者一些学术讨论中提出了这样一个观点,说“《民法总则》第10条赋予了习惯以新的法源地位”,这个观点影响是非常大的。我还注意到一些报刊也刊登了《民事习惯作为民事审判的法源》的报道,如《人民法院报》2017年10月30日有篇文章《仙居法院:“善良习惯”成辅助民事审判的“法源”》等报道。中国政法大学组织过一个专题学术沙龙,有位青年学者更是直接地讲:从司法和法官裁判的角度,法源指“一切得为裁判之大前提的规范的总称”。我个人认为这样一个观点是对于“法源”概念的误用。产生这种现象的根本原因就在于我们对于法律渊源的理论与现实问题缺乏深入的研究。所谓“法源”是什么呢？我的理解，所谓“法源”就是法律渊源的简称，而法律渊源是一个严格的法学概念。在我看来，法律渊源就是“有效力的法律表现形式”。关于法律渊源，有多种解释和理解。在我主编的中国社科院的法律硕士教材《法理学》中，我对法律渊源的多义性也做了一些说明。法律渊源是一个多义词，并且经历了一个不断的演变过程。在学术史上，有法的历史渊源、法的理论渊源、法的政治渊源、法的物质渊源、法的形式渊源、法的解释渊源等，有很多的解释。在这样一种多义性的解释面前，我们需要选择一种和国际上法律渊源概念能够贯通的解释。那是什么呢？我认为就是“有效力的法律表现形式”，这也是目前多数的《法理学》教材所采用的观点，当然有个别教材不这么认为。这种有效力的法律表现形式到哪里去找呢？在不同的法律传统和法律体制下，它的渊源是不同的。比如在判例法国家，判例就成为有效力的法律表现形式，这是毫无疑问的；在制定法国家，关于有效力的法律表现形式也不完全一样，它取决于具体国家的法律规定。具体而言，就是由这个国家的宪法和立法法所规定的，不可对此过度扩展。所以我们讨论法律渊源，应该从国家法律的立场来理解这个概念。因此，关于法律渊源问题，实际上就是一个国家的法律传统和法律制度问题，可以通过宪法和立法法等有关法律规范的等级层次来进行划分和选择。从这个层面来讲，法律渊源就是宪法和立法法中有关法律的表现形式问题，在中国就是大家熟知的八种形式，宪法、法律、行政法规、部门规章、地方性法规、地方政府规章、自治条例、单行条例。由此看来，一些学者所说的“《民法总则》第 10 条赋予了习惯以新的法源地位”的观点是没有根据的。因为宪法和立法法所规定的有效力的法律表现形式并没有习惯这样一种规范类型。

之所以会产生这样一个观点，是因为他们误以为只要法律规定了可以适用习惯，那么习惯就成了新的法源，即习惯改变了其性质，这正是误区所在。《民法总则》第 10 条将习惯作为法律缺位情况下处理民事纠纷的规范依据，是否意味着改变了习惯的规范属性，是否意味着把习惯变成了一个法律渊源（用他们的话叫法源），我认为不是。《民法总则》第 10 条并不能改变习惯的性质，即并不意味着有了这条法律规定，习惯就变成了法律渊源。当然，在此之前，2007 年颁布的《物权法》第 85 条在讲到处理相邻关系问题的时候也规定了有法律法规依法律法规，没有法律法规可以按照当地习惯。这样一个规定只是明确了在法律缺位的情况下，习惯可以作为弥补法律漏洞的一个行为依据和裁决依据，给了我们另外一个规范选择。但并不意味着这一规定就改变了习惯这种规范类型的性质，习惯仍然是习惯，习惯并不能变成法律，也并不意味着这样一个规定就把它变成了法律渊源。这一点恰恰是很多学者迷失的地方。

为什么会产生这样一些误解呢？上午有学者讲到中国应该由立法中心向司法中心转移等这样一些问题，有些学者就认为需要重新理解法律渊源，应当站在司法中心主义的立场上，从法官的角度来理解法律渊源。由此，有些学者就提出所谓法律渊源就是法官裁决依据的来源。我觉得出现这样一个观点，根本的问题在于把判例法国家对法律渊源的理解不加区别地移植到了中国这样一个制定法国家，这也是几位法学家提出的“《民法总则》第10条赋予习惯新的法源地位”观点的一个方法论。在我看来，讨论法律渊源，其主要的目的是讨论清楚什么是法律，这是一个有明确目标指向和对象的问题，它是一个法律制度和法律传统的问题，并不存在一个所谓的立场转换。有的人说要有一个立场转换，从立法中心主义向司法中心主义转移，就是要向法官的立场转移。我觉得理解法律渊源是由法律来确定的，不是由什么立场来决定。法律渊源是国际上通用的一个法律概念，尽管对于法律渊源有不同的理解和解释，但作为一个通用概念，法律渊源是指“有效力的法律表现形式”在国际上是有共识的。法律渊源主要指那些具有法的效力作用和意义的法律的外在表现形式，因此，法律渊源有时也叫法律形式，它侧重于从法律外在形式意义上来把握法律的各种表现形式。

还有一个问题就是这些年美国现实主义法律观、司法观对中国的影响。有些人讲到现实主义司法观的时候经常会说，法官的一顿早餐可能会影响其对案件的最终判决，实际上是指那些影响法官判决的因素，并不是说把所有的因素都看成是法律，有些人说真正的法律就是那些东西。这里面有一个重要前提，即中国是制定法国家，法律赋予法官的职责是严格依照国家制定的法律来司法。我们现在提出“新法治十六字方针”，其中包括严格执法、公正司法。现实主义法学发生的场景主要在英美法系国家，英美法系法官除了按照判例和制定法裁判以外，他们拥有较大的自由裁量权，也就是说在英美法系国家，法官可以通过判例创造法律。在中国这样的制定法国家，法官的重要职责是严格按照法律来进行司法，这也是严格司法的含义。中国作为制定法传统和法律制度的国家，其对于法律渊源的理解和解释要放在中国的法律传统和法律制度语境中，不能简单地比附判例法国家的传统来解释。

最后，我想讲一句话，就是我们理解中国的法律问题，一定要注意到我们中国的宪法以及法律这样的一个制度事实。包括在讨论法的概念、法律渊源等一些重大法律问题的时候，这个制度事实是不可逾越的。当然你可以对这个制度进行批判，进行分析，进行改造，进行改革，但是在这个制度不变的情况下，要尊重这样一个制度事实。

这就是我的发言，谢谢大家！

主持人

谢谢作翔教授，他对法律渊源的问题表达了自己的认识和见解。

下面我们有请第五位报告人孙佑海教授。

报告人／孙佑海

法学博士，天津大学法学院院长，中国法学会环境法学研究会副会长，中国环境科学学会常务理事。

构建权利义务责任相平衡的法学范畴共同体

尊敬的各位老师、各位专家，非常感谢张文显老师安排我在会议上做一个发言。30年之前，张文显老师等一批当时的中青年法学家提出“权利本位”的重要理念，提出权利义务是法学的核心范畴的重要观点，为我国的法学研究和法治建设作出了不可磨灭的历史性贡献。30年之后的今天，回顾我在全国人大、国务院和最高人民法院都工作过的经历，我在思考，我们在探讨权利义务这一对法学核心概念时，是否对法律责任的地位和作用重视得不够？我们今天在法治建设领域遇到的有法不依、执法不严、违法不究等问题，是否与我们对法律责任问题重视得不够有这样或那样的关系？因此，我今天尝试提出构建权利义务责任相平衡的法学范畴共同体的观点，向在座的各位专家请教。

第一，提高“法律责任”的理论地位，将其与权利义务概念相并列。我的观点是，提高“法律责任”的理论地位，将其与权利义务的概念相并列，构建权利义务责任相平衡的法学范畴共同体。理由如下：

一是从法治体系的核心作用看，应当提高法律责任的理论地位。一国的司法机关在法治体系中发挥核心作用。所谓核心作用，就是一国的法治体系，可以没有其他成分，但绝不能缺失法律责任。追责，是一国法治体系的最为实质的功能。因为，即使立法机关明确了公民的权利、明确了国家机关或有关方面的义务，但是，如果不对违反义务者追究责任，这个法律规定就是空的，权利就是空的。法治体系的核心作用依靠谁行使呢？只有司法机关，也就是广义上的执法机关。只有司法机关真正发挥功能作用，敢于追究违法者的法律责任，才可以说这个国家的法治体系是正常运行的。

二是从司法实践的实际运作看，应当提高法律责任的理论地位。在司法实践中，案件到了司法机关，最重要的工作、最终的工作就是要确定责任、追究责任。无论是刑事责任、行政责任还是民事责任。如何追责呢？执法人员需要查看案件相关人员的义务是什么？为此，需要查看法律的相关规定，民事案件则需要查看当事人之间的相关约定。如果法定的义务不清楚的话，还应当研究法律规定的目的是什么、立法的宗旨是什么。无论如何，最后的落脚点就是查看相关人员的法律责任，进行准确的追责。

三是从我国解决“有法不依”的紧迫性看，应当提高法律责任的理论地位。我国社会的“有法不依”问题有几千年来的传统。我们的同胞，如果出现问题，首先做的工作往往不是查阅法律规定，研究如何依法解决问题，而是习惯于找熟人、找关系，逃避法律责任的追究。这是我国法治建设中的突出问题。为了解决我们社会的这个突出问题，有必要提高法律责任问题的理论地位，为解决影响我国社会健康发展的千年痼疾，发挥重要的法理支撑作用。

四是从检验真理的标准看，应当提高法律责任的理论地位。实践是检验真理的唯一标准，这在我国理论和实务界已经达成共识。如果不在研究法律责任的问题上下更大的工夫，为解决法律责任不落实的问题做出更大的努力，那么，再好的权利义务理论也起不到应有的作用。因此，为追究法律责任、更好地落实法律提供理论支持，提高法律责任的理论地位是十分必要而紧迫的。

五是从当前“义务”理论的结构看，应当提高法律责任的理论地位。当前的权威理论认为：法律责任，是由于侵犯法定权利或违反法定义务、约定义务而引起的，由专门国家机关认定并归结于法律关系主体的，带有直接强制性的义务，亦即由于违反第一性义务而招致的第二性义务。我认为这个理论的主要问题，就是埋没了法律责任的重要地位。在当下的义务理论中，涉及义务的性质、义务的功能、义务的结构、义务的表现形式、义务的冲突、义务的实施等多个方面，但是，法律责任问题，绝不能仅仅归结为义务的违反，就可以解决所有的法律责任问题。法律责任，既可以是对义务的违反，也可以是对权利的直接侵犯。例如，我国就专门制定了侵权责任法。法律责任问题在理论上具有独立于权利和义务，并且单独拿出来进行深入研究的必要性和可行性。

六是从我国社会主义法治的发展方向看，应当提高法律责任的理论地位。事物发展的规律告诉我们，凡是普遍存在的问题，一定是制度的缺失或失效，要在制度建设和完善上下功夫；凡是反复出现、长期得不到解决的问题，就要从机制上找原因。法治是“依法办事”的治理方式及其运行机制。以生态文明建设为例，强调生态文明法治，就要强调对破坏生态环境的行为予以法律制裁。针对过去在生态文明建设中存在的一些有法不依、违法不究的现象,要强化对法律责任的追究,对破坏生态环境的违法行为实行更严厉的法律惩治,只有如此,才能在现阶段突破一切阻力,形成生态文明建设的新局面。因此,我国的各行各业都要厉行法治,确保新时代中央所部署的各项艰巨任务的如期实现。

七是从最近发生的两件案件看,应当提高法律责任的理论地位。案例之一,关于人权和健康权方面受到损害的案件。前不久,湖南省几百名儿童集体受到铅污染,家长到处告状,但是赔偿问题就是不能解决。对于政府的不作为问题,只有追究相关人员的法律责任,才能解决问题。仅仅强调相关人员的义务,不解决他们的乌纱帽,工作就难以向前有力推动。案例之二,甘肃的祁连山的自然保护区破坏问题。甘肃祁连山是国家重要的自然保护区之一,但在这个保护区里面随意开矿办工厂的问题十分严重,造成严重的污染和生态破坏。法律上明确规定企业有义务,政府有职责,但是有关部门和公务人员就是不履行。后来,习近平总书记依法作出重要批示,终于追究有关人员的法律责任,甘肃祁连山的自然保护区的破坏问题才得到解决。通过两个案例我们看到,对公民环境权利的有效保障、对政府履职的督促,必须依靠追责。这是一个根本性的原则问题。仅仅规定公民有权利,规定政府有职责,都是不全面的。所以只有依法追责,才能有效地保障公民的权利,才能督促政府依法履行职责,才能迫使企业履行义务。我们只有把权利义务与责任紧紧地结合在一起,才能维护社会正常的秩序,才能满足社会正义的要求。

综上,我认为,应当提高"法律责任"的理论地位,将其与权利义务概念相并列,构建权利义务责任相平衡的法学范畴共同体。当下,依然把法律责任作为第二性义务的理论观点,已经不能适应我国新时代法治建设的实际需要,应当本着实事求是的原则和精神,在法理和法治建设的相关领域进行适度的调整和创新,切实把法律责任的研究在理论地位上"升起来",在法治体系的实际运行中"强起来"。

第二,构建权利义务责任共同体的五个领域。所谓"五个领域",是指从立法、执法、监督、保障和党内法规来构建权利、义务、责任相平衡的共同体。

一是要科学立法。科学立法,是指在立法制度的设计上,确保权利义务责任共同体规范到位。要在立法时建立明确的机制:有义务,一定要规定明确的责任,而且要协调配套。在设计追责制度时,不仅要明确实体责任,而且要有明确的程序制度做保障。

二是要强化执法。强化执法,是指在法律的执行方面,要确保各执法机构,严格按照法律的规定办事,确保维护人民的权利,严格遵守法定义务,严肃追究违法者的法律责任。

三是要加强监督。在监督制度中,强调人民法院、人民检察院在司法中的重要地位和作用,强调他们在追责体系中的主导作用。同时,人大的监督非常重要,要充分发挥人民代表大会制度的作用,敢于追究违宪者的责任。

四是要强化保障。为了落实追责,还要在组织保障、经费保障和技术保障上,做出极大的努力。确保执法者、司法者能够代表国家成功追责,而且在追责之后,确保自身的安全无虞,确保享有应有的政治待遇和物质待遇。

五是在党内法规中强化追责制度。在我国,党政领导干部在国家与社会治理中处于重要地位,但其也往往因为权力行使恣意而成为违纪甚至违法的主体。在党内法规中强化追责制度,把党纪挺在法律的前面,用严格的党纪确保国家各项法律的落实,这是中国特色社会主义法治的重要特点。

同志们,我是吉林大学1978级的法律系本科生和1982级的民法学硕士研究生,我在这里足足念完了四年的本科和三年的硕士。今天张文显老师让我来参会,我感到十分高兴。吉大,是理论研究的圣地。这里冬天室外很冷但室内很温暖,为学者们提供了舒适的学习研讨的环境;每当夏季,我国华北地区、华东地区、南方各区域的人们在火炉上“煎熬”,而长春的学者却可以尽情地享受夏季的清凉。我作为一位环境法与政策学者,我为长春优越的地理环境感到自豪和骄傲。就资源学的角度而言,“夏季清凉资源是一种重要的自然资源”。在热浪滚滚的夏季,大家来到爽爽的长春,在这里放飞学术理想,让人们疲惫的身躯得到充分的生息修养。希望大家在长春生活愉快,期望我的母校——吉林大学在各位的关心支持下得到更加茁壮的成长。

主持人

谢谢孙老师。他是有非常丰富的实务经验的。张老师说,我们对发言人的介绍只介绍现任职务,不介绍历史职务,所以孙老师的历史就被割裂了。其实,他是有长期的丰富实践经验的。他走上教学岗位时间并不是特别的长,所以他是在实践的层面,而非从文本的层面来讨论权利、义务、责任应该作为一个共同体,是分不开的。

下面,我们有请第六位报告人张保生教授。

报告人／张保生

法学博士，中国政法大学教授，证据科学教育部重点实验室主任，国家司法文明协同创新中心联席主任，中国法学会审判理论研究会常务理事，国际证据科学学会副主席。

中国证据制度转型：从义务本位向权利本位的回归

谢谢葛洪义老师！尊敬的张文显老师、尊敬的各位专家，非常荣幸能够参加这个具有重要纪念意义的学术研讨会。30 年前召开的法学基本范畴研讨会，提出了“权利本位、义务先定”的理念，确定了权利义务在价值上的主次关系，即“现代法制是或应当是权利本位”。这对中国法学研究和中国法治建设具有极其深远的影响。

我今天讨论的问题，是从一个部门法学的视角，即证据法的权利义务问题切入。证据法是调整司法证明活动中控辩审之间权利义务关系的规范总和。证据法中的权利义务规范，既体现为各种实体性权利和义务，比如质证权、作证特免权等；又体现为程序性权利和义务，比如举证、质证和认证的程序性规则。30 年来，在中国证据法学研究和证据制度建设中，权利意识也在逐步觉醒，权利保障不断增强，但是也要承认，目前还存在许多需要进一步改进完善的问题。

第一个问题，是如实回答义务与不得自证其罪的权利。关于如实回答义务，有学者说是对“坦白从宽、抗拒从严”的刑事政策的一种立法表述。中国刑事诉讼长期以来形成了一种“义务本位”的诉讼模式，即面对国家追诉机关的调查讯问，嫌疑人负有服从和配合的义务，以协助司法机关查明事实真相。因此，1996 年《刑事诉讼法》第 93 条和 2012 年《刑事诉讼法》第 118 条都规定：“犯罪嫌疑人对侦查人员的提问，应当如实回答。”这种“如实回答”的义务，是对“坦白从宽、抗拒从严”的刑事政策的立法表述。在司法实践中，如果拒不供认有罪、翻供或者“认罪态度不好”，这样的被告人就会受到从重的处罚。

与此相关的一个问题，就是侦查讯问中的告知，是义务告知，还是权利告知？2012 年《刑事诉讼法》第 118 条新增的第 2 款规定：“侦查人员在讯问犯罪嫌疑人的时候，应当告知犯罪嫌疑人如实供述自己罪行可以从宽处理的法律规定。”这样一种告知规定,实际上是一种义务告知,而不是一种像“米兰达规则”那样的权利告知。然而,从司法人权保障的角度看,司法公权力机关有义务向犯罪嫌疑人进行权利告知。世界各国实际上都有一种类似于“米兰达规则”这样的权利告知程序,即你有权保持沉默,但如果你放弃这种权利,你所说的话在法庭上会成为对你不利的证据。这种权利告知对警察而言则是一种义务,如果警察在讯问之前没有履行这种告知义务,没有告知犯罪嫌疑人有这种权利,那么,犯罪嫌疑人所作出的供述便不具有证据资格,就会禁止在法庭上使用,或者按照证据排除规则而被排除。在《德国刑事诉讼法典》中也有3条有关被告人沉默权这样的规定,任何人都没有协助证明自己实施了犯罪行为的义务。

说到沉默权,必须谈一谈关于不得自证其罪的权利和撤销认罪的权利。《刑事诉讼法》第50条规定了“不得强迫任何人证实自己有罪”,这是我国刑事证据权利保障的一个重要进步。不得自证其罪,作为刑事被告和证人的一项诉讼权利,旨在保障一个人不受政府方强迫作证,提供可能导致其受到刑事指控的证言。它与无罪推定原则一起,确保国家承担刑事指控的证明责任。这个权利蕴含着沉默权,它的完整含义有两个:第一,不得强迫任何人证实自己有罪,这就是《刑事诉讼法》第50条规定的。第二,不得强迫任何人证实自己无罪。这个含义在我们现行《刑事诉讼法》第50条中还没有规定。我们的司法文化中长期以来有这样一个传统,就是犯罪嫌疑人或被告人必须回答问题,你要冤枉就要喊冤,如果你不回答问题、不喊冤,就是心虚理亏;如果你保持沉默,那就是负隅顽抗或默认有罪。所以,确立沉默权,是中国证据法权利保障未来的努力方向。

还有撤销供认的权利,这是供述自愿的法律保障。供认自愿或自白的任意性,是法治国家刑事诉讼的一个基本原则。但是,如果供认之后不能撤销,撤销了就会成为对被告人不利的证据,那就会抑制供认的动机。实际上,撤销供认的权利也是被告人权保障的一个重要内容。我们看很多国家证据规则里都有撤销自认这样一种权利。撤销自认以后,原来的供认和撤销供认的行为都不能采纳作为对被告不利的证据。我国《刑事诉讼法》第53条规定“对一切案件的判处都要重证据,重调查研究,不轻信口供”,它强调了口供对于事实认定的不充分性。但是,《刑事诉讼法》中并无撤销供认的证据排除规则。在中国司法文化中,“翻供”是一个贬义词。然而,根据供述自愿原则,自愿作出的供述也可以自愿撤回。当供认被撤回的时候,原先的供认应当失去法律效力。如果先前供认可以用作反对被告人的证据,那就意味着原先的供认没有被撤销,那样一来,供认自愿的权利实际上就被剥夺了。现在根据全国人大常委会的决定,“两院三部”制定了《认罪认罚从宽制度的试点办法》。我注意到,这个办法多次规定了“自愿认罪认罚”“自愿如实供述”“人民法院审理认罪认罚案件,应当……审查认罪认罚的自愿性”,但是,尽管多次强调自愿性,实际上对于如何确保认罪的自愿性并没有制度保障,也缺乏配套机制。从根本上说,任何撤销认罪的证据,都不得用来反对被告人,这才是认罪认罚从宽制度能够行之有效的保障机制。道理很简单,很多人到美国去,看到有一种商店,购物 30 天内可以无条件退货。实际上无条件退货是鼓励买货,只有无条件可以退货,人们在买货时才没有任何心理负担。这个道理对鼓励认罪也是一样的。作为一项证据排除规则,撤销供认不得作为对被告人不利的证据,这不仅会鼓励供认,还将从根本上保障自白或认罪的自愿性。

第二个问题,谈一谈质证权对证据采信的决定作用。质证权在证据法中居于核心地位。我国《刑事诉讼法》第 59 条规定:“证人证言必须在法庭上经过……双方质证并且查实以后,才能作为定案的根据。”与 1996 年《刑事诉讼法》第 47 条相比,这一条突出了“双方质证”。实际上,双方质证强调的是辩方质证,因为控方负有举证责任,双方质证倾向于保护的还是辩护方有质证的权利,而且它用了“必须……才能”这样一个语法结构,强调了质证是证言被采纳作为定案根据的必要条件,显示了证据法对于质证权利的尊重。质证权包括交叉询问和对质的权利。在美国,交叉询问是一种权利,是一种 right,而不是一种特权(privilege)。威格莫尔说:交叉询问“是我们曾经发明的揭示事实真相之最伟大的法律引擎”。我国《刑事诉讼法》现在虽然规定了不经过交叉询问的证言就不能作为证据被采纳,却还没有把交叉询问作为被告人的一种证据性权利,将来需要从这个高度予以保障。另外就是对质权,在我国也还没有成为一种宪法性权利。最高人民法院刑事诉讼法解释第 199 条只规定了“必要时,可以传唤同案被告人等到庭对质”。然而,首先,对质权是一种宪法性权利,是一种不可剥夺的基本权利,如果加上“必要时”,实际上就把这种基本权利变成了法官的一种自由裁量权了。其次,对质权是被告人与证人对质的权利,它比同案被告人的对质权要根本得多。

第三个问题,本来想谈一下民事和行政诉讼中当事人的证据权利,比如,民事诉讼当事人的取证、举证的权利;行政诉讼中原告的证据权利,包括行政诉讼证明义务倒置的要求,行政诉讼原告享有的举证权利。

第四个问题,则想谈谈作证义务与作证特免权的关系,例如,在律师—委托人作证特免权中,为委托人保密究竟是律师的权利,还是委托人的权利? 还有亲属作证特免权,也有利于促进权利本位在证据制度中的回归。但时间到了,就没有时间谈了。

总之,30 年来,在中国证据法学研究和证据制度建设中,权利意识在逐步觉醒,权利保障在不断增强。但是我们也要承认,无论在证据立法、司法领域,还是在证据法学研究中,从义务本位向权利本位的转型或回归,目前都还没有完成,还存在许多需要进一步完善的问题,需要我们继续努力。谢谢各位!

主持人

谢谢张老师。保生教授从证据制度的角度讨论了义务本位向权利本位的转变。下面,我们有请第七位报告人胡玉鸿教授。

报告人/胡玉鸿

法学博士,苏州大学王健法学院院长、教授。

法学基本范畴与法理学研究体系

尊敬的各位专家、各位同仁,感谢张老师和会务组的邀请,让我能够参加这么有意义的并且这么重要的学术会议,当然也让我能够借这样一个机会感谢30年前那些开展了法学范畴研究的拓荒者们。正如刚刚刘作翔老师讲的一样,他们在那个时候推动了这样一场思想解放的法学革命,对我们此后的法学教育和法学研究有极为重要的影响。我也看了张文显老师在《中国法学》上所发的《当代中国法哲学研究范式的转换——从阶级斗争范式到权利本位范式》这篇文章,其中归纳了从阶级斗争范式到权利本位范式所隐含的法律意义,我想在这个方面对于我们今天继续开展法学研究应当也是有极为重要的指导意义的。

我今天给大家汇报的这个题目是《法学基本范畴与法理学研究体系》。在这里我主要是想就法学基本范畴如何在这个研究体系当中得以落实的问题做一些探讨。首先我想讲的一个问题是“法学基本范畴在法学研究体系中的地位”。当然,张文显老师的法学基本范畴研究对这个问题做了非常深入的阐述,我在这里所言其中就是在拾张老师的牙慧。法学基本范畴在法学研究体系中的地位可以归纳为三个方面:第一,法学基本范畴构成了法学研究体系的基础,范畴在这个方面的意义毋庸置疑是明显地存在的,因为任何研究的体系的形成都必须借助相关的概念范畴才能够达到。而概念范畴的形成凝结着人类认识活动的深化,正像柏拉图讲的一样,它是从一个具象的认识过程上升到了理念的形成过程,所以基本范畴的归纳提炼使我们的法学研究体系的形成能够得以可能。第二,法学基本范畴是法学研究体系成熟的基本标志。也就是说,一个法学研究体系是否成熟,在很大程度上取决于我们对这么一些基本范畴能不能够形成普遍的或者有深度的理论的共识,只有在共识的基础之上,我们才能够在一个法学的共同体当中,就概念来使用、对话、探讨。从这个角度来说,研究体系的成熟有赖于基本范畴的确定。实际上很多学科都有"关键词"的说法,比如"政治学关键词""经济学关键词"都形成了很多大部头的著作,还有《大观念》这样的一种辞书,把影响人类历史的主要观念来做一个梳理,所以在这个方面我们如果能够就一些基本法律范畴来形成这样一种百科全书式的概括,对于深化学术研究也是有极为重要意义的。第三,法学基本范畴是推动法学研究体系完备的动力,因为体系一定程度上可能会具有某种的封闭性,也就是说它使自己能够成为一个逻辑上的自主体,但是会拒绝对外开放,因此有了新的范畴来加入,就可能会打破原有的这种僵化的体系,使整个法学研究能够更加充满活力,这是我给大家的汇报的第一个问题。

第二个问题是关于"法学基本范畴在法学研究体系当中的分类与分层",因为不同的法学研究类型肯定会有自己的不同的法学研究基本范畴。当然在这里,我首先想就法学的分科来做一个简单的论述。此前我们都是把法学分成理论法学和应用法学两个层次,但是总感觉到用这两分法来划分我们今天所有的法学门类可能会有一定的问题,比如法律史这样一个学科,它到底算什么呢?是理论法学吗?肯定不是。因为历史只是对于我们之前有过的制度或者思想来进行概括和描述,所以法律史肯定不是理论法学,而法律史当然也不是应用法学,这就意味着理论法写作或者应用法学的分类实际上无法囊括我们今天已经存在的诸多学科。所以我个人认为,在理论法学和应用法学之间还应当有一个中间层次,我把它叫作经验法学。在我看来,经验法学起码从现在来讲有四种基本的类型。一是讲人类的法律经验,这就是法人类学,是对人类特别是不同民族、种族共同尝试适应法的经验来进行归纳概括。二是讲过去的经验,这就是法律史。无论是对制度史还是思想史的归纳和描述,都是建立在扎实的史料基础之上的。三是与过去的经验相对应的现实的经验,这就是法社会学主要要解决的问题,法社会学中像活法、法律实效等,就成为这样一个学科的基本范畴。四是法系的经验,那就是比较法学主要要解决的问题。在这样一些不同类型的法学研究当中,都会运用到自己不同的法学基本范畴,所以各个学科也都可以在此基础上进行提炼。

第三个问题是我今天要汇报的主要问题,也就是说以法学基本范畴为主导的法理学的研究体系到底应当如何来构建?当然,我这不是讲一个教学的体系,而主要讲的是从研究的逻辑上或者研究的纲领性上进行的归纳。我认为法理学研究可以说有四条主线,而这些主线能够串联起相关的法学基本范畴。第一条主线就是法律规范,作为法律的现象层面的内容，包括我们所讲的法律体系、法律部门、法律文件、法律要素以及法律规则。法律体系是一国现行法律部门组成的有机体系，它的下位概念是法律部门，而法律部门的下位概念是规范性法律文件，规范性法律文件的下位概念就是法律要素，因为法律要素指的不是所有法律都必须具备的要素，而指的是组成一个规范性法律文件所必须具备的要素，而法律要素的核心是法律规则，所以我想通过这五个基本的范畴，能够对一个国家的法律体系进行这样一个逻辑上、层次上的分解，并且能够找到最小的单元，即法律规则。

第二个线索就是法律主体，首先就是关于法律人的概念。刚刚张恒山老师讲到，法学应当关注人性的问题，实际上政治学、经济学等学科就是从人的预设出发，构建其相关的理论体系。特别是经济学科当中的经济人，已经成了经济学学科研究体系的基石。从亚当·斯密以来，经济人就成为推演市场经济理论、论证自由放任经济形态的逻辑前提。在法律的场合，我们也首先要确立依存于法律、生存于法律之下的人都是法律人的这么一种认识。当然，这种法律人既可以是身份上的人，比如公民或者夫妻、父母，这是法律上的身份；还有角色上的人，所有的程序法、诉讼法都是就人的角色分配来进行这么一种规定。所以在这个方面我们需要加以认识。第二个是法律人格，人格虽然不是一个实定法当中的概念，但是它是法学研究当中必须具备的概念，因为在任何一条规则的背后，我们都隐含着对人是具有人格的这样一种假定。第三个就是法律能力，以前我们讲权利能力、行为能力，但实际上权利能力和行为能力远远不足以概括法律当中需要的能力类型，因而需要扩充法律能力的类型，解释人们在不同法律关系中所必须具备的能力样态。第四个就是法律地位，学术研究中或许有一个非常奇特的现象，即讲权利多，讲地位少，但在某种程度上地位比权利还重要，因为地位决定着人们在社会生活当中应当有的位置。第五就是法律权利，包括法律义务。

第三个线索就是法律实践。必须注意的是，以前我们讲法律实践，仅仅指的国家的法律实践，即立法、执法、司法、法律监督，但是，法律的实现更多的是通过人们的自觉行为而得以完成的，所以从这个角度来讲，个人的法律实践才构成法律实践的主要部分，所以在这里面像法律行为、法律关系、法律争议、法律救济等范畴就是表明法律实践的一些内容。通过法律行为来结成法律关系，而法律关系分配了权利和义务，但可能没有得以落实，我们产生了法律争议，因而需要通过相关的救济渠道来加以解决。

第四条主线就是法律技术，也就是通过司法实践来解决案件纷争的司法技艺。大致说来，法律技术包括三个层次，一是文本分析，即如何正确解读文本中的字、词、句以及条文之间的关系，这是法律职业者的基本功；二是法律发现，即依据何种规则来收集调查证据、判断证据以及对法律行为如何来进行解释；三是法律适用，即如何将抽象的条文适用于具体的个案之上，这包括法律发现、判例识别、法律解释、法律推理、利益衡量、漏洞填充等这样一些技术类型。

个人的想法，可以以这么几条脉络清晰的主线来串联起我们法理学的研究体系，这样会使我们对法学基本范畴在法学研究当中的作用有新的认识。

我就汇报到这里，谢谢大家。

主持人

谢谢胡玉鸿老师，他对法理学的体系做了一个系统的阐释，十分全面。

下面有请本单元第八位报告人谢鸿飞研究员。

报告人／谢鸿飞

法学博士，中国社会科学院法学所民法室主任、研究员，中国法学会民法学研究会副会长。

法学概念类型化技术的新发展：动态体系

谢谢葛老师。尊敬的各位前辈、各位同仁，下午好。非常感谢大会的邀请，非常荣幸，我作为一个部门法学的研究者来参加这个盛会。

首先，我想向30年前参加法学基本范畴的前辈表示致敬。30年前的盛会的一个重要成果是不仅确立了法理学的基本范畴，从法理学和部门法的关系看，这次盛会是法理学影响部门法的典范。这可以从两个方面说明：一方面，它为当时的民法学研究指明了一个理论体系建构的方向，即夯实民法学的基本范畴。另一方面，它提出的“权利”这一核心范畴，直接为民法学提供了建构体系的素材。今天，民法学界公认民法是一部权利法，它最重要的是确认权利和保障权利，民事立法、民法学也以请求权为中心展开。刚才徐老师说，30年前的这次盛会不只是法理学的一个新的逻辑起点和研究范式，可以说，它也为民法学提供了一个新的逻辑起点和研究范式。

我今天讲的主题是权利类型化尤其是民事立法中的一种新技术——动态体系论。这个概念最初是由奥地利学者威尔伯格(Walter Wilburg)提出,其后在欧洲产生了重要影响。为什么选择这个主题呢?一是它相对比较新,二是在民法学界的争议比较大。实际上,这个问题恐怕不只是民法学问题,也是其他部门立法会遇到的问题。借此难得的机会,正好向在座的法理学大家请教。

首先我想说明一下权利类型化为什么是必要的?我举两个例子做一个说明,一个例子是民法总则第109条,它规定了自然人的一般人格权,即人身自由和人格尊严。到底什么是一般人格权?它的范围是多大,内容是什么?这些问题法律很难做出明确界定。在实践中的争议也很大,比如殡仪馆把甲的骨灰盒给了乙的家人,甲的近亲属能不能以自己的一般人格权受到侵害为由主张权利?另一个例子是侵权法保护的客体。对这个问题,比较法有三种立法例。一是法国法,它没有明确规定侵权法保护的客体到底范围有多大,法国民法典第1382条只是规定,行为人因为故意或者过失加害于他人的,应当承担损害赔偿责任。二是德国法。德国民法典第823条做了一个简单的列举,列举了生命等人格权和所有权,同时规定“其他权利”也受到保护,但其他权利的范围是什么,法律没有做任何界定,完全由学说和司法实践界定。三是中国侵权责任法第2条第2款不厌其烦地列举了18种受侵权法保护的合法民事权益,而且还用了一个“等”字。

实际上,从立法内容的抽象和具体程度来看,侵权保护客体的三种立法例,也是民法典的三种立法风格。第一种立法风格,我把它称为原则法,最典型的就是苏维埃民事立法纲要和中国的民法通则。这种法律的条文非常少,表述得相当原则。它的优点在于能灵活适应社会变迁,缺点在于法官的自由裁量权过大。第二种立法风格,就是以1794年的普鲁士普通邦法,可以称为决疑法。它差不多两万条,其中涉及民法的规范就有15000多条。它的优点在于能保障法律适用的安定性,缺点在于无法适应社会的变迁。第三种是介于两者之间的叫作抽象概括法,以德国民法典为代表。这也是民法学家最为理想的法典风格。

但即便德国民法典这种折中的风格,也会遇到一个问题:它完全是以概念为中心建构起来的,这个概念在实务中怎么来确定,也是很大的问题。20世纪以来,民法学一个比较大的发展是所谓的类型化技术。类型和概念最大的差异在于概念必须满足全部的内涵要件,而类型则未必。比如我某个概念有ABC三个内涵,某个事物不满足这三个内涵的任何一个,就都不符合这个概念。类型则未必需要满足全部内涵要件,比如某个事物只有AB两个属性,但AB两个属性非常强,可以说也属于某个类型。类型化的意义在于,一方面,可以克服法律概念的抽象性,尤其是一般人格权之类的概念，从而尽可能减少法律适用的不确定性；另一方面，可以满足法律适用的适度的灵活性，使法律适用能适应社会变迁。在具体操作上，学界提出的思路主要有两种。第一种以恩吉施的观点为代表，它的核心是认为，法律适用是在生活事实和法律规范之间往返流转的过程，一方面，我们要看法律某个社会事实的评价是什么；另一方面，我们用社会事实来检验法律规范是否妥当。第二种方法是拉伦茨所做的一个分类，他把类型分成经验类型、规范类型和逻辑类型三种。

我讲的是晚近的一个理论发展，即动态体系。动态体系可以说是对类型化的最新的发展趋势。类型化最大的一个问题在于，在对某个社会事实做类型处理时候，不同的人有不同的判断标准。动态体系的核心思路在于，通过立法直接表述立法者在设置某个规定时的基本价值取向以及衡量这些价值取向的具体要素。最典型的例子是欧洲学者起草的《欧洲侵权法原则》第2:102条"受保护的利益"。它处理的是我刚才说的侵权法应该保护哪些民事权益的问题。它规定："益的范围取决于该利益的性质；利益价值越高，定义越精确，越显而易见，保护范围就越广泛。生命、身体或精神上的完整性，人的尊严和人身自由享受最广泛的保护。财产权包括无形财产，受广泛保护……保护范围也可受当确定保护范围时，还应考虑行为人的利益，特别是在行动的自由与权利的行使方面的利益，以及公共利益。责任性质的影响，所以，对利益的保护在故意的加害的情况下要比在其他情况更广泛。"这一规定最重要的特色在于，它既克服了抽象立法的空疏，又克服了决疑立法的僵化。其具体方法是，一方面赋予法官自由裁量权，另一方面又明确裁量的因素来限制这种裁量权。此外，它还强调了一些要素在认定侵权范围上的特殊意义。比如人格权应该高于财产权，财产权又比纯粹经济损失受到更多的保护。如果是故意侵权的，侵权法保护的客体又要大一些。

我的理解是，动态体系还有一个更高远的雄心，就是通过立法，从根本上解决现代社会法律面临的一大难题，即韦伯所说的现代社会价值领域内的诸神之争，或者现代伦理学所称的道德情境主义。随着社会的复杂化和分化，现代法律面临的价值冲突越来越明显、越来越剧烈。比如侵权法存在私权保护和行动自由这样一对价值冲突。在合同法领域也同样存在契约自由和交易安全、契约自由和契约正义的价值选择。对这一问题，尽管罗尔斯提出了反思性均衡、重叠共识等概念，哈贝马斯提出了交往理性的观念，但要在法律适用中运用还是非常困难的。德国法学家卡纳里斯认为，原则或者价值有几个特征：第一，原则有很多种，而且各种原则之间存在对立；第二，原则不像规则一样具有排他性，不是非此即彼的关系；第三，原则必须和其他原则协同作用才能实现；第四，原则一定要具体化才可能发挥作用。动态体系的操作性就在于，它要求立法者把对某一个问题所做价值权衡明明白白地写了出来，但是各个原则或者各个衡量原则的要素之间能不能简单排序,在动态体系中是一个争议很大的问题。比如在侵权法中,我们只能肯定一点,人身权益应当高于财产权益保护。但在合同领域,合同自由能不能高于交易安全,或者反过来交易安全能不能高于合同自由,在立法上没办法解决。

具体而言,动态体系对法律规范有两方面的影响:第一,对法律构成要件的影响,我们以往的观念是,如果某个请求权的构成要件有 ABCD 四个要件,那么任何一个生活事实都必须满足这四个要件,才能发生某种法律效果。动态体系的思路则不是这样,如果某个社会事实只满足 ABC 这三个要件,但是 ABC 这三个要件特别突出,同样可以产生符合法律构成要件的效果。比如,一个医生因为过失迟延做了一个手术,导致病人死亡,但即便这个医生不迟延动手术,病人活下来的概率也只有 10% 。按照传统理论,医生的行为和病人死亡的后果很难认定具有因果关系。但是,按照动态体系,如果其他几个因素足够强,是可以构成侵权责任的,不过医院并非承担全部责任,而是分摊责任。这就改变了传统“if – then”这种法律规范“全有全无”的法律效果,比较好地协调了各方利益。

第二,中国民事立法也体现了动态体系。最高人民法院《关于确定民事侵权精神损害赔偿责任若干问题的解释》第 10 条规定,精神损害的赔偿数额根据以下因素确定:“(一)侵权人的过错程度,法律另有规定的除外;(二)侵害的手段、场合、行为方式等具体情节;(三)侵权行为所造成的后果;(四)侵权人的获利情况;(五)侵权人承担责任的经济能力;(六)受诉法院所在地平均生活水平。”2018 年 2 月,全国人大法工委起草的民法典侵权责任编也运用这种方法。

动态体系方法对法律规范的构成要件和法律效力都冲击非常大,因此在比较法上有很多人赞成它,也有很多人反对它。事实上,动态体系涉及的问题在各个部门法中普遍存在,对它应当做什么样的评价或者改进,还希望法理学界的前辈、同仁指导。

我的发言到这里,谢谢!

主持人

谢谢谢鸿飞研究员。

下面有请第九位报告人王伟国研究员。

报告人／王伟国

法学博士，中国法学会法治研究所副所长、党内法规研究中心主任。

作为法学新范畴的“党内法规”

各位法学界的前辈、各位专家，能够站在法学界今日最耀眼的舞台发言12分钟，是我研修法学30年以来最大的荣幸。

1988年正是我进入华东政法学院研习法律的开始之年。我记得，当时还没有统编的法理学教材，用的是授课老师所编写的油印教材。今天，我能有幸在这里发言，得益于沈国明老师的提示，得益于文显老师的安排，要求我以《作为法学新范畴的党内法规》为题发言。之所以让我来做这个发言，我想可能是基于中国法学会去年成立了党内法规研究中心，我本人作为研究中心的主任，参与了一些相关的研究。

事实上，这个话题本身非常具有挑战性，应该说也是比较有争议的。就文义而言，话题表明，党内法规已经是法学新范畴了。但是在党内法规研究中，特别是在与法学界的交流中，我感觉到还有相当多的人并不认同这一点，有的甚至仍然不认同“党内法规”的提法。

在此情况下，要阐释好这样一个重要的命题，至少要讲清楚四五个方面的问题。比如为什么说党内法规应该作为法学新范畴？党内法规已经成为法学新范畴了吗？党内法规成为法学新范畴对法学研究意味着什么，或者说提出了哪些新要求，提出了什么新课题？法学理论研究者应该如何有力地回应这样一些新的课题？这些问题至少需要120分钟才能讲得清，但是由于给我的时间只有12分钟，因此，在如此重要的场合要讲好这样一个问题，是极大的考验。好在文显老师给我这个命题的时候已经预设了党内法规是法学新范畴了，这就大大减轻了我对前提性问题的证成责任。

今天上午的研讨情况表明，各位法学大家对于法学范畴到底包括哪些，仍存有相当大的争议。那么，党内法规作为法学新范畴这个判断，对法学研究意味着什么，我们有没有能力去回应它？

我想说的是，党内法规是一个为法学界长期忽视的现象。回顾中国共产党制度建设的历程，从1921年党的第一个纲领，也就是第一部具有党章性质的党内法规算起，党内法规的实践已经走过了96年；从1938年毛泽东同志使用“党规”的说法（他在1962年亲自主持修改《毛泽东选集》的时候，改为了“党内法规”的表述）算起，党内法规这个概念也提出了将近80年；从1981年6月《关于建国以来党的若干历史问题的决议》明确使用“党内法规”的表述算起，党内法规的概念提出也已过了37年；从1990年《中国共产党党内法规制定程序暂行条例》颁布、党内法规的种类有了明晰规定算起，党内法规制度建设步入程序化阶段也已经有28年；从1992年10月“党内法规”的表述明确写入党章算起，党内法规制度建设正式展开至今也已26年。可以看出，党内法规的实践和制度史是与中国共产党波澜壮阔的革命、建设和改革的历史紧密相连的。只要你认同法学是关于治国理政的一门重要学问，你就会发现党内法规是中国法学界绝对不应该忽视的一个现象，你就不应该拒绝接受党内法规应作为法学新范畴的结论。事实上，从中国共产党20世纪30年代在中华苏维埃共和国时期的局部执政，到1949年新中国成立以后的全面执政，几十年间，党内法规始终与宪法（大纲）法律一起，共同作为中国共产党执政治国的重要依据。但对此现象，我们并没有给予应有的重视。党的十八大以前，仅有零星的法学研究者关注党内法规问题。党的十八大以后，特别是党的十八届四中全会以来，基于党内法规体系明确作为中国特色社会主义法治体系的重要组成部分，一些法学界学者逐步发表了有分量的文章，并出版了相关专著。

继十八届四中全会以后，党的十九大报告又明确将依法治国和依规治党有机统一作为坚持全面依法治国基本方略的重要内容。党的十九大报告讲了两个“有机统一”，一个是过去我们知道的，党的领导、人民当家做主和依法治国三者有机统一；另一个就是这个“两者有机统一”。“两者有机统一”统一于国家治理现代化，统一于中国共产党的领导，典型地体现了执政党主导法治的特征。“两者有机统一”，是法治中国建设区别于西方法治国家制度建设的鲜明特色，也是中国法治文明可以和可能为世界法治文明作出独特贡献的地方。显然，党内法规作为中国法学新范畴的观点，应该是不存在争议的，除非你不认为法治体系属于法学研究的范围，除非你不认为依法治国属于法学关注的问题。

事实上，最近几年特别是近两三年以来，党内法规研究呈现星火燎原之势，除了一定数量的论文外，还有包括社科基金在内的诸多专项课题研究。而且，许多研究中心已经或正在成立，一些专著已经或正在出版。但是，目前尚没有一本党内法规方面的专用教材。为此，最近中国法学会和中办法规局正在组织编写党内法规学的教材，编委会的主任就是文显老师,主编是文显老师和中办法规局局长宋功德同志。中国法学会党内法规研究中心负责做具体的组织联络工作。文显老师对教材的定位是,这是一本基础性、通论性、通用性的教材,将来要面向高校学生以及实务工作者,适当时候会争取列入“马工程”教材。

党内法规要成为法学新范畴,就意味着要将其作为确定的研究对象,作为中国法学不可回避的基本概念。这会给传统的法学研究带来一些新的问题,需要认真对待和研究。在这样一个重要的场合,我也提出几个问题向各位专家请教。

第一,党内法规事实上涉及国法关系的理解。党内法规和国法到底有哪些共性,又有怎样的个性?如何对党内法规的本体论、方法论进行有解释力的阐释?第二,对党内法规的性质如何认识?有人说是软法,甚至说是“坚硬的软法”,还有人说是“活法”等,诸如此类的定性,能否恰当地解释中国共产党党内法规的性质?第三,权利、义务通常被认为是法学的基本范畴乃至基石性范畴,国法是以权利为本位,那么党内法规呢?党章上也有权利、义务的规定,各有八条,但是义务写在前面,可以由此说党内法规是以义务为本位吗?根据沈国明老师的见解,党内法规研究必须提炼出有分量的范畴来,那么是否可以提出“身份与责任”这样一对范畴呢?这一对范畴有两重蕴涵,能够体现出党内法规和国法的明显不同。一方面,它表明党内法规对党员和普通群众的要求是不同的,对党员的要求要高于普通群众。即使党内法规没有规定具体的行为规范,但是基于党员的身份、基于党的先进性要求,党员在一些关键时刻也要站出来,也要具备那个觉悟,履行好自身责任。另一方面,它也表明党内法规对党员内部不同层次的责任要求也不同。比如,《中国共产党廉洁自律准则》对党员的规范要求和对领导干部的规范要求就不一样。党章对普通党员和干部也有不同要求。第四,党内法规的公开问题。我们现在有党务公开条例,但是党内法规并不全部公开。例如,现行中央党内法规有两百部左右,尽管大部分公开了,但是不公开的仍有二三十部。那么,党内法规应当在多大范围内、多大程度上公开?第五,还有大量的党政联合发文特别是地方党政联合发文涉及公民法人权益引发纠纷争议,应如何进行救济?第六,党内法规的制定及备案审查能力问题也值得关注。如何确保党内法规同国家法律衔接协调好,是一个重大法治理论问题,更是重大的法治实践问题。党内法规制度建设要以党章为本、以宪法为上,党内法规不仅要符合党章的要求,还要符合宪法法律的要求,这对党内法规的制定者和审查备案者提出了非常高的要求。仅仅具备党内法规知识或国法知识,都难以胜任这份工作。但据我了解,现在实务部门实际上急缺这方面的人才。那么,法学界应如何积极作为,培养、输送相关人才?对诸如此类问题的有效解决,需要我们法学界的共同不懈努力。其实,党内法规方面需要破解的题目、基本的问题还有很多。我在这里只是列举些许，抛砖引玉，希望各位老师能够给我们更有力的指导。

借此机会再报告一点的是，今年《中国法学》第2期同时发了两篇党内法规方面的文章，就是宋功德教授的《坚持依规治党》一文和我本人的《国家治理体系视角下党内法规研究的基础概念辨析》一文。这充分体现了《中国法学》对党内法规研究的强力引领。我认为，党内法规研究必须置于整个国家治理体系视角下。我们的国家治理体系用三套关键性的体系，一套是以党的主张为统领的政策制度体系，一套是以宪法为统领的国家法律制度体系，一套是以党章为统领的党内法规制度体系。党的主张是党的领导的生动体现，可以分别转化为国法和党规，从而实现治国理政的目标。加强对党的主张方面的研究，可以使我们对党和法的关系有一个更好的理解。

因为时间的关系以及学术功力所限，我今天先尝试报告这样一些初步而粗浅的思考，敬请各位专家评判指正。希望这个话题能够在这样一个重要的时刻、重要的平台引起法学界的高度关注，希望党内法规能够真正作为中国法学新范畴。我也相信，党内法规必将成为中国法学新范畴，必将成为中国法学研究新的逻辑起点。我也期待着，30年以后的今天来回顾，我那时如果还健在的话，能够像沈国明老师今天上午所说的那样，我今天所说的还是对的。不当之处，敬请各位老师批评指正。

谢谢！

主持人

谢谢王伟国所长，谢谢九位报告人。现在，按照计划，我们进入评议阶段。我们有两位评议人，石少侠教授和姚建宗教授。下面我们先请石老师，大家掌声有请。

评议人 / 石少侠

法学博士，国家检察官学院教授、学术委员会主任，教育部法学学科教学指导委员会委员，中国法学会商法学研究会副会长、法学教育研究会学术委员会主任。

以上九位教授的发言也包括上午七位教授的发言，使我受益匪浅。作为一个非法理学的商法学者，能够参加这样的会议，非常感谢文显教授的邀请。他通过王奇才问了我是不是还在长春。我说，正好在休假。本来我早就看到这个会议消息了，非常希望能参加,就是不请,我也是硬要参加的。评论谈不上,因为是外行,我想就以上教授发言包括今天上午七位教授发言,谈这么几点体会。

第一点体会是30年前关于“权利本位论”的提出,我虽然不是当事人,但是我是见证人。我个人认为,不仅仅是法理学一个学术观点提出,更重要的是在经过了十年之久的动乱以后,“权利本位论”的提出对于唤醒国家和人民的权利意识具有十分重要的作用。因为就权利和义务关系来说,马克思主义经典作家早有定论,说它们是一个铜币的两个方面,是一个矛盾的共同体。但是,在中国当时的国情下,就“这样一个矛盾共同体中什么更为重要”这一问题,“权利本位论”的提出解决了、唤醒了人们的权利意识。这个理论提出,我想,30年来不仅在法理学界有重要影响,它也影响了部门法学,影响了部门法的立法,功不可没。同时,我也想强调,基于我的认识,直到今天,“权利本位论”仍未过时,仍是重要的法学理论。国务院最近几年一再提出的关于私营企业也就是民营企业家财产权的保护,包括国务院反复提出的关于改善和完善营商环境所出现的问题,我想,它们都彰显了“权利本位”的重大理论作用,是不能轻视的。我也看到坐到后面的很多同学还很年轻,是吧?其实,“权利本位论”的提出也是坎坎坷坷的。我不知道当说不当说?上午马新福老师说了,好像是在一片歌舞升平、莺歌燕舞的环境下产生了这样的“权利本位论”,但实际上也是坎坎坷坷的,是吧?我想,法理学每一个重大观点的提出,这些坎坷大概都是不可避免的。在中国国情下,在这个背景下,一个新的理论提出必然要经历这样一些挫折,确实不容易,这是我的一点体会。

第二点体会是上午马新福教授在评论时讲了法理学界要积极引导部门法学,不能置身事外。对此,我有深刻体会,早年的法理学,我们部门法学的人经常说它是两张皮,法理学讲了一套,部门法学搞了一套,这二者不能很好地融合,指导也很难。那么,随着30年的发展,法理学特别是由文显教授主编的《法理学》第五版越来越贴近、越来越能指导部门法学建设。我也看到,很多法理学家非常重视对部门法学的关注,文显教授就是个例子。我看到他1989年在《中国社会科学》第2期发表的《中国步入法治社会的必由之路》,就讲到很多很重要的观点。他说,民法最充分地体现了法治的价值,民法传统中“权利神圣”和“契约自由”精神是法治的文化源泉,只有把实现法治的战略放在改革经济体制和充分发展商品经济这个基点上,我国才能逐步进入法治社会,并避免发生历史性逆转。文显教授这篇文章,据我所知,得到了江平教授的高度评价,他多次在商法学会上谈到文显的这篇文章,他认为这篇文章对于中国民法典的制定、对于中国商法的发展都发挥了重要作用。文显教授也非常关注我们现在民法学和商法学的争议问题:现在要进行法典化,法理学者应该研究的是要不要进行法典化?

全国人大法工委沈春耀主任、宪法与法律委员会李飞主任都讲了，说现在都要制定法典，刑法要制定刑法典，行政法要制定行政法典，劳动法也要制定劳动法典，我们商法也要制定商法典，那么到底要不要制定法典？我们两家的争论就是，民法在制定民法典的同时要不要考虑商法的地位问题。对于这样一个争论已久的问题，民法学者和商法学者各执一词，说不太清楚，我们是非常希望法理学者能够居高临下地给予指导，商法究竟要不要制定商法典？我们感到非常高兴的是，文显教授支持我们商法的观点。他主张，中国市场经济的发展不仅要制定民法典，也要制定商法典，而且说，这是市场经济法治的“鸟之两翼、车之两轮”，得到了商法学者的高度赞赏。还有，就是法理学和部门法学的联系问题。最近我看到，中国商法学会理事会群里面有的学者说了，在制定《民法总则》时，到底是用“法律行为”这个概念，还是“民事法律行为”概念？法理学者缺位，你们没有给我们指出路子，到底用法律行为还是民事法律行为？我看文显教授又对此发表了观点，我如果没理解错的话，他说的是，“法律行为”是上位概念，下面还应该有民事法律行为、行政法律行为等。最后，最高人民检察院的稿子，向立法机关提供的稿子，主张使用民事法律行为，其中道理，一是因为《民法通则》已经用了将近20年，说明人们早就已经熟知了；二是主张用法律行为的人认为，原来的民事法律行为没有体现意思自治、意思表示，我们认为是可以改造的，等等。我想，这些问题大概都需要法理学界深入部门法学中给予指导，这是我第二点体会。

第三点体会是部门法学也要主动地接受法理学指导。我不想用别人的例子来说，想用自己的例子来说。由我主编的《检察学新论》和前不久在北大召开的关于商法范畴体系的研讨会，我们就更多地借鉴了法理学关于“范畴”的理论。因为没有自己的范畴，特别是建立不起来自己的一个范畴体系，就不可能形成一个新的法律部门，也不可能形成一个新的法学学科。我想，这是非常重要的事，我们自己主动地从你们那里吸收营养来丰富我们的部门法学研究。

最后，我想说的是我们的法理学研究，我建议，除了体现社会主义特色以外，是不是还应该更多地关注中国的本土文化的研究？我曾经到山西平遥参观平遥古县衙，除了后面挂着“正大光明”四个字以外，前面挂的是六个字“天理、国法、人情”，我深有感触。我认为，对于中国的司法大概这六个字是非常重要的，它有深厚的国民情感在里面积淀。我曾经和我的学生说，谁能把这六个字说清楚、写明白，它是糟粕还是精华，也是一篇很好的博士论文。但是，非常遗憾的是，商法博士没有做出这样的论文来。当然，这问题很多，因为毕竟有五千年传承，这五千年文化中有糟粕，但是也有很多精华，这些精华是最容易被中国人接受的，也容易被法官接受，我们更需要研究一些本土的精华的东西。

谢谢大家。

主持人

谢谢石老师。

下面有请姚建宗教授。

评议人／姚建宗

法学博士，吉林大学法学院教授、沈阳师范大学教授，中国法学会学术委员会委员、法理学研究会副会长，教育部高等学校法学类专业教学指导委员会副主任委员。

我是20世纪80年代上大学，我相信从我上大学开始，我之下的这些学者们应当说是极大地受惠于30年前的那样一场学术的思想盛宴。所以，从这个角度来讲，我以下的这些学者们确实应当向我们的前辈表示我们的真正的一种尊重和真正的一种感谢。所以，今天这个会是一个纪念的会，也是一个反思的会，同时也是一个建设的会。

那么，应该说在本单元报告人中除了胡玉鸿，除了谢鸿飞和王伟国，我估计可能和我的年龄差不多以外，其他都是我的老师。所以，从这个角度来讲，我没有办法去评论。最主要的是，他们讲的每一个主题都不一样。所以，我也跟石老师的风格一样，准备谈一谈我听到他们的主题发言以后的一种感受。我想先从上午的发言的回顾开始。我特别赞同舒国滢老师讲的，中国的法学理论可能现在最需要的是一种科学化思想的提升。同时，我确确实实也特别赞同沈国明老师所讲的这样一个问题，即中国的法学理论为什么失去了对中国社会的思想和实践的引领力？也就是说，这些年我们的理论的确是非常繁荣，但是我们的思想确实有一点贫乏。正因为这样，我想，今天下午各位老师的发言如果围绕着法学理论的学术性的提升和思想性的提升的话，那么，是不是可以这么来考虑：郑成良老师的发言，包括孙佑海老师的发言和胡玉鸿老师的发言，实际上表明了什么呢？他们想从法学理论的学术性提升当中的思维和方法的角度，做一种正本清源和一种新的思路开拓，可能有这样的一个特点。那么，张恒山老师、刘作翔老师、王伟国老师的发言，我认为是对法学理论的学术性和思想性提升，从思想本身的角度可能想做一种推进。那么，谢鸿飞老师和张保生老师两个发言，我更愿意把它们看作对法学理论学术性和思想性的一种实践处理方式的表达，张老师主要是从证据法角度，谢老师主要是从民法角度。最后是季卫东老师，季卫东老师的表达在这几个老师里边确实也不一样，那么，我更愿意把它看作对法学理论的学术性和思想性的提升当中的一种所谓理论之普适性的理论逻辑的一种展开。

那么，这就出了一个问题，再回到30年前的那一场会，30年前的那场会无论从社会背景和学术背景哪个角度来讲，其实它恰恰是对1978年的思想解放的一个延续，而且也是在法学理论的层面，应当说是对1978年那场思想解放运动的一种法学理论层面的学术回应。那么，这便说明一个问题，30年前的学术会议之所以影响至今，而且依然有那么大的生命力，其实就是坚持了解放思想，就是在法学理论当中进行了思想解放。那么，就以此来反思我们现在的法学理论的话，我觉得我们恰恰在这个根本问题上需要进一步地解放思想和思想解放。如果我们反复地阅读党的十七大、十八大和十九大的报告和十八大以来的中央全会的各种重要文件，你就会发现，确确实实有很多新的东西，这些新的东西和我们法学理论的理论成果相对比，我们会发现，我们的法学理论远远地落后于现实。这样落后于现实的状况，我就特别地感觉到，可能有两个问题值得我们真正地去警惕或者是反思。

第一个问题，当然刚才石老师也讲了，希望沿着中国的一些东西，我完全认同。但是，我现在觉得我们对法学理论整体上中国化本土化的这样一种不加思考的强调，有可能会消解掉法学理论在学术和思想上的普适性。如果是这样的话，法学理论可能就不是真正的具有思想内涵的一种法学理论，而是一种褊狭的观点。我想，是不是这么来考虑？我的想法就是，中国的法学理论必须得考虑法学理论研究资源的中国化和本土化、法学理论研究对象的中国化和本土化，但是，法学理论研究所得出的结论应当体现出它的全球性和人类性，也就是说“普适性”。党的十九大报告里对中国共产党的宗旨有一个非常不同的崭新阐释，正因为这样，所以它迎合了在之前中国共产党就提出来的“人类命运共同体”这样一种思想。如果我们现在过分主张的这种中国化和本土化的思想真正起到了消解法学理论的全球化和普遍化那样一种结果的话，那么，我个人觉得，它是不利于人类命运共同体的思想传播和实践推进的。这是我的第一个担心。

第二个担心，虽然我们有三个“一体建设”，有三个“共同推进”，这其实没有什么问题。但是，这些年尤其是十八届四中全会以来，我个人觉得法学界不是太冷静，体现为一种潜滋暗涨的法律帝国主义和法律万能主义的思想。那么，这个东西从哪来的？我现在觉得好像从“法律万能论”似乎发展到了“法治万能论”。我特别担心这个事情。法治解决不了所有的问题，法治只能解决法律范围之内的问题。

所以，我希望，是不是在我们回顾30年前的会议的时候，也应当考虑这两种危险性是否存在？如果不存在，最好；假如存在，我们应当警醒。

谢谢大家。

第三单元　法理与法理学

【主持人】

李仕春

【报告人】

朱景文

孙　莉

严存生

宋方青

汪习根

王子正

孙育玮

王奇才

【评议人】

杨宗科

马新彦

主持人／李仕春

法学博士，教授，中国法学会研究部主任、中国法学会学术委员会秘书长。

根据大会的安排，由我来主持第三单元的报告会。30 年前的那次会议，不仅是我国法学研究进程当中的历史性事件，也是我国法治建设过程当中的历史性事件。很遗憾，当年我也没参加，因为当时我还在念大学，经过 30 年的努力，我要想方设法参加今天的会议。也很荣幸获得主持的机会。我看了一下第三单元的议程，有以下几个特点。第一个特点，这个单元是最亮丽的单元，之前两个单元从没有美丽的女法学家出现。第二个特点，这是最具历史感的单元，我数了一下，尽管第一单元和第二单元也都有如雷贯耳的大家，都有见证 30 年前那次盛会的专家。但是，我们这个单元一共有四位专家是 30 年前那次会议的见证者和参与者，是最多的。第三个特点，也是最美中不足的单元，就是这个主持人，也就是我本人对法理学不甚了解，最多只能当一个报幕员。

下面，我们就开始第三单元。本单元的主题是“法理与法理学”，其报告人都是法学各研究领域的精英学者，他们独特的视角、创新的观点，必将触发我们深深的思考。第一位发言的嘉宾是朱景文教授，掌声有请。

报告人／朱景文

中国人民大学法学院教授、法律与全球化研究中心主任，中国法学会法理学研究会副会长、立法学研究会常务副会长，国际法律哲学和社会哲学协会中国分会副会长。

中国法理学的探索：阶段、地位、问题

非常高兴参加这次会议，30 年前的法学范畴研讨会，由于当时我正在美国，所以没能参加，今天总算赶到了。我想我们今天召开法学范畴和法理研究的会议不仅仅是回顾 30 年前所做出的研究成果，还要总结哪些地方没做好，还需要改进。我今天发言的主题是《中国法理学的探索：阶段、地位、问题》。

改革开放以来中国法理学的探索大体经过三个阶段：

第一个阶段是“阶级性的纠结”，从 20 世纪 70 年代末 80 年代初开始的。十一届三中全会批判了“以阶级斗争为纲”，把工作重心转移到以经济建设为中心的轨道。我国法学研究以“人治与法治”“法的阶级性与社会性”“法的阶级性与继承性”为中心开展了大讨论，解放思想，大大突破了“左”的思想桎梏。

后来我在回顾那个时期的法学理论的文章中谈到当时的理论争论：“阶级性是法的重要属性，但并非唯一属性，因此不应把法的属性简单地归结为一个阶级性，也不应把法简单地看作阶级斗争的工具。法有多方面的属性，法的社会性就是法的属性的另一重要方面。但是肯定法的社会性，绝不意味着否定法的阶级性，不能把法的阶级性和‘以阶级斗争为纲’画等号，不能洗澡把脏水连同小孩一起泼掉。”

这篇文章中所提到的问题，实际上恰恰是改革开放初期理论界面临的一个两难：应该怎样看待法的阶级性，是否像“两个凡是”一样动不得？另一个问题是，批判“文化大革命”、批判“以阶级斗争为纲”，是否意味着建立在唯物史观基础上的共产党的指导思想过时了？

有人或许会说，要重新解读马克思，解读马克思主义的基本原理。但是，无论在何种意义上阶级斗争学说都是马克思主义的基本原理，特别是把马克思主义和其他思想流派相比较，更是如此。

马克思说，阶级斗争的理论不是他的创造，他把自己的贡献归纳为："(1)阶级的存在仅仅同生产发展的一定历史阶段相联系；(2)阶级斗争必然导致无产阶级专政；(3)这个专政不过是达到消灭一切阶级和进入无阶级社会的过渡。"这里所说的三条贡献，没有一条不和阶级斗争的学说相关，只不过马克思把阶级斗争不是建立在唯意志论、暴力论的基础上，而是建立在历史唯物论的基础上。马克思主义法学理论的一个重要特点就是强调法的阶级性，强调法是统治阶级意志的体现。

批判了以阶级斗争为纲，法的阶级性理论自然会受到关注。在历史上和现实中，在过去的苏联和"文化大革命"时期的中国，都有人在法的阶级性的旗号下，搞阶级斗争扩大化，以阶级斗争为纲。这样，法所反映的意志就成为统治者任性的代名词，成了不受任何约束、随意压制不同意见、镇压对他们的统治不满的广大群众的工具。这一教训是极其深刻的。显然，错误不是出在法的阶级性上，而是出在对法的阶级性的片面理解上，出在把意志和决定着意志的物质生活条件的割裂，把法的阶级性与社会性、物质制约性相分离上。

解放思想对于冲破"左"的思想，特别是打着马克思主义旗号的"左"的桎梏是必不可少的，但是在当时情况下，特别是在"文化大革命"和东欧剧变以后确实面对着马克思主义还剩什么，马克思主义还灵不灵，它的基本原理是否还是我们党的指导思想问题。有人甚至直言，错误的根源不在肃反扩大化和"文化大革命"，而是"原点"错了，阶级斗争的学说错了，马克思主义错了。这就是当时法学理论乃至整个社会科学理论所面临的挑战。法的阶级性的争论如果从改革开放算起，已经提出快 40 年了，但学界并没有达成共识，或者争论表面上沉寂了，但仍然是个纠结。

关于"阶级斗争为纲"范式到"权利本位范式"的提法，需要说明的是：阶级斗争为纲范式是政治范式，是统管全局的，与此相联系的社会关系调整方式是群众运动范式，三中全会以后转向"以经济建设为中心"的范式，也是统管全局的政治范式，一切工作都要服从于、服务于经济建设的中心，与此相联系的法律范式，三中全会以后，邓小平反复强调在新的历史条件下要学会用法律方法解决问题，这更靠得住些。因此，实际存在的是两个方式的转变，一个是政治范式，一个是社会关系调整范式。前一个是管全局的，后一个是派生的。

第二个阶段是"西方法理学的双重作用"。法理学一个挑战来自对西方法学理论的介绍、引进。在当时的情况下，批判了以阶级斗争为纲，中国自己的法学理论没有形成，在一段时期内法学界似乎出现了理论空白。引进这些理论的意义是双重的：一方面它使新时期中国法学的发展能够借鉴更广泛的外来学术资源，使新时期中国法学走出封闭僵化，面向世界；另一方面面对西方文化的冲击，也使一个时期在学界一部分人中开始弥漫崇洋媚外空气，对中国传统文化、对马克思主义法学失去自信。

由于我们自己理论不成熟，以及法律实践的欠缺，在一个时期的法学教育中不仅讲授的理论是西方的、法律是西方的，甚至案例也是西方的。我们拿不出什么像样的东西与西方法学理论抗衡。当然，西方法学理论远非铁板一块。20 世纪 80 年代中后期以来，越来越多的中国学者通过与西方学界的接触，西方学界内部对自身传统，特别是对被国内一些学者奉为经典的自由主义传统的批判，成为中国学界重新找回自信的一个思想渊源。

在国内被一些学者作为理论创新所提出的“新观点”，可能在根本的理解上就是杜撰，就是非历史的，有的在西方学界则早已被看作过时的东西，作为陈旧的理论被唾弃。把西方理论运用到中国的场域，用它们来诠释中国现实，进而证实或证伪西方理论，是改革开放以来中国法学理论探索的第二个阶段。

第三阶段是“中国法理学的回归”。2000 年以后，或者更后一些年代，2010 年左右，是改革开放以来中国法学理论探索的第三个阶段。这个时期的最主要特点是，经过前两个阶段的酝酿、准备和反思，不少中国学者都感到，现在是提出中国自己的理论的时候了。

我经常和一些与国际学界接触较多的中国学者说，我们把西方的理论介绍到中国，使中国了解世界，好像是一个中转站。但是我们在国际学界，在世界法学的舞台上又能讲什么呢？难道是哈特、哈耶克还是哈贝马斯？国际学界希望听到的是中国的理论、中国的声音，我们却无言以对。

中国法理学理应扎根于中国的土壤之中，对中国问题的关注是中国法理学研究者责无旁贷的使命，否则只能导致研究失去自己的特色。一部分学者习惯于用西方法理学的话语体系来解释中国问题，加上对西方法理学的了解程度有限，思想懒惰、照猫画虎，想当然地以为中国今天发生的现象只是西方历史上出现的现象的翻版。

以法治理论为例，由于中世纪封建制和资产阶级革命的特点，西方法治理论特别强调不同政治力量之间、不同国家机关之间、中央与地方之间的分权和制约。这种历史轨迹导致西方学者认为，没有分权制衡就没有法治，但这是西方法治实践产生的理论逻辑。

而中国国家建构历程与西方完全不同，统一的、中央集权的国家是主流，即使像三国、南北朝、五代十国的分裂状态，在每一个王朝内部也是高度集权的。西方这种理论既解释不了中国历史，也解释不了中国现实。

在新的历史条件下，中国特色社会主义法治的社会基础不是多党制和三权分立，中国特色社会主义法治与西方法治的最大不同集中体现在我国宪法关于国体的规定中,即中华人民共和国是以工人阶级为领导的、以工农联盟为基础的人民民主专政的社会主义国家。

共产党领导是中国特色社会主义的最本质特征。这一规定不是抽象的口号,而是中国特色社会主义法治的政治基础,是全部法律的灵魂。如果抽去我国国体的规定,把国体与法律条文割裂,把党的领导和法治割裂,就等于抽去我国社会主义法治的魂,把国体和党的领导架空。

对于控制滥用权力,西方法治是通过多党制、三权分立的制度设计,而中国社会主义法治对权力的控制除了国家法律渠道之外,执政党的党规党纪也起着重要作用。没有执政党依法执政、带头守法、从严治党,不把依规治党与依法治国结合起来,在中国实现对权力的控制,特别是对作为关键少数的领导干部的权力控制,不可能真正奏效。

从方法论的角度,中国的法理学有一个从合到分,在从分到合的过程。在20世纪50年代,法理学被称为"国家和法的理论",与政治学、国家学不分。由于整个法律体系不发达,大量部门法没有制定,因此法理学又成为整个法学的统领和显学。

改革开放以来,随着法律建设的发展,各种部门法学相继建立,法学的显学和合的地位被取代。与此同时,在法理学内部也分化为不同的研究领域,如法哲学、法社会学、法律实证主义、法经济学、法人类学和法解释学。甚至在法理学内部不同研究领域的学者之间相互交流都有困难。这些使中国的法学领域有一个从整合到分工的过程。

在20世纪50年代,法理学被称为"国家和法律理论",并没有与政治学分开。由于整个法律体系不发达,未颁布大量法律,因此法理学已成为整个法律的指挥和表达。

改革开放以来,随着法律制度的发展,各种法律科学相继建立,法学的"至上"与"整合"的地位被取代。与此同时,在法理学中不同的研究领域,如法哲学、法律社会学、法律实证主义、法律和经济学、法律人类学和法律诠释学也有所区别。这些是法理学从合到分的表现。

但是,在部门法学和法理学内部各个研究领域充分发展的基础上,必须注意更高层次的整合。法律交叉学科的迅速崛起标志着法学向合的方向发展的标志。

改革开放以来,中国法理学获得了很大发展,但是仍然存在不少问题。当前中国法理学存在的主要问题是对中国问题的关注程度不足,中国法理学的话语体系不健全,对中国问题的解释缺乏理论自信。从法理学的结构看,中国法理学比较擅长对法律问题的价值研究和社会研究,而规范研究不足;善于把法律问题政治化,不善于把政治问题法律化。

造成这种现象的原因主要有两个:一是在中国传统文化中,法律思想是治国理政、富国强兵理论整体框架的一部分,没有独立出来;二是马克思主义法学研究法律问题的特点不是就法律研究法律，而是把法律放在社会和阶级的结构中分析。但这并不意味着规范研究不重要，在建设法治国家的今天，如何把政治、经济、社会问题法律化，通过法治方式解决，用规范方法研究，这恰恰是法理学研究者需要掌握的本领。

从话语体系看，中国法理学的话语受到西方法理学的影响，有的与中国法治实践脱节；而对于国外法理学中没有涉及的理论和范畴，又缺乏相应的理论表达，缺乏标识性的范畴和概念。特别是涉及法律在社会结构中地位的一些整体性概念，在现有法理学学科体系中没有应有的提炼，或者被看作已经过时的东西，缺乏正当性论证。

规范研究不发达与话语体系不健全是相互联系的两个方面。中国法理学话语体系不健全，常常用其他话语代替法律话语，不善于用法律话语讲中国的法治故事。从学术影响力、文章和著作的引用率来看，当代中国法理学在国际法理学界声音还比较小，还处于有理说不出、说了传不开的境地，和我们国家的地位远远不相称。

当然，这与我们自己宣传不够、宣传渠道不畅通有关，但是宣传不可能解决学术本身的问题。学会规范分析，构建既反映中国特色又能为国际学界所接受的中国法理学话语体系，是今后相当长一个时期中国法理学发展要着力解决的问题。每个国家的法理学都具有特殊性。但是，各国法理学除具有特殊性外，也有普遍性，关键在于把握什么是普遍性，怎样使一个特殊性的问题获得普遍性，获得国际社会的理解和关注。

本文只是对改革开放以来中国法理学发展在不同时期、不同领域有关的争论的一个简单概述。在我看来，其中一些问题已经解决了；其中一些刚刚提出了解决问题的基本框架或初步思路。特别值得注意的是，即使已经解决的问题，随着时间的推移、社会和经济的变化，也会重新把问题提出来，在新的社会条件下将会出现新的问题。因此，法理学思想永远不会结束，它永远不可能定于一尊，永远在路上。这恰恰是法理学的魅力所在。这也是纪念改革开放40年的重要意义。

由于时间关系，我就讲这么多。谢谢大家！

主持人

谢谢朱景文教授。

下面有请第二位发言嘉宾孙莉教授。

报告人／孙　莉

法学硕士，苏州大学王健法学院教授，中国法学会立法学研究会常务理事、法理学研究会理事。

法与道德关系在法理学教材中的表达与置放

各位专家，各位同仁，还有后面的同学，大家好！特别感谢尊敬的张文显老师和我们的会议主办方给我参加这样一个盛会的机会，同时还能在这个盛会上分享自己的困惑或者是想法，真的非常感谢！

在那个会议手册上我被列为1988年那次会议的代表参加者，但事实上我觉得自己很当不起。因为当时是这样一个情况，就是1988年的时候，张文显老师主编一本教材，那时候我们通称它为“东北三省统编教材”，教材名字是《法的一般理论》，对于先前的《马克思主义国家与法的理论》或者是《马克思主义法学基础理论》而言，这样的一个题名本身事实上就已经非常接近1992年《法理学》名称的确立了；更重要的变化不只在于它的名称，还在于它的内容和体系。就在那个体系和内容里首次出现了一编叫作“法学基本范畴”。当时张老师吸收我去参加撰写，写的是（“法学基本范畴”）其中的一章，就是“法意识”。然后在长春开这个会（指30年前的“法学基本范畴研讨会”），张老师写信说可以把这个论文提交来，事实上我也可能就是以这样的一个方式参加了30年前的那样一个盛会（注：因为不长进，我1994年才开始参加全国法理学年会）。所以有一些朋友问我，说你（也）参加了30年前那个会？我觉得问话里边是不是有这样的意思，你够资格，你够格吗（场内笑声）？我自己也觉得我特别不够资格，所以我今天上午在前排坐的时候，真的是极端的不自在（场内笑声）；然后今天下午的上半场我就坐到右后角，然后我觉得很舒服，我觉得那才是我的地方、我的位置（场内笑声）。（然而）不管怎么说，不管我是以什么样的方式参加了30年前的（那）一个盛会，我一直特别感恩的是张老师，他作为在东北三省的一个领军人物，带领我们辽宁大学、黑龙江大学一直在往前走，也包括我们一些，我不能说“们”，是我这样的不长进的人（在往前走）。如今30年过去，我是只见马齿徒增，不见任何建树，真的是不好意思来做发言，很对不起张老师。张老师上午说到一个致敬和一个致歉，是说到高其才老师的时候说的；我想我对30年前的那场盛会肯定是致敬的，对今天的这样一个盛会也是致敬的，但是我对张老师一直是不敢面对的那样的一种歉意。那么不多说了，反正就说起来都是泪（场内笑声），感恩的泪和懊悔的泪……

我的题目是《法与道德关系在法理学教材中的表达与置放》。首先是这个问题的缘起，即为什么会想到这个问题。我们大家都知道无论是耶林也好，还是庞德也好，都说到法和道德的关系什么样的问题。在法学和法理学当中，耶林曾经把它比喻为法学研究中的好望角，是说如果把这个东西通过了的话，那么以后就不致遭遇船毁人亡的危险。庞德讲到19世纪之后，法学家们讨论的三个根本性问题之一就是法和道德的关系问题。那么也就意味着（这个题目）首先缘起于这个问题本身的性质。这个问题本身的性质是什么呢？我觉得第一个它是根本性的；第二个它是贯穿性的；第三个它几乎是永恒性的，我讲它永久性吧；第四个是具有中国性的；第五个是具有现实性的。具体展开，我只想说，就贯穿性而言，张老师在他的《二十世纪西方法哲学思潮研究》里讲到法和道德关系的时候，说这个问题是一个根本性问题、一个贯穿性问题，它不仅仅是指两种规范之间的关系，它“涉及的是法的性质和特征、法的效力和渊源、法的推理和论证以及一系列（法理学）的问题”。那么，事实上，我们在后边的问题的展开当中可能会发现它不（仅仅）是一个两种规范之间的关系问题，而是一个涉及法、法理学当中的本体论、价值论、法实践论、法运行论这样一系列内容的问题，首先这是（第一个缘起）问题本身的性质。

第二个（缘起）就是自己的兴趣。这个兴趣也是张老师那本《二十世纪西方法哲学思潮研究》给我的。这种影响实在是太巨大，因为那个时候不是像现在这个法学的书籍如爆炸般的出现，而是相当少见的。我记得张老师那本书一开始叫作《当代西方法哲学》，后来叫作《二十世纪西方法哲学思潮研究》，它最有意义的地方就在于它的上部是一个（关于）流派的梳理，它的下部是把法哲学当中的最根本性的问题一个个地提炼出来，分别进行阐释和分析。在那里边有相当多的段落、相当多的章节是涉及法和道德的关系问题的，总结起来有五个大的方面：第一个是法和道德的区别和联系；第二个是法和道德本身在概念上是不是存在必然的本质性的联系；第三个就是道德的法律强制问题；第四个是法律的道德批判以及公民有没有反抗不道德法律的权利问题；第五个就是法和道德的冲突问题，这就是艾希曼案件还有告密者案件所展示出来的两个矛盾：合法的行为但是在道德上无法证成，或者是非法的行为但在道德上可以证成，这样的冲突怎么样解决。这是五个大的问题。（它们）确确实实是非常激起我的兴趣的。还有就是参加了郑成良老师的一个（《法理学》）教材的编写，郑成良老师把"法与道德"这章给我,然后郑老师整个设计了一个框架,我觉得真的是从(这个)框架里边受益多多,后边我会按照这个框架来展开,这是第二个缘起。

第三个缘起,就是我们在招研究生面试的时候,常常都会为了缓解考生的压力,就说你谈谈在法理学领域你最感兴趣的问题,几乎 80% 以上都会说对法和道德的关系很感兴趣。然后就让他/她谈,那么谈出来的东西就很有意思了。比如,法律的道德性意味着什么呢?要在法律当中更多地写进道德要求,然后写进的道德要求越多,可能法律的道德性就越强。还有就是问(考生)"道德的法律推行",行不行?行,那问他/她"道德的法律强制",行不行?不行。带"强制"两个字就不行了,似乎它们是不同的问题。还有,问法和道德有时候重合,那么重合是不是意味着法律在做这样规定的时候是基于道德的理由,学生回答不出来了。也就是说,这是一个学生感兴趣的问题,但是确确实实是存在混乱和困惑。由于这样的情况,我很想来琢磨一下这个问题。

接下来说我的题目,就是"法与道德关系的表达和置放"。我们(法理学教材)在讲到法和道德的关系时,一般都放在"法与社会"这一编或这一章里,把它和法与经济、法与政治、法与文化、法与宗教、法与科技是同样对待的,显然就是把法和道德关系(仅仅)作为法与其外部的一个东西的关系来看待的,这是第一点,就是它的安置。

第二点,就内容表达而言,肯定涉及区别、联系、两者的相互作用。在讲到相互作用的时候有一些表达很有意思,比如立法上道德对法的影响,那就是立法"应当"或者"总是"体现道德的要求,"道德是立法的价值基础、指导思想、评价准则"。这里用的词语,比如用"总是",那么是一个描述性的;但是有的用"应当",这就是一个规范性的,这个在不同的教材里有不同的表达。当然还有"道德法律化"的直接文字表达。然后返回来是法律对道德如何如何。说到法律对道德的作用,会表述为"法律是推进道德的手段""法律是提升道德的手段",这是一个规范性的(表达),这时道德成为法律运用的目的;那么,当然也有表达说"法律是提升道德的力量",这大体上是描述性的。总的说来,规范性的表达和描述性表达是都有的(而且是混同的),当然也有对西方法学思想史上法和道德关系理论的梳理,这是内容表达。

我想说的第三点就是这种置放和表达带给我的困惑。第一就是从这个置放来看,看不出它是法学领域、法理学领域的一个根本性问题、贯穿性问题,而仅仅是法和它的外部的一个东西的相互之间的关系问题。第二,在内容表达上,我觉得存在一个关于道德的指称的(混淆)问题。关于道德的指称,中国人和西方人理解可能不同,当我们对西方学术著作里出现的"道德"这个字眼进行表达或者转换的时候,可能就把这个区别忽略(或混淆)掉了。也就是说,(在西方法思想史上),说到法和道德的关系,道德存在两个层面的指称，一个是规则制度层面的道德，一个是个人心性层面的道德。当富勒在说“法律的道德性”的时候，他说的是规则制度层面的道德；而当我们说“道德要法律化”的时候，所指的道德是个人心性层面的道德。总的来说，我们是在“道德”的指称这个问题上，存在（规则制度层面的道德和个人心性层面的道德的）混同（补：这种混同在我们的《法理学》教材中比较普遍的存在）。

而总体上说来，法和道德的关系根本上涉及的第一个关系就是法和道德在概念上是不是存在必然的联系，这涉及的是法的本体论问题，它不是法和另外一个其他东西的相互之间的关系，而就是它本身的法性的问题，这就是哈特与富勒论战所争论的焦点问题（补：法与道德本体论层面关系的这种讨论在我们的《法理学》教材中没有安置）。第二个关系是法和道德在内容上的联系，内容上存在重合，这一点大体上没有什么争论，关键在于内容的重合是不是会引来一个必然联系，那就是对道德可以、必然而且应当进行法律强制吗（补：即道德的法律强制是否正当的问题，而这是存在争议的——这是法价值论或法伦理学问题，同样在我们的《法理学》教材中没有相应的内容安置）？第三个关系就是功能上的联系，它涉及的是法治和德治（及其关系）的问题（补：法和道德在功能上的联系人们似乎都承认，争议在于这种功能上的联系是否会天然地推出德治与法治二者的不可偏废——这或许是法实践论或法运行论问题，同样也未能在我们的《法理学》教材中集中安置和讨论）。时间原因，就不说了，不好意思。

主持人

孙老师讲得太好了，为什么？因为我终于听懂了一些。谢谢孙老师。

我个人理解，一个论坛成功不成功归结于以下几方面的因素：第一个就是来出席会议的顶级大家多不多。第二个就看这个宣传做得好不好，有没有可能把论坛和会议的价值充分地挖掘出来。第三个也是特别核心的，就是在会议上能否实现一定程度的体系创新、理论创新和范畴创新。第四个就看下午的会场人多不多。毫无疑问，按照上面的标准来评价本次会议，这是一场空前成功的会议。

我们的第三位发言人是严存生教授。他 30 年前参加法学基本范畴研讨会时 48 岁，30 年后的今天他已经 78 岁。下面，我们用热烈的掌声有请严存生教授发言。

报告人／严存生

西北政法大学教授，中国法学会法理学研究会顾问。

作为人的价值的法的价值

大家下午好。首先，对这次会议的举办表示祝贺，也为我有幸受邀参加此会表示感谢！因为30年前的那次“法学基本范畴”会议，我参加了，它不仅对我国法学意义重大，是法学界改革开放的一个起点；也对我的法学研究意义重大，是我国“法的价值问题”研究和我后来持续20年对此问题研究的真正起点。因那次我的参会文章《“法律价值”概念的法哲学思考》，它是我自己，也是国内“法的价值问题”的第一篇公开发表的论文。此后，我国法学界才开始了对法的价值问题的研究，并形成一个小的研究热潮，相继出了一些著作。因为那时国内“价值”问题的研究刚刚开禁。所以我的《法律的价值》一书出版，送给沈宗灵教授一本时，他高度称赞，说是打破了这个研究禁区。因此能有机会参加这次会议，非常高兴，也借此机会对张文显教授表示衷心的感谢！接到会议邀请后，我在思考，以什么方式纪念30年前的那次“法学基本范畴”会议呢？觉得还是把几十年来对“法的价值问题”最新思考汇报一下，故写了这篇论文。

我对“法的价值问题”研究可分为两个阶段，第一阶段是20世纪80、90年代，相继写了许多文章和出版了《法律与自由》《法律的价值》《论法与正义》《法的理念探索》等系列著作。2002年把它们汇总为60多万字的《法的价值研究》。这一阶段，我是把法律作为一个独立的对象来研究其价值的。后来我觉得这个有点问题，因为法律追求的许多价值，如自由、正义等，实际上或根本上是人所追求的价值。法律只是人们追求这些价值的一个中介或手段。所以，对法的价值研究问题研究不能离开对人的本性和人的价值的研究。我还注意到，许多法学上争论不休的问题，从人性的高度思考很容易化解。故我转而研究法律的人性基础问题。于是，我在2007年申请了一个司法部的重点课题：法律的人性基础研究。经过多年研究之后，我对人性及其与法的关系有了比较深刻的认识,2016 年在中国法制出版社出版了《法律的人性基础》一书。学术研究是无止境的,由现象到本质,由浅层次的本质到深层次的本质;由描述到概括,进而从概念到理论,找出研究对象的“理”。

“理”还有浅层次的和深层次的。最高的是哲学层次的“理”。而社会科学研究的最高哲学层次的问题是人的本性。休谟说它是皇冠上的宝石。也就是说只有从人性的高度思考,我们对法的问题才会真正有比较深刻的认识。人的行为是有惯性的,学术研究也是如此。一个人对一个问题的研究和思考不可能戛然而止,只会换个角度或从更高的理论层次继续思考。这次会上我提交的这篇论文,就是在研究法律的人性基础后对法的价值问题的再思考。它似乎又回到了 30 年前问题的原点。但是,显然不是简单的重复,而是在一个新的高度重新思考法的价值问题。也就是说,不再是孤立地研究法的价值,而是把它与人性联系起来思考,在深刻认识人性的基础上思考。因为人是价值的主体,只有认识了人,才能认识价值问题。因而,只有从人性的角度上我们才知道为什么人类社会有法律,法律在人类社会中起什么作用和有什么价值。因为“价值”与人密切相关,是事物与人的一种关系,是事物对人有意义的一种存在。而人与其他事物的区别就在于人是一种价值的存在物。人必然要追求一种价值:拥有最强大的能力和享有最大限度的自由。但由于个人欲望无穷而能力有限,因而这一追求只在社会中才可能实现。也就是说,只有与其他人生活在一起,通过分工合作的办法来实现。这就产生了团结、和谐、公平、秩序,即正义问题。法律的价值就在于能把自由和正义这两种价值追求有机地结合起来,使一个社会在保持公平正义的前提下,给予人们那个社会条件下最大的自由。因为法律是那个社会人们内心的价值观念(被认识并积淀于内心的价值,因而也是人们追求价值的内心标准)共识的基础上制定的,是罗尔斯所说的“重叠理性”。而那个社会的共同的价值观念,特别是核心价值观念,只有通过法律的制定才能形成,也只有通过法律文件才能比较准确的表达和有效的贯彻执行。因为法律是一种权威性的行为准则和行为模式。它能指导和协调统一人们的行为,从而建立一种社会秩序。这就是说,法律是人的社会本性的产物,是一种使人能过一种符合人的社会本性,即过一种有道德的集体生活的需要的产物。所以,我们说法治社会是人类社会最好的一种状态,法治的价值也就正在于此。它能防止和改变人类社会的无政府状态,使人过一种真正与其本性相符合的生活,而法治秩序即是这一生活的最好状态。这也意味着在法治状态下法律的价值才能得到最大的实现。所以,我文章的题目是《作为人的价值的法的价值》。详细的观点和论述,已有文章提交大会,这里不再赘述了。

最后,想借这个机会,交流一下自己学术研究的体会。我年已古稀,经历甚多,从解放前,到新中国成立,又经历了"文化大革命"前后。幸运的是我"文化大革命"后40年来一直在高校从事教学研究工作,研究的领域最初是哲学,后来转为法学的西方法律思想史、法理学,近几年又转向中国古代法治文化。我虽然没有取得重大的研究成果。但感觉还有一点能安慰自己的东西。所以感到没有虚度光阴,问心无愧。对科学研究也积累了一些经验,想与大家交流,特别是供青年学者参考。回顾一生,我的智商平平,之所以还能有点成果,主要有三点:

一是有一个良好的生活方式,因而有一个比较健康的身体,至今身体的基本功能正常,仍对研究问题有兴趣,也有能力从事一些研究工作。这与我的身体好有关。身体好很重要,是学术研究的物质基础。我主要的经验是生活有规律,饮食不挑剔,加上持之以恒的适当的健身活动。

二是有一个正确的人生态度,不贪婪,不放纵,做老实人,坚信"老实人不会吃亏",认真做事,吃苦耐劳。任何工作,我都踏踏实实地把它做好,不落在别人后面,不好高骛远,不弄虚作假;再能与别人友好相处,取其长补己短,不好为人师,不记仇,不揭短。

三是抓住了几个历史的机遇,使我有了比较好的理论素养和丰富的历史知识,也逐渐掌握了学术研究的基本方法。如重视基础研究,宏观理论研究,广泛观察现实,捕捉有价值的学术问题,咬住不放,研究它五年、十年,必有像样的成果等。"文化大革命"中我被分到复旦大学从事哲学教学,进行了9年,并一直关注哲学发展的动态,后来扩大到政治学、社会学、经济学等,因而打下一个比较扎实的马克思主义哲学基础。因而研究任何问题都能有一个比较高的理论起点,它使我研究问题有比较广的学科资源和开阔的视野。1981年我转到西北政法学院后转而研究西方法律思想史近40年,积累了比较丰富的西方的法律文化知识,近几年又转而研究中国古代法治文化,从而能比较地研究中、西法律文化,思考我国法治建设的民族特色问题。

总之,学术研究是科学问题,其真谛是求"真",因而,要以一个科学家的胸怀,态度和方法进行研究;要跳出个人小圈子,立志高远,着眼于人类发展和我国法治建设的大局,实事求是,老老实实地去探索。要把自己的生活融入其中,把研究作为一种生活方式,从中找动力,找乐趣。

好了,不啰唆了,谢谢大家!

主持人

谢谢严老师的谆谆教诲。严老师30年来始终不改变初心，一直是从人的价值来研究法的价值。他始终保持着饱满的激情，声如洪钟，我们期待着下一个30年的法学范畴的研讨会，还能见到他的身影。

下面有请第四位报告人宋方青教授。

报告人／宋方青

法学博士，厦门大学法学院院长、教授，中国法学会立法学研究会副会长、法理学研究会副会长、法学教育研究会常务理事，福建省法理学研究会会长。

法理之于立法的意义与功能

尊敬的各位专家、老师、同学们，大家下午好！1988年在长春召开的法学基本范畴研讨会是具有里程碑意义的，今天上午很多专家都说过，对我个人而言也是具有里程碑意义的。虽然我没有参加1988年的那次研讨会，但是1988年我在珠海参加中国法理学的年会，在那次会上我认识了张文显教授，也因此我进入了法理学的大家庭。一晃30年过去了，在这个团队里我收获了知识、收获了智慧，也收获了很多的友谊。当然，这一晃30年，我与孙莉老师也从少女成为现在的大龄女。但是我觉得我们两位女性从那个时期开始一直到现在还能坚守在法理学的阵地，这是法理学的力量和魅力之所在。

我今天讲的题目是《法理之于立法的意义与功能》，这个题目是受张文显老师文章的一个启发，非常感谢。昨天我从厦门到长春坐飞机整个行程将近十个小时。大概是飞到英国的时间了，当然也正是十个小时，让我在行程中完成了今天我要讲的内容，所以今天的内容可能有一些没有很深入，但是我想有些问题我会提出来，以后做进一步深入的研究。

法理是一个被广泛使用,但有没有被定义的概念,古往今来,人们对法理有形形色色的解释说,无论是内涵还是外延都颇有差异,但总是指称法律背后隐含的原则、精神、价值、公理、德性等,这些是共同的。同时,法律也透过这些法理的解释、论证以及应用,获得了正当性。可以说,在法律实践中,法理无处不在、无处不有。法理是法律实践的灵魂,也正是法理的意义与功能所在。但是我们也必须防止两个倾向,一个是法理的泛化,还有一个是法理的虚化。法律实践有共性的一面,但具体的法律实践也有特殊性的一面。基于特殊性的一面,该法律实践的法理也就有其特殊性的要求。

我想面对中国的立法实践,阐述法理之于立法应有的意义。立法是一项兼具法律与政治性的实践,但是在现实生活中,人们总把立法实践作为一项单纯的政治活动来看待。在人们的眼里,政治是选择问题,是权力的博弈场,是恣意的、非理性的,不符合知识的标准。因此,当政治被异化后往往成为贬义词,甚至被诟病。在欧美国家立法便具有诸多的坏名声,例如,每每提到立法,人们常常将诸如决策交易、讨价还价、相互吹捧、利益迎合以及政治分会等标签贴于其上,相对于司法、行执法,立法被视为最不道德、最不连贯、最无尊严的事业。而在实践层面,立法问题常常被贬低,现实层面的种种表象仅仅是人们理性化理论认识的物化,人们在头脑中对相关问题的认识和把握,这是根本的原因。立法问题在实践中被贬低的深层次原因在于法律理论及政治理论对立法问题的忽视。在欧美国家大家知道传统的法律理论和政治理论中,对于立法理论是忽视的,立法问题没有被认真对待,而传统的法律理论倾向于法制主义的研究视角,法制主义将规范性行为视为规则遵守问题,而不重视这些规则的来源,特别是18 世纪末 19 世纪初兴起的分析实证主义主张法学从政治学中分离出来成为自主的学科,这种倾向更日益明显。实证主义法学坚持法律与政治的分离,在他们看来,立法是政治问题,进而应当被排除在法学理论的研究范围之外。虽然法律实证主义传统上仍然赋予立法以法治基础的头等重要的地位,但切断了法律与政治根基的联系,法律创制就不是法律理论的问题了,所以立法在实证主义法学的理论图景中逐渐消失了。此外,法制主义认为立法是政治问题,而政治是选择问题,选择又是有争议的,所以作为政治问题的立法是非理性的,将其作为知识的客体理论从一开始就注定了是失败的。由此,法律理论逐渐将研究的重心聚焦司法,而将立法视为法律的前政治理论问题由政治家而非法学家去研究。但是由于研究对象的专业性,政治家对立法问题的研究又显得力不从心,这便造成了立法这一重要问题被忽视、被边缘化。因此,传统的法律理论主要关注的是裁判问题、法官对规则的适用,而立法规则的创制却差不多被忽略,即使是法学界关注立法学,也都是从法院的角度出发。

总之，传统的法律论要么是忽视立法，要么是反对立法，特别是在法律人的眼中，政治是一个贬义词，也就是说政治是恣意的、非理性的。立法明显关涉政治问题。由于政治的异化导致人们对它的各种诟病。大家知道政治乃是管理公共事务的活动，它都是用来指政府政党治理国家的行为。经验表明各政党和不同利益集团政治活动的中心之一都是试图影响甚至控制立法权，立法的运作过程实际上就是政治的过程。在我们国家以宪法的形式确立了中国共产党在国家政治生活中领导党和执政党的地位，而坚持党的领导，包括对立法的领导在十八届四中全会的决定中也作出了明确的规定。由此，2015 年的立法法修改草案说明中也明确地指出立法是国家的一项重要政治活动，这就加重了立法的政治性特质。在我们国家，相当长的时间内，立法总是被视为一项纯粹的政治活动，而不是一项科学活动，所以立法的政治性被过分的强调，法律性被忽视，立法承担了诸多的政治责任，由此导致了立法的泛政治化，以致立法数量虽然大幅的增长，但是立法的质量却没有成正比的提高，而且受到了质疑。我们的法律文本常常被视为政治的文献，这与我们立法理论的滞后是密切相关的，所以在这个背景下，我们呼唤法律理论家对立法问题严肃地对待，构建一种理性的立法理论，形成立法自身特有的法理，以此来恢复立法的尊严，并最终通过理论上的反思与重构为立法实践提供更好的智识支撑，实现提高立法质量的终极目的也就成为必要。这在当下是非常重要的，这是我讲的第一个方面的内容。

第二，在我国，法理实是一个具有普适内涵的概念，包含了一切美好的价值诉求，并普遍适用于法律实践中，张文显教授在他的文章中提到法理在古代律学和现代法学中，像精灵一样穿梭于法学体系中，并在法律体系和法律法制体系中激发美德和智慧。法理具有激发美德和智慧的意义，这表明法律本身就是智慧的集合体，是德性的表现，而在西语中，法理 jurisprudence 词根上来源于拉丁语，也涵盖着实践知识、理性和智慧。所以，法理是一种实践智慧，法理本身可以视为一种德性。那么关于德性的论述，在亚里士多德的理论中有诸多的阐述，我这里就不赘述了。但是我想有一点必须谈到的就是在他的理论中特别提到德性伴随着理性，至于完满的德性，他认为是公正。公正，是一切德性的总汇。在立法的实践中，我们可以常常可以看到法理的身影，这些法理发挥着立法论证及解释等功能并体现于立法的目的、原则和具体的法律条文中，以证成立法的德性，保证立法正当性的实现。而作为一种德性，法理之于立法的功能或意义主要体现在立法者、规范及其受众这三个方面。我们现有的立法理论更多关注的是规范（实体与程序）的德性，对于立法者的德性和受众的德性没有给予应有的重视。所以我在文中将专门阐释立法者的德性，还有规范的德性和受众的德性。

因为时间的关系无法展开，谢谢大家。

主持人

谢谢宋老师。宋老师跟孙莉老师都是美女，或许可以说，是法理让你们如此美丽。

下面有请第五位发言人汪习根教授。

报告人／汪习根

法学博士，武汉大学法学院教授，中国法学会法理学研究会副会长。

权利本位的内在分化及其治理

——新时代权利范畴的矛盾辨思

尊敬的张文显教授，各位前辈，各位学界的同仁，非常感谢有机会来参加这样一个具有重大的里程碑式意义的会议。我在参加这个会之前正在忙于另外一个会，所以没有事前提交论文，但是我现在刚好写完了一篇论文，也提交给王奇才同志了。我想把这个主旨意思给大家做一个汇报，可以说这是一个权利的时代，那么带领我们进入这个权利的时代的，从理论上讲，可以说正是在30年前，关于权利本位的那一场大讨论及其所创新出来的理论成果。30年后的今天，权利的理论基点与时间逻辑正在发生悄悄的改变。那么，如何继往开来，引领法学和法律的发展，回应法治中国的实践，这是值得我们深入思考的重大课题。

从法哲学的视角来看，关于权利的范畴可以归结为四个层次。第一个就是人权的概念，最抽象意义的上层范畴。第二个是权利的概念，就是我们今天会议以及30年研究中一以贯之的主题。第三个层次是权利本位和相关的概念。第四个应当进一步延伸，孵化出诸多的下位概念。基于这样一个考虑，我想主要是讲三对权利范畴及其相互关系和在实践中的展开。

第一个就是权利主体与权利客体的对应关系，这是一个老问题，但是也是一个非常新的问题,有很多问题值得我们进一步的关注。一个方面,权利主体的边缘化问题。可以说主体是一个抽象的概念,更是一个具体的概念,在对主体进行解读时,应当处理好抽象和具体、个体和整体的关系。市场是自由之母,自由又不能离开平等。马克思曾经赞美到,商品是天生的平等派。但是这两者的矛盾关系在现实的表现,随着市场自由化改革的推进,越来越充分。也就是说,主要体现在不仅仅是单个人之间的分化,它还可能表现为一种区域性的、整体性的分化:先天的身份的固化、地域的固化,以及后天的能力固化,这三个方面的固化所带来的冲突和利益的不均衡。因此,如何创新关于平等的理论?怎样在以往的形式平等的基点之上,进一步创新关于非互惠的这样一种非均衡的特别优惠待遇原则,以及政策性平衡原则,使其在弱势群体保护领域进行最有效的意义释放,是非常重要的。

关于权利客体的碎片化问题。客体是主体可以认知和占有的对象,无论是体现为有形的物,还是行为或者智力成果,都可以也应当从另一个视角进行法社会学意义上的解读。把法理的视角植根于经济、政治、社会、文化与生态资源这五个方面的客体之中,实现法社会学和法理的有机对接。其实,经济资源是人权的基础性客体,但是我们也不可忽视政治资源、社会资源、文化资源和生态资源之于人的权利的重要性,所以这五者之间的内在关联性,以及如何在作为主体的人之间进行均衡的配置问题,是今天权利法学、权利法理学所要研究的关键问题之一。由此就进入主客体之间的关系,也就是同一主体对不同客体的占有,以及同一客体在不同主体之间的配比问题,这是一个非常重大的关键问题。所以我们提出的关于公平的理论,关于起点的公平、过程的公平以及结果的公平,以及我这里提出一个概念,叫以“人为中心的发展正义”(people - centered development with justice)的这样一种正义的概念,都是值得我们进一步去思考的,但由于时间关系就不展开了。

第二个是权利供给与权利需求的统一关系。权利的供给是权利实现的前提,但是充分有效的供给并不能自动带来权利的公平分配,所以要解决好这两者之间的关系问题。还是让我们回到权利的原点进行探秘。权利研究的逻辑起点究竟是什么?可以说社会主要矛盾应当是对权利进行制度预设的立足点。40 年来,中国社会主要矛盾的变迁经历了三个阶段。第一个阶段是以阶级斗争为主要矛盾,导致了反法治的历史悲剧。1988 年,在吉林大学以张文显教授为代表发起的关于权利本位的大讨论,为结束这一场悲剧作出了历史性的贡献,为从人治走向法治奠定了法学理论的基础。

随后步入第二个阶段,也就是我们非常熟悉的把社会主要矛盾定位为人民日益增长的物质文化生活需要与落后的生产力之间的矛盾,为解决最起码的生的权利、能够活下来的权利、温饱的问题、吃饭的问题——这个底线性的权利奠定了思想基础。可以说,这正是30年前的那一场关于权利大讨论的理论成果的最大社会效应。

现在进入第三个阶段,认识到新的矛盾已经转移到了人民对美好生活的需求与发展不平衡、不充分之间的矛盾。所以这里实际上就涉及权利理论的一个更新的问题。权利总量的供给存在两个问题,第一个是不充分,总量供给不够。第二个总量供给充分以后,如何去公平的配置问题。所以这两个问题的解决,可以从五点来展开。首先一个是物质性权利的供给问题,应当遵循从反贫困到温饱到小康的发展逻辑。中国把贫困线(叫绝对贫困线,不是相对贫困线)定为3000多元人民币的人均可支配收入,而2015年为2800元、2011年为2300元、2010年为1274元。联合国划定的国际绝对贫困线为每天人均可支配收入1.9美元。所以,我们现在最为接近联合国的这样一个标准。在这样一个标准之下,可以说中国做出了巨大贡献,给世界反贫困做出的贡献达到了70%以上。这个得到联合国官方的肯定。但是在这样一个大的背景下,还有地区上的差异以及4000多万名绝对贫困的人口存在,以及即使是已经脱贫以后是否会返贫的问题。可以说底线性的权利需求满足是一个长期的问题,它不是一个短期可以立竿见影的问题。那么第二个供给就是关于文化性权利的供给,过去我们讲物质文化生活的需求,这两个需求是不是彻底满足了,我看还没有,所以文化性权利的需求应当追寻本土文化与多元文化共存、传统的优秀文化与现代文明共存的逻辑,开发和拓展文化产品、文化载体、文化内涵与文化外延。第三个是政治性的权利供给。扩大政治参与政治共享的范围,提升其质量与水平。此外,由于政治权利必须依靠民主与法治来保障,所以还有更多的问题需要解决,那就是解决公平正义的问题。当然,还有社会性权利和生态性权利的供给。可见,我们所讲的关于民主、法治、公平、正义、安全和环境这些新需求,前两个对应的是公民政治权利,后三个对应的是社会性的权利,最后一个是生态性的权利,跟前面的第二个阶段的物质和文化的需求正好成为五位一体,使政治、法治与人权有机结合起来了。

第三个问题是权力配置与权力规范的依存关系。首先是权利立法的法理。加强重点领域的立法,首当其冲的是关于公民的人身权利、财产权利以及经社文领域的权利保护。中国法学会在文显教授带领之下,广泛参与了立法,进行了大量立法咨询,这个对我们来说也是一个很大的激励。今后我们要按照这个思路,继续做好权利立法这样一种法理服务工作。其次是权利执法的法理。现在,已经明确了对于政府公权和个人私权之间的法理界限,也就是对政府而言法不授权不可为,对公民而言法不禁止皆可为。但是,还有一些问题应当明确,例如,是不是在所有领域,只要法律没有授权,政府就都不得作为。我认为,这涉及权利法理的具体的运用,在社会福利领域,这个原则就不一定合适。再次是权利司法的法理。以裁判文书的推理为例,今年6月1日,最高人民法院专门通过了一个关于加强和规范裁判文书司法说理的指导意见，这个是一二十年来接受学术界关于加强司法说理性的一个最新的版本，其中罗列了六项不属于国家的法律法规和司法解释的法理、道理、公理、情理以及通行的学说，可以作为说理的论据。那么，就有三个问题要解决：其一，法理究竟能够在多大的限度和范围内进入司法推理的视角？其二，能否采纳法理进行推理的判别标准和依据是什么？其三，由谁来进行甄别和判断？法官个人可以独立司法，那么甄别和判断这些法理学说需要建立一个机制与标准。

在此，提出这三个问题，供大家共同思考，谢谢大家。

主持人

谢谢汪老师的分享。

下面有请第六位报告人王子正教授，他也是30年前法学基本范畴研讨会的参与者和见证者。

报告人／王子正

法学博士，东北财经大学法学院教授、理论法学教学部主任，中国法学会立法学研究会常务理事、法理学研究会理事，辽宁省法理学研究会副会长。

“法理”的含义和意义

作为1988年会议的参加者和见证者，首先应该感谢文显教授30年前的邀请，更要感谢今天的邀请。

1988年长春研讨会可以说是中国法学界特别值得纪念的一次重要会议，对随后法学界尤其是法理学界的思想解放、研究范式转换和理论创新起到了有力的推动作用。任何理论的提出都离不开那个时代，那次会议所提出的一些理论和观点，应该说不仅需要学术能力,更需要求真的勇气。因为“权利本位”这四个字,其实在当时并不被认为是政治正确的,所以“权利本位论”的提出是需要一定的学术勇气和理论担当的。

在当时的会议上,反对“权利本位论”的学者不赞成“本位”的提法,而主张“权利义务一致说”,甚至认为“权利本位论”是资本主义社会的个人权利至上。与此不同,张恒山老师的“义务先定论”是从法史的角度提出的,是一种事实的描述,另外他从现实立法的角度提出“义务重心说”,即法律文件更多的是规定具体义务。郑成良老师当时提出的比较明确的“权利本位论”,强调权利是义务的出发点和归宿,设定义务的目的是保障权利而不是相反。当时之所以会出现争议,除了要不要分本位,另外一个就是涉及长期以来中国的传统,特别是计划经济形成的国家权力至上,国家权力至上自然而然的就是 Power 本位,相应的就是相对人的义务本位。所以实际上“本位论”处理的并不是权利和义务之间的关系或抽象的权利和义务的概念的关系,它处理的应该是享有权利和义务的主体之间的关系,即国家与相对人之间的关系。长期以来相对人权利太弱,所以我当时认为,提出权利本位这个学说很有意义,但更重要的还是要解决国家权力至上和阶级斗争为纲的问题,因为以阶级斗争为纲与强调国家权力至上和相对人义务本位之间具有内在的逻辑关联。

我理解本次会议的主旨是回顾与再出发。以上作了简要回顾,那么再出发的话,逻辑起点应该是法理的含义和意义问题,即什么是法理?法理有什么用(不是法理学有什么用,而是法理本身有什么用)。我从 2000 年开始给研究生开课的总主题就是“法理的含义和意义”,正好契合这次会议的主题,这显然不是巧合,而是法理学研究深化的必然。以下谈谈我的几点思考:

第一,“法理”的“法”到底是什么概念?是广义的、狭义的、中义的,还是怎么样。从文显主编的第五版法理学教材来看,它是一个广义的概念,包括制定法、习惯法、判例法和不成文的惯例等。我注意到教材将“法理”分为法律之理、法治之理和法学之理,这样的“法理”的“法”似乎包括了法学,概念转换容易引起困惑。而且我认为法学之理和法之理是不一样的。我觉得法理最基本的就是法律之理,具体来说,原本意义上的法理就是法条背后的东西。文显老师概括的,比如蕴含在法中的观念、规律、价值追求、正当性依据等,比较全面、准确。还有,“法理”的“法”包不包括软法,比如高其才老师研究的少数民族地区的乡规民约,不是国家制定的这些规则。所以“法理”的“法”的范围首先要确定。

第二,什么是理?法之理,法的道理。理包括刚才提到观念、规律、价值追求、正当性依据等。但我想强调的是有些“理”是非文字表达的,比如常理、常规。我有一个深刻的体会，不参加立法，不具体用法解决案件，你很难体会单靠法条是无法解决所有个案的。我从 2003 年起做大连市人大和政府法律顾问一直到现在 15 年，对我理解法理及其功能确实很有帮助。人们探求法理的兴趣、冲动和需求，其实主要是来自法律实践。所以文显老师提出，把法理作为法理学的中心主题和法学的共同关注，实际上是对法律实践需求的回应。需要政府法律顾问处理的案子往往都是比较复杂的，大多是仅靠现有法条很难解决的。在很多情况下，其实法条是不能够满足现实需要的，而且我相信其实任何国家也不可能完全靠法条来解决一切问题。从“死法”到“活法”关键在于准确把握法的灵魂即法理。因此，法律人的基本功和核心竞争力不在于对法条的熟悉程度，更重要的是对法条字里行间和背后法理的深刻理解和灵活运用。

第三，法理到底是什么性质的，是中性的、褒义的还是有争议性的。文显老师讲的基本上是褒义的，是美德和美好的价值。但是比如洛克曾经讲过，权力(power)不可私有，财产不可公有。这个是西方普遍认同的法理。但是这种法理在中国，我想不是中性的问题，可能是一个政治上正不正确、能不能接受的问题，但不能因此说它不是法理，所以法理到底是褒义的还是中性的，还是有争议性的，值得进一步研究。

第四，法理是客观的还是主观的？作为法之规律，那肯定是客观的，作为法之观念或价值追求的话，可能就是主观的，虽然主观应与客观相一致，但不是必然的。

第五，法理的分类。我作简单分类：一个是理念性的法理，它一般表现为法基本原则，所以它对于具体法条的适用有指导作用。另一个是应用性法理，在实践当中可以被作为依据适用于个案，我曾运用法理解决了好多个案问题。这个层面的法理包括一些操作性的思维上的规则。

第六，法理存在的形态。我看咱们的《法理复兴之端》论文集，讲得非常全面，但有一点好像是忽略了，就是不成文的或没有文字载体的东西，其实可能就不需要用文字来表达，往往是法理。比如说常理、常规。因为时间关系，我没法举例说明，我曾经处理过很多案例，就是运用法理(常理或常规)作为处理依据。

最后，我对法律之理的含义和意义作如下归纳，求教于各位：

1. 法理是法的原理，分为一般性法理和应用性法理。一般性法理多表现为法的基本原则，掌握一般性法理，有助于理解具体法律规则；应用性法理在无法律规定或法律规定不具体时可作为法律依据直接适用于个案。

2. 法理是法的精髓和灵魂，隐含在法律条文的字里行间和背后，任何法律规定都体现一定的价值取向和法律精神，都是一定的法理的条文化，死记法条既不可能也无必要，只有掌握法理，才能准确理解和正确运用法条。

3. 法理是法律论理的艺术和方法，是法律论辩和法律推理的思维规则，它体现法律思维的深度和层次，是进行法律解释、法律推理和法律论证，把抽象的法律规定同具体案件事实连接起来的依据和桥梁。

4. 法理是法律意识的最高境界，是法律金字塔的基座和塔尖，与具体法律知识不同，它是法的一般思想。对法律人来说，法理不仅是必备基本功，更是核心竞争力；对国家治理者来说，是否掌握和尊奉法理将从根本上决定其治理能力的现代化水平，进而对国民的法律意识和主流法律文化产生深远影响。

5. 法理的表述或载体是多样的，法律人对法理的挖掘是无止境的，正像人们的认识活动是无止境的一样。发现和挖掘法理固然离不开抽象的理论思维和理论研究，但法律人对法理的兴趣和需求主要来自法律实践；反言之，法律实践常常是发现和挖掘法理的契机和源泉。因此，把法理作为法理学的中心主题和法学的共同关注正是对法律实践呼唤的回应。

主持人

谢谢王老师的分享，我听下来觉得讲得非常好。

下面有请第七位报告人孙育玮教授，他同时也是30年前法学范畴研讨会的参与者和见证者。

报告人／孙育玮

法学硕士，上海师范大学哲学与法政学院教授。

关于“法学基本范畴与法理”的思考

各位新老朋友，大家好！以上聆听了将近30位报告人、讲评人，还包括主持人的精彩演讲，我深受启发，非常有收获。实话说，来之前对是否参加这次会议我自己是有过纠结矛盾的:一方面收到文显老师和吉大法学院的邀请函,我内心很激动、很高兴,也感到非常的亲切。按说是老师召唤应当招之即来;但另一方面心里也有压力,就是我在提交的提纲后边加注所说,从2015年老母亲病危召唤我回哈尔滨之后的三年多来,大部分的精力和时间都在照顾老父老母,直到把母亲安详的送走。现在还有一位93岁的老父亲,每每牵扯我很多精力,所以来之前的这三年多来自己对法理的研究实际处在了停摆和空白的状态,因此感到已经没有足够的资格来参加这样一场盛会。但后来抱着两个朴素的目的,一是来学习补课,二是来会一会多年不见的老朋友,所以还是来了。现在看不虚此行,两个目的都达到了,而且收获很大。下面就把我已经提交的一个提纲,严格地说,是不够学术规格的一个简单思考,仅是对于参加此次会议和拜读了文显老师的大作之后的一点即兴式的感想,来谈几点:

第一,30年前,我有幸带着当时参与指导的一位黑龙江大学首届法理学研究生,来长春参加了当年的那次研讨会。要提研究生名字的话,大概好多朋友能够熟悉,就是后来又读了人大吕世伦老师的博士和曾经做了黑龙江大学法学院副院长的钱福臣。但非常惋惜的是前年他患了肝癌,而且病情发展得非常急速,英年早逝了。不然的话,我们师生将还会再度一起来参加此次盛会的。当年参加1988年那次研讨会,给我们留下了极为深刻的印象。它不但对当时法学和法理学的研究起了重要的推动作用,也对我们师生二人的学术成长产生过非常重要的影响。钱福臣教授的硕士学位论文就是在那次会议的启发和收入《当代法学》的他那篇论文的基础上拓展完成的。30年后的今天,我又来吉大参加这样一次高端的学术研讨会,感慨很多,感受到了两次会议之间的内在关联,和本次会议力拓前进境界的新的意义。相信这次研讨会也一定会在中国法学和法理学的发展中留下非常重要的印记,会对法治中国建设作出新的贡献。自己作为吉大法学院和文显老师的学生,能够被张老师和吉大邀请来与会,感受良多,我真诚地感谢母校和文显老师的邀请。

第二,感到本次会议法学范畴与法理研究的议题,凸显出法理的主题非常重要。它的确是关乎中国法学和法理学的根本性跃升和未来的发展方向,也关乎法治中国深度实践走向的一个非常要害性的问题。此问题的研究不但非常重要和必要,而且在提出的时间节点上我认为也是非常适时和及时的。

第三,张老师的《法理:法理学的中心主题和法学的共同关注》一文以长达36页的文字,专门以法理为问题导向,聚焦法理本身的一些重大性问题,给予了颇具理论深度和实践支撑的详尽分析与论证,提出了一些颇具概括力和启发意义的重要概念与命题。该文很有理论的震撼力和说服力,为认识理解该问题打开了思路,拓展了空间。我相信这也是为本次研讨会提供了一个可供大家深入切磋的很好的议论的基础。

第四,法学基本范畴的研究集 30 年之力有了相当的进展,法理本身的专门性研究现在也已被提上了日程。在这前后二者之间是怎样的深度关联？如何在法学基本范畴研究的基础上,合理地定位和配置法理研究的展开？又如何以法理研究的新视野、新成果来丰富和深化法学的基本范畴？或者说法理本身有没有其基本范畴需要加以提炼概括和研究？有的话又该是哪些？它们和法学基本范畴的关联与区别是什么？这是我首先想到而且目前还比较模糊的问题。

第五,无论是法学基本范畴,还是法理基本范畴,都是支撑其理论逻辑体系的重要"纽结"和支点的基础要素。怎样提炼它们？又按照怎样的理路构建起这些基本范畴的体系？这是一项艰巨而重大的工程,绝非一朝一夕之功,更不可能一蹴而就,需要长期甚至几代法学家的潜心研究和共同努力。文显老师和吉大法学院多年来为此做出了锲而不舍的努力和付出,功不可没。相信在他们的倾力推动和朋友们的共同努力下,法学基本范畴与法理的研究,一定会有更大的开拓性成就。

第六,从文显老师多年对法理研究的路径以及法理学同仁 30 年来的经验上看,以下一些研究取向应当说是有效和成功的,应当成为我们今后继续坚持和努力的方向。比如以实践哲学为导向,注重从法治中国的伟大实践中汲取不竭的理论动力和源泉;注重从中外法治文明和优秀文化成果中汲取丰厚的法理营养;注重与部门法学理论研究的紧密对接,进行成果的有机融合;注重国内法理学界、法学界、法律界,乃至国外同仁间的友好交流与合作;注重矢志不渝地做好法理资源自身的概念、话语与范畴体系的梳理与积累,提炼与构建的基础性工作等。

第七,关于"清朗的法理学教材",这是构建法理理论体系过程中一个初始性、过渡性又带有很强指向性的操作任务。去什么、留什么、怎么提升、怎么拓展,不是很容易的但又应当下力气做好的一件事。

第八,张老师《法理》一文,对法理的地位和作用的强调与评价,提到了前所未有的认识高度,总体上我是很认同和赞成的。但有一处,"无所不能"的提法(见该文的第 21 页),觉得有点过,尽管前面加了"几乎"二字,但是我还是觉得不太妥当。建议还是不这样提为好,供文显老师参考。

谢谢各位,不当之处欢迎指正。

主持人

孙老师的肺腑之言让我们特别是让我本人，对30年前的那一场研讨会更加充满敬意。我想，参加那场会议的法学前辈们，你们将不仅仅永远地载入历史，同时也应当接受我们后辈和学生永远的学习，你们的精神永远激励着我们年青一代砥砺前行。

下面，有请第八位报告人王奇才副教授发言。

报告人／王奇才

法学博士，上海师范大学哲学与法政学院副教授，吉林大学全面依法治国研究中心研究员，教育部社会科学委员会法学学部秘书，中国高等教育学会中外合作办学研究分会学术委员会委员，金杜学院学术委员会委员。

国家精品教材《法理学》第五版评介

尊敬的各位前辈、各位老师，下午好！我是怀着惴惴不安的心情站在这个讲台上的。感谢大会和张文显老师给我这次机会，让我代表法理学第五版教材统稿小组的几位青年教师，向大会介绍和汇报我们参与法理学教材第五版统稿过程中的一些心得体会，请各位前辈和各位老师批评指正。

首先，我想代表统稿小组的青年教师，向1988年法学基本范畴研讨会的前辈学者、向这本教材的所有作者，致以最崇高的敬意，向高等教育出版社和编辑老师们致以诚挚谢意。

就我本人而言，从本科开始就受惠于这本教材和这本教材的知识体系。考研时用的是第一版教材，硕士入学时正值第二版修订，博士一年级时有幸参与了第三版修订的辅助工作，工作之后兼职做科研秘书、参与了第四版的保障工作，今年又有幸在张老师的带领下，和统稿小组的小伙伴们一起参与了第五版修订的辅助工作。这本教材不仅深深影响了我个人的学习和生活，实际上也改变了我个人的命运。特别是在这次参与第五版法理学教材修订的过程中，我们又经历了一次理论思维和法理精神的洗礼，是我们几位青年教师必将受益终身的学习过程。

我们总结第五版《法理学》教材修订，有五个关键词，分别是“时代定位”“与时俱进”“转型升级”“兼容并包”“教学相长”。由此分别形成了五篇文章，即我本人的《法理学的新时代定位》、瞿郑龙的《新时代法理学教材的与时俱进》、徐清的《新时代法理学教材的转型升级》、郭晔的《兼容并蓄打开法理学学问新境界》，以及丰霏的《以学习为中心，打造教学相长新格局》，这些文章已经分别发表在《中国大学教学》《法制与社会发展》《当代法学》上。会议发放的《法理复兴之端》（“法理文丛”第一卷）中也收录了这些文章。

“时代定位”“与时俱进”“转型升级”包含着一种历史维度的考量。我个人对法理学教材所处时代定位的考虑是，“法治中国”进入了新时代，法理学研究进入了新时代，法学教材编写也进入了新时代。

因此，法理学教材需要在理念上与时俱进，也就是要确立“法理”作为法理学的中心主题和研究对象；需要在形式上与时俱进，更新教材形式使其与教材内容相得益彰，提升教材的吸引力；需要内容上与时俱进，系统贯彻新时代法治理论创新，引导和帮助学生从法理学教材中读懂“中国”。

法理学教材修订，既要保持现行法理学知识体系基本稳定，又要不断“转型升级”、保持活力。从本次教材修订来看，转型升级主要体现在学科定位、话语风格和思想引领上，也就是努力实现从法学基础理论到法理学的学科转型，努力以泛在的法理来激活法理学知识体系和话语风格的焕然一新，始终以习近平新时代中国特色社会主义法治思想引领法理学教材的转型升级。

另外两个关键词是“兼容并包”“教学相长”。

“兼容并包”既包括历史维度的方面，也就是“与时俱进”“转型升级”已经涉及的那些内容，并且更强调和突出在当下法理学研究和法理学教材百花齐放的情况下，如何通过凝聚“法理学是法理之学”的共识，来进一步拓宽法理学的理论视野，吸纳内化各个学科领域和不同文化的法理精华，努力使之成为法理学教材的有机组成部分。高教版《法理学》是在中国法理学逐步取得独立学科地位、不断发展壮大的历史中孕育出生和发展完善的。本次法理学教材修订，继续秉持“兼容并包”的精神，广泛吸纳学术界和实务界的最新研究成果、实践成果和教学改革成果。因此，这本教材所获的认可和肯定，是与中国法理学 40 年来的发展成就分不开的，也是与 1988 年法学基本范畴研讨会的精神是一脉相承的。

最后一个关键词是“教学相长”。法理学是不是难学、是不是难背，在不同场合都听人提起过。我也曾经在各种地点，包括过马路等绿灯的时候，听到学生用功背诵这本俗称红皮法理学教材的内容。第五版法理学教材正式面世以后，接下来的工作将是如何用好这本教材，从编写者的书桌走向教师学生的课程。就如何用好这本教材，我们提出了“以学习为中心，打造教学相长新格局”，认为要从十个方面来用好法理学、讲好法理学，例如以范畴为枢纽、贯通法理学知识主线，以学说为画笔、厘清法理学发展脉络，以实践为观照、注重法理学与法律学的有机结合，借法律格言等载体阐释法理、展现法理泛在与深邃，以文献为线索、追溯法理学问印记，以问题为触点、激发法理头脑风暴等。

“时代定位”“与时俱进”“转型升级”“兼容并包”“教学相长”，这五个词是我们解读新时代法理学教材的理念、风格、精神的尝试。通过参加这次会议，我个人更加感觉到，当代法理学在研究范式、研究领域、研究主题、研究方法等方面不断拓展，经典范畴得到深入挖掘，法理研究正在蓬勃兴起。在这样的背景下，法理学的课程改革、教材改革，法理学理论体系、知识体系和话语体系的更新，以及法理学的学科自主性和文化自觉性，交织在一起，构成了新时代法理学教材的基本理论背景，这也是我们青年法理学人向前辈学者学习、不断探索创新的基本问题意识。我们为能够参与法理学教材修订而感到光荣，为能够参与本次学术生活而感到光荣。

主持人

谢谢王奇才副教授的分享。我们平时到文显会长办公室汇报工作的时候，也确实是充分地感受到张老师对第五版《法理学》所投入和倾注的巨大热情和心血。作为广大的法学法律工作者之一，我也对第五版《法理学》的问世表示热烈的祝贺。

下面，进入本单元的第二个阶段，就是评议阶段。首先，有请第一位评议人杨宗科教授。

评议人 / 杨宗科

法学博士，西北政法大学校长，中国法学会立法学研究会副会长、法理学研究会常务理事，陕西省法学会副会长。

尊敬的张文显会长、各位老师、各位同学，大家好。首先，我代表西北政法大学对“法学范畴与法理研究”学术研讨会的隆重举行表示祝贺。同时，预祝也坚信这次大会一定能够取得圆满成功，取得丰硕成果。这里，还要特别感谢张文显老师以及吉林大学法学院，张老师和吉大法学院长期以来对西北政法大学法学学科的建设非常关心。大家可能都知道，西北政法大学是国家西北地区法学的一个教育基地，号称“五院四系”之一。30 年前召开的长春会议，我们学校严存生教授，还有当时是我们西北政法第一届法理学专业优秀硕士研究生葛洪义教授参加了这个会议。2000 年，西北政法管理体制发生变化以后，学科建设各方面遇到了一些困难。2006 年，学院更名为大学，张文显老师在西北政法大学更名的揭牌仪式上，从中国法学界权威的角度，对陕西省委省政府的领导解释了西北政法对我们中国法学的贡献，同时也为我们学校学科建设出现的一些困难“鸣冤”，给我们带来了很多的帮助。从 2006 年开始，吉林大学和我们西北政法大学就签订了协议，我们有一些老师在这里做兼职博导，为我们学校稳定高层次人才、培养后备人才，应该说给予了巨大的帮助。近些年来，我们学校的事业发展，张老师和吉林大学法学院一如既往的继续支持和关心，所以在这里特别地表示感谢。

作为这个点评人、评论人，我也有同感，要评论以上八位学者专家的发言，我觉得也很困难。我个人觉得，要评论可能要站在相对平等的或者相应的学术水平上，所以我没有这个能力来进行评论。我参加这个会，我想就谈点体会。

上午开会时，文显老师给本次会议的定位是“纪念、深化和对接”。为什么要隆重地举行这样一次学术研讨会来纪念 30 年前的法学基本范畴研讨会？我个人理解，最根本的原因就是，那次会议为后来的法学研究、法律人才培养，乃至中国后来的法治建设，产生了巨大影响。我刚才在想，用“重要影响”“重大影响”还是“巨大影响”？我觉得用“巨大影响”更符合实际一些。那一次会议我认为至少有三个重大创新。

第一，推动了我们的法学从政治学当中分离出来。1980 年我上大学的时候，第一学期给我们发的教材叫《国家与法的理论》，到第二学期才改成《法学基础理论》。从《国家与法的理论》到《法学基础理论》，这是一个建立中国法学理论体系的尝试。但是，这个理论体系真正地解决中国问题、指导中国法治，有什么独创性的理论呢？我认为就是后来的法学基本范畴研究以及“权利本位论”的提出，它促进了法学与政治学相互分离，使法学成为一个独立学科，因为法学有了自己独立的范畴体系了。

第二，推动了法学研究的规范化、学术化。我也是随着中国法学早期的恢复，受阶级斗争法学的教育成长起来的。我上《法学基础理论》的时候，当时给我们上课的是刘升平教授、朱华泽教授。我印象，刘升平教授在最后一节课总结时说，“法学是权力之学”，他特别强调“力量”的“力”，“是国家统治之学”。在那样一个背景下提出这个概念。过去的法学基础理论类教材里,更多的还是对经典作家的一些观点、思想的解释,更多的是对中央的政策、领导人讲话的诠释。从法学基本范畴研究以后,我们的法理学研究更规范,有了自己的范畴体系,形成了自己的思维体系。

第三,我觉得法学基本范畴的研究,尤其是“权利本位论”的提出,给了我们一种法学特有的思维,即法学思维。那么,这样一种思维恰恰是大学法学教育的一个重要内容。大学教育给予学生的不应该仅仅是知识、技能,而应该是一种思维、一种价值追求。我想“权利本位论”这样一个思想,影响了后来的几代法律学人。我印象当中,应该是 1992 年中国政法大学出版社出版中青年法学文库,有张文显老师的《法学基本范畴研究》,棕色的,是吧?好像是九章还是十章?我觉得,讲法学基础理论课,讲法理,要把这本书读通、读懂、读深,法学基础理论的课就能讲好,法律学生就能教好。我自己的教学深受它的影响。我自己所从事的一些管理工作,包括参与一些立法等,我认为也受到这个思想影响。我看到我们法学界说,我们进入了、走向了权利的时代,以权利为本位,法的时代精神,权利的呼唤。我想这都是受到“权利本位”这样一个学术思想的重要影响。那么,正是因为 30 年前的这样一次会议,对我们国家的法学研究、法律人才、法治人才培养和整个法治建设产生了巨大影响。

30 年的实践已经有所证明,所以我们今天要纪念它。纪念它为什么当时会有这样一种作为,会有这样一种学术的运动?我想可能原因跟第二个有关,就是“深化”。今天中国的法理学和法学研究又处在一个路口。我做一个简单的比较。1988 年长春会议召开之前,1987 年中共“十三大”提出了一个到现在还没有被突破的理论,就是社会主义初级阶段理论。为什么定位初级阶段,初级阶段的社会主要矛盾是什么?满足人民群众的需求,那么满足人民群众的需求,把它变成一个法律的问题,变成一个法学的思维,就是保障、满足人民需求的各种权利和自由。同时,1988 年也是我们现行宪法的第一次修改,修改了两条,一条是土地使用权的流转,一条是保障私营经济、个体经济。《宪法》的这样一个修改,适应了我们国家经济社会发展当中出现的社会需求,就是保障权利。所以,我想,1988 年那个会应该是历史发展的这样一个演进逻辑,在这样一个时代发展背景下,张文显老师、郑成良老师等一批学者,他们进行了一个重大理论创新。

今天,好像也有点相似的地方。去年召开了“十九大”,宣布中国特色社会主义进入新时代。今年 3 月新时代的首次宪法修改,确定了很多新内容。那么,在这个情况下,特别是对社会主要矛盾发生深刻变化,有了新的政治判断和论断,我们的法理学应该怎么去深化?我没有做过深入思考。我想,当年提出的是法律以权利为本位,今天我们建设的是法治体系。上午,显明老师讲,人民群众的美好生活需求中,对民主法治公平正义安全环境的需求更多，这六个方面难道不都是权利吗？如果说当年提出法律以权利为本位，今天是不是还可以深化为法治以权利体系为本位，这个权利体系当中有民主的权利、公平正义方面的权利、安全的权利，等等。所以，我觉得历史条件发生了变化。法理学的发展经过了几十年的积累，尤其在今天这样一个新时代的要求下，我们应该深化。怎么样来深化？怎么做？我觉得，张老师主编的第五版《法理学》教材，实际上为深化法学范畴研究，为深化法理学，已经做了个有益的尝试。他自己已经做出来了，尤其是提出法理"是法理学中心主题"，而且应该"是中国法学的共同关注"的问题，并且提出建设"法理中国"。我觉得，这是一个很有战略意义的对接工作，而且也是一个重要的学术创新。所以，我想参加这个会，更多的是来学习，更多的是来向各位法学的大家、法学的前辈还有我们法学界的一些新秀学习，所以我上面谈的是自己对参会的体会。那么，更多的还是回去以后要继续读大家写的文章，看大家写的书，去深入地思考。

最后，再一次感谢张文显老师，感谢吉林大学法学院给我们提供的这个学习机会，也感谢全国法学界对西北政法大学特别是法学学科长期以来的关心支持，我们还有一个重大任务没有完成，希望大家继续支持。谢谢大家。

主持人

本单元进入最后时刻，而最后时刻总是令人期待、令人激动的。有请我们的第二位评议人，也是第三位美丽的女法学家马新彦教授。

评议人／马新彦

法学博士，吉林大学法学院教授，中国法学会民法学研究会副会长，吉林省民法学研究会会长。

非常荣幸能够参加这样一场具有划时代意义的学术研讨会。除了我的同学、老师以外，诸位法理学的大家们，以往是在书本上见到的，今天终于能够见到真人，所以特别兴奋。今天早晨我就兴高采烈地来到了会场，抱着见见人、好好学习这样的一种心态参加了会议。但是,拿到了会议资料一看,我竟然还有一个评议,说实在的,真是颇感忐忑,不敢班门弄斧、妄加评议。但是,我也很珍惜今天这样一个机会,想利用这10分钟的时间来分享一下最近几年在张文显老师学术思想的影响下,对民法学做的一些思考。

我是1982年考上的民法学硕士,孙佑海老师是我的师兄,我们是同一个师门。一直以来,我是做民法的研究和教学,觉得民法是一个特别有意义而且有意思的研究领域。当你对一个制度设计好了,就可以避免你一生积累的财富、全部身家被你的前妻继承,并且成为前妻和现任丈夫婚后的共有财产,你想,从事这样的一个工作多有意义。但是,在几年前我看了张文显老师1989年在《中国社会科学》发表的《中国步入法治社会的必由之路》这篇文章,我才从另外一个角度看民法,认识到民法还可以从这样一个高度来认识它。所以,当时看了这篇文章,不由地对老师的崇敬之情油然而生,也激励我这些年以这样的一个法治思想对民法学做了一些思考。张老师这篇文章,简单地说,中国步入法治社会的必由之路就是要发展市场经济,而且要制定完善民事立法。我们制定了1950年《婚姻法》、1985年《继承法》、1986年《民法通则》,之后我们又相继颁布了《物权法》《侵权责任法》《合同法》等一系列民事法律。可以说,民事立法已经构架起了一个完整的制度体系,实现了民法学对法治建设、法治国家建设的一个重要贡献。我还记得张文显老师的另外一篇文章,是《和谐精神的导入与中国法治的转型》这篇文章,他在这篇文章当中阐述了这样的一个道理,说人类社会的公共治理模式经历过两次革命。第一次革命是从人治到法治,这次革命是一种形式革命,是一个从"国王就是法律"到"法律就是国王"这样的一个演变。第二次革命是从依法而治到良法善治,这是实质意义上的革命,是以法律的人性化、人权化、人文化来取缔法律暴政。当下,我们正在制定《民法典》,应该说民事立法的初见规模已经完成了我们第一个革命的阶段,已经有法可依、依法而治。但是,从有法可依、依法而治到良法善治,还任重道远。当下我们正在制定《民法典》,民法典肩负着能够顺利地完成第二次革命、把中国的法治国家建设推向更高的一个阶段的历史重任。我想,目前这个民法典制定过程当中,应该从法治国家建设的这样一个角度思考问题,应该从这么几个方面去做一个反思性的思考,或者是制度创新。

第一个问题就是要去除民事立法当中的司法中心主义。《民法通则》是1986年制定的,在那样的一个历史环境下,《民法通则》的条文里面含有比较浓重的司法中心主义的色彩。比方说,最典型的一个例子就是撤销权要当事人请求人民法院或者是仲裁机构来进行撤销。撤销权我们都知道,大陆法系的撤销权是最具有自由度的一种私权利。撤销合同的意思表示,一经到达对方,这个合同就没有了。但是,《民法通则》

里规定的是,要当事人请求人民法院和仲裁机构去撤销。那么,这样一个非常有自由度的私权就完全变了颜色,不是传统真正意义上的那种撤销权,和大陆法系国家所有国家的撤销权都不一样。所以,我想,我们制定《民法典》,在这个问题上应该要进行一些思考,这是第一个问题。

第二个问题要去除权力至上的思想在《民法典》当中的一些影响。私法社会化是现代私法全球性发展趋势。但是私法社会化并不意味着公权力的过度干预,公权力对私法领域的干预或者是管制不能达到颠覆私法的固有理念、破坏私法内在逻辑的程度。如果达到这样一种程度,那民法则不为民法了。但是,我们现在现行民事立法里边有几个问题还是非常突出的,比方说合同的行政审批,好多合同要经过审批才能生效。行政法规这样规定了,然后《民法通则》《合同法》,包括现在的《民法总则》都遵从了行政法规的规定,也承认合同要经过审批以后才能有效。这实际上是有问题的,一个合同有没有效,实际上不应当取决于行政机关的审批,而取决于这个合同本身是否违法,是否有不合法的因素,是否有损害国家利益、损害国家主权这样的因素,而不在于行政机关的审批。那么,判断一个合同是否有效的不是行政机关,而是法院,司法机关才有权力进行判断。另一个问题就是,公证机关对法律行为效力强制性的影响。我们都知道,赠与合同是无对价的,是没有对待给付的一种合同,虽然有效,但是没有强制力,不可以强制赠与人把财产交付过来。但是,我们《合同法》明确规定,经过公证机关的公证之后,这个合同就有强制力了。公证仅仅是一个证据,证明合同是一个赠与的合同,怎么可能经过公证机关的公证,就可以把一个没有对待给付的合同变成了一个有强制力的合同?这个在逻辑上是很难说得通的。还有一个是公证遗嘱,我们的遗嘱形式有很多,书面的、自书的、口头的、录音的,有很多种遗嘱。《继承法》里明确规定,公证遗嘱是最有效力的。公证遗嘱做出来之后,任何其他的遗嘱形式,非经公证形式不能撤销以前制作的公证遗嘱。所以,现在我们到网上搜索一下大数据,好多的遗嘱纠纷案件就是因为公证。比如,父亲娶了后老伴,然后两个人公证遗嘱了,说父亲死后所有的财产给后老伴。公证了之后,后老伴对父亲在生病期间没有给予更好的照顾。那么,这个时候父亲躺在床上想改变公证遗嘱却改变不了,因为按照我们《继承法》,只能到公证机关再重新做一个公证遗嘱,才能把原来的公证遗嘱撤销。他躺在床上没有办法去办,就没有办法实现老人真正的自由意志。公证的权力哪来的?这都是我们要思考的。

第三个问题是应该推进公权力的契约化进程。最典型的就是 PPP 合同要有名化。目前,我们 PPP 合同上网一搜就好多好多的问题,PPP 合同最大的特点就是公权力的主导性、合同约束的片面性,还有解除合同的任意性。在有这样一些特点的情况下，怎么样根据信赖原则保护私权利？它的利益损失怎么样保护？就有很多问题。有一个数据是，2018 年 5 月 19 日到 26 日，PPP 入库项目 405 个，总投资金额 5296 亿元，退库的项目 420 个，总投资金额 4563 亿元。就是说这边进了，但是有大量的又退出去了。退出去的这些 PPP 项目，它的私权怎么保护？它的信赖利益怎么样保护？改变这些问题的最有效的方法，就是把 PPP 合同有名化，成为《民法典》“合同编”的一个有名合同，把公权力放在这样的一个笼子里，用《合同法》上的一些规则来规范这个合同。这是我的第三个问题。

第四个问题是环境权应当界定为人格权。关于环境权，吕忠梅最近好像在《法学研究》还是《中国法学》发表一篇文章，她的观点我很赞同。但是我有另外一种想法，就是环境权的法治意义，它可以防止公权力的滥用和公权力的怠于行使，它具有这样的法治意义。如果没有环境权，我们什么情况下才可以提起环境诉讼？我们吃了这个东西，我们呼吸了这个东西，喝了这个水，身体受到伤害了，我们才可以提起诉讼。有了环境权，就可以不用达到这样的程度，你破坏了环境，我们就可以以环境权的主体主张权利。这样就可以避免什么情况发生？比方说长白山的万达小镇都建成了，也可能有人都买了房子了，最后国家一纸命令说撤销，把万达小镇全给拆了。这样的话，这些所有的成本、所有的利益损害都已经发生了。最近，我在微信朋友圈里又看到了一篇文章，就是三峡也有破坏环境的问题。如果早些年我们就已经有了环境权，有些有识之士认识到了三峡对于环境的破坏，积极主张环境权，就可以避免这样的公权力滥用，在另外一个意义上可以避免公权力的怠于行使。其实，我还有两个问题，但是限于时间的问题，我就说这么多。

谢谢各位。

主持人

非常感谢马新彦教授非常独到的见解。以上八位报告人和两位评议人为我们奉献了非常精彩的演讲。我提议，我们用热烈的掌声对 10 位讲者表示衷心的感谢。

今天，我们带着感恩之心、崇敬之情会聚在这里，共同纪念 30 年前的那一场永远载入史册的研讨会。大家在一起，为了纪念，为了学习，为了感谢。就感谢而言，我觉得比较集中在两个方面。第一，感谢 30 年前的研讨会，为很多学者的成长提供了很好的平台，让后人永远学习、永远纪念。第二，感谢文显会长，无论他的人格，还是他的思想，还是他对年轻人的提携，永远让我们致敬和感谢。由此，我在想，我们今天纪念研讨会是为了学习。我想应当从张老师、从各位前辈身上学什么？我个人理解，包含以下三个方面。第一，就是使命担当。30 年前的研讨会，如果没有担当精神，就可能没有那场研讨会，这种担当包括政治担当、理论担当和学术担当。第二，我们要学习的是著书立说，今天我们很多专家都发表了非常精彩的独到的讲演。其中，我也注意到，大家都谈到张老师那篇《中国步入法治社会的必由之路》。我们作为学人，一定要向前辈学习，要著书立说，要有传世之作。第三，就是要学习张老师和各位前辈对学术活动组织推动的作用。30 年前，各位前辈们就想方设法搭建这样一个研讨会，这个法学基本范畴研讨会被载入了史册。30 年后，张老师又作为组织者、参与者和引领者，再次操办法学范畴和法理研究学术研讨会。我想，我们法学法律界如果都能够从张老师、从各位前辈身上学到这么一种一心为公、心怀天下的情怀，多为社会、为法学法律界做这样的事情，我们的法治中国的进程会更快、我们法学界的事业会更加繁荣。以上，是我的一点学习体会，特别是与后面的各位同学们共勉，谢谢。

分论坛一　权利范畴与权利本位

【主持人】

杨春福

【报告人】

陈景辉

尹奎杰

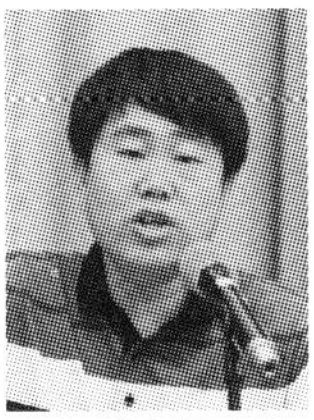

李拥军

朱　振

张　镭

蔡宏伟

赵　勇

郑智航

胡兴建

【评议人】

李建华

何志鹏

主持人／杨春福

哲学博士，河海大学法学院院长、教授、博士生导师，中国法学会法理学研究会常务理事、立法学研究会常务理事。

今天我们开始分论坛的报告，总共有四个分论坛。我们这个会场是第一分论坛，主题是“权利范畴与权利本位”。第一分论坛里，总共有九位报告人，还有两位评议人。

第一位报告人是陈景辉教授，他报告的题目是《权利的规范力：一个对利益论的批判》。大家欢迎。

报告人／陈景辉

法学博士，中国人民大学法学院教授。

权利的规范力：一个对利益论的批判

谢谢各位，也谢谢杨老师来主持这场报告会。我今天报告的是一篇新写的文章，叫作《权利的规范力：一个对利益论的批判》。这篇文章很复杂，这么短时间来讲，没有办法把很具体的论证展现得非常充分，所以我大体上把它的整体思路跟各位说一下。简单来说，这篇文章处理的是一个非常传统的话题，就是我们在面对权利这个问题的时候，一般有这样几种不同层次的理论。

第一种权利的理论是关于权利的元理论或者后设性的理论，它基本上以霍菲尔德理论作为基础性的讨论框架来展开，它通常跟权利的价值之间没有什么样的关联。第二个层次的理论,我们把它叫作权利的规范理论。权利的规范理论主要是讲,我们通常认为权利是件好事情,那么这个好的事情意味着什么?从什么地方来的?这被叫作权利的规范理论。权利的规范理论通常是被两个主张所统治的,至少目前为止是这样的,就是权利的利益理论和权利的选择理论或者意志理论。在权利的利益理论看来,权利是件好事,因为权利保护了个人利益。权利的意志论或者选择论看来权利是件好的事情,是因为权利这件事情保护了权利人的自治或者叫自主,即 autonomy。这是权利的规范理论层次。当然,还有权利的实践部分的讨论,我们用一种权利,它是一个什么样子,它在实践当中怎么样地被落实下来,比如法律权利的理论,通常被放到权利的实践理论的部分来看待。

那我今天要处理的主要是权利规范理论的部分,比如说我们讨论权利,拥有权利这件事是件好的事情,它意味着什么。那么,在传统的理论当中,利益论和意志论通常规定了权利的规范理论的框架,为什么?因为在意志论看来,它非常匹配我们的一个直觉,当我们拥有一个权利的时候,意味着我们在某个至少在某一个领域内是可以自由选择的。我们想怎么做就这样来做,那这件事行的,他是至少对我们的自治给予了尊重。所谓的它里面最简单的意思是什么呢?这是我的意志指引我的行动,这不是说我想怎么乱来就怎么乱来,而是我的意志指引我的行动,如果我不自治,这个就是他律的,用康德的话来讲,他律意味着别人的意志指引了我的行动。那么在选择理论当中或者意志理论当中,至少它呈现出这样的一个样态,但这个样态遇到了一个巨大的困难,主要呈现在两个方面,也就是说我们会看到有一些拥有权利的主体,它本身一直是有欠缺或者有不足的地方的。最明显的例子,一个是未成年人,一个是所谓的精神病人,我们可以看到这些特殊的人士,他们拥有权利这一点毫无疑问,但是他们在 autonomy 上存在问题。面对这样的情况就出现所谓的利益的讨论。利益论的讨论是说权利的功能主要是为了保护权利人的利益、个人利益、personal interests,我们可以看到像未成年人或者说精神病人,他们的利益是值得被保护的,因此他们即使在意志的方面存在一些缺陷,但是因为他的利益是值得尊重的,因此也是一个恰当的权利主体。这样一来,我们可以看到这个利益论就在某种程度上变成了一个对于意志论优势的理论地位,不过这也会遇到一个非常大的难题,主要是哈特最典型的那个例子,就是第三人利益的问题。比如用他的例子来说,我雇了一个人来照顾我的父母,照顾我年迈的父母,这个时候我是权利人,对吧?被我雇用的那个人是拥有义务的,这个时候谁获得了利益,谁获得了好处,至少我的父母是获得好处的。不过在这样的一个框架当中,看起来我的父母不是权利人,那这个时候利益这件事情和权利之间就开始不匹配了,这是利益论遇到的一个巨大的困难。但是我们通常承认意志自由或者他认为本身是某种利益,所以我们在目前的讨论当中都认为利益论是个更广的理论,而意志论是某种特殊的利益理论。面对这样的一种利益论,我们怎么样来展开论辩呢?至少对我自己来说,我不是一个利益论的主张者,但是你要说我是一个意志论的主张者呢,目前至少我自己觉得还有一点困难。所以这篇文章它的主要功能是批评,而不是去建设一个comprehensive theory of rights。它是批评的主张,用来证明利益论可能会存在的问题。

那么利益论存在怎么样的问题?这篇文章的题目为什么叫作权利的规范力呢?是因为我们在实践当中动用权利这件事情,是因为权利这个概念有一些独特的规范力,有什么样独特的规范力呢?各位可以知道,我们在做一些日常行动的时候,每一种行动背后是有一些实质性的理由来支持我们做出某一些特殊的行动的。权利这个概念同时也是我们做出一个行动的根据,这时就存在一个问题,权利这件事情和我们做出一个行动的背景性理由之间是什么关系?用通俗一点的语言来讲是这样的,比如有生命,我是一个有生命的主体,当你伤害我的生命的时候,就因为我生命是重要的,所以我去反抗或者对抗你对我的生命的伤害。那这个时候,我们的论辩是发生在生命重要这件事情上来展开的,这是实质性理由的论辩。但是,如果我拥有生命权的时候,我再来说你不能伤害我生命,那个时候的理由就变得非常简单,我说这是我的权利就够了。所以这个时候权利这个概念出现,它在某种意义上取代或切断了我们在实质理论上的论辩。我们就不在实质理论上来进行讨论了,这个时候我就把权利这种取代了实质理论、实质理由的这样的一种效果,称为它的规范力。所以,这样一来,权利的规范力就意味着我们基于什么东西来尊重权利,这种排斥背景性理由的这样的一种规范性效果,它从哪里来的。我的这篇文章的主要目标就是去看利益理论在这件事情可不可以达到这个程度。传统上利益理论遇到的一个最大的困难是,personal interests 会遇到一些很大的问题,就是很多个人的利益是不重要的,但是我们给了他重要的权利。比如,我把拉兹的一个例子改造一下,假设我这件衬衫是一件很旧的、很破的,然后也不是特定人士送给我的,没有独特意义的,那么这个时候我对这件衬衫有所有权、有权利,但是由于它在个人利益上是极端不重要的,其实你拿走我不在乎,但是你可以看到权利使它这个规范力超过了这件衬衫本身具有的 interests 的分量。为这件事情导致利益理论家离开了 personal interest 的范围,开始在其他的地方寻找。这件衬衫对我来说没有独特的重要性,但是权利给它赋予了那么独特的重要性之后,根据是什么?所以这里面就存在一个利益论所导致的权利的规范力上的落差。我不知道各位可不可以理解这个意思,有没有明白这个意思。就是它不重要,但是它所附着的权利是重要的。这个落差用什么来解释?传统的做法我就不说了,目前来看比较有生命力的做法是来自拉兹的一篇文章叫作 Rights and Individual Well - Being。他主要的一个想法是这样的,简单说就是 personal interest 虽然没有办法匹配这个权利的规范力,但是所有的权利背后跟所谓的 public well - being 是连在一起的,跟共同善是连在一起的,所以当权利保护我这件衬衫的时候,它一定会与共同善连在一起,所以共同善给它赋予了远超过这件衬衫价值的权利的重要性,简单来说是这样的。因此在他看来,利益理论就可以存续下来,然后就可以成为一个 comprehensive 的观念来。但对我来说,这个理论存在一个最大的难题,就是它没有办法彻底地击败意志理论。为什么没有办法彻底击败意志理论?因为一种 well - being 或者一种 goods,如果能成为一种 well - being 或者 goods 的话,它一定要跟 autonomy 连在一起。我们不可以去想象这样的一种情况,一种跟自治没有关联的那种善或者 well - being 的观念,我们通常不会找到这样的东西。如果可以找到,把 autonomy 的要素从中拿走的那种善的话,那我们可以看到我们基本上改变了这个善或者好的这样的一种观念。一个最简单的例子,比如在一个我们可以想象的社会里面,他给我们很多的食品上的高度的丰富性,每个人都可以保持像我这样的体型,可以吃成我这个样子,在饮食上你会过得很好的,然后给你的工作上的选择也有一定的选择,大概只有那么一两项选择,但是我们依然不可以说这是一个非常好的社会。如果这是一个良好的社会的话,我们大概可以,我举个例子,比如我们可以想象像中国传统的这种门阀政治,好像看起来就变得很好了,虽然我没有办法当官,但是我可以做一个成功的农夫,或者是一个成功的手工业者,但是看起来这边并不是一个好的或者一个善的社会。为什么?因为他把我们的 autonomy 非常强地限制住了,我没有办法做一个更多的更基于我自己偏好的,更基于我的意志来做出选择。所以在这样的情况之下,我们可以看到,如果我们承认有共同善的观念,我们不可能想象一种不包含着 autonomy 这样的一种共同善的观念,那么一旦这种功能上的观念里面包含自治或者自主这样的一个观念的时候,意志论不可避免地就会出现在权利的争论当中。这是我用来反对利益理论的第一个论证。

这篇文章包含两个论证,刚才这个论证是关于实质性的论证。还有一个是与概念性的讨论连在一起。跟概念性讨论连在一起,是什么意思呢?简单说是这样的,我们有权利这件事情,它有一个非常重要的规范性的效果,这个规范性效果的意思是说,当我侵犯了一个人的权利的时候,我做错了,这件事毫无疑问,我做错了。但是我做错了这件事情,我们可以把它区分出两种不同的情况。一种我就是做错了,比如我不小心说了一些很不中听的话,伤害了某人或很多人的情感,这是我做错了。还有一些情况是,什么情况是我做错了,具有指向性的,指向性的意思是说我不但做错了,而且是我针对某一个人所犯的错误。比如,我伤害了一只狗,假设这只狗是流浪狗的话,各位可以知道我做错了,没问题是吧。我伤害了一只狗的生命,这件事情我绝对是做错了,但是这个错误不是针对某一个人的错误，不是针对某一个特定人的错，而我伤害了一只有主人的狗，我们不去讨论狗是不是权利主体，但至少伤害了狗主人的他的权利，这个时候是一种指向性的错误，指向了那只狗的狗主人。那么在这种情况之下，我们可以看到权利的关键，它是跟指向性错误连在一起的。换句话说，当我侵犯了一个人的权利的时候，我不但做错了，而且我是对权利人的这个错误。各位，因为时间的关系，我只能用最简单的方式来说，共同善用来支持利益理论的时候，你会发现它违反了指向性错误的意思。换句话说，当我对共同善有伤害的时候，意味着我所做的错误是一种非指向性错误。因此，它不能等同于我对权利人本身所犯的指向性错误。因此，在概念上他也没有办法来匹配。

时间的原因，我就到这里吧。好，谢谢各位！

主持人

谢谢陈老师。下面我们有请第二位报告人尹奎杰教授，他的发言题目是《谈权利的建设性》。大家欢迎。

报告人／尹奎杰

法学博士，东北师范大学政法学院院长、教授，中国法学会法理学研究会理事，中国人权研究会常务理事。

谈权利的建设性

非常感谢大会给我这样一个发言的机会，这个会议是对30年前的权利本位范式、权利本位论提出的一个致敬、怀念和发展的会议。下面还坐着像郑老师、葛老师，还有於老师这些学术大家。我在这个会上来谈这么一个对权利问题的个人的看法，可能有不当之处，请多多批评指正。

我提交的发言提纲是权利的建设性，为什么要提交这么一个题目？一方面是说权利这个概念,从我个人理解的角度,在西方提出“权利”这个概念的时候,最初的时候,在现实的意义上,它就是一种批判的力量。尽管“自然权利”理论试图从假定的意义上赋予“自然权利”的合理性、合法性,比如说“自然权利”的概念实际上来自一种理论假设,后来才赋予了它一种道德的力量,或者说是一种伦理的力量,但实际上“权利”这个概念在现实上,它总是以批判的姿态出现的,比如对当时的宗教上的、政治上的、思想上的、文化上的,甚至是法律制度上的现实,它一直是一种对当时社会现实的否定的力量,“权利”或者“人权”的概念一直具有这样的意味。

“权利”,作为否定的力量,也能够开拓出一片新的天地,在西方,它带来了资本主义社会的繁荣。在我们国家,自“权利本位”的概念提出以来,也带来了社会主义社会的繁荣。正像这个会议上有学者表述的那样,“权利”这个概念的提出,即使在20世纪80~90年代,尽管当时思想非常解放,它也不是一个“政治正确”的概念。它虽然具有其内在的科学性、合理性、合乎历史逻辑性和自洽性,但在某种意义上来说,它在当时也是一种否定的力量。最起码从我的理解来看,对当时的法学理论来说,它是对于“阶级范式”的法学理论的否定,是对苏联法学理论模式的否定。作为否定的力量,它不仅否定了当时法学理论的那种逻辑,也否定了那个时代社会上普遍存在的对于法的理解和认识。可以说,“权利本位”开启了一个新的时代,一个法学理论的新的时代。所以现在我们来向那个时代的权利本位论致敬,当然,今天我们还要去研究、去开放一个新的时代,像张文显老师强调的,就是开创“法理为中心”的时代,就是这个理论逻辑的延伸和发展,这恰恰说明了权利理论、权利本位理论所具有的在批判性、否定性以外的属性,就是它的建设属性。也正是在这个意义上,我向会议提交了这样一篇论文。

我这里讲的“建设性”是什么意思呢?一个是,我们所说的“建设性”,实际上是遵循事物本身发展规律的、与事物发展内在要求相一致的、一种能够促进事物不断进步、不断改进和完善的一种力量、品格和属性。“建设性”常常表现为:基于事物对现存的那些问题的不足的一种认识、分析、反思和批判,促成事物内在的逻辑、品格达成发展的一种能力。“建设性”首先是开始于对事物不同的认识,但这一认识一定是基于某种共识,并促成共识、扩大共识、发展共识,才能够开始的,所以它是有利于事物本身完善和发展的。“建设性”首先带有否定的意味,也带有批判的意味,但它不是一味地反对批判,也不是一味地否定。它要承认缺陷、承认差异、承认问题,同时对缺陷和问题,它的改进和完善要达成一种共识。在共识基础上,再进行发展,达到一个否定之否定的过程。我讲这个权利的建设性,就是在强调权利否定性基础上的建设性,是权利所具有的否定之否定的能力。

我们过去使用"权利"的概念,实际上是在单纯的否定性的语义上使用的。比如"为权利而斗争",这是耶林的名言,它事实上是针对当时社会上对人们权利的普遍的抑制、被排斥的一种状态,为了确认权利、维护权利、救济权利、实现权利,人们要通过"为权利而斗争"来实现自身的解放,因此,"权利"在那个时代就意味着"反抗"和"斗争",意味着"革命"和"否定"。正是从这个意义上来说,权利这个概念内在地隐含了一个权利本身就具有否定性、对抗性,甚至具有革命性。

我这里要强调的是"权利"的另一个方面的能力,就是它的"建设性"的属性和能力。权利具有建设性,在我理解看,从实践的意义上来说,它既是对抗不尊重人的自由、利益,否定人的价值、尊严的一种道德力量,也是一种反抗专制和压迫性制度的积极力量。然而权利在现实的权利实践中,是具有建设性的。

第一,权利的建设性是基于人与人之间的"差异化事实",强调权利的建设性,有利于推动人与人之间实现"差异的平等"或者"基于权利的平等",促进人类社会形成"权利的共同体"。

第二,权利的建设性来源于人类理性的共识。按照"理性人"假设,如果现代社会中每个个体的人都是理性的,那么每个人也必然地选择有利于自身权利实现的生活方式和行为方式。理性使人趋向于权利,权利是理性的行为选择。在这一点上,人们的理性共识就是权利。反过来说,弘扬和发展权利也有助于推动和实现人类的理性能力建设,有助于推动和实现理性文化的生成。

第三,权利的建设性是法治建设的必需。昨天很多学者都谈到了,在权利范式或者权利本位这个概念提出的过程中,实际上,商品经济的涌动也好,市场经济的涌动也好,现实社会的涌动也好,社会主体自治能力的提升也好,现实的文化背景促成了权利理论的提出。但事实上,到目前为止,在我看来,我们在全面推进法治国家建设过程中,首先得有人,你把这个事要干成了,得有合格的人。哪些观念或者哪些思想、哪些文化,能促成这样的人的打造?最核心的我认为就是权利的问题,权利可以打造出合格的经济人、合格的政治人、合格的法律人。我记得郑老师给我们上课的时候都讲过这个,包括理性人假设的时候讲过这个问题。不仅打造合格的人,我认为也可以打造主体的人,人是一个主体问题,昨天有老师讲,那么还有客体问题,权利可以打造一种权利客体出来。对财产的认知,比如《物权法》讲财产,过去财产不是作为法律上的客体这个意义上被对待的。那么在这个权利的概念里面,权利要有主体,也要有权利的客体,权利的客体也需要这个权利的文化去营造。当然还包括我讲可能还有,包括经济活动本身、理性文化本身,以及我们讲的现在这个价值观建设。在核心价值观建设的那些方面中,我认为最重要的是应该是权利的核心价值观。这个价值观具有统合的力量,统合的力量可能表现在,它不仅统合了过去我们权利本位范式里一直强调的对于公共权力 power 的统合,对于义务的统合,更重要的,它是对其他核心价值的这样一种统合。这是我的一个观点。权利具有建设性,还可以推动我们现在反复强调的立法的科学化、严格的执法、公正的司法,甚至全民的守法。它可以打造一个好的法治体系的环境。

当然我讲权利的建设性,还可能面临着大量的现实问题。

第一,“权利”很容易变成它的反面的一种东西。它有建设性,既可以建设出理性的东西,也可以建设出非理性的东西。现在社会上出现的所谓“权利泛化”的现象,就是具有“非理性”因素的东西,反而是权利的。一直以来,有学者研究这一现象。特别是在新型权利构建的过程中,那些具备了合理性、合法性与正当性的权利诉求,可以上升为权利制度,而那些不具备合理性、合法性、正当性、现实条件,在某些情况下完全是非理性的诉求,就可能成为权利的反面,它只是打着“权利”旗号的冲动。像网络或者某些媒体上报道的“亲吻权”“相思权”“良好心情权”之类的诉求或者主张是非理性的,是难以制度化、合法化,也是难以通过司法救济途径保护的。

第二,“权利”总是存在于某种共同体中的。任何权利的获得,都要得到共同体的承认。权利不是无政府的借口。权利不是无限的,也不是随意的。权利要建立在共同体的认同,也就是共同体中各个主体共识的基础之上。所以像哈贝马斯讲的商谈的理论、交往共识的理性,我认为这是有益的。

第三,理解权利的建设性,还要从现实的法律制度的角度出发,在看到现实法律制度不足的同时,再凝结主体权利理性共识的基础上去理解和认识。要理解现实的法律权利和道德权利、自然权利之间的关系。特别是像我们国家,法律在保障权利时首先肯定和承认人的经济权利,把经济权利作为法律保障权利的制度始源。也就是说,我们国家更注重先保护经济权利、财产权利,再强调对政治、文化、社会和其他领域权利的保障,形成了对现有权利法律保障系统的独特的特点。

在当前,还要十分重视的是,在现实的权利法律保障系统中又不断地注入新的因素。例如,大数据、基因技术、计算机和人工智能等,这些会必然导致现有的法律制度对权利保障和制度供给的不足。所以,我们在研究权利的建设性的时候,要十分关注这样的现实。

当然,我的最终看法是,在这样一个新时代的法治建设和权利制度建设过程中,必然带来人们权利交往体系深层的革命和变化。权利的建设性,不但表现为权利既是一种促进社会生产力大幅度提高和发展的进步力量,也是一种促成政治和社会民主化进程的有力推动者,它是公民个体正当利益维护与自治能力提升的构成性因素,更是形成合理、公正、开放社会结构和法治共同体的力量源泉。

所以我认为，权利并没有过时，权利更不会像杜兹纳所说的已经死亡了。我认为它才刚刚开始，在中国还有更美好的未来。

谢谢大家！

主持人

谢谢尹老师。我们的权利还有更美好的未来。

第三位报告人是李拥军教授，他的题目是《权利本位的时代价值与中国意义》。大家欢迎。

报告人／李拥军

法学博士，吉林大学法学院教授，中国法理学研究会理事、全国外国法制史研究会理事，吉林省法治文化建设研究会常务副会长。

权利本位的时代价值与中国意义

今天我们这几位发言人，我想绝大多数都没有参加过1988年的那个关于法学基本范畴的讨论。但是权利本位这样的一个思想，对我们后一代的法理学人可以说是耳熟能详。它在实际上指引着我们当代法学研究的发展方向，这样一种思想已经深深地融入我们实际的研究当中了。下面我就谈一谈我对权利本位这一理论的几点粗浅的理解。

第一，权利本位的理论意义在于对人的价值的重视。现代权利起源于中世纪的中后期。文艺复兴、宗教改革、资产阶级革命，还有罗马法的普遍接受，通过这些运动恢复了人的价值，把人从神的婢女的地位当中解放出来。“我思故我在”“我欲故我在”“我生而为人”这样的口号，使自然权利的概念得以产生，从而成为解放人的一种思想武器。1988年的“权利本位”的提出和近代的权利思想的产生是殊途同归的。“权利本位”也是一种思想解放运动,它是在针对极“左”思潮下人性的扭曲和对权利的践踏反思的基础上而进行的一场思想解放运动。几千年来封建专制制度以及中华人民共和国成立以来我们走过的弯路,使我们在相当长的一段时间内在社会治理当中,更强调人的义务,更强调对人责任的施加,更强调国家利益至上,所以说权利本位学者才疾呼以权利为中心来设计制度,要义务服从于权利。

第二,权利本位表面上表达的是权利和义务的关系,实际上表达的是权利和权力的关系,即私权利和公权力的关系。因为公权力本质上也是一种义务,是一种全心全意为人民服务的义务。所以我们把行使国家权力的人称为“公仆”。正因如此,“义务来源于权利,从属于权利并服务于权利”,其实表达的是“公权力来源于私权利,从属于权利并服务于私权利”这样的一个内涵。所以,由此引申出法治社会的两大原则,一个是“法不授权无权力”,另一个是“法不禁止皆自由”。马克思说,是市民社会产生了政治国家,而不是政治国家产生了市民社会。按照社会契约论,政治权力源于人民的让渡和委托,原生于人民的私权利,如果没有明确被剥夺,人民就拥有;而源于授权的公权力,只要没有法律的明确规定,那么就不存在。因此,我们说权利本位的理论目的既是要唤醒人们在社会生活中的自主性、自为性、自觉性、自律性、主导性、主动性的权利意识,又是为了让掌权者铭记公权力从何而来、为谁行使、对谁负责的基本政治公理。

第三,权利本位的功用在于思想上的启蒙和价值上的指引。这是思考“权利本位论”和“义务重心论”或“义务先定论”区别的主要节点。不是说法律以权利为本位就是说法律当中一定是权利条款多,义务条款少。其实从一个法律制度的具体设计上,无论是公法还是私法,肯定是义务条款多,权利条款少。为什么?因为法律确定的是制度,制度就是给人定规矩,无规矩不成方圆,所以义务更能体现这种规矩的特色。因为义务具有确定性,它提供的是确定性的指引。因此,它更能体现规则的特色。从制度设计的角度讲,即使在劳动法、消费者权益保护法这样的权利保护法中,也肯定是义务的条款比权利的条款多。为什么?因为规定用人单位,生产者、销售者的义务,比直接规定劳动者、消费者的权利更具有现实意义,使对权利的保护更具有可操作性。因此,如果某一个法律,围绕着保护人的权利而设定义务,即使义务再多,它也是权利本位法。所以说不能从义务条款多少来确定它是权利本位法还是义务本位法。

第四,权利本位并不意味着权利“一家独大”,而是意味着权利和义务应该对等设置。中国古代的法律,我们说是义务本位的,也并不是说古代的法律就没有权利,而是说权利和义务是按身份配置的,权利和义务是不对等的。处于高位阶的人,对于处于低位阶的人来说,他只享有权利,不履行义务。处于低位阶的人,对于高位阶的人来说,他只履行义务,不享有权利。处于低位阶的人,只有他到了高位阶以后才能享有权利,所以才有这么一句话,叫作"千年的媳妇熬成婆",熬成婆婆以后,媳妇就有权利了。作为媳妇来说,她永远履行的都是义务。所以我们说,没有义务的权利,它是特权;没有权利的义务,它是奴役。由此说来,法治社会倡导权利本位,强调的是权利和义务不能割裂,应该平行配置,即强调没有无权利的义务,也没有无义务的权利。西方人的自由观念和中国人的自由观念是不一样的,西方意义上的自由,无论是 freedom 还是liberty,都不是绝对意义上的自由,自由和限制是连在一起的。所以,密尔的名著 *On Liberty*,严复先生没有将之译成《论自由》或《自由论》,而译成《群己权界论》。也就是说,自由就是集体和个人权利的界限。孟德斯鸠说,自由其实就是做法律许可的一切事情的权利,而权利就像在社会生活当中画的一个圈,在圈内你才是国王,你可以任意而为,在圈外你就要受到约束,那是你的义务,你不能任意而为,因为在那里是别人的权利。

第五,权利本位并不意味着拒斥合作,并不意味着只是激情和口号。所以,在研究中,我们发现 right 这个词和 claim 这个词,很多学者是混用的。也就是说,很多学者把一种单纯的诉求直接表述为权利。claim 只是一种要求和主张,并不是一种实实在在的法律中的 right。从实证的层面讲,这种停留在口号层面的要求或主张,只能算是一种权利的半成品或毛坯。因为一项权利的生成或存在需要两个核心要件,一个是权利主体必须提出利益的要求和主张。另一个就是这种主张必须得到社会的认同。虽然社会的认同方式很多,比如主流道德的认同、传统习惯的认同等。但是在当今社会中,无疑法律的认同是最有效、最具有可操作性的认同。在法治社会里,没有经过法律认同的主张,最起码还不是一种让人能够安全享有或具有可塑性的权利。即使在现代社会,某一项要求和主张要得到法律的认同,总要比提出这种要求和主张困难得多。因为某一项要求和主张,如果仅仅是提出,便不用考虑它实施成本的问题,也不用设计专门的义务与之对应,且不用承担试错的责任。而某一项法律权利的确认和实施,必须要考虑到民众的接受力、制度的可操作性、历史文化传统、法律实施成本和代价等因素,而且还要承担制度试错的责任,一旦把某些诉求规定到法律当中变成了权利,如果它不可行或有问题,立法者要承担试错的责任。因此那些关乎立法和司法的法学家和法律家们肩上所背负的责任,要比那些提出这些主张和要求的思想家们重得多,所以前者理应比后者更保守和慎重。因此我们说,作为思想家可以激进,但作为法律家则必须保守。权利本位这一概念在 30 多年前,由张文显、郑成良等诸位前辈们提出,那时各位老师正处于人生中思想最活跃的年龄。他们从思想上引领了中国法治的方向。思想上提出来,需要制度把它固定下来。我想,我们制度建设上比思想的提出难度更大，这就需要我们后来的学人一代一代地为之做出更艰辛和重要的努力。

谢谢大家。

主持人

谢谢拥军老师。下面，有请第四位报告人朱振教授，他的发言题目是《重新理解优先性：权利本位论的内涵澄清》。

报告人／朱　振

法学博士，吉林大学法学院教授，吉林大学全面依法治国研究中心副主任、《法制与社会发展》副主编。

重新理解优先性：权利本位论的内涵澄清

谢谢杨老师，各位老师、同学大家好！我所提交的发言题目是《三十年来》，有一个副标题是《权利本位论的内涵澄清和理论建构》。我用的这个题目借鉴了德沃金一篇论文的名字，就叫《三十年来》(*Thirty Years On*)。德沃金在这篇论文中详尽地批评了在此之前30年的法律实证主义理论，主要是Jules Coleman的包容性法实证主义和Joseph Raz的排他性法实证主义，基本上处理了哈特之后法律实证主义两大流派的代表性观点。取这个名字既是对德沃金这种学术史研究进路的致敬，更是向30年来的中国权利本位论致敬。

从副标题中可以看出，我主要想讨论两个问题：第一个是内涵澄清，第二个是理论上的建构，即能不能为权利本位论重新找到一个有效辩护的基础。但是后一个问题难度很大，我今天在这里主要讨论第一个问题；对于后一个问题，我只是简单表述一下目前对这个问题的思考。因此，我的这个发言可以简化为《重新理解优先性：权利本位论的内涵澄清》。

根据权利本位论者的界定，权利本位是一个带有价值定向的关系概念。这包含两个意思,一是关系概念,二是价值概念。关系概念意味着我们讲权利本位的时候,一定是在权利和其他概念的关系中讲的。说它是一个价值概念,实际上就是讲权利的优先性问题;也就是说,在这些关系中,权利本身是内在地具有优先性的。在20世纪80年代末期,权利这个概念的重要性开始被强调的时候,它的问题意识指向的是法理学教材体系或学科体系的重构,即以权利和义务为基本范畴重构法理学体系。在这个讨论的基础上,以吉大法学院的张文显教授和郑成良教授为代表的一些学者进一步提出了"权利本位论"这个命题,显然权利本位是在权利和义务的关系中讲的。再后来,权利本位论者又进行了发展,提出权利本位论是在两对关系中讲的:一个是权利和义务的关系,另一个就是权利和权力的关系。我们都知道,第二个关系中的权力指的是国家权力。于是,权利本位论在价值上就意味着权利优先于义务,权利优先于权力。

根据现代权利理论的研究,在分析的意义上,我们不能笼统地讲权利优先于义务,还是义务优先于权利,因为二者并不是一一对应的。有权利不一定意味着有义务,有义务也不一定意味着就有权利;在分析的(而非价值的)意义上,既存在无权利的义务,也存在无义务的权利;而且二者总量上也不相等。于是我们能够得出一个结论,权利优先于义务,基本上是在初始的意义上讲的,它是一个立法哲学的问题。也就是说,权利与义务的分配要对等,在要求平等的意义上,我们确实可以说:没有无权利的义务,也没有无义务的权利。权利本位论的核心思想就是平等,它指向的对象就是无权利的义务,即特权。权利优先于义务就相当于权利优先于特权,实际上也就是权利优先于第二种意义上的权力。所以说权利本位论者在一开始讲这个命题的时候,实质上讲的只有一个优先性,即权利优先于权力。在内涵上,黄文艺教授后来又作了一个发展。他把中国的权利本位论和西方道德哲学中以权利为基础的道德(right - based moralities)理论做了一一对应,相应地他把"权利本位"翻译成"right - based"。他认为,这样有利于中国和英美的权利本位论进行比较研究,另外,有利于外国学者知晓和理解中国的权利本位论。

黄老师的基本思路是把中国的权利本位论和西方的权利本位论对应起来,认为这两个权利本位论讲的是一个意思。于是,他把权利本位论的内涵概括为"四个优先于":权利优先于权力,权利优先于义务,权利优先于功利,权利优先于立法。相应地,他把权利本位论分为三种类型:自由至上主义的权利本位论、平等主义的权利本位论和马克思主义的权利本位论。其中自由至上主义的权利本位论指的是从洛克一直延续到诺其克的传统,诺其克可以说主张一种比较典型的自由至上主义的权利本位论,但实际上自由至上主义并不必然意味着主张权利本位论,比如哈耶克,他也是自由至上主义者,但实际上反权利本位,甚至反对权利。哈耶克认为权利无法保障人的自由,当然这和他对自由的独特理解有关,他最后是通过法治的方式来保障人的自由。平等主义的权利本位论主要是以德沃金和罗尔斯为代表,是一种左派自由主义的权利本位论。最后他还提到了马克思主义的权利本位论,实际上就是指中国版本的权利本位论。根据马克思主义的基本观点,中国版本的权利本位论肯定是能够成立的,因为马克思主义追求的是人的自由和全面发展,权利本位符合马克思主义的这一根本目的。但是需要注意的是,马克思本人在《论犹太人问题》中实际上是反对人权和权利这样的概念。马克思认为,人权的实质是"利己的人的权利、同其他人并同共同体分离开来的人的权利"。它们是"市民社会的成员的权利",只能实现人的政治解放,而不能实现人的解放。当然,马克思这是就人的最终解放来说权利和人权的局限性的,作为人类社会发展的一个中间阶段的理论主张,权利本位论显然是符合政治国家与市民社会之分离的需要的。

我们考察整个中西方的思想史,就可以发现,实际上中西方的权利本位论是有差异的。中国版本的权利本位论,主要针对的是国家权力本位。在那个刚刚经历过"文化大革命"的时代,权力本位有一种特有的表现形式,就是阶级斗争。中国版本的权利本位论是以阶级斗争为理论对手的,而西方道德哲学中的权利本位论主要是以功利主义为理论对手的。因此,中西方的权利本位论并不具有对应性。当我们仔细看中国版本权利本位论的论证的时候会发现,实际上在某种意义上它是诉诸功利主义的,也就是说功利主义在某种意义上能够论证中国版本的权利本位论。但是在英美道德哲学里面,功利主义是它们那个版本的权利本位论的主要批评对象。另外,中国的权利本位论者还诉诸自主性的论证,权利符合自主性的道德要求。总之,中国的权利本位论似乎是一种混合的理论,至少在论证上是如此。但是从结论上说,它还是坚定主张权利的优先性,比如郑成良教授就是典型代表。所以,我把中国式的权利本位论概括为一种洛克传统的理论,主要指向国家权力,也就说是权利优先于权力。

中国的权利本位论最先完成的还是一个近代思想的启蒙作用,但是30年后我们再来看这个理论,重新反思这个理论,我们应当发展这个理论,而不是固守它。其中一个最需要反思的方面是如何重新理解其中的优先性,如何重新界定优先性。关于这一点,我们需要从反权利本位论者那里借鉴一些不一样的看法。比如拉兹就反对以权利为基础的道德,也可以翻译成权利本位的道德。他认为权利在道德生活中不一定是最重要的,像美德、分外之事、一些普通的理由可能更加重要,权利本位论的道德消除了像集体善、独立性义务、至善主义的自主性等存在的可能性,以及它们在道德生活中的重要性。当然这些论证都是针对道德领域而言的,即使拉兹反对权利本位论的道德,实际上我觉得拉兹似乎并不必然会反对中国版本的权利本位论,因为后者主要还是一种政治哲学理论。但是基于拉兹的至善主义的自主性理论,他也会大幅修正中国版本的权利本位论,这主要涉及对权利和权力的重新理解,最终会影响我们对自主性的理解。所以,根据这一理论,我们需要重新界定优先性。

第一种重新界定就是要把优先性理解为一种有限度的优先性,而不是绝对的优先性。这对应于一种成就论的或者至善主义的权利概念,也就是说拥有权利意味着一种选择的可能,或者是被赋予选择的能力和机会。这种能力和机会对于个人的发展来说是至关重要的,而且它们还构成了自主性的主要内容;如果没有这些现实的、可获得的能力和机会,那么在某种意义上就只能空谈自主性。这种自主性观念是一种积极的观念,这需要国家提供选择的机会,甚至是好的选择机会。能力和机会都不完全是先天的,而是社会性赋予的;有时也并不是完全能够靠个人奋斗获得的,需要一些社会性的建制提供机会,比如充分而平等的教育、机会均等、大体正义的社会制度等。另外,个人的选择很多时候是非理性的和无价值的,而有意义的自主性应该消除这种无价值。因此,这就需要国家来提供更多的选择机会,并消除无价值的选择。这就是一种共同善的或者是至善主义的自由主义对自主性和权利的理解。

我们原来对权利的理解基本上是建立在个人主义之上的。实际上,关于权利的概念分析的两种理论,无论是保护个人的选择也好,还是保护个人的利益也好,实际上对权利的理解还是个人主义的。但是这种个人主义式的理解最近几十年来受到了很大的挑战,这种挑战来自至善论的自由主义。这种理论认为,如果保障人的绝对自主性的话,不一定会导致一种善的生活。有限的意志力是人性事实,也是哈特所概括的五个自然事实之一,道德哲学上对意志薄弱也有很多的研究。这意味着每个人的选择在很大程度上都是盲目的,也不一定能够为这个人带来好的结果。这区分了两种选择,第一种是好的选择,第二种是坏的选择。选择本身可以评价,这是一种后果主义的评价,而不是笼统地赋予选择的自由和意志自由本身一种绝对的独立的价值。如果说存在坏的选择的话,就需要国家提供一种选择的机会,能够消除一种无价值的选择。按照这样一种理论,我们对优先性就需要重新理解,理解的关键就是对国家权力的意义和功能重新评估。在现代社会,能够提供这种服务的只有国家,现代国家的治理在很大程度上就是提供各种服务。因此,优先性需要打一个折扣,不是绝对的优先性,而是相对的优先性。

第二种重新界定就是要把优先性的范围扩大。“权利优先于权力”,当我们去理解这个命题时,一般把权力理解为国家权力。这是传统政治哲学的理解方式,试图以权利的优先性限制国家权力。第一种重新理解是强调权力的服务性,是从功能角度做出的解释;第二种重新理解就是强调权力的微观性,是从性质角度做出的解释,即把权力理解为一种细微的、弥散的权力。权力本身也不必然表现为一种集中的、宏大的形式,也可以是一种弥散的、细微的形式。这对应的是一种后现代主义的权力观,后现代主义权力观最大的理论贡献在于它把我们对权力的理解从国家中扩展出来了。比如学校,在某种意义上它行使的就是一种权力。它管理学生,有时候还可以处分学生,比如撤销学位、开除学籍等。这个权力实际上是非常大的,涉及学生的根本利益,以及受教育权的核心内容。现在一些大型的跨国公司权力也非常大,它们制定各种行业的标准,创制出大量的格式合同,在某种意义上它们也是在行使权力。更为重要的是,上述权力是和每个人发生关联的,而且这种意义上的权力对人的日常生活影响巨大。我们不一定每天和政府部门打交道,但我们几乎每天都和这些类型的权力打交道。这些权力类型就是某些学者所说的社会权力,权力也社会化了。于是,我们对权力的传统理解,把这一块基本上就忽略过去了,我们对权力的理解也需要一种扩展。

权利本位论的实质就是主张权利的优先性,如果说上述两种意义的优先性都需要扩展的话,那么我们对优先性的原有理解就需要打一个折扣。这就是我讲的内涵澄清,它包括两个基本的方面:一是澄清权利优先于谁,解决对象问题;二是澄清优先性意味着什么,解决内容问题。但是,最关键的一个隐含的前提问题我没有讨论,即优先性为什么能够存在,我所有的讨论都是建立在承认这个优先性的基础之上的。但是这个优先性为什么是存在的?无论优先于什么,权利为什么具有优先性?当然权利本位论者一开始就涉及了这个问题,他们主要是诉诸马克思主义的一些观念,比如马克思主义哲学的矛盾论、马克思关于人类社会发展的三阶段论。此外,还有德沃金的权利论。马克思认为,人类社会发展要经历三阶段:人对物的依赖关系、以物的依赖性为基础的人的独立性、自由人的联合体。我们现在处于第二阶段,权利本位论符合这个阶段的要求。这个阶段又是商品和市场经济的阶段,于是权利本位论者又引证马克思关于商品经济的观点。如果我们要建立商品经济和市场经济,那么最重要的一个前提就是要赋予人作为一种交往的平等地位,每个人都享有平等的权利。这些论述当然都是有力的,也能够有效辩护权利本位论;但是,这些理论涉及多个学科,之间有可能是冲突的,也很难建立一个统一论证关系。最主要的是,这种论证本身撇开了我们对权利的理解。也就是说,我们持有一种什么样的权利观,对于论证权利本位实际上是不起作用的。

于是我就在考虑,我们能不能从一种独特的权利观去论证权利本身具有优先性,而不是说来自我们对其他方面的考虑,比如对民主政治的考虑、对商品经济的考虑。在西方的道德哲学里面,我们能够见到这样一种论证模式,典型的就是以德沃金代表的以权利为基础的道德理论。德沃金是一个义务论传统的权利本位论者,他不会赞同拉兹意义上的权利利益论以及至善主义的自主性观念。从上文关于优先性的理解也可以看出,拉兹的理论也许能给我们更多的启示,也更符合当前的社会现实。从中国权利本位论者关于权利的概念分析来看,他们持有一种混合的权利观念,即混合权利的选择论和利益论,这种混合论对于辩护权利本位来说不大容易提供一种融贯的论证。因此,在中国的语境里能不能建构出一种我们对权利性质的理解,而且这种理解本身又能够论证权利具有均先性,是一个重要的理论课题,当然也是一个艰难的理论课题。我只是把这个问题提出来,而要解决它,即从对权利之性质的理解来辩护权利的优先性,还需要更为艰苦的学术努力!

好了,我就讲这么多。欢迎大家批评指正!

主持人

谢谢朱振教授。下面有请第五位报告人张镭副教授,他要讲的题目是《"法律权利与法律义务总量等值"命题辩议》。

报告人/张 镭

法学博士,南京师范大学法学院副教授、理论法学教研室主任,中国法律史学会西方法律思想史研究会理事。

"法律权利与法律义务总量等值"命题辩议

感谢大会给我这个机会,我的论文在论文集的第259页开始。我在这里首先想报告一下为什么要写这篇文章。对这一命题的思考,主要是因为在法理学的教学当中,权利是必须要讲的一个内容,而讲权利就必然要讲到义务,要讲权利和义务的对应关系。在权利和义务的关系中,又往往会谈到二者之间的等值关系问题。而按照现有的法理学理论,权利和义务的关系的论述中,通常都会有权利和义务在总量上是或者说在数量上是等值的论述。不过,在讲到这一部分的时候,对于权利和义务为什么是等值的?是如何等值的?怎么证明二者之间的等值关系?这些问题总觉得讲不明白。

通常的逻辑似乎是:没有无权利的义务,也没有无义务的权利,权利义务是对应的。正因为是相互对应的,所以就推导出有一个权利就有一个义务,这样一来,权利和义务加起来之后总量上就是等值的了。这么说看起来似乎有道理,但是仔细思考以后就会感觉仍然不是很清楚。

后来我就想仔细梳理一下这个命题,看看这个命题到底是怎么来的。结果发现大体上是在1991年,徐显明老师在《公民权利义务通论》中有这样一段论述:“如果既不享有权利也不履行义务可以表示为零的话,那么,权利和义务的关系就可以表示为以零为起点向相反的方向延伸的数轴,权利是正数,义务是负数,正数每展长一个刻度,负数也一定展长一个刻度,而正数与负数的绝对值总是相等。”这一阐述基本上是国内法理学界对这一命题最早的一个说明。我翻阅了1991年以后至今几十本中国法理学教材,在权利与义务总量等值问题的描述或解释上,基本上都是沿着这个思路来的。当然有的教材在谈到权利和义务关系的时候就没有写这个方面。那么数量上等值或者总量上等值,它到底表达一个什么样的意思?我从徐显明老师的这段论述中,还是没有能够得到证明,因此就想尝试对这个命题做一个分析性的研究。论文中,我将徐显明老师的这一段话称为“法律权利与法律义务总量等值命题”。

从这一命题本身的内部结构来看,我认为这一命题实际上包含了两个存在递进关系的命题,我称之为权利与义务总量等值命题的一级子命题。第一个一级子命题可以表述为“权利和义务是可量化的”。第二个一级子命题可以表述为“权利和义务在总量上是等值的”。对于第一个一级子命题,即法律权利和法律义务是可量化的命题,其又包含两个二级子命题:一个是权利和义务均是可量化的;另一个是权利和义务是可比较的可量化对象。对于第二个一级子命题,即权利和义务总量上是等值的命题,其也包含两个二级子命题:一个是权利和义务的总量是可以计算出来的;另一个是在权利和义务的总量可以计算出来的前提下,二者的值必定是相等的。

通过这样的方式解析法律权利和法律义务总量等值命题的话,就可以发现,如果我们需要证成法律权利和法律义务总量等值命题是成立的,则至少需要对其所内含的两个一级子命题予以证成;而要证成两个一级子命题,则必须对其中内含的四个二级子命题予以证成。只有在四个二级子命题均成立的情况下,两个一级子命题才能分别成立,从而最终完成对主命题的证成。后来发现四个子命题的证成将是非常困难的,大体上有这样一些困难:

第一,怎么样去认定权利和义务是一个可穷尽的概念。因为总量存在的前提是每一个个体都是可数的话,那么我们可以算出它的总量。但是问题在于权利在法律上来说,它不总是明确的。例如推定权利,或者未列举权利,还有法不禁止即可为的原则等。在这种情况下,我们没有办法确定究竟有哪些权利,也因此我们没有办法证成权利是可数的。我一定可以数出,或者我一定可以把所有的权利穷尽出来,这是一个问题。所以我觉得这个没有办法做到。

第二,没有无权利的义务,也没有无义务的权利。这是我们教科书当中一直在说的一个命题。但是我们知道,如果我们放在一个个案当中来说的话,我们肯定会想到在现实生活当中,实际上是存在单项权利的,也存在单项义务。这样一来的话,我们也就不可能把上面这个说法落实到每一个现实的法律事件当中,无法确定是否有一个权利就必然有一个义务。

第三,如果从总量计算来说,我们既然有单项的权利,那么我们可以找到另外一个单项的义务,这样的话,从量上来说,它可能还是平衡的。但是在这里又存在一个问题,就是这个单项的权利,我们需要证明单项权利与单项义务的数量上是相等的。唯有如此,才能确证权利和义务在总的数量上具有相等的属性。而在现实的法律中,因为我们无法穷尽权利的量,因此也就无法穷尽义务的量,当然也很难证明二者的总量是相等的。

第四,如果我们把权利和义务用数字化的单位来表达的话,比如我们用“项”做单位,那么权利就可以被界定为如“一项权利”,而义务可以界定为“一项义务”。这样,权利和义务的可数将变得很直观,就可以加起来进行比较了。但问题在于,要想实现这种权利和义务相加的话,实际上需要一个条件,那就是权利和义务必须是在一一对应的环境当中才能够加得出来。如果是一个权利对应多个义务,比如绝对权利,绝对权利是对应无限多个义务的。那么在这种情况下,我们将权利和义务的项分别相加以后,二者是否能够相等就很难说明。

第五,我们的教科书上一直有这么一个说法,就是任何一个个体都不能只享有权利,不承担义务,也不能只承担义务,不享有权利。但是如果从这个论断就推导出权利和义务一定是一一对应的,从而权利的总和与义务的总和应该是相等的结论,可能有点问题。这样一种推论实际上就把这样的一个论断转化成了任何一个个体享有的权利和义务是相等的这样一个论断,这种转换是有问题的。前面那个论断其实说的是每一个人都应当同时享有权利和义务,不能只承担义务,或者只享有权利。后一个推导结论则表达的是每个人享有的权利与其所承担的义务一定是相等的。这两个论断显然存在意义上的分隔,何况在现实的法律中,允许存在某一个个体享有的权利和义务本身是不平衡的。比如老人、孩子、妇女、残疾人等,他们可能在法律上会被赋予更多的权利。

因此,如果说从以上五个方面来推断的话,我认为至少从目前来说,还没有办法去很好地证明,权利和义务在总量上确实是总量相等的这样一个命题。以上是我对这一问题的一些粗浅看法,请各位批评指正。谢谢大家!

主持人

谢谢张镭老师。下面,有请第六位报告人蔡宏伟老师,他发言的题目是《中西方权利理论之比较研究及其前提批判》。大家欢迎。

报告人 / 蔡宏伟

法学博士,吉林大学法学院讲师。

中西方权利理论之比较研究及其前提批判

谢谢主持人,谢谢各位牺牲宝贵时间在这里听我们作报告。我的发言中有针对郑成良教授的批评,很遗憾他刚刚走开了;这样也好,我可以更加大胆地批评他。当然我的批判也不仅仅是针对他个人的,而是针对“权利本位论”的,还好“权利本位论”的重要代表人物之一葛洪义教授还在,也不算背后说人坏话。

景辉教授为我们开了个好头,按照他的说法,他的论文主要是对西方的意志论和利益论进行批判,那么我们继续批判。我和志鹏教授提交的论文题目是《中西方权利理论之比较研究及其前提批判》。另外还要感谢景辉的一点是,他对意志论和利益论进行了详细的阐述,也为我节省了很多时间,使我可以把发言时间用于本文更为重要的方面。

我和何志鹏教授合作的这篇论文主要是对“权利本位论”以及西方主流权利理论进行的一个前提性反思和批判,同本次会议的主题非常契合,提交给大会,希望能得到各位与会人员的批评指正。

这篇论文不是新写的,而是一篇旧文。本文最早完成于2012年,一直没有在刊物上正式发表。论文的初稿主要是由我完成的，在与何志鹏教授进行了反复充分的交流之后，吸收了他的修改意见；现在的定稿是我们的合作作品，代表了我们共同的学术观点，下面由我对论文进行简单介绍。

我注意到在本次会议上，很多30年前参会的前辈，都不约而同地强调当年自由多元的学术风气，强调那次会议是对改革开放10年的一次学术回应；正是在这样的学术氛围和背景下催生了"权利本位论"这样一种对传统理论具有挑战和批判性质的理论。"权利本位论"之所以能够得到学术界的广泛认同，我想主要是因为"权利本位论"者找到了一个最能体现当时中国民众心声和诉求的学术话语表达方式，即"权利"。毫无疑问，在那个时候以"权利本位论"为代表的法学理论是同社会实践紧密联系的，是积极回应实践需求的，也正因为这样，它才能够成为一种引领理论和实践继续向前发展的理论范式。也许张恒山教授并不认同这样一种理论范式，但是不容否认的是，自此以后"权利"概念确实成为中国法学理论和法律实践最重要的指向，所以我非常赞成使用 right - oriented theory 来翻译"权利本位论"。同时，张恒山教授也客观地指出，当时的参会人员，无论是权利本位论者还是他的反对者，都是二三十岁的年轻人，对西方理论的认知还很薄弱，各自所提出的理论更多是一种理论猜想。这就导致最初的理论形态存在很多模糊和不严谨的方面，需要不断完善。前辈学者也正是这样做的，无论是以张文显教授和郑成良教授为代表的权利本位论者，还是以张恒山教授为代表的其他不同理论论者，都为他们各自的理论奋斗了一生。这是我们学术后辈应该予以学习和继承的。

正是基于这样的一个基本认识，我和志鹏试图站在前辈学者的肩膀上，尝试对"权利本位论"甚至西方主流权利理论的理论前提提出批评和挑战，为提出更能适应当下中国实践需求的权利理论和更清晰更严谨的法学理论做准备。

尽管"权利本位论"作为当代中国权利理论的代表，确立了 right 这个指向，这个 orientation，在客观上对传统的"阶级斗争范式"给予了沉重的一击；但是作为传统理论之前提的"社会本位"似乎像个幽灵一样从来没有被彻底驱散，也许这就是昨天郑成良教授再次探讨"权利本位"和"社会本位"的关系的原因。尽管郑成良教授把"权利本位"和"社会本位"做对比并不十分准确，除非权利本位是在个人本位的意义上主张的。和"社会本位"做对比的应该是"个人本位"或"个人主义"。但是他确实触及了非常要害的问题。在此，我们在论文里直指比"社会本位"更为基本的前提，即"集体主义"和"建构论唯理主义"，认为这两个理论前提在"权利本位论"中一直隐而不显，尤其是"建构论唯理主义"被中西方的主流权利理论所共享。简单地讲，"建构论唯理主义"过于迷信个人理性，相信通过个人理性可以发现确定法律权利的正当法律原则，无论是康德的绝对命令还是边沁功利主义原则，无论是把权利理解为个人意志或自主性还是正当利益抑或是统治阶级的意志或统治阶级认可的利益，他们都不质疑个人理性的有限性。正是这两个理论前提没有被揭示和批判，所以导致了中国权利理论在理论上的逻辑混乱，还可能成为实践中以“公共利益”之名践踏公民权利的借口，比如强制拆迁。

尽管“权利本位论”对个人权利和应有权利做了突出强调，但是从权利本位论者的论述来看，他们只是借助这种强调来批判那种“极端的”集体主义、社会主义和国家主义权利观，在立场选择上他们仍然选择“集体主义”而不是“个人主义”。这就涉及昨天郑成良教授对“社会本位”的反对立场如何同“权利本位论”的“集体主义”前提相协调的问题。

在论文中，我们把“权利本位论”为代表的中国权利理论同“意志论”和“利益论”为代表的西方权利理论进行比较，这样使我们能够更加清晰地认识到“权利本位论”的“集体主义”前提，认识到以往对“权利本位论”进行的“个人主义”批判其实是个误会。我们还进一步指出无论是以“集体主义”为基础的中国权利理论还是以哈耶克所批判的“虚假个人主义”为基础的西方主流的意志论和利益论，它们都共享着“建构论唯理主义”这个共同的理论基础和逻辑前提；我们只有借助哈耶克提出的“进化论理性主义”对笛卡尔以降的“建构论唯理主义”进行彻底的总批判，对实证主义法律观进行有效批判，我们才有可能认识到中国权利理论和西方权利理论共同存在的问题。由于时间有限，我只能在这里简单介绍论文的主要方面，有兴趣的朋友可以详见会议文集。

距离这篇论文的初稿，一晃 6 年过去了，希望再过 30 年，我和志鹏也能像沈国明教授一样自豪地认为当年的论点依然有效。不求闻达于诸侯，只为不忘初心！

谢谢大家！

主持人

谢谢蔡宏伟老师，讲得比较简洁、比较清晰，观点也是比较细腻的。

下一位报告人是赵勇教授，他发言的题目是《返本开新：民本传统与权利本位》。

报告人／赵　勇

法学博士，西南财经大学法学院副教授。

返本开新：民本传统与权利本位

尊敬的各位老师，在座的各位同仁，非常荣幸有机会回到母校参加这次重要的学术盛会。下面是我的一些尚不成熟的思考，请大家批评指正。

30 年前法学基本范畴研讨会曾旗帜鲜明地提出了权利本位理论，表现出前辈学者当年巨大的理论勇气和学术担当，也顺应了我国当时的思想解放和改革开放的时代潮流。权利本位理论在我国后来权利实践和法律发展方面，确实起到了很好的引领、支撑作用。但是，如果我们立足当下，展望未来 30 年的时候，我们需要思考，这个权利本位理论可能会面临一些什么难题或者可能会遇到什么挑战。我们知道，在权利理论研究领域，有不少学者尝试从中国的传统文化资源，尤其是民本传统的资源中去开启、发展现代的权利理论。其中，有代表性的观点认为，权利观念事实上在我们的传统中早已有之，尽管没有“权利”这样的语词，并以此主张“返本开新”。但是我的研究表明，单纯的返本，从我们的传统文化资源去论证转化，很难开新。因为在我们传统的历史文化中，并没有生发出现代的权利理论，事实上也从没有过现代权利制度意义上的实践，所以，我认为权利理论要进一步发展，要开出新的现代权利的理论和制度实践，必须在新的历史条件和时代需要之下，深入地批判我们传统的民本理论之不足，并注入新的思想文化资源，才可能结出新的果实。

我们都知道中国从三代迄今，民本传统可谓丰厚绵长，直到今天我们仍然能够看到、体会到，而且也令人感动，应该说这种政治伦理资源在传统上为政治合法性和民众福祉都提供了相当坚实的基础。我们今天常讲的执政为民、司法为民等，都可以理解成是对这种民本传统的继承。民本传统可以包纳民权，但并不必然会产生现代民权这个新的文化，因为它有可能会走向另外一个方面，在好的条件下，它会走向一种中国式的家长主义，就是为民做主的民本。为你的好，来为你做主。那么，在坏的情况下，则会走向一种专制主义。纵观中国历史,实际上是在这两者之间,在一种类似于我们说好的家长主义和一种劣质的专制主义之间摇摆。那么,当代中国的权利本位,在中国的民本传统之下,可能将面临这样一个难题,就是现代的权利本位理论本质上是个体主义的,或者说是基于个体主义的。而我们的民本传统,虽然可以包纳民权,但是它本质上是一种群体主义的,或者说体现的是一种集体主义的文化想象和政治逻辑。我曾经有意识地去比较考察传统中国文化和基督教文化的创世观,我发现在我们的文化当中,这种群体主义是深入骨髓的,反而个体主义才是难以想象的。在基督教的创世文化中,上帝造人,首先创造的就是一个人,一个有名的鲜活的个人。也就是说,一个人的存在是可以(想象)的,他可以和神发生关系,当然上帝还为亚当造了一个伴,那就是夏娃,人类的社会关系、群体关系就开始了。但是在儒家的创世文化里,在《诗经》《尚书》里,大家看到一来就是“天生烝民”,烝民就是众民。在这个创世的文化想象中,上天一开始创造的就不是一个人,不是一个独立的个体,而是一群人,一个群体,是众民。然后才有所谓教化和治理的问题,于是上天“作之师”“作之君”。在女娲创世的神话里,我也发现女娲开始造人的时候她造的也是一批一批的人,而且传说她嫌如此造人效率太低,干脆就用藤条蘸上泥浆不断甩出去,而那些被甩出去的泥浆遂化为人群众民。在我们的社会生活里,也许在一个人叛逆的阶段,可能很向往挣脱群体束缚的个体主义,但是随着我们年龄的增长,我们总会认为那种个体主义是很难想象的,是幼稚的。在理论上,我们很容易亲近社群主义,并对个体主义持批判的态度。我们认为,人生来就离不开群体,只可能在群体当中,也只有在群体的关系和角色之中才有意义,无法想象独立于甚至先在于社群的个体。所以说这个意义上的群体主义的文化基因,使我们对基于个体主义的文化也好,权利也罢,很难真正理解。即使我们很向往,但是在实践当中,在文化的深处,面临这个文化的硬核深处的时候,我们就很难理解,我认为当前理论界对个体主义权利理论的一些反思和批判大致也属于这种情况。比如,我们会认为个体绝对的权利是无法想象的,我们很容易认为一切权利是或应该是有条件的。其实,在西方个体主义或自由主义权利观中,有一些权利就被认为是绝对的,比如良心的自由,它就是绝对的,即使在西方的历史上对良心自由的压制不绝于缕。但是在我们这个群体主义文化里面,个体相对于国家集体的绝对权利就是很难想象的。所以我们很容易从历史主义、现实主义或者功利主义角度去看待权利,并在社群主义这个观念里批判和反思个体主义的权利观。

由此我认为,在30年前的中国,随着改革开放,国家对私营经济的松绑,一定程度上个体的经济活动的自由、个体的自主性创造性得到了承认,于是在私法权利领域,权利就有了长足的发展。但是在未来,权利本位的理论和基于权利本位的政治和法律实践，会面临类似于当前改革所面临的很多问题一样，容易改革的地方就取得了成就，随着改革的深入，就会面临硬核问题，尤其是面临一些文化当中的硬核问题，它甚至还不是人们常说的基于利益调整的“深水区”或“硬骨头”。这正如我们市场化导向的经济改革一样，私营经济等非公有制经济确实取得了举世瞩目的巨大发展，可是当市场经济要进一步深入的时候，我们就会面临一些困扰，甚至可能会有一些反复。所以在我的观察和展望当中，权利本位理论和实践在未来的30年，能够取得的进展可能就不像前30年取得的进展那样顺利、巨大和明显。我们可能会面临一些文化深层的困惑和挑战，那就是根本上是个体主义的权利本位，在具有强大的几乎是渗入我们骨血深处的这种群体主义的文化面前，能否前进及如何前进的问题，尤其是在公法权利领域，因为它会遇到固有文化的硬核。

对于未来，我也没有什么好的建议，我只能说我们要继续坚守权利本位。不仅如此，在群体主义的民本传统的基础上，还要有对个体主义权利观的执着和坚持，请想想在我们的文化传统和现实中，甚至连“个人主义”这个词都不敢理直气壮的主张和言说。重复一遍，仅仅“返本”尚不足以“开新”，我们需要在对传统民本文化的敬意和反思中，在对人类文化兼容并包的视野和格局中，为我们的民本传统注入新的文化资源，直到我们对个体的内在价值、独立的人格尊严、人和人之间根本地位的平等这些观念具有真正的理解和信仰。在这个意义上，我们的权利本位理论可谓任重道远！

谢谢大家。

主持人

谢谢赵勇老师。下一位报告人是郑智航教授，他发言的题目是《权利话语个人主义方法论的检讨与重整》。大家欢迎。

报告人／郑智航

法学博士，山东大学法学院院长助理、教授，山东大学人权研究中心副主任，中国法学会法理学研究会副秘书长。

权利话语个人主义方法论的检讨与重整

非常高兴能有这样一个机会来探讨权利问题。这个问题，我也想了很多年，这篇文章也写了很长时间，但是一直写得不令人满意，因为没想十分明白。今天拿出来，敬请大家批评和指正。

我的发言题目是《权利话语个人主义方法论的检讨与重构》。其实，个人主义方法论是经济学、法学目前主导的一种方法。所谓个人主义方法论，是指在对学科的一般原理和规律性进行认识的过程中，以个体现象和过程为基点和基本单位。而从目前来讲，学术界其实对权利问题的认识，主要采取的是一种个人主义的方法论。我们需要对这种个人主义方法论进行检讨。我为什么要对这样一个问题进行检讨呢？是源自以下这样三个方面的原因。

第一个原因，是我曾经看过一篇民法的论文。该论文认为，目前我们中国的民法，实际上已是基于强烈的集体主义色彩，他希望引入个人主义方法论，来修订民法，重构民法体系。具体来讲，这种个人主义方法论，在民法里有这样几个方面体现。第一个方面体现私人主体，强调我们的民法是一个以私人主体为基础的一个民法。第二个方面，强调私人利益的保护。我们所有的民法实际上都是围绕财产权来展开的。尽管现在民法里不清楚这方面的因素，但实际上整个的民法法律体系，甚至整个法律体系，都是围绕着财产权来展开的。第三个方面，强调私人自治，包括最基本的意思自治。第四个方面，强调自己责任。第五个方面，在方法论上，强调的是权利本位。第六个方面，强调形式平等。第七个方面，强调交换正义。第八个方面，强调程序正义。第九个方面，强调主观价值论。这是这篇文章的一些认识。首先，我们要思考一下，他对个人主义方法论的这样一种总结或者应用，到底合不合理？对个人的方法论把握是不是准确的？这是我要思考的第一个问题。

第二个原因，是源自最近一些年，确实有很多人对权利理论进行反思。特别是在西方学界有两本比较有名的书，一本书是杜兹纳的《人权的终结》；另一本书是格林顿的《权利话语：穷途末路的政治言辞》。格林顿在这本书里面讲到，现代的权利话语有三个方面的负面效应。第一个方面是权利之间的相互对峙，从而形成了法律的僵局。第二方面是责任话语的缺失，导致社会的整体性的危机。第三个方面是这样一种权利话语对传统的背离，导致政治言论变成了一场政治秀。格林顿的分析到底具有多大的说服力？一方面，格林顿的论证主要是从现象上进行的描述，缺乏从学理上进行探讨。另一方面，即使他的描述是合适的。但是，他的理论基础是什么？其实，我个人认为，他所认为的权利立基于个人主义方法论上的权利观。

第三个方面原因，是源于我对生活逻辑的思考。我们生活的逻辑到底是什么？目前整个权利话语，或者法律制度，都是按照正义的逻辑来设计制度的。什么是正义的逻辑？实际上，正义的逻辑本质上是一种互惠的逻辑，强调人只要有交往，人与人就会形成一种反应性态度，形成一种反应性态度。我为什么要对你做出行为？主要原因是什么？我的这种行为能够获得你的这样的反应，而且你的这种反应跟我的付出构成一个等值关系。这是近代的法律制度或者权利制度最基本的核心问题。但是，这种正义逻辑有这样几个方面的问题。第一，这种互惠逻辑支撑的社会总体上来讲是一种零和博弈的一个结果。我的付出是你的回报，两者是等值的。这个时候社会整体财富或者整个价值是没有增加的。第二，是对于当事人的这种未来的关系的良性发展关注不够，因为时间关系我就不展开了。第三，这套逻辑无法解释社会生活中很多现象，我们并不是所有行为都按照正义的逻辑来进行的。有时候人的正义逻辑在本质上是一种理性的逻辑，而人的生活在很多时候并不是按照理性来进行的。在我看来这个社会还存在另一套逻辑，即一种宽容的逻辑。人家为什么能宽容？为什么能够超越这种正义的逻辑来进行？其实本质上来讲是我们人与人之间有一个最根本的东西，即人在本质上是希望合作的。而基于这种个人主义的方法论的权利话语，是难以解释人与人之间的合作的。第四，这种互惠的权利观是难以解释现代风险社会里责任分担的方式的问题。

基于上述三个方面的原因，我选择了这样一个主题。我试图探讨一下目前的权利话语，自启蒙运动以来，权利话语是用一个什么样的逻辑起点来支撑的。在我看来，这个支撑就是个人主义方法论。个人主义的方法论有三个方面的要素或者基本命题。第一，作为个体的人才是社会、政治和经济生活中唯一积极主动的参与者；第二，个人在自由状态下作出的决策是以自我利益的实现为出发点的；第三，个人是自我利益的最好判断者，没有人能够像利益者个人那样了解他自己的利益。这种个人主义方法论具体体现在权利观上，主要有以下几个方面：

第一,权利话语个人主义方法论在理论上预设人或个人是法学研究的逻辑起点,只有确定了“人”在法学研究中的前提地位,才可能真正贯彻个人主义方法论的分析原理,具体建构法律问题与法律现象。而这个人是什么样的人,在法律上的人是什么样的人?是一个理性的人。人只有将这样一种利益转化为权利,并且上升为法律的时候,才能够不断地丰富这种人性的要素。这是第一个方面,它强调个人是作为法学研究的起点的。

第二,权利话语个人主义方法论强调权利话语具有一种“独白性”。个人主义方法论强调个人要排除个人、社会和国家等外在因素的干扰。尽管权利受到法律责任的约束与限制,但是法律责任设定的前提是个人权利,即个人是自己利益的最好判断者,外界对个人自由意志的行使干涉得愈少愈好。因此,权利话语具有一定的封闭性和独白性。什么是独白性,是言说者以一种唯我独尊的姿态向听众陈述绝对真理。在独白中,独白者由于自认为已经掌握了真理,所以将自己置于中心地位,而世界上所有的人和物不过是一些他者,是需要我向其宣传真理并对其施加影响的对象。具体来讲,这种独白性体现为以下四个方面,第一个方面是个人与个人之间的独白,比如我想要言论自由,这个时候你们都不要干涉我。第二个方面是个人与社会的独白,个人利益相对于公共利益,是具有绝对的优先性的。第三个方面是个人对国家的独白,国家的形象是一种必要的恶,而且我们每个人应该时刻警惕国家。第四个方面是人类对自然的一种独白。

第三,权利话语个人主义方法论强调的是生出来的平等,而不承认“始终”的平等。德国学者米夏埃尔·马丁内克就认为,在德国民法典制定过程中,人们是把每个人拥有相同的权利能力当作一个前提的,从这个意义上讲,德国民法典本身就在逻辑上预示了不平等性。他说:“德国民法典施行时,支配民事财产法(债法和物权法特别是合同法)的,是意识自治的、有判断力的权利主体(市民)的观念,以形式上的均衡原则为出发点,实质上的合同伦理则无关紧要。对于被看作原则上自由平等的各个市民,民法应当首先为他们提供可为利己的目的而加以利用的工具。因此,德国民法典并没有让社会去影响或者保证契约自由和私有财产所有权的前提;而是干脆假设每个人都拥有意识自治的权能,不单方面地因某一当事人的权力而为他人左右。”

然而,这种权利话语的个人主义方法论存在以下几个方面的缺陷。

第一,权利话语个人主义方法论存在主客二元对立思维模式的危险。主客二元对立思维模式把自我确立为“主体”,同时总是把自我之外的他者规定为“客体”,并不可分割地联系在一起。因此,从根本上讲,它强调的是一种把个体性的“我”视为第一性的实体,把主观意识的“自我”实体化为“主体”,从而强调自我意识的同一性,是保证其他一切存在者存在的最终根据。在这种主体性逻辑的支配下，主体被认为是转移到意识中的根据，即真实的在场者，立足于这种自我，一切自我之外的“非我”都是与我相对立，并由我所规定和覆盖。这种逻辑在黑格尔看来实质上是一种“知性”的原则，这种知性的原则表现为一种控制性、征服性的“暴力”，这种“暴力”体现在他人的关系上，将他人“作为客体加以压迫”，每个人不仅把社会共同体视为只具有工具性价值的东西，而且也把他人当作只具有工具价值。权利观念奉行的是将个人从社会中剥离出来，并使个人成为周围事物和他自己的唯一评判者，赋予他不断膨胀的权利；另一方面，权利观念也为遭到长期压迫的人类思想恢复了自豪和胆略，使一个人可以满怀尊严，在无穷尽的斗争中，在普遍争论的骚动中，能够亲自解决自己的幸福与命运问题……换言之，在这样一个权利连结的社会中，个人是作为一个“主体”而存在的，权利所指向的对象则处于一种“客体”的地位，某人拥有一项权利，也就意味着该人对其他人具有一种支配性。谁侵犯了某人的权利，也就必然受到相应的惩罚。因此，权利是维护个人“主体性”地位的界限，个人也就因为拥有某项权利从而取得了对抗与惩罚某人的绝对“真理”。

第二，权利话语个人主义方法论无法在逻辑上证成自由社会秩序的自生自发性。权利话语个人主义方法论假定了在自然状态下，个人为了捍卫其自然权利而经由一种形式契约的方式把自己的特定意志和其他人的意志统合起来而形成了一套社会秩序，因此，这种社会秩序具有强烈的目的论色彩。但是，个人主义方法论又在理论上强调自生自发的自由社会秩序具有非特定目的性或非意图性，它独立于人的意志而存在或先于人的意识其存在而存在。这种矛盾是权利话语个人主义方法论无法解决的。

第三，权利话语个人主义方法论强调社会过程只有在受到个人理性控制时才能有效服务于个人目的这一命题在事实上背离了个人是自我利益最好判断者这一基本信条。权利话语个人主义方法论一方面强调让每个人充分享有权利而排除社会理性设计和干扰要比理性设计对于社会发展与进步所起的推动作用往往要大得多，因而权利具有目的论色彩；另一方面又强调个人权利必须以经济社会发展为基础，并以权利来促进人类的发展，因而权利具有强烈的工具性色彩。个人主义方法论到底是从目的论角度还是在工具论角度来理解权利发生了摇摆，从而致使权利话语最终背离了个人是自我利益最好判断者这一信条。

第四，权利话语个人主义方法论的个人是自私的和个人是自我利益最好判断者的前提预设无法在逻辑上解决人与人之间的合作问题。赵汀阳认为，个人主义方法论所预设的个人理性很难导致集体理性，因为当一切利益和价值均以个人为准时，人们就会更加珍惜个人利益和价值。人们越珍惜个人利益和价值就玩得越精明，就越能够采取更高明的个人主义应对策略,从而使人们在集体非理性的陷阱中越陷越深。这种单边主义的思维方式必须导致他者不合作,最终导致“弱肉强食”“适者生存”。

面对权利话语个人主义方法论存在的问题,我提出用关系主义的方法论去弥补个人主义方法论的不足。强调人与人之间不是一种孤立的状态,而是合作的状态。具体来讲,这种关系主义权利话语应该强调以下方面:第一个方面强调以主体间的关系为基点来论证个人权利的合法性;第二个方面是拒斥权利话语个人主义方法论“为权利而斗争”的主张,而强调“为权利而承认”的核心主张;第三个方面是该方法论既着眼于自发的私法对个人权利的确认,又着眼于国家权力的积极功能;第四个方面是强调程序以及程序性权利在实际生活中的重要意义。

由于时间关系,我就讲到这里。谢谢大家。

主持人

谢谢郑智航教授。本分论坛的最后一位报告人是胡兴建副教授,他发言的题目是《中西比较研究背景下的权利话语》。

报告人 / 胡兴建

法学博士,西南政法大学行政法学院、监察法学院副院长,副教授。

中西比较研究背景下的权利话语

谢谢杨老师,也谢谢这次会务组给我这样一个学习的机会。这是一次纪念 1988 年学术会议的一次会议,因此回忆和纪念成了这个会的一个主题。虽然还没有到写回忆录,也还没有到回忆的时候,但是自己这两天也回想了一下权利这个主题在自己学习和学术生活中所产生的一些事情。

我记得最早接触权利本位,接触关于权利的论述是在 2002 年,那个时候自己在备考西南政法大学的法理学硕士研究生,然后就研究前后几年西南政法大学考试的真题，发现基本上每年都有关于权利的考题，因此也就顺带阅读了那几年的学术论文。发现其实关于权利本位、义务重心以及权利义务并重的讨论，实际上在20世纪80年代末的时候讨论得最热烈。比如张文显老师主张权利本位，然后，张恒山老师主张义务重心，还有童之伟老师的权利义务并重论。今天所召开的这次会议，我觉得会务组非常有心，把1988年这本非常具有历史意义的杂志发给了大家。这两天自己也认真学习，发现我们现在探讨的法学范畴依然没有超过当年这些老师的探讨。所以不管今天在座的各位是批判还是反思，其实，实际上只是在他们研究基础上的一个推进。所以今天虽然老师们都不在我们这个分论坛，但他们的思想是不在场的在场。

其实关于权利的研究，从20世纪80年代末以来的整个历程并不是一帆风顺的。为什么？我读研究生的时候，文正邦老师给我们上课，还讲到了一个故事，讲到，20世纪80年代末张文显老师他们提出权利本位以后，我们学校的几个年轻老师在他的带领之下，这几个老师都是现在法学界非常有名的学者，比如王人博老师、陈燎原老师等，他们写了一本书叫《法学变革论》，就是讲权利本位。但这本书后来遭到了批判，据说文老师因为这本书评教授都晚了很多年。当时一个日本学者准备把这本书翻译成日文，结果翻译到一半就叫停了，不准再翻译了。后来有一次，西南政法大学的法理学老师赵明老师在上课的时候说，有一天王人博老师给他送了一本书，在扉页上写了几个字，赵明兄，擦屁股不要嫌纸硬。通过这个小故事，我想说，权利，虽然我们现在作为法学的一个最基本的范畴，其实在研究的过程当中也不是一帆风顺的。20世纪80年代末90年代初，探讨法学是什么，法律与权利的关系，出现了新的进度。进度就是从法文化的角度去研究。代表人物，比如梁治平先生、朱苏力先生，他们是从法律文化的角度去探讨法的含义是什么？比如，朱苏力先生在《读书》上发表的《法的故事》、梁治平先生的《法辨》，他们的探讨角度就是从中西对法的表达的语言去探讨法律的内涵是什么？大家知道现在我们在法理学教材上一般都会写，中国人最早的法，古体的灋字包括三个部分，就是许慎在《说文解字》里面讲的。三点水，代表的是公平；廌，代表的是一个神兽；去，代表的是一个行动。这个神兽会发现在纠纷当中谁做错了，然后去触及不正直的一方，这就是我们对法的理解。从这个字出发，后面产生了很多的文章，比如我们学校的张永和老师就研究这个字的19种变形。后来这篇文章发表在法学研究上面。他们大家得出的一个共同的结论，就是从中国传统法律文化对法的理解来看，我们对法的理解包含神明裁判，包含惩罚，甚至也包含了公正，但就是不包含权利。而西方有关法的表达，right与law就是权利与法律如影随形。因此他们就得出一个结论，说中国传统对法的理解是没有权利含义的，西方人对法的理解一开始就与权利紧密相连。但是我进一步的研究发现，其实这是一个美丽的误会、误解。为什么？

因为在西方思想史上,权利这个概念也不是自古就有的,也只是现代自然法思想兴起之后所产生的一个理解。现代自然法思想认为人在进入国家之前生活于自然状态。在这种自然状态之中,原子式的个体为了自保会去追求物质财富。简单地说就是为了自我保存,去抢夺物质资源,但是最后会陷入一种战争状态。原本是想要活下去,但最后却面临死亡,怎么办?只能订立契约,放弃自己一部分的权利。进入国家,进入社会,这就是现代自然法思想最基本的论证理路。我们发现在这个论证理路当中,个人的自我保存成为了一切政治和法律论证的前提,这就是权利本位的基点。后来即便是建立了国家,建立了法律,但是国家和法律在某种意义上只是个人权利保护的一个工具。改革开放以来,我们开始确立市场经济,确立对物质利益追求的正当化,在某种意义上给西方自然权利进入中国提供了一个良好的社会背景。因此,我们开始谈权利本位。其实在西方自然法思想史上,或者在西方思想史上,在古代,以古希腊自然法思想和中世纪自然法思想为代表的古典传统当中,权利也不占有什么地位,更不要说权利本位了。比如我们知道亚里士多德说过一句话,城邦之外非神即兽。在亚里士多德看来,虽然在时间的顺序上来说是个人—家庭—国家,国家是最后形成的,但在自然上、本质上,城邦先于个人。简单地讲,对于人来说,定义他的前提是城邦,因此他最主要的使命是要维系这个城邦的存在,这是一种责任、一种义务,而不是一种权利。

那么,中西思想关于法的表达的最根本差别是什么?我觉得可能不是权利。亚里士多德讲,我们人跟动物最大的区别是什么?是因为我们有一套关于善恶和是否合乎正义的理念,而这些理念是在人与人之间通过语言来表达和交流的。简单地讲,我跟一头野猪的区别是什么?不是说野猪捡到一个苹果直接吃了,我捡到一个苹果洗一下再吃。而是因为我心中有对善恶、正义观念的认识,而这些认识是通过语言来表达的,而语言的背后是什么?是逻辑,是理性的体系。所以说,我们发现,西方关于法律的表达,不管是law,还是后来的很多表达,其实它背后的含义和关键词,就是罗格斯,就是逻辑。因此我们讲,西方人在表达法律的时候,试图建构的是一个理性的、一致的、逻辑的体系。而我们在很多时候更多强调的是一种神明裁判,强调的是一种拥有权力者的主观判断。

好,我今天上午的发言就是这样,谢谢大家。

主持人

谢谢胡兴建教授。我们九位报告人的报告已经全部结束了,下面我们进入评议阶段。第一位评议人是李建华教授。大家欢迎。

评议人／李建华

法学博士，吉林大学法学院教授、民法典研究所所长、《当代法学》杂志社常务副主编。中国法学会民法学研究会常务理事、法学期刊研究会常务理事、国家知识产权局专家库专家。

非常感谢会务组，也感谢杨春福教授，能够把我列为评议人。但是，我是有压力的，因为我不是搞法理的。

我想说这样几层意思。第一点就是，1988 年由吉林大学法学院承办的关于权利本位研讨会的召开，是新中国法学研究里程碑式的一个重要会议，对中国法学研究起到了极其重要的推动作用。我们各位与会学者都看到，这一期的会议成果集中发表在《当代法学》1988 年第 3 期。我想向各位表达的是，《当代法学》今后将更加关注权利本位理论的研究，将使权利本位理论发扬光大，全力推进权利本位的深入研究。我们在《当代法学》可能要创设两个栏目，现在在筹划，但我们可能很快就付诸实施。一个叫作"部门法权利本位理论"研究，或者叫作"部门法权利理论研究"，这是一个栏目。还有一个我们想设的栏目，就是"部门法新兴权利研究"，来作为我们对权利本位理论研究推动的一个具体行动。

刚才，我们八位学者对权利范畴与权利本位做出了精彩的发言。我可能也不好对每一个学者的精彩发言作一一评论。那么，我想综合八位学者的观点和我自己的学习体会，把我的评论主题定为：法理学权利理论与部门法权利理论的相互关系与互动。我看到蔡宏伟老师、何志鹏老师所写的《中西方权利理论之比较研究及其前提批判》的第一句话，是这样说的："在过去 30 年的时间里，权利理论无疑在中国法学（包括法理学和部门法的各个分支学科）都取得了统治性地位。"我觉得这个定位是准确的，我也是认可的。但是，在这里我想就法理学的权利理论与部门法的权利理论的相互关系提出一些感想。2013 年，我获得了国家社科基金重点项目的立项，即《权利本位论与中国民法典的制定》这样一个资助课题。在研究过程中，我们对权利本位理论及其相关理论给予了应有的关注。通过我的学习，也通过今天听八位学者的讲座，我提出以下几点体会。

第一点，法理学的权利理论对部门法权利理论的决定性影响和指导。各位学者所提到的西方关于权利理论的意志论和利益论，还有我国现在的权利本位论理论等，对部门法的权利理论的形成、发展,是有决定性的影响和指导作用的。也可以说,部门法的权利理论是紧随着法理学理论而发展的。在这一点上,我们要充分认可法理学的权利理论对部门法权利理论的重要作用。

第二点,我想说的是,部门法的权利理论对法理学权利理论的有效证成和具体践行。应该说,法理学的权利理论对部门法的权利理论的实质性影响,我们大家是有目共睹的。我们也看到,部门法的权利理论也对法理学的理论提供了有效的证成。同时,我们也应该看到,部门法的权利理论对法理学的权利理论也给予了有效的提问和挑战。比如,现在在法学界占主导地位的私权理论中,关于民事权利理论,尽管民法学者有争议,但是民法学者现在公认的观点还是把民事权利定性为它是意志论与利益论的折中,“折中说”。还有一种占统治地位的有影响的学说,认为民事权利是私人利益与法律之力的结合。但是不管怎么说,我们可以说,在占有主导地位的私权理论中,现在的私权理论一方面受到法理学权利理论的影响,另一方面它采用的是“折中说”。那么,法理学的权利理论,如何来对这个私权理论占主导地位的“折中说”做出一个圆满的解释,这是我们这个私权理论对法理学理论的一种渴望。为什么“折中说”那么受欢迎?在法理学里“折中说”是不是也这样受欢迎?我觉得对这些问题的思考是有意义的。在刚才的发言中,有的学者对这个意志论和利益论也给予了批评,但是最后,我们为什么会形成私权理论的“折中论”?还真是值得我们思考的。

第三点,我想说,我很感兴趣郑智航老师的文章《权利话语个人主义方法论的检讨与重整》,我单独提提我的感想。认真拜读了郑智航的这篇文章,刚才听了演讲,我觉得郑智航的这个发言和论文是非常有道理的。我又回想一下现在的私权理论,应该说,我国现在的私权理论基本上是以个人主义方法论建构起来的。那么,现在法理学界,还有私法理论,对个人主义的方法论、整体主义的方法论,一方面给予赞同,但是另一方面也给予批评。在郑智航这篇文章中,他又提出了一个叫“关系主义的方法论”,我觉得这种分析是非常有道理的。但我想说的是,目前的私权理论,基本上是以个人主义的方法论为基础建构的。应该说,现在这种根基已经比较扎实了。在这种情况下,我一方面同意郑智航的一些观点,但另一方面,我要对他的一些说法提出一些不同的意见。我想可以把它修正成,可能应该说成是,权利话语个人主义方法论的检讨与修正,而不是重整。我觉得,如果要把现在以个人主义方法论为基础而构建的思想理论全部推翻,这种可行性不具备。但是我们以他在论文中所提的“关系主义说”来对现有的私权理论给予修正,我觉得可能会取得一个比较好的效果。这是,我提出的不同看法。

最后,我想说,现在的法学权利理论研究应该更多地关注部门法学权利理论,而不要仅仅停留在法理学的视野中。一方面，对现有的部门法的权利理论，用法理学的视角来检讨一下、批判一下，可能能使两者的结合更加紧密，也能使法理学更有效地发挥指导作用。另一方面，部门法的权利理论也应该更多地接受法理学权利理论的指导，应该随着法理学权利理论的发展而发展，做到与时俱进，而不应该停滞不前。

好，我发言到这里，谢谢。

主持人

谢谢李建华教授的点评。下面有请何志鹏教授做评议，大家欢迎。

评议人／何志鹏

法学博士，吉林大学法学院副院长、教授，中国国际法学会常务理事、中国人权研究会常务理事。

非常荣幸有这样一个机会，对于30年前召开的法学基本范畴研讨会做一个回顾，同时也对前边九位发言人和李建华老师的评议再做一个评议，对于反思的再反思的再反思。要说的是，对于这个问题真的是感觉心中有千言万语，要说的太多，所以就只能请春福老师给我掐着时间，就是10分钟到了，就别说了。我想说这么几个方面，正好文显老师回来了（来到第一分论坛），有些话就可以直接说了。

首先，我非常同意刚才宏伟说的观点。在30年前我们探讨法学基本范畴和权利本位的时候，实际上有很多问题是没想清楚的，包括倡导法学范畴的学者之间是存在不同的认识的。比如，我就曾经向郑成良老师请教过，我说我认为文显老师的权利本位是法定权利的本位，而您的权利本位是自然权利的本位。郑老师说："是这样的，我们的观点确实不一样"，而且郑老师说："我坚持我的自然权利本位"。如果大家翻开作为会议材料的1988年的《当代法学》，你就会看到文显老师在里边说，所谓自然权利，这些都是胡扯，当然他用的不是原话。这是我要说的第一个。

第二个就是30年间，中国的法理学界和部门法学界在法学范畴和权利本位的基础上前进，并且取得了重大的成就。为什么会前进？为什么会取得重大的成就？我认为是因为1988年的那次会议,它抓住了中国社会最需要的一个问题,就是法律究竟往哪去?它究竟是延续原来的阶级斗争思想,还是要出现一种新的思想潮流?它开启了一个新的征程。所以在这30年间,就像建华老师说的,其实也包括我们在座的马新彦老师,我们都非常赞同这种观点。也就是说,部门法如果没有这样的一种范畴的观念,如果没有权利本位,就很难前进。但是,我接着想说的是30年后我们对于权利、权利本位的认识。我个人认为,从法理学的角度上讲,没有像30年前那样有开拓精神。我这不是批评,但是我的想法是,都过了30年了,应当面对新的时代,要开启新的问题,要抓住当代中国和当代世界的新矛盾。比如,从权利理论上讲,我认为中国的很多学者还停留在非常基础的状态。我这么说无意批评法理学的同志们,虽然我也是一个法理学的学生。为什么这么讲?因为如果从西方哲学的角度说,西方哲学已经从20世纪之前的本体论哲学、20世纪初期的语言哲学,跨越到了20世纪70年代以后的伦理哲学。也就是说,像罗尔斯、诺齐克这样的学者,他们所探讨的哲学问题已经超越了以前,法学如果跟不上这种哲学的发展,可能就会显得有点落后。如果单从法学还有权利这个理论讲,我认为除了分析哲学的权利理论、个人主义的权利理论。我非常钦佩刚才几位老师提到的,包括郑智航老师提到的,他说权利现在基本上已经变成了一种话语,坦白地说也就是一种霸权,也就是说不管怎么样,我说这个东西是我的权利,就意味着不容辩驳。但是,事实上,在西方,就像郑智航老师在论文中提到的社群主义,实际上给我们开启了思考权利由来的一个新的路径。也就是说,如果以前的哲学一直在思考主体和客体之间的二元论的话,实际上从吉登斯开始,他就已经开始思考主体和客体的二元性,也就是主体兼有客体性,客体兼有主体性。那这个时候应当更加动态地思考人和社会的关系、人和规则的关系。由此,权利就不是一个静态的、由于人的内在规定而应当具有的主张,而是人和社会互动的产物。如果从这种互动、互构的建构主义思想出发,我想我们一定有可能开辟出一个权利理论的新天地,也就更有可能面对当代中国和当代世界的新问题。我想,从我个人国际法专业的角度给各位举两个例子。两个例子各位都应当很熟悉。

第一个是现在美国对我们开的贸易战,美国对中国开贸易战用的主要是它的301条款,301条款的主要根据是中国没有妥善地保护包括美国企业在内外国企业的知识产权。但是,不知道各位有没有关注,100多年前,美国也是一个丝毫不考虑他国知识产权的国家,乃至英国作家狄更斯到了美国之后,憋了一肚子火回国,一辈子都不想再去美国。美国当时是全世界的盗版大王。那个时候它主张过知识产权吗?现在为什么它会举起301条款的大棒向中国挥舞起来,要求知识产权?

第二个是各位也都非常熟悉的,美国经常会指责中国的人权问题,包括欧洲的英国等一些国家，也会指责中国的人权问题。那么，我们中国就提出了和西方不同的人权主张。我们说，生存权和发展权是首要人权，然后人权是文化相对主义的。其实，我觉得我们法理学界就有一个非常重要的任务，无论你同意还是不同意这种中国官方的立场，都应当为部门法学的同志澄清：中国的说法在什么意义上是可以得到法理学界的支持的？现在，基本上就是中国新闻界在孤芳自赏，自说自话，没有法理的支撑。其实，新闻界自己都非常心虚。那么，这个时候我觉得如果能够得到法理学界的这种支持，那中国的权利理论就会有更大的进展。

我个人在2004年进行博士答辩的时候，写的就是一个权利的问题，而且非常自夸地说，我觉得那个时候对权利、人权已经想清楚了，就像有一个特别有名的哲学家叫维特根斯坦，他就认为这个东西就可以扔下不再考虑了。但是到现在我听到各位非常有见地的观点，无论是景辉老师的、朱振老师的，还是赵勇老师的，包括胡兴建老师的，我都觉得，其实我们部门法也好，法理学也好，都有可能重新开启对于权利的各个方面的深度思考。特别强调，就是刚才建华老师提的那个观点，就是部门法和法理学的深度互动，也就是部门法为法理学提供各种各样的素材，要求法理学予以证成。同时，法理学对部门法予以理论支撑，使部门法可以放心大胆地进一步论证。我们期待着再过30年，中国的权利理论、法学范畴的研究能够响应中国发展的脚步，为中国和世界提供更好的理论支持。

我就说这么多，谢谢各位。

主持人

谢谢志鹏教授。今天，我们九位发言人和两位评议人在发言中，都对30年前的这个会议表示了深深的敬意。我们可以看到，这次会议是真正精心准备的。我们一进来的时候就看到反复播放的、配有音乐、图片和文字的VCR，所以，我们感到这次会议是特别有人文情怀的。我们还拿到了1988年出版的《当代法学》，从它的字体、它的纸张都可以看出历史的痕迹，这一点让我们特别地感动。昨天，石少侠老师讲权利本位和权利理论时提出，那次会议实际上有一个曲折的过程、不是非常顺利的，也有坎坎坷坷。他昨天实际上还讲到了一些问题，包括受一些意识形态的影响，都受到了某种程度的打击。30年来，我们的权利理论、权利本位的思想在不断地深化，我们九位报告人实际上都是在不断地深化、不断地反思。景辉教授对权利本身规范力的理解，拥军教授对权利本位的时代价值问题和中国法治问题的分析，以及朱振、张镭等，要么是对我们权利话语的一个前提的反思，要么是对权利本身的一个反思，要么是对权利和义务之间关系的反思，要么是对我们从中国传统的民本思想来理解权利本位还是从西方的权利话语中来理解进行的反思。我认为，这都是一个深化，是对权利理论、权利本位理论、权利义务的关系、权利思想的一种反思和深化。反思深化的目的是什么？再出发。那么，张老师提出来要对接，但是对接不是代替，不是取代，不是说权利不重要了、消灭了。我认为，应当是在更高层次上的一个对接，在我们充分理解和深刻反思权利理论、权利话语的基础上，与新的时代进行对接。在这个新时代，我们面临着人民对美好生活的需要与不平衡不充分发展之间的矛盾问题，实际上这个时刻更需要权利理论和权利本位的思想。因此，我想，九位发言人和两位评议人都是在这样一个情怀之下，展开他们自己学术的思考和学术的考虑。所以，我想我们再次以热烈的掌声感谢这十一位报告人和评议人。我们第一分论坛就到这里结束。谢谢大家！

分论坛二　法理与法治

【主持人】

高　巍

【报告人】

陈林林

陈柏峰

尤陈俊

丰　霏

杨清望

钱继磊

陈翠玉

郭　晔

郭　栋

【评议人】

焦宝乾

苗　炎

主持人／高　巍

法学博士，云南大学法学院院长、教授，中国犯罪学会理事、中国法学教育研究会常务理事，云南省法学会副会长。

我们现在开始分论坛二"法理与法治"。收到张老师的邀请，跨界参加本次会议，我感到很荣幸。这是我第一次参加刑法学之外的学术会议，学习到很多，因为法理学是部门法学的基础。30年前，我们云南大学法学院林喆老师也参加了法学基本范畴研讨会。

今天，我们这个单元有九位报告人。我们首先欢迎陈林林教授，他的发言题目是《法治的形式与实质》。

报告人／陈林林

法学博士，浙江工商大学特聘教授、法学院院长，浙江省法理法史研究会会长、国家司法文明协同创新中心研究员。

法治的形式与实质

谢谢主持人，感谢主办方的邀请。我的发言题目是《法治的形式与实质》。法学有很多专有、重要的概念，但法学一级学科意义上的基本范畴其实并不多。除了大会所讨论的"权利"之外，一个非常重要的概念就是"法治"。多年来我一直关注这个概念，在座的严存生老师在商务印书馆出版的大部头著作《法治的观念与体制》，也刚刚拜读过。我这里要谈的法治的形式与实质，概括地指法治的外延或不同类型，以及法治的内涵或构成性要素。

林来梵老师曾在《环球法律评论》发表过一篇重要的论文,即《法治的个别化模式》,对美国、英国、德国、法国的宪政体制进行了差异化的梳理。但在我看来,就这些国家的法治类型而言,其共性显然远大于差异性。或者说,它们其实是一个政治传统下的孪生儿,这个传统就是自由主义政治传统。只有把先秦法治、新加坡法治、社会主义法治涵括进来,才可能构成一个完整的法治类型。但肯定有人会质疑,把先秦“法治”加进来,有什么依据?记得20世纪80年代讨论法治的时候,在座的高其才老师他们这一代学者,明确认为法治是有价值诉求的,例如权利保障。但我觉得只有把有争议的东西先加进来,讨论才是完整的。

为什么把先秦法治加进来呢,我这里讲一下发生在秦国的荆轲刺秦王事件。史书记载,图穷匕见之后,荆轲拿着匕首追杀秦王。秦王佩了剑,但因为太长一时拔不出来,只得绕着柱子跑。秦王身边的大臣都没兵器,带兵器的侍卫都站在殿外。按法令,只有秦王发令,那些带刀侍卫才能进来。秦王仓促之间来不及发令,只得孤身一人和荆轲周旋,最后侥幸拔出了剑,才化险为夷。大家看一下史书,这个情节是很震撼人的。秦王的生命受到了威胁,但殿下的侍卫竟然没有冲进来。为什么?因为法令有明确规定!秦国被认为是一个“法治国”,是不无缘由的,因为秦国的治理体现了法治的一个根本性要求,即法律的确定性或形式理性。历史上能达到这种确定性高度的国家治理,世界范围内都是屈指可数的。

接下来我谈一下,法治这个概念如果要成立的话,有哪些要求。关于法治的讨论经久不衰,一是因为它是一个基本法学范畴,非常重要;二是因为法治迄今尚无统一的定义。每个国家都标榜自己在施行法治,但各自的治理模式和治理成效却有云泥之别。一个最低限度的共识是,法治是规则之治,和无政府状态相对立的。还有人提出了另外一个最低限度的共识:法治和专制相对立。这大概是一种底线性共识。如果说秦政不是法治的话,那么主要的原因是后面这个共识。但我想强调的是,这里的两点内容是理论上的。从历史和实践角度看,实际就是一点,即法治是规则之治。因为专制政权或独裁的本性是随心所欲,它们是不可能遵从自己制定的规则的。规则一旦订立,即便是坏的规则,法治也要求掌权者服从规则。对于这一点,理论界似乎普遍不够重视。

因此,法治首先是一种形式法治,就是贯彻法律的形式合理性,就是依法办事。就像凯尔森在《国家与法的一般理论》中提出的那样,把法律与政治要求、道德、宗教、掌权者意志区分开来。对法的形式合理性和形式法治表述得最到位的,当属社会系统法律理论。他们认为,法律系统是社会系统的一个功能性子系统,是一个在运作上自成一体的自主系统。运作上自成一体不是法律系统希望实现的目标，而是其安身立命的必备属性。而且，这种自成一体的法律系统是自我规定的，也就是自我引证的。当然，运作上自成一体的法律系统不是无条件的。按富勒的分析，法律必须具备八项内在道德：一般性、公开性、不溯及既往、明晰性、融贯性、可行性、稳定性和一致性。达不到这八项品德，缺失了其中的任何一项，都会导致一种整体性错误：出现一个坏的法律体系，或者根本不能称其为法律体系。在理论上，形式法治和专制相勾连。但在实践中，如果法律得到应有的实施，无论这种法律的好坏，所有人都受制于它，当权者也受制于它。所有的专制政权都不喜欢法律，它喜欢的是朝令夕改的、随时可以废除的法律，它不把这种法律当回事。这是检讨纳粹德国或是那些没有法律没有法治的国家后，得出的一个经验之谈。纳粹德国不是也不可能是一个法治国，为什么？因为希特勒当权之后，一上来就把魏玛宪法给架空了，把公民权利和议会权力给废掉了。此外，还树立起三条新的法律原则：一是民族共同体，二是领袖原则，三是人民运动原则。所有反法治的东西、说法，都能在纳粹德国时期找到原型。

还要给予关注的法治类型，是新加坡法治。半个世纪以来，西方国家不断批评、攻击新加坡的治理模式，但成效不彰。尽管新加坡一党独大且限制公民权利，甚至搞严刑峻法，但新加坡的法律有很高的可预测性，加上政府清廉、人民生活富裕，所以新加坡的“非自由主义法治”虽然一开始被西方视为异类，但最终还是获得了国际社会的认可。

时间关系，我就讲到这里，谢谢大家。

主持人

非常感谢陈林林教授关于法治形式与实质的报告。他提出一个很重要的观点，即形式法治实质上有利于限制国家权力，有利于保护公民权利。我个人认为，纳粹德国引入了实质性的标准，对法律进行超越界限的解释、扩大性的解释，实际上是对形式法治的破坏，进而导致了法治的坍塌。陈林林教授的判断，我个人认为是很有道理的。

下面，我们有请第二位报告人陈柏峰教授。他的报告题目是《法理学如何面对当代中国法治》。

报告人／陈柏峰

社会学博士，中南财经政法大学法学院副院长、教授。

法理学如何面对当代中国法治

谢谢主持人。非常荣幸受邀请参加本次会议。刚开始会议主办方通知可以提交发言提纲。来了以后，我发现提交提纲的不是特别多。我报告的题目《法理学如何面对当代中国法治》，初衷是与这次会议的主题稍微靠近，所以题目看起来比较大，这是我最近一两年较多思考的问题。如果让我们描述当代中国的法治，我觉得这是一个比较困难的任务。虽然说我们平常做了很多研究，整个法学界看起来也特别繁荣，包括我自己，做了一些田野实证的研究，看起来也像是在研究当代中国法治，但当要去勾勒当代中国法治的图景，会发现其实存在很大困难。

困难的原因是什么呢？有很多方面。一方面虽然我们对现实状况的研究有很多，但是跟所有的研究一样，经常会有这种感觉，一到关键的地方好像大家都不研究了，在热闹的地方，好像文章都特别多，但只要深入某一个比较深入的问题，就发现其实没有几个人在研究。

另一方面是，要讲清当代中国法治需要理论框架的。通过什么样的框架去认识，这本身是有挑战的，尤其是在中国法治的这个大的范畴下。如果讲西方的法治，当然有比较成熟的框架。但是中国与西方还是很不一样的，怎么样用学术的语言去理解这种不一样，怎么样用学术的语言去理解中国特色社会主义的法治，应该说既有的理论框架还是不够丰富的。在理解中国法治当中的概念、范畴、体例、结构方面，虽然过去三四十年法学界做了很多努力，但总体而言，还很难说搭起一个完整的框架去认识当代中国法治。一个典型的状况就是，目前并没有一本非常成熟的关于当代中国法治的书。像政治学界关于当代中国政治的书是很多的，也是相对比较成熟的。当然，我们也有几本类似讲中国法治的书，包括我注意到在场的舒国滢老师也编了一本这方面的书。但总体而言，这种书比较缺乏，研究不够，尤其是要让人看了以后觉得他这就讲的是中国的法治,看了这本书后就知道中国的法治就这个样子。我觉得在很多领域都是这样的,包括我自己做研究,法律社会学也是这样的,其实没有一本教材能让人看了后,觉得是站在中国讲法律社会学,而不是在西方讲法律社会学。很多教材其实就是把那种概念化的法理学换一个说法,把书名变成法律社会学,所以其实这方面还有很大的困难和挑战。

原因还包括学科的分割导致的碎片化,其实刚才也讲到了,很多问题在各自不同的学科里都有研究,但是要从整体上拎起来,很少人做这样的工作,也没有那么容易可以拎得起来。

另外一个原因,中国法治本身是变动的,它受社会结构的制约,受制度变动的制约其实都比较大。尤其是十八届四中全会以来,中央做了很多的改革,这些改革其实对我们描述中国法治还是很有挑战的,包括监察体制的改革,怎么去描述它,很多问题还没有那么清楚。另外这种变动所受的结构性的约束其实是很难看清的,人在局中不容易看清。包括中美贸易战,它对中国也许会有一个很大的影响,但也许没有那么大的影响,那到底会怎么样?我觉得是很难预测的,其实法治也嵌在这里面,它肯定和经济基础都是相关的。

还有,现有的研究力量聚集不足,我们人也很多,研究的方向也很多,但是没有被聚集起来去做这样的一项工作,很多时候都是这样的,而且有时候我会觉得其实我们学界的人力资源浪费是很严重的,就是大家一窝蜂地在做一些没有那么大意义的事情,但是真正有意义的事情大家做的又很少,所以这实际上是一种人力资源的浪费。很多人其实挺有能力去做一些事情,但是他受学术体制的制约。

最难的可能还是,如何能建构容纳当代中国法治的基本框架和体系。当代中国法治的言说实际上不属于法理学。它与法理学要研究的一般性普遍性的法的现象和规律不一样,它实际上是描述中国特色的法治,当然可以放到法理学里面去,但是它并不属于法理学主要应该研究的问题,但是其他学科更加容纳不下。你让各部门法的学者去做这个方面的研究,他更不可能去做这个研究。所以我觉得只有法理学的学者去承接这个任务才是比较靠谱的。假如高校里真的要开一门课,中国特色社会主义法治理论,这个课怎么开?这是很有挑战的。我们必须能够把政治领导人的话语转化为学术语言。转化为学术语言,这门课的名字也可以换一个说法,可以叫当代中国法治,它讲的就是中国特色社会主义法治理论。如果真的有这门课,肯定是由法理的学者去承担,但是他做的又不是传统法理的内容。做这项工作我觉得基础性的任务之一就是要提炼,张文显老师讲要提炼中国法理。我觉得在提炼中国法理之前,首先要描述中国法治。如果中国的法治都没有办法描述出来的话,那提炼中国法理,从哪里开始提炼呢？在这个意义上，描述当代中国法治或者说阐述中国特色社会主义法治理论，它是提炼中国法理需要做的基础性的工作。同时它也是检验古今中外法理的一个场域。刚才陈林林教授也讲了，法治必须能够融纳除了西方的，还有中国的甚至新加坡等的经验，都要能够容纳。如果抽象的谈法理，从古今中外的思想文献和法治实践里提炼中国的法理，哪一个能适用于中国呢？我觉得还是要放到当代中国法治来加以检验，所以说它也是一个检验的场域。怎么做，其实我心里也没有一个很明确的框架，但是我觉得有一些思维前提和做法是可以思考的。

第一点，是要突破西方理论的框架。西方的理论，不是说一定就没有普适性，但也不能说它全部有普适性。因为全世界各地的实践毕竟有很多不一样，我们真正能够提炼中国的法理，肯定是要学习借鉴西方的，但是同时一定要突破西方的理论框架。

第二点，其实也要突破官方框架的教条化和空洞化。官方的教条是基于政治表达的需要，当然有时候可能也是基于实践的提炼，也有很多值得我们汲取的营养。但是我觉得要回避它的教条化，不能够仅仅把这种官方的框架教条化地搬到课堂上去，这样的话，学生是不会感兴趣的，这样讲中国特色社会主义法治理论也是不可能成功的。一谈法治，学界比较容易有的倾向就是一下子谈到应然层面去了，就是应当怎么样。当然并不是说，实际怎么样就可以推出应当怎么样，但是要达到应当什么样，应该从实际怎么样出发。不可否定我们有价值性的需求，也应该有价值性的引领，但是如果我们对实然性的东西都不了解，或者了解不透彻，上来都是应然性的东西，讨论中国法治一定会失败的。

我们提炼当代中国法治，它的中心应该是首先思考是什么和为什么。就是实际的状况是什么样的，为什么会是这样的？从是什么和为什么才能够走向应当是什么，或者说才能够作为应当是什么的基础，才可以更好地去讨论应当是什么。

第三点，应该从中国的法治实践展开。关于法治实践，我有一个体会，实际上四中全会的那个报告应该说是中国法治实践的一个指南，也是一个理论框架。未来几十年可能还是因循这个框架。它既是对过去法治建设经验的总结，也是对未来怎么样做法治建设的一个纲领性的文件。思考中国的法治实践，这个文件能够提供一个基本的框架，供我们去进一步的深化。这个基本的框架，实际上是从法律体系、法治政府、法治社会、司法体制等展开的。当然这只是一个大的框架，具体有很多内容，有大量的工作需要去做。

好，这是我的一个很宏大的思考。我平常做微观研究的，今天有些与常态不同，来讲这么虚的东西。

请大家批评指正。

主持人

非常感谢陈柏峰教授。我觉得,他是对中国法治体系的构建有忧患意识,提出了他的一些构想,就是说要突破西方法治的理论模式,同时要对中国官方的话语模式进行构建。

接下来,我们有请第三位报告人尤陈俊副教授,他的报告题目是《从概念史研究进路看中国的法学基本范畴》。

报告人/尤陈俊

法学博士,中国人民大学法学院副教授,基础法学教研中心副主任,《法学家》副主编,中国法律与历史国际学会执行委员兼秘书长,中国法律史学会理事,中国法学会比较法学研究会理事,中国社会学会法律社会学专业委员会理事。

从概念史研究进路看中国的法学基本范畴

各位前辈,各位同行,大家好。我要报告的题目是《从概念史研究进路看中国的法学基本范畴》。我打算分三个方面展开来讲。首先,我想从法学学术发展史的进路加以观察,在过去的30多年时间里面,中国法学界关于"法学范畴"这一话题的讨论概况。其次,我想谈一下,在这么个大的话题之下,我们需要对哪些问题特别留心,以及有哪些概念必须进行辨析。最后,我想就如何围绕这一话题进行概念史进路的研究,分享自己的一些初步想法。

先来报告第一个方面。

如果我们从法学学术发展史的视角来看的话,可以发现,在过去的30多年时间里面,围绕着对"法学范畴"这一话题的研究,中国法学界举办了不少会议,也出版了数本论著,还发表了一些论文。而就这些会议和作品而言,有很多问题值得我们去关注和反思。

先从曾举办过的相关会议来看,根据我的了解,在过去的30多年时间里面,明确以宏观意义上的"法学范畴"主题,或者以某个部门法语境中的具体法学范畴,作为专题研究对象而召开的比较持续性的会议,或者学术影响比较大的会议,至少就有这么四个。

第一个会议当然不用说了,就是 1988 年 6 月在长春开的“法学基本范畴研讨会”。这是一个在当代中国法学史上留下浓墨重彩的学术研讨会。今天当我们看这个会议在会后发表的综述时,会发现这个会议实际上主要是在讲要把权利和义务确立作为法学的核心范畴,尤其希望通过这种工作来构建一个与商品经济和民主政治相适应的法学理论体系。也就是说,根据会后的相关报导来看,这个会议并非笼统地去谈如何系统地建构一个法学基本范畴体系,而是集中讨论权利和义务为何应当被作为法学的核心范畴。

在中国法学界,围绕“范畴”话题举办系列会议来讨论的,我觉得做得最多的要属宪法学界。从 2004 年开始,宪法学界就在韩大元教授等人的倡导下,组织召开“中国宪法学基本范畴与方法”学术研讨会,2004 年召开第一届,一直办到现在,每年都在开,今年 8 月马上要在山东大学法学院召开第十四届研讨会。我通过看一些资料得知,按照韩大元教授等人的原初想法,曾有“十年之约”,亦即这个系列研讨会等到办完第十届就不再办了,但后来很多参加过会议的宪法学者都觉得此系列的会议非常好,所以经过讨论后,决定还要继续再办下去。2014 年时,也就是办第十届的时候,韩大元教授做了一个会议致辞,回顾了从 2004 年到 2014 年每年办一次会议,这十年间到底有什么样的成就,取得了什么样的共识。韩大元教授说,经过宪法学界十年的讨论,已经初步达成的共识是,中国宪法学体系的发展需要一些基本范畴,至少有几个概念应该作为中国宪法学的基本范畴。但是,值得我们注意的一个现象是,这十届的会议,越办到后来,从每年收到的会议论文来看,真正讨论中国宪法学基本范畴的理论文章所占的比例越少。浙江大学光华法学院郑磊教授等在《法制与社会发展》2016 年第 3 期发表了一篇题为《基本范畴与方法进路的中国宪法学积累图式——“中国宪法学基本范畴与方法”学术研讨会十年考》的论文,检讨了“中国宪法学基本范畴与方法”学术研讨会十年来的得失。他们经过统计后发现,在这 10 年的十届会议里面,一共有 206 篇讨论范畴的会议论文,大约讨论了 47 个宪法学范畴,里面有一些范畴的词频比较高,比如基本权利、宪法权利等,但也有一些范畴的词频比较低,比如“人大监督”。我看这篇文章的一个最大感受就是宪法学者自己也在总结和反思,召开这一系列会议的出发点是要“形成以基本范畴为基础与核心的中国宪法学范畴体系”,但实际上,经过 10 年的讨论,这个任务仍然尚未完成。也就是说,原本旨在构建整个中国宪法学基本范畴体系的系列会议,连续办了 10 年,结果参会者们自己发现,越到后来,范畴类论文反而越式微。

第三个比较系列性的会议，是我们中国人民大学法学院从2016年开始办的“法学理论基本范畴学术论坛”。我们在2016年办了第一届，当时专门讨论的范畴是“法的概念”，今天在座的不少前辈老师都参加了。2017年我们接着办了第二届，专门讨论“法的价值”这一基本范畴。按照这个会议的发起人张志铭教授的设想，我们每年选择一个法学理论基本概念进行集中讨论，在法理学研究越来越多元化的今天，我们其实需要从源头厘清一些东西，如此才能达成基本的共识，才能在此基础上有所对话。

我注意到的第四个专门讨论法学范畴的会议，是於兴中教授2017年5月在杭州召集举办的，叫作“中国传统法哲学基本范畴研究”，讨论的是中国传统法哲学里的一些基本范畴，比如孝、政、仁、名、俗等。我看到的会议报道当中还说，将围绕法与这些范畴的关系，组织撰写一套丛书。

在中国法理学界中，明确以讨论法理学基本范畴为其主题的专著，我看到的有两本。一本是张文显教授在1993年初版、后来在2001年推出修订版并略微调整书名的《法哲学范畴研究》；另一本是谢晖教授在1999年初版、在2017年再版的《法学范畴的矛盾辨思》。这是到目前为止，我看到的明确标举以研究法理学基本范畴为宗旨的两本著作。

除了这两本法理学著作，部门法学界也出版了一些类似主题的著作，例如研究刑法学的基本范畴、犯罪学的基本范畴、国际法的基本范畴、经济法的基本范畴，等等。比较有意思的一个现象是，如果我们看过去30多年来中国学者在法学期刊上发表的论文，会发现其中专门谈基本范畴谈得最多的，并不是法理学科。我做了一个初步的统计和梳理，结果发现在过去的30多年里面，明确从某个法学子学科的角度谈基本范畴的论文有40多篇，其中尤其以经济法和社会法这两个学科的文章居多。给人的一个印象是，经济法和社会法这两个学科特别喜欢谈自己学科的基本范畴，到今天还常可见到这种主题的论文发表。我的看法是，某些法学子学科喜欢谈自己的基本范畴，应该与该学科的知识体系建构的成熟度高低有密切关联。比如，经济法和社会法这两个学科之所以喜欢谈自己的基本范畴，可能就与这两个学科的学科知识体系建构相较于民法、刑法等其他学科而言远非那般成熟完善有关。当然，这还有待于进一步观察和研究。

我讲上面这番话的意思是说，在过去的这30多年里面，针对法学基本范畴的讨论，实际上并没有成为法理学乃至整个法学当中热度非常高的问题。导致这种现象的背后原因可能会有很多。第一个可能的原因是，法学的很多子学科认为自身的学科知识体系建构任务已经差不多完成了，而如果是已经差不多完成了的话，那么就不会再去过多地谈自身学科最基本的范畴的构建。另一个可能的原因，可能与今天中国法学某些子学科的常见研究风格有关,例如一些法学子学科很注重对策性研究,而如果是将主要精力放在对策性研究上的话,那么对基本范畴的理论研究很可能就不被认为是一项非常需要去做的任务。当然,原因可能还有很多。

第二个方面,我觉得如果在法理学乃至整个法学的语境下谈法学范畴这一话题的话,那么就必须对一些概念做基本的辨析。

比如,我们通常讲的“法学基本范畴”,是不是就等同于“法理学范畴”或“法哲学范畴”?换句话说,“法理学范畴”或“法哲学范畴”是不是就是所谓的“法学基本范畴”?这个问题我们需要思考。很多法理学者原先一直都说,法理学是指导各个部门法的“上位”学问,因为我们研究的是各个部门法共同的一些东西。但是在今天,我们实际上发现一些部门法的知识传统会对法理学的知识传统构成挑战,会挑战法理学这种指导者角色的自我期许。

由此连带而来的问题是,如果将法学范畴分成法理学范畴和部门法范畴,那么这两者的关系我们又该怎么摆放?这既是一个理论问题,也是一个现实问题。按照一些前辈学者的看法,法理学范畴对部门法范畴有指导的作用,但我们今天会时不时地发现,一些部门法当中所塑造的某些范畴的内涵,实际上与法理学中用相同文字表述的范畴所谈的非常不一样。一个最典型的例子就是“法律行为”这个范畴。今天法理学老师们通常谈的“法律行为”,与很多民法学者谈的“法律行为”,在内涵上有非常大的差异,甚至相互间根本无法交流。这种状况对学生们造成的困扰很大,因为法理学老师和民法老师都将“法律行为”作为各自学科的基本范畴之一来讲,但赋予这一范畴的内涵却又几乎完全不同。在中国的法理学中被作为基本范畴之一来教的“法律行为”,是不是真能指导民法中对“法律行为”的理解?法理学界该如何面对民法学界借以理解“法律行为”这一范畴的某些罗马法/德国法原教旨主义式执念的排斥和抗拒?这些都是值得我们深思的问题。

第三个方面,我想讲一下如何做一种概念式进路的中国法学基本范畴的研究。

根据伊安·汉普歇尔—蒙克撰写的《比较视野中的概念史》(周保巍译,华东师范大学出版社2010年版)一书中的概括,概念史研究有两大流派。一派是以政治思想史研究“剑桥学派”旗帜性人物昆廷·斯金纳为代表,主要从概念与修辞之间的关系入手研究概念史;另一派以德国历史学家考斯莱克为代表,将概念的变迁与社会的变化集合在一起进行考察,强调要在社会变迁的整个背景之下研究某个或某些概念的变化,在长时段里面去把握该概念的命运,包括该概念的兴起和衰亡等。

在今天的中国学术界,已经有不少人在做概念史的研究。例如,孙江教授主编的《亚洲概念史研究》已经出版了四卷,刊发了不少非常有意思的论文,其中有文章专门研究了"祖国""社会"等概念的意义生成和演变史。

在中国法学界，也已经出现了一些明确运用概念史进路研究法学里面的某些基本范畴的作品，其中最具代表性的要属上海交通大学凯原法学院顾祝轩教授所做的民法概念史系列研究。根据顾祝轩教授的预告，他打算完成对民法中总则、债权、物权、家庭这四大部分各自的基本概念的一系列研究。顾祝轩教授关于民法之总则部分和债权部分的基本概念的概念史研究，已经形成两本专著于前几年在法律出版社先后出版（顾祝轩：《民法概念史·总则》，法律出版社 2014 年版；顾祝轩：《民法概念史·债权》，法律出版社 2016 年版）。我很期待能早日见到他对民法之物权部分和家庭部分的基本概念的概念史研究专著。

除了上述专著之外，在中国法学界，也出现了一些明确运用概念史研究进路的论文。例如，林来梵教授对"国体"概念在中国的跨国移植与演变的专门研究（林来梵：《国体概念史：跨国移植与演变》，载《中国社会科学》2013 年第 3 期）；又如，周永坤教授近年来连续发了多篇论文，分别研究了"司法""宗教自由""信仰自由""德法并举"等概念在中国的演变史［周永坤：《中国司法概念史研究》，载《法治研究》2011 年第 4 期；《宗教自由和信仰自由——一个宪法概念史的考察》，载《苏州大学学报》（哲学社会科学版）2016 年第 6 期；《"德法并举"析评——基于概念史的知识社会学视角》，载《法学》2017 年第 9 期］。

这些研究，我觉得至少代表了一种新的趋势，也提供了某些启示。尤其是对中国法学界而言，若要研究某个法学基本范畴，无论是在哪个子学科的意义上进行研究，如果我们不把它放在这种概念之历时性演变视野当中加以观察和处理的话，那么很可能就会导致很多模糊不清的认识或似是而非的误解。这是因为，从晚清变法开始的过去一百多年来，中国法学界所使用的不少概念，其内涵在不同的时代实则发生了微妙的变化，尽管我们可能依然是在对其使用同样的文字表述。

最后讲一下我自己的一个想法。如果要在法理学乃至整个法学里研究"范畴"这一话题，那么我们就不能够仅仅止步于泛泛地讨论范畴，而是不妨从对重要概念的梳理做起。也就是说，先从对重要概念的历时性演变之梳理做起，然后再在此基础上探讨范畴问题。而范畴背后实际上还有一个更大的问题，那就是范式。如果不是依循这种"概念"—"范畴"—"范式"的进路展开，那么仅仅只是对法学范畴的讨论，很容易变得没有落脚点，且缺乏纵深感。

以上报告的是我的一些粗浅想法。由于时间的关系，一些地方无法详细展开来讲。当然，也有一些想法可能还不大成熟。非常期待在座的各位前辈和同行能够给我提供宝贵的建议，谢谢大家！

主持人

非常感谢尤陈俊副教授，概念史的研究梳理对于基本范畴的深化理解有重要意义。

下面，我们有请第四位报告人丰霏副教授，他的发言题目是《“法理”概念的意义》。

报告人／丰　霏

法学博士，南京师范大学法学院副教授、中国法治现代化研究院研究员。

“法理”概念的意义

首先非常感谢主持人。作为会务组成员，在此也代表会务组对大家表示感谢，我和奇才师兄、瞿郑龙、郭栋也都是从外地过来办会的，服务不到位的地方还请大家多多包涵。

我汇报的题目是《“法理”概念的意义》。首先向大家汇报一下这个题目的由来。去年张文显老师在酝酿《法理：法理学的中心主题和法学的共同关注》一文时，文章还未正式刊发之前，我和郭栋等一起探讨这个问题。初次接触“法理”这个概念的时候，我们在思考将法理作为法理学的研究对象，这会不会是一个伪问题，会不会是一个风险极大但是最后没有意义的问题，或者说，法理学要研究法理，那我们之前的法理学难道不是在研究法理吗？我们为什么需要一个法理的概念。这个问题意识也是在与郭栋的讨论和法理研究计划的成员讨论中形成的，包括苗炎师兄，还有在座的其他好多老师也是法理研究计划的成员。

为什么别的学科，比如物理学为什么不把物理作为其核心范畴，心理学不把心理作为其核心范畴，数学、哲学、化学等为什么不把数、哲、化作为其最重要的研究对象？为什么我们法理学要研究法理，为什么要聚焦这个词。张文显教授说，我们没有统合性的法理概念,法理的聚焦就没有一套严整的知识体系、理论体系。那么问题又来了,尽管我们没有法理这个明确的概念,但是法理学研究法之原理、法之公理等这些"一大筐"概念,这些概念综合到一起不也是在研究法理吗?为什么非要有一个法理的概念来统领呢?这就促使我去思考这个问题。我的核心问题就是,如何用法理这个概念作为基石范畴、中心范畴来构建新时代的中国法理学。

我认为,首先,对"法理"概念的意义理解应立基于对"法理"的现象观察。对这一现象的把握,我概括了两个方面。作为一种现象,第一,法理是自我呈现的。第二,它有一种分形结构。这两方面是根据"法理泛在"的特点衍生出来的,法理泛在是张文显教授对法理特征的一种精辟概括,我理解的是,"泛在"首先意味着"法理"是一种"存在",它之所以能够被发现,是因为它能够得以呈现。"泛在"同时意味着"法理"有一种复杂多样的存在形态,为此可以尝试找到它最小的"分形结构"。如何理解什么是法理的自我呈现呢?如果我们要去判断某个具体探究"法理"的过程是否合格、是否成功或可能成功地发现"法理"的话,通常来说,有两方面评判标准。标准一是"成果显见",即在上述对"法理"的探究之后,得出了一些关于法的规律性、终极性、普遍性的认知或关于法的目的性、合理性、正当性的判断或共识,并将其中复杂烦琐的内容通过语言文字简约地梳理表述出来,成功地发现了某条或多条"法理"。很多情况下我们做不到,只好退而求其次,采用标准二,即"路径正确":尽管探究工作并没有获得显见的成果,但是其探究过程本身是以追求前述认知、判断或共识为目标的,并以既有的一些认知、判断或共识作为论证质料、理论工具或反思对象的,这意味着其已经在发现"法理"的道路上,有可能成功地发现"法理"。反过来讲,如果我们要研究法理,当我们欲将"法理"清晰地表述出来、传递出去的时候,我们选择的表述方式一定应是适应于"法理"自我呈现方式的客观要求。这就是法理的自我呈现,法理会以符合自己内在规定性的方式表达出来。

当它表达出来的时候,我们要从复杂的载体形式之中,发现"法理"呈现形式的基本单元,借助对这一基本单元的解析而获取对发现"法理"之根本方法的认识。词语是承载"法理"的最小单元。然而,词语并非是法理分形的最小结构。比如,我们从"灋"这个词语中探究发现法理要素。但是,当我们解析诸如"正义""自由"这样的抽象概念,就没有办法通过词语来分析它的意义,就要将其置于情境化的事物之中,或者将其置于概念用语发展的历史脉络之中,总是要将其还原成事物现象加以理解。即事理,就像陈柏峰教授提到的具体个案中揭示法理。孔子曾说"下学而上达",朱熹注解道"下学是事,上达是理。理在事中,事不在理外。一物之中,皆具一理。就那物中见得个理,便是上达"。正是由于"下学上达""理在事中""法理泛在"的道理,我们在研习法理的过程中,可以轻易地发现大量的例子表明,探究发现阐释"法理"往往是因事而发、借事而喻、以事而论。因此,如果我们一定需要一个概念来描述法理的思想,那这个概念是一定要符合解放思想实事求是的意义的。

因此,我认为,我们之所以需要一个法理这个概念,实际上我们不是需要这样一个名词,我们需要的是解放思想实事求是,法理这个词为我们提供了解放思想实事求是的空间。第一,将"法理"之词语作为概念,并将其作为法理学的研究对象是对既往法理学研究成果及其实践应用的总体概括,旨在获得最大共识。第二,将"法理"之词语作为概念,并将其作为法理学的研究对象是对法理学研究方法的践行,旨在倡导理论反思。第三,将"法理"之词语作为概念,并将其作为法理学的研究对象是对"法理"之"实"的重申,是对作为虚存的法理要素的"实化"研究,是对中国法理学进一步专业化与科学化的探索尝试。第四,将"法理"之词语作为概念,是对中国法学主体意识、本土意识的强调。第五,将"法理"之词语作为概念,也是在激发一种创新意识,是创新发展中国法理学乃至中国法学的努力尝试。

最后总结一下,当我们尝试摆脱"法理"的外文对译,而采用"Fali"的中音直译时,在这个过程中,我们意识到这一点,即意味着我们的创新基础与发展目标发生了变化,在总结过往成就的基础上,主要的意向在于创建中国自己的法理学。

就到这里,非常感谢!

主持人

谢谢丰霏。我觉得讲得非常好。你的研究,正像陈柏峰教授讲的,从个案中研究法理,我觉得这恐怕是今后研究的一个方向。

下面,我们第五位发言人是杨清望副教授,他的发言题目是《"法理中国"的提出及其对法治中国的新发展》。

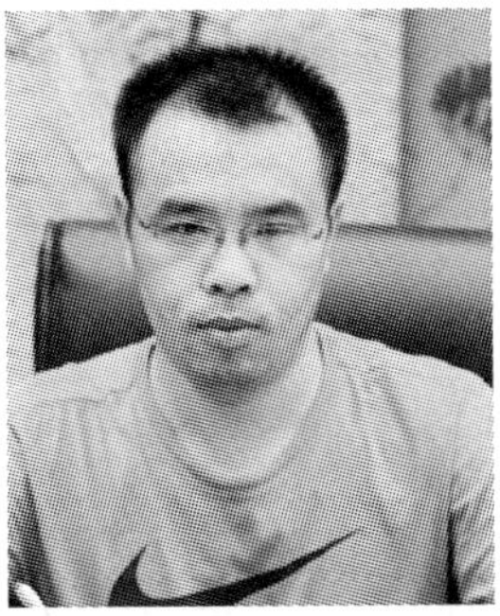

报告人／杨清望

法学博士，中南大学法学院副教授、中国法学会立法学研究会理事、中国法治文化研究会理事、湖南省法理学研究会秘书长。

“法理中国”的提出及其对法治中国的新发展

尊敬的各位老师、各位专家，大家上午好。非常感谢会议主办方提供的宝贵的发言机会。我发言的题目是《“法理中国”的提出及其对法治中国的新发展》。

张文显老师在《法理：法理学的中心主题和法学的共同关注》一文中首次提出了“法理中国”的概念。其后，《法制与社会发展》杂志开辟专门的“法理中国”研究专栏，到2018年8月，已经刊发专题论文3篇，但是这些论文都没有直接探讨法理中国这一主题，法理中国的研究亟须全面深入展开。我认为，在法治中国的基础上进一步提出法理中国这一概念，至少具有如下四个方面的意义。

第一，法理中国提出是对法治中国建设热情的镇静剂。1997年，国家正式提出了“依法治国，建设社会主义法治国家”这一伟大战略目标，2004年人权入宪，如今进一步提出全面依法治国、建设法治中国。这些伟大的历史节点和历史事件使我们法律人如沐春风，感觉到了法治的春天。我们对法治的期待有点亢奋甚至迫不及待。但时至如今，大家恐怕不得不沮丧地承认我国仍然处于法治的初级阶段，间或还产生种种焦虑。例如，为什么我们提出重大改革于法有据，但现实中往往被一些地方理解为“变通法律”的授权？由此可见，法治中国的建设现状与法律人心中关于国家和社会治理的理想图景仍然有一种差距。产生差距的原因很多，其最直接的原因就是法治中国建设实践并没有真正反映法理，没尊重法理和法治建设之间内在的规律。

从而，法理中国的提出为法治中国建设注入了一剂镇静剂。为什么是一种镇静剂呢？首先，法理中国要求法治中国建设必须要反映现实的中国国情和法律的内在之理，体现出国情与公理的统一。所谓现实的中国国情，即改革开放以来我们达成最大的一种共识：中国正处于并将长时期处于社会主义初级阶段。因此，法治建设必须立足于社会主义初级阶段这个国情，同时遵循法治文明共识和形态变迁的内在“法理”。

其次，法理中国要求科学对待法律和其他社会治理资源、世俗社会的法律治理和精神、生活世界的道德等形式的治理的统一，必须破除法律相对于其他社会资源有位的假定和法律万能的期待。从法理上讲，法律也是有限度的，法律可能只是一种很重要的国家和社会治理资源，也可能仅仅只是一种资源而已。从而，国家的良法善治也是一个法律与其他资源互为补充、公民有效沟通与社会协商共治的实现。

总之，法理中国的提出要求法治中国建设必须遵循其内在的法理，充分认识到法治建设是一个长期的事业。法理中国对法治中国建设提出了两种警示：首先，要反对态度上的过度乐观和过度悲观主义。过度乐观会认为法治中国似乎可以通过大跃进一蹴而就，这必然会造成这种过度期望得不到满足后的失望，终将伤害法治建设。过度悲观会看不到法治建设的理想愿景需要逐步达致，事实上，法治中国建设本质上是中国社会经济、政治、文化等一体互动变化的过程，需要法律人和社会大众的广泛参与，没有人可以坐享其成，要将法治的精神和规则意识融入这种变化过程之中，如此在发展变化过程中渐进实现法治。其次，要反对立场上的僵化教条和“无问西东”。从知识论的角度讲，法理中国的提出就是要强调法治中国建设既要尊重中国本土资源，也要遵循法治的内在规律和域外经验。所以，法治建设要求尊重法治的内在规律，吸收人类法治文明共识，知识的僵化立场不符合马克思主义一切从实际出发的要求，违背了实事求是的马克思主义精髓。相反，对外来资源的全盘照收，在法治建设的知识基础上打着“无问西东”的旗号为西方法治理论和模式背书也违背了法治建设的法理。

第二，法理中国是坚持和继续深化改革开放的推进剂。改革开放是实现当代中国崛起、全面建成小康社会和中华民族伟大复兴的关键一招，它已经成为当代中国社会的普遍共识。法理中国的提出凸显了法治中国建设的时代背景与国家法治建设之间的内在逻辑关联。党的十八大明确提出了全面建成小康社会，进而实现“两个百年”的奋斗目标。党的十八届四中全会上习近平总书记进一步指出，全面建成小康社会是我们的战略目标，全面深化改革、全面依法治国、全面从严治党是三大战略举措。三者间的关系是：全面建成小康社会是总揽全局的战略目标，全面深化改革为全面建成小康社会提供不竭动力，全面推进依法治国是全面建成小康社会的引领和规范，全面从严治党是全面建成小康社会的根本保证。

显然，实现当代中国崛起、全面建成小康社会和中华民族伟大复兴是全面依法治国建设和法治中国的目标指向，而全面依法治国和法治中国建设的逻辑起点在于其必须立足于中国国情。如上所述，当前中国最大的国情就是中国正处于社会主义初级阶段，在这个阶段建设小康社会，必须坚持改革开放，发展市场经济，健全市场法治。这就要求处理好中国特色与社会发展规律特别是市场规律之间的关系。就“特色”而言，应该坚持辩证法的观点一分为二来甄别：首先，“特色”系基于事物的特殊性质而产生，这就是真正的特色。真正的特色不但来源于事物的特殊性质，而且要求认识和改造世界必须从事物的特性和发展规律出发，实事求是。例如，就国家发展模式而言，不同国家有不同国情，从而有不同的发展模式，中国特色社会主义本身就是特色。其次，“特色”是指基于本质不变的事物在“特殊语境”中的再现，此时，所谓特色就是假特色，从而不能以此为理由拒绝从事物自身的发展规律出发来认识和改造事物。例如，关于发展经济中的姓社姓资问题的争论，这种意识形态的标签化恰恰违背了经济发展的自身规律，在此基础上的特色论恰恰是错误的认知。我国改革开放的过程本质上就是认同、尊重、维护市场规律的过程，中国社会和法治发展的过程从根本上验证了“市场经济就是法治经济”这一伟大的法理论断。

总而言之，必须重申改革开放以来的基本共识和坚持改革开放的成功经验，坚持将发展市场经济作为实现小康社会的根本途径，从而将全面“发展”市场、发展“全面”市场、尊重市场规律、维护市场法治作为建设小康社会和建设法治中国的基石“法理”。鉴于此，法理中国提出的意义就在于其有可能重塑了建成小康社会、全面依法治国和法治中国建设之间的内在逻辑关联，重申小康社会建设中的科学精神，防止建设前的过度自信和建设中可能出现的过度悲观。

第三，法理中国是沟通法律内部结构和外部运行的融合剂。法治中国建设强调国家依法治理，通过法治国家、法治政府和法治社会一体建设来推进，最终实现良法善治。所有这一切都依赖于中国特色社会主义法治体系建设，而法理中国的提出则从法律内部结构和外部运行提供了基础。

从内部结构来说，这要求健全中国社会主义法律体系。2011 年，中国特色社会主义法律体系已经形成。但是，不同部门法之间、上位法与下位法之间、法律与非规范性法律文件之间等却存在种种不协调不一致的地方。而“法理中国”的提出明晰了法理的内涵，这包含：(1)法之道理，法之“是”理；(2)法之原理，法的学理、学说；(3)法之条理；(4)法之公理；(5)法之原则；(6)法之美德；(7)法之价值；(8)法理学。所以，“法理中国”之于中国特色社会主义法律体系健全的意义就在于突出了“法理”解释法律的根本指导作用，从而为法律部门内部的协调一致提供了可能性。例如，公序良俗原则、诚实信用原则不但可能成为沟通民法和私法体系基本原则，甚至可能成为沟通公法、私法、社会法之间的基本原则。

从外部运行来说，法理中国对立法、执法、守法、法律监督等环节更强调“法理”的贯穿，例如“法律是公正与协调的艺术”这一法理就深刻贯穿于法律运行的全过程。立法要做到尊重规律、尊重不同意见达成最大限度的利益共识，执法坚持比例原则，司法的理想状态是让人民群众在每一件案件中感受到公平正义,法律面前人人平等,法律监督也要循程序而进行,等等。

第四,法理中国是法治文明交流的催化剂。中国实现现代化的过程,本质上就是中国吸收和融入世界文明的过程。文明的交流乃至交融不同于文明的认知和对话。文明的认知可能是对不同文明形态的白描,而文明的对话直接是为了促成了解。而文明的交流和交融这是一种高级形态,它是在认识和了解的基础上认同某种文明不可替代的重要性,从而希望通过交流和交融实现共同发展。

中国的法治文明如果要在世界法治文明的进程中占据一席之地,能够在保有自己主体性的同时与西方法治文明进行有效交流甚至角力竞争,那么其必须来源于其蕴含的深刻“法理”能够为世界法治文明所理解和认同,而不是源于世界角力中的“利益连横”或者权术,后者很容易收获“反法理”同盟的定位。就法治中国意义而言,江必新教授等将其概括为中国法治建设的2.0版,这包含三组含义,即人类法治文明的继承版、中国法治建设的升级版,还有世界法治建设的中国版。而法理中国的提出则进一步回答了我们以什么样的法治理论自觉和文明样态站在世界法治文明交流之端,中国应该以什么样的法治担当为世界法治建设和人类社会发展做出与大国地位相称的贡献。易言之,“法理中国”突出中国法治文明“法理”意涵,一方面促进中国的特殊性及其解决方案成为世界效仿的范本,另一方面吸收世界法治文明基本共识经验为法治中国建设所用。例如,具有中国特色的调解制度就是“定分止争”和“和为贵”等深层法理的体现,也为世界法治文明所认同。

总之,以法理中国理论来促进法治文明交流,就是要区分文明意义的中国与文化意义的中国。法理中国强调中国作为文明的一种形态,不但坚持中国的文化特色,而且吸收世界文明特别是制度文明和法治文明的成果;而文化意义的中国更多强调中国的文化特色。文化需要了解,可能并不必然为也不必要为世界认同,能做到同情式理解已属不易。而法理中国下的法治文明强调特色是解决问题方案的特色,但是需要坚持法治的基本规律和共识。这才能真正实现“法治中国不仅要致力于国内法治建设,还要统筹国内法治和国际法治两个大局,推动国际关系法治化和全球治理体制民主化”。只有一个讲求法理的中国才可能统筹这两个大局,也才能真正裨益于世界法治文明和实现中华民族伟大复兴。

主持人

谢谢杨老师。

下面我们欢迎本单元第六位报告人钱继磊副教授,他的发言题目是《法学基石范畴的再思考》。

报告人／钱继磊

法学博士，济南大学政法学院副教授，中国法学会法理学研究会理事、法学教育研究会理事。

法学基石范畴的再思考

首先，非常感谢会务组给我提供这样一个学习的机会，感谢各位对我的关注。我这个文章是一篇论文的一部分，原来有接近三万字，发表的时候删了一些。这次拿出一部分来给大家分享。这篇文章写的原因，一个是与两年前徐爱国教授发表的一篇文章有关。这篇文章说的是法理学的死亡，我看到之后，也感觉需要思考这个问题，这至少也给我们提供了一个重新思考的契机。因为，到了现在，形势发生了一些变化。而且这次会议就是纪念法学基本范畴提出来30周年，也需要我们自己关注这个问题。借此机会，我就写了这篇文章。在这里面要谈的就是，需要思考30年前提出来法学主要的范畴是权利，到了今天我们发现，沿着这个真正去做下来的、从法理的角度去研究的成果并不是太多。原因可能是大家的研究途径多了，关注点分散了。可以多元，但是基本理论这块也需要持续深入的研究。到了今天，我们对这个问题需要重新思考。我想到的就是，如果从范畴角度来讲，它是个体系，这在30年前就谈了。而且，刚才杨清望教授也谈到了，今天我们和以前还不一样，我们的形势发生了很多变化，是吧？我们改革开放已40年了，与当初相比，我们面对的需求、社会现实已经差距很大。如果我们只谈权利，可能无法很好地回应一些现实的问题。

第二点就是，我刚才说了，国际环境变化也是很大，我们需要清楚这个法理中国的前提，有了法理，还要对法理本身进行思考。否则，我们的法理中国这个词还很难说与世界其他一种文明进行对话。我想权利是不是就能代表或者涵盖我们今天的法理这里面最核心的一个基石范畴。这一点在文章里我进行了分析。从目前权利的研究来看，我们感觉水平最高的还是张文显老师那些人，后面的人就没有几个了。我们知道，在张老师那里，权利既是一个基石范畴，还有一个中心范畴。对于基石范畴，我感觉它应该是最基本的，是一个起到压舱石、定盘星的作用的范畴。对于中心范畴，就是权利和义务，这样它就可能起到一个真正的引领作用。但是，如果权利既作为基石范畴，又作为中心范畴，它逻辑上来讲就有麻烦，可能是因为基石范畴应高于其他范畴吧。我感觉法理学一个很重要的使命，除了对部门法的一个引领、指导作用之外，很重要的一点，它是与其他的学科、法理学与整个法学其他的学科对接的一个最基本的入口，也是个出口。因为我们知道，任何学科最终的目的是我们要解释或者要解决现实社会问题。从这个角度来讲，所有的人文学科都面对着同一个世界，只不过它们看问题的视角、解决问题的方法不同而已。从这个角度来讲，我们的人文学科应该能够对话、能够沟通，我们不是孤立的，我们法学也不能只是谈法律。所以要有面向问题、面向现实，实践这种思维，从这个角度讲需要相互沟通交流。

我在文章当中也谈了，在这种情况下，我们能不能找到一个作为一个基石范畴，既能引领，像如何引领法官那样，又能够涵括法理当中的这些其他范畴，甚至还能与其他学科以及其他文明进行对话的这样一个范畴。所以，我这篇文章一个重要的观点，就是能不能用正义作为法理学的基本范畴。当然提出来之后，可能有很多批评，反正我也是做一个尝试，希望通过这个方式吸引大家来抛砖引玉，引起我们法理学界对基石范畴，包括法理学的基本范畴的整个体系作进一步广泛的讨论和思考。我感觉这可能就是这篇文章的目的。因为，如果就观点来讲，任何观点都有它的限度，至于为什么正义可以作为基石范畴，我上面也谈了一点，很详细的我不想谈了。如果大家感兴趣的话，可以去看一下发表在《法学评论》2018 年第 1 期的《迈向法理时代的中国法学》一文，这次提交的文章就是发表的那篇文章的主体部分。

欢迎大家批评，谢谢！

主持人

谢谢钱老师。

接下来，我们有请第七位报告人陈翠玉副教授，她的题目是《古代“法理”生成考析》。

报告人／陈翠玉

法学博士，西南政法大学副教授。

古代“法理”生成考析

谢谢会议主办方给我这样一个发言的机会，我的这个题目是《古代“法理”生成考析》，“法理”两个字是加了引号，主要是谈“法理”这样一个词语，一方面是有考据的意涵在里面，另一方面也是自己的一个阐释。我是在反反复复地看史料的过程中形成了自己的一些想法。今天简单给大家汇报一下，希望大家来指正。

在西方文献中并没有“法理”这个统合概念。“法理”一词是近代随着西方法理学科经由日本传入，即日本学者穗积陈重在翻译西方的 jurisprudence 一词时借用了古汉语“法理”一词，随后在中国被广泛使用开来的。但长期以来国人在频繁使用该词的过程中，却往往忽视了其产生的特定中国古籍来源及其含义所指，学界也鲜有涉及。那么我就想知道中国古籍当中真的有“法理”这个词吗？在古籍当中，它的分布和使用情况是怎么样的？为什么日本人注意到了这个词，而我们国人却很少关注这个词？另外，我还想知道，古籍中的“法理”一词和我们今天谈的法理，在含义上有多大的一致性？古籍中的“法理”一词，是否是古人对法律理论进行思考的产物或结晶而在语言上的一种反映等。

目前“法理”一词被认为最早是出现在汉代，《汉书·宣帝纪》中说：“孝宣之治，信赏必罚，综核名实，政事、文学、法理之士咸精其能。”总体而言，“法理”这个词在中国古籍当中出现次数比较多，在中华书局出版的中华古籍库中出现了四百多次，在爱如生古籍库中出现了一千多次，其他如鼎秀等古籍数据库中大概也有几百次，甚至在中国历代碑刻的数据库中也出现了上百次。它不仅出现在《汉书》《史记》《三国志》《魏书》《隋书》《宋史》等正史当中，也出现在像《唐律疏议》《宋刑统》《庆元条法事类》《唐大诏令集》《宋大诏令集》等立法文本中，还出现在如《名公书判清明集》《折狱龟鉴》《册府元龟》等司法裁判书或案例汇编集中，此外还出现在学者的文集、名臣上奏、文人笔记、人物编年史、碑刻文、文集和诗词歌赋中等，表明“法理”一词在古代史中真实存在且确有大量使用。

关于古代“法理”一词的含义，正如中国台湾学者洪逊欣所言：从英文 jurisprudence 一词所内含的“法理”之义与中国古有的“法理”之义甚为吻合，它们都用来指称法律制度和实践的基础，都具有法律的原理、普遍性基础和依据等含义。当然，在“法理”的认识方法上面，传统中西有所不同，但其目的都是通过认识法律现象背后的原理、道理、规律，发现良好法律制度和实践所依赖的基础。

从语言学的角度来看，古代“法理”这个词是从“法”与“理”两个字连用而来。作为单字的“法”“理”二字在中国古代经历了一个从无到有，再到含义日益丰富清晰并成为被频繁使用的过程。而它们之所以会发生连用，与义项众多的“理”字的超强构词能力有关，也与秦汉时期古汉语造词高潮有关。从历时性史料的观察中，我们发现，“理”字曾和很多字组合，逐渐形成一个庞大的理字词族群。这些理词族群可以概括为名词性和动词性两大类。从名词性词语成词情况来看，纹理、条理、事理、道理、伦理和情理等词的形成满足了当时人们表达具象或抽象事物的需要，它们是由名词义的“理”字与当时先后流行起来的“文”“事”“道”“伦”“情”字等组合而成。而“理”字之所以会与其他字发生连用，可以用语言学理论来加以解释。意义互训或是在很多的典籍当中非常密集的在一个句子里同时出现的两个字，慢慢的可能会因为被经常连在一起使用而逐渐被组合成为一个词。比如，我们看到理族词中的一些类似的词，像“文（纹）理”“机理”“条理”“伦理”“情理”等这样一些词都是这样产生的，它们基本上是在理的本义基础上，沿着理的义项去延伸造词而逐渐产生出来的。比如，“道理”这个词，最早应该是韩非子提出来的，是在古人反复阐述道和理的关系及其时常并列提及或使用二者的过程中产生的。而就“法理”这个词的生成而言，我们看到，主要是自汉初起，这个“理”字开始越来越多地与政治法律领域关注较多的狱讼话题联系起来，在这种背景下，“法”和“理”字慢慢发生连用合成出“法理”这个词。这是我从语言学的角度对“法理”一词生成的一个解释。当然，还可以从文化史等其他方面加以解释，时间关系这里就不展开了。

谢谢。

主持人

谢谢陈翠玉副教授。

接着我们有请浙江大学光华法学院博士后郭晔，她的发言题目是《新时代首次修宪的法理基础》。

报告人／郭 晔

法学博士，浙江大学光华法学院博士后。

新时代首次修宪的法理基础

很荣幸有这样的机会与各位前辈和同仁去分享一些研究心得。我今天向大家汇报的内容主要有两点：第一，谈谈我自己对法理的感悟，也是这篇文章的初衷；第二，这篇文章的主要内容。

为什么去寻找法理？

法理学的命运，甚至可以说，法理学家的命运在于法理的阐明。换句话说，法理学必然要通过法理的阐释来获得自身的存在感，从而也获得某种幸福感。当30年前权利义务命题提出的时候，我们是拯救法理学于水深火热之中，那么30年后，我们提出回归法理，并不是一次拯救，毋宁说，是让法理学唱主角，找到它安身立命之处。

按照认识的逻辑，我们对客观现象的把握，一方面来源于这个对象通过感官刺激我们，另一方面来源于我们的自我意识范畴去统领感性的杂多。这种把握，我们可以称之为主体对客体的某种真理性把握，或者索性称为科学。

但是，我们对法的把握，则有所不同。因为法不是某种可以通过五官、触觉、感性来刺激我们的东西，我们只能观察到法体现出来的某种形式，比如法条，或者观察到法运行中的某种过程，比如法的实施。可是，这并不是法本身。

那么法是什么？反思一下，我们会发现，当我们试图去把握法这个对象的时候，实际上就是把握我们自己。正如美国第36任总统约翰逊所言“别的发明让人类学会驾驭了自然，法的发明让人类学会了驾驭自己”。从某种程度上说，法律和法律实践就是我们的理性和理性的实现。因而，法是脱离不开人的理性的，而法理就是人之理性通过法的“修辞”或“模型”表达出来。

从这个意义上讲，法理就是法的存在。如果哲学不研究存在就称不上哲学的话，那么法理学不回归法理也就难以承担法理学的使命。

那么又如何去发现和提炼法理呢？最核心、最直接也是最艰难的，就是用法理去阐释我们身边的实践。海德格尔说，我们是被抛到这个世界的。事实上，我们不但是不得已来到这个自然界的星球，而且是不得已出生在某个国家。我们生下来就沾染了这个地域所特有的东西，这也影响了我们存在的方式。就法的实践而言，我们不可能在出生时就有投票权，就能够影响某些制度及其实践的样子。因而，我们很难凭一己之力去改变这个世界，但至少我们可以在能够改变之前，去摸索它存在的根据，去感悟它以什么样的方式存在。这便是法理学的任务，是法理学基于我们自身和基于我们的时代所应当承担的使命。

我向本次会议提交的小文章《新时代首次修宪的法理基础》实际上就是在做这样的一个尝试，就是去把握修宪这个国家法律行为，它背后的逻辑是什么？基于怎样的理由要有这样的行为，又基于怎样的程序去完成这个行为；基于什么样的内容去表达这个行为。刚刚陈柏峰教授说，要把政治话语、意识形态话语转变为学术话语，而这也是张老师在纪念习近平“五三讲话”中重点提出的，并以《创新发展中国特色社会主义法治理论的四点认识》发表在法制日报上。那么，这也是舒国滢教授在昨天大会发言中提出的，要以科学的意识去守护法理学的命运。同样，这也是朱景文教授提出的，我们要奋力走进法学研究的第三个阶段，即回归中国法理学。

就修宪而言，我们必须回答三个问题：第一，为什么要修宪；第二，怎样修宪；第三，该修什么。而这三个问题的回答也就构成了修宪的法理所在。这些法理在文章中是以命题为载体的。鉴于时间关系，因为论文中已经进行了详细论证和展开，我这里仅简要做个概述。

第一个问题，为什么要修？

这就提出了新时代中国法理的根本，就是良法善治。修宪的目的即通过宪法，达到良法善治。从法理逻辑上，修或不修、可改与可不改取决于特定时代和国情下的宪法观。习近平总书记在一系列讲话中阐明了中国特色社会主义宪法观。

宪法是国家的根本法，宪法是一个国家法律体系的基因，是一切行为的逻辑前提。新时代坚持和发展中国特色社会主义的总目标、总任务、总体布局、战略布局和发展方向、发展方式、发展动力、战略步骤、外部条件、政治保证等，必须获得根本法的认可，才能在法治的轨道上迈出稳健的步伐。

宪法是治国安邦的总章程。只有把具有中国特色和实践智慧的治国理念、治国道路、治国经验、治国思路和治国优势，转化为实实在在的宪法规定，并依据宪法推进国家治理体系的法律化、规范化和定型化，才能够促进国家治理各项体系的携手共进和治理能力的显著提升。

宪法是依法治国的总依据。全面推进依法治国总目标内涵着宪法更新的需求,完善中国特色社会主义法治体系的现实目的推动着宪法修改的步伐,宪法必须与依法治国、建设社会主义法治国家合奏,法治才能与富强民主文明和谐美丽的社会主义现代化强国伟业共鸣。

宪法是党和人民共同意志的结晶。修改宪法,使其与党章相衔接,使其与党和人民意志相同步,正是社会主义宪法的成长规律所在,也是无产阶级专政国家的本质要求。

宪法是时代发展的写照与引领。修改,是在新时代坚持和发展中国特色社会主义的时代主题下展开的,确认了十八大以来统筹推进"五位一体"总体布局、协调推进"四个全面"战略布局新成就新经验,同时也必将引领"两个一百年"奋斗目标的实现和中华民族的伟大复兴。

宪法观呈现的是当代中国宪法的特定宪法的宪法观确立了良宪的标准,善治的前提,因而这五条宪法观的法表述就构成了本次修宪的前提性法理。

第二个问题,怎样修?

修宪不是一个简单的动作,而是一个动态的制度运行过程,也是一个宪法法理逐渐实现自身的过程。党中央提出了修宪的总体要求和基本原则,总体要求的核心是把党的十九大确立的、党章已载明的党的主张、基本理论、基本方略、大政方针转化为根本法规定,实现宪法与党章有机衔接、相辅相成;基本原则是坚持党对宪法修改的领导,依法按程序推进宪法修改,充分发扬民主、广泛凝聚共识,坚持对宪法作部分修改、不作大改。这些总体要求和基本原则彰显出修宪的程序性法理。对总体要求的贯彻和对基本原则的遵循,使五个多月的修宪进程有条不紊、有理有据,彰显出程序性法理的真理力量。

一是坚持党的领导,掌舵修宪方向;中央集中统一领导为修宪指明了正确方向,避免了政治风险。保证了修宪工作沿着中国特色社会主义法治道路前进,保持宪法的社会主义本色。保证了宪法的人民性和先进性。方向要有政治正确性。

二是充分发扬民主,广泛凝聚共识;宪法具有人民性,人民主体地位是宪法的原则,人民共同意志是宪法的灵魂,维护和发展人民根本利益是宪法的目的。因而,修宪也是民心工程,必须为了人民、依靠人民,反映人民意志,得到人民拥护。只有在程序上充分发扬民主,宪法才能发挥社会主义的政治优势;只有在内容上广泛凝聚共识,宪法才能得到人民的真诚拥护和遵行。内容要具有人民性。

三是尊重科学规律,彰显国家法理;修宪立基于科学的分析和判断之上,反映了党和人民对历史、时代、实践和法理的理性认识。修宪一方面保持了现行宪法的有效性和稳定性,另一方面体现了改与不改的辩证逻辑。选择要具有科学性。

四是严依法定程序,维护宪法权威。守程序是法治之始。本次修宪特别突出了修宪的神圣性,党中央用一次全会(十九届二中全会)专门讨论宪法修改问题,是有史以来的第一次,充分表明了党中央对修宪的高度重视、对宪法权威的尊崇。程序要有规范性。

第三个问题,修什么?

通过的宪法修正案体现了修宪的实质性法理。这包括十个方面的内容:党的指导思想增强宪法定力;党的领导地位铸就宪法本质;人民主体价值夯实宪法根基;国家纲领引领宪法进步;五大文明蓝图拓展宪法内涵;德法共治理念提升宪法品质;善治实践理性催生宪法活力;全球治理思维创新宪法理念;宪法实施制度守护宪法权威;法理思维逻辑开启宪治新征程。

总结来看,前提性法理回答了“为什么修”,程序性法理阐释了“怎样修”,实质性法理论证了“哪些应该修”,法理之题构筑了修宪之善。前提性法理是修宪工程的拱顶石,它嵌入程序性法理和实质性法理之中,并沟通着后两者,后两者也以它为支点而更稳固。程序性法理促进了过程之美,使修宪这一国家行为有了良善意志的规定性,包括正确的方向、强大的支撑、科学的准则、合法的步骤。实质性法理促进了结果之善,使宪法修正案诸多条文有了合目的性,更及时地回答了时代课题,更丰富地体现了党和人民的意志,更有效地推进了全面依法治国,更加快了社会主义法治体系的完善,更有力地促进了国家治理现代化,更深层次地响应了前提性法理的呼声。程序性法理与实质性法理的珠联璧合,满足了过程之美与结果之善的统一,实现了合规律性与合目的性的统一,达致了良法与善治的统一,完成国家之器与历史之道的统一。

新时代的首次修宪,开创了一个法理的宪法,以习近平新时代中国特色社会主义思想为内核的21世纪马克思主义的法理精华渗透在宪法修正案的文本中,凝集了党心、民意和国情,滋养着理论、制度和实践,孕育着理性、良善和公正。法理为修宪戴上了新时代的花冠,修宪也迎来了法理中国的朝霞。

以上便是我今天一个简短而尚显幼稚的报告,请大家批评指正。

主持人

谢谢郭晔。

下面,我们有请本单元最后一位报告人,也是本次会议最年轻的报告人,浙江大学光华法学院博士研究生郭栋同学,他报告的题目是《从权利本位到法理中心——中国法学基本范畴研究(1988—2018)》。

报告人／郭　栋

浙江大学光华法学院博士研究生。

从权利本位到法理中心

——中国法学基本范畴研究(1988—2018)

各位师友,大家好！感谢会议主办方提供的机会,第一次以校友的身份回母校参加会议,非常激动。我的报告题目是《从权利本位到法理中心——中国法学基本范畴研究(1988—2018)》,这是一篇对于中国法学基本范畴研究30年的反思性述评。题目中的权利本位紧扣法学范畴,法理中心贴近法理研究,文章是专门为此次会议撰写的,谨以此文致敬30年前法学基本范畴研讨会。回到长春的那天晚上,我走在人民大街上,路灯下树影婆娑,已寻不见当年斯大林大街72号的踪影,但是在这个地点发生的故事30年后还在续写。

从1988年到2018年,中国法学基本范畴研究经历了破局、困境、转型三个阶段。具体内容如下:

第一个阶段是破局。这一阶段的起止时间是1988年至1993年,分别以1988年全国基本范畴研究研讨会召开和在1993年《法学基本范畴研究》一书出版为标志,这一阶段标志性的理论成果是:突破以阶级斗争为纲的理论范式,确立权利作为法学基石范畴的地位。

破局的时代背景是变革。20世纪80年代中国思想界最具标识性的现象,莫过于改革话语的兴起与滥觞。在法的概念和法的本质的讨论如火如荼时,张文显、张宗厚、文正邦、程燎原、王人博等青年学者意识到要深入法律现象的内部进行研究,以更加切实地推进法理学的改革和更新。虽然说“法学的基本范畴是权利和义务”,但是破局是从法律规范开始的,作为法学范畴体系中承上启下的逻辑中介,法律规范上承法律权利义务,下接法律关系、法律运行等范畴,此种理论特质使其成为新一波法理学的改革和更新的理论切口。

核心命题是：法律规范以权利义务为核心内容。法律关系的内容是权利和义务关系。作为权利义务体系的法律规范是模式化的行为体系。法律文化要以权利和义务为其意义中枢，法律文化沿着义务本位模式向权利本位模式变迁。权利本位是一个有价值定向的概念，权利义务充分体现着法的价值。法律责任是法律权利义务的同位范畴，责任是第二性法律义务。这一个命题群组的建构标志着，权利义务作为法学基本范畴的确立。这在逻辑上为权利本位的提出做了铺垫。

1988 年在长春召开的全国首次法学基本范畴讨论会上，张文显提出，权利和义务是法的基本范畴，在这对范畴中，权利是本位，因此，法学应该是权利之学。权利和义务开始受到关注，这场会议揭开了权利本位之争的帷幕。义务重心论的提出，丰富了权利理论的理论层次，明确了权利本位的理论定位。在价值共识的前提下，义务重心论继续从法律技术的角度，站在制度工程设计和建构的立场，去讨论法的重心问题。权利本位论仍然依循着价值分析展开，并将其与市场经济、民主政治等连接在一起。

权利本位所回答的是何为法学范畴体系的逻辑起点的问题。这一问题的研究属于逻辑实证分析，而非价值分析。权利本位论者在论证这一问题时，其间吊诡之处在于，又从价值层面上强调权利之于义务的本位意义，基于哲学的、政治学的、经济学的理论的价值分析代替了概念分析和逻辑论证。本文通过法学范畴在实质意义上对法律现象的解释力和在形式意义上范畴之间的逻辑连接能力，对此作了补充论证。

确立权利作为法学基石范畴之后，部门法哲学领域中的基本范畴研究如火如荼地开展。自然权利是宪法学独有的基石范畴，应该从自然权利出发构建宪法学范畴体系。环境权作为环境法学的基石范畴。以“经济权利说”为思想路径阐发经济法基本范畴。公平竞争权是竞争法的基石范畴。税权是整个税法研究的核心范畴。物权与债权是近代民法以来形成的两大基本范畴。以社会权为逻辑起点和基石范畴建构社会法的范畴体系。公正审判权是现代刑事司法制度中的核心范畴。

在第二阶段，法学范畴体系的研究开始进入缓慢发展阶段，这一阶段的起止时间是 1993 年至 21 世纪第一个 10 年，在此期间，作为一种研究范式的权利本位逐渐形成。虽然作为名称的“权利本位范式”在 1993 年、2001 年、2005 年都被提过，但尤是在公法法理之沦丧的半壁江山尚未收复之前，远不能讲其范式已经形成，这需要冲破重重的阻力。

雅斯贝尔斯说，人类在“轴心期的创造品”规定了“直至今天我们思考范围的基本范畴”。20 世纪 80、90 年代的法学基本范畴的研究何尝不是如此，当我们思考和言说的方式被这些范畴所规定，不免会造成思维的禁锢和研究的僵化。这一波攻势的最初发起者是童之伟，其认为，权利本位理论所构建的法理主要只是私法之理，不能给公法和作为根本法的宪法以最起码的理论观照。

这一问题在部门法学研究中表现尤为明显。第一种呈现样态是以“权利—权力”作为基本范畴,第二种呈现样态甚至直接将核心范畴或基石范畴指向“权力”,第三种样态则走得更远,直接将核心范畴或基石范畴归结为“法益”。我就不列举了。问题的实质性解决,存在两种思路。第一种思路是探寻权利与权力的内部联结,进一步把权力归结为权利。第二种思路是发现权利与权力的共同上位概念,将权利与权力做一种向上的归纳。这种思路又分为两种路径:其一,从权利和权力这两种最基本的法现象中抽象出来社会权利这一概念;其二,用“法权”这一概念来表述法律权利和法律权力统一体。真正的问题还不在于此。当权利本位从一个法学范畴问题转变为一个法哲学问题时,只从法学的角度来论证权利本位是不够的,新的问题便指向了权利本位理论的实质性重构。有学者开始借用拉兹的权利概念,罗尔斯、德沃金、诺齐克等权利学说,霍布斯的权利学说,试图重构法律权利概念的内涵。基石范畴的缺陷势必会弱化其对其他范畴的统摄力,基石范畴的有失稳固直接会引起整个范畴体系的动摇和瓦解。权利本位的学术漏洞,引发了其他法学基本范畴和范畴体系的理论重构。

关于法律规范范畴,一种进路是直接将法律规范看作法律最基本的构成单位和不可分的最小单位,拒绝将法律规范向权利义务范畴的归结。另一种进路是从法律规范内部切入,解绑法律规范与权利义务范畴的逻辑关联,重构法律规范的概念内涵。也有学者开始从西方重新寻找理论资源,试图重构法律规则范畴,哈特、凯尔森、奥斯丁、魏德士、哈特、冯・赖特一一登场。法律责任应当从法律义务中独立出来。法律义务不能包容法律责任。法律责任的研究已不限定于概念分析,法律责任的哲学根据、合理性、设定原则、目的、功能、归结原则、历史发展、价值构造、形式构造等新的学术议题开始兴起。我国法理学界对法律义务问题常常作为权利问题的一种陪衬而被提出来。有学者基于一般义务层面的承诺和同意讨论了法律义务的合理性依据,试图进一步降低法律义务范畴对于权利的价值依附性。法律义务范畴的研究开始走向独立。从某种意义上说,同作为法学的基本范畴,法律义务对法学研究的重要性与法律权利难分轩轾,赋予其独立的学术秉性,是逻辑之必然。童之伟基于法权中心,重构法律关系范畴。也有学者从霍菲尔德、萨维尼、拉伦茨、梅迪库斯、凯尔森、哈特理论出发重构法律关系。在相反的方向上,有学者进一步推进了权利本位对法学基本范畴体系的统摄力度,认为不止法律关系的内容可以归结为权利,甚至法律关系的客体可以归结为权利。其实,法律关系范畴最大的问题不在于此。作为法学基本范畴之一的法律行为和法律关系,都属于运行论范畴,而非本体论的范畴,但法律关系和法律行为一直被置于法的本体之下,逻辑混乱和结构的错置有待进一步修正。

第三阶段的发展可谓惨淡经营,真正的问题开始暴露。从21世纪第二个10年开始,尤其是从晚近几年开始,权利本位范式内在性的不可调和之张力结构在解释实践问题时遇到的尴尬境地愈加显明。作为研究范式的权利本位,在纷繁复杂的法治实践中,也遭遇到一些难以解释的法律问题。当将权利本位论定位为法哲学研究范式,并将其作为一种分析方法、一个概念工具、一条思维视线和一种理论进路,权利本位论无力解释更遑论权利冲突问题、权利话语问题、权利泛化问题。

作为方法的权利遭遇到的上述困境,在本质上是由于权利的方法之缺失所造成的,更为根本和更为重要的是权利本位范式在方法论上遭到的批判。有学者指出,“权利本位”基本上是一种政治话语和传统的非实证的人文话语。政法法学的意识形态化和教条化导致其缺乏足够的思想和学术深度。呈现出价值判断先行的定性和宏观研究,忽略了法学实证的面相。

权利本位范式受到中国社会实证法学和分析实证法学双面夹击。这一波批判触及了最根本的东西,小修小补已经无济于事,必须进行根本的转型。各种研究进路,几乎不谋而合,道路均指向了实证。时隔30余年之后,张文显教授再一次提出“重构中国法理学”这一学术议题,不过这一次的切入点不是“理论基石”,而是“研究对象”。“即确立以‘法理’为研究对象和中心主题的转型”,顺理成章地提出法理学是“法理之学”这一学术命题。以权利为基石进行法学基础范畴体系的建构,这种变革法理学的思路所隐含的逻辑前提是:法理学是“法之理学”,即法理学是法学的基础理论、法学的一般理论,这是20世纪80年代以前的国家与法的一般理论的思维定式的一脉相承。

从“法之理学”到“法理之学”的转化昭示着,中国法理学的知识来源将“从具体法律知识抽象出一般理论”转换为“从微观法律现象出发直接揭示法理”。

“从理论到理论”到“从实践到理论”的转换意味着,部门法学知识不再是横亘于法理学与法治实践的中介,意味着法理学从此不再“高高在上”被动依赖部门法学和非法学学科的知识供养,而是主动地全方位地深入宏观中观微观、高层中层基层法治实践。

“权利是建造法律的基本材料”,故而,“法律学说主要是由有关权利的主张构成的”。范畴是理论的基本要素,在范畴的基础上理论作业才成为可能。区分方法论意义上的权利本位和作为一种问题展开方式的权利本位。作为一种研究范式的权利本位,其重点应当在于,以权利为起点建构整个法学理论体系,这才是权利本位理论的本原面貌和真正抱负。权利交互理论为问题意识的权利本位的问题展开方式是内部机制展开和外部结构展开。

理论是范畴的最终归宿,新的理论的形成往往以新的范畴体系的形成而告终。因此,我们倡导从权利本位到法理中心的转换,法理中心并非对权利本位的否定或者扬弃,而是补正、推进和创造。范畴理论是存在论的追问基点,也塑造了本质主义的思想模式,因此,略有过于刻意的理论建构之嫌。故而,与其将之视为一种研究范式,毋宁说把权利本位当作一种问题的起始原点、一种理论假说,通过实证分析去检验,即证伪或证实,严格意义上来讲,绝对的证实是不可能的,但是明确的证伪却是实在的。这就注定了权利本位自产生起就被不断被修正的命运。

中国法理学的发展,是一个法学范畴移植、继而发生内涵再造、精神赋值和意义变迁的过程。从“法之理学”到“法理之学”的转化,30 年之后再出发,必须谨记,锚定权利、探索法理,是现阶段中国法理学的必由之路。

主持人

谢谢郭栋同学。

下面我们进入评议阶段。有请第一位评议人焦宝乾教授。

评议人/焦宝乾

法学博士,浙江大学光华法学院教授、浙江大学法理研究中心副主任、《浙大法律评论》主编,兼任“2011 计划”司法文明协同创新中心研究员、中国法学会董必武法学思想(中国特色社会主义法治理论)研究会理事。

谢谢主持人。由于发言人比较多,为了便于研讨的深入,我和苗炎老师做了一个分工。我评议前边的四位,他评后边的五位。正好前面四位的发言涉及法治,还有涉及法理概念。

首先就是陈林林教授的这个发言,他对法治尤其是形式法治这个问题侧重做了探讨,结合古今中外关于法治的实践样态做了一些探讨,涉及中国古代先秦的法制和新的理解,还有对于纳粹德国时期法制这个问题的一些解读以及个人的一些理解,还有谈到新加坡当代的这种法治,这里边就比较多的涉及形式法治的有关问题。然后,不仅仅涉及一些法治实践、法治的样态,同时也涉及一些理论,如凯尔森、卢曼等这些方面的一些学说和理论,这些都是对于作为法学基本范畴的法治的重要理论阐发。在这里面，我觉得，其价值就在于对中外法治实践样态有一些新的理解、新的解读，有利于澄清其中的一些问题。另外，我有一点建议，这个问题能不能更进一步切入到当下中国来进一步展开，把这个形式法治放在当前中国法治的背景下，提出更有针对性的一些看法。最近这几年，国内学界有一些学者也是主张站在形式法治的立场上进行一些探讨。另外在部门法学界，像刑法学界，围绕着刑法解释提出的有关形式(解释)还是实质解释的一些讨论，对这个问题也有些观点。

第二位陈柏峰教授谈论的主题是“法理学如何面对当代中国法治”。这个题目确实是比较宏大的，但也是非常重要、重大的一个问题。当然也正因为他这个研究的范围、主题比较宏大，在我看来，后边研讨的框架内容恐怕不能够很全面的、完全的涉及。像框架里面的第一和第二部分，我有一个疑惑，就是这里面谈到的对于当代中国法治的认识，这个认识是比较主观的。是哪些人？是部门法学界呢，还是我们法理学界在那里面预设的一个主题？谁的认识？认识的现状、认识的不足及其中存在的原因？这是我的一个疑惑。在第二部分里面谈到的第二点就是改革中法治实践的变动性。我觉得这似乎是一种正常的现象。因为这个问题始终存在，就是国外法制比较成熟的国家也是面对着社会法治实践的这种变动性而对现有法律进行修补。然后第三个大的标题就是“法理学人作为的空间”，这里尤其一个小标题提出了一个很矛盾、很纠结的表述，就是当代中国法治研究。陈柏峰教授认为是不属于法理学的，但是其他学科也没办法容纳这个方面的因素。走到这个地方，我觉得很难理解，因为传统上还是把法治放在了法理学的框架下去做研究。尤其是改革开放这几十年的法理学研究，恐怕推出的成果最多的还是法治方面。书和文章可以说是不计其数，这个始终是放在法理学的这个框架下来做研究的。这里边这个意思，可能是我没有完全理解到。最后，第四个标题是“探索当代中国法治的思维前提和作为方式”。从表述上，这里面的思维前提、作为方式，这是两个不同的问题。我觉得，这个在下边要首先做区分。最后就是丰霏副教授和尤陈俊副教授的文章，二者比较接近。尤陈俊博士的主题是“从概念研究进路看中国法学基本范畴”，这里面涉及概念和范畴，我们平时看来这两个词是很接近的。但是作为一种概念史的研究方法，以这种进路和研究方法去研究法学基本范畴。这里面回顾了一些法理学和部门法学界的学术会议、理论研究作品。但是，另外还有一种学界这方面的研究，尽管没有用法学范畴的词，但是我觉得是不是也跟这个主题有关。我记得，像夏锦文教授编过《法理学关键词》，还有《法理词汇》等国外的这种作品，也是对这些法学的重要概念、术语进行一些介绍、解释。另外，国内也有像编写这种大百科全书的法学词条，之前张文显教授也编，但现在还没有推出来。那些当然主要是对一些法学概念的介绍。我觉得，概念和范畴还是有距离、有区别的，范畴需要更深入的理论支撑去进行一些研究。总体上,尤陈俊老师还是在一个宏观层面的研究,提出了这个研究方法,我觉得非常具有借鉴价值。

相关的就是对于法理的概念,丰霏博士深入到一个具体的法理概念进行研究。在这里面,有几个问题我想提出来,第一个就是题目和文章的一些地方把“法理”这个词用引号引起来,这个是不是有必要?如果不用引号,会不会影响你表达这个意思?这个问题可以再考虑一下。问题意识当中谈到其他学科,如心理学、物理学没有把物理、心理的概念像法理学一样关注法理、把法理作为研究对象。我觉得这个疑问可能因为我们法理学涉及学科的命名问题。法理这个词中国古代也有,好像是好多各种偶然因素都在一起造成的,与物理学、心理学还是有区别的。前面文章第一部分在下面谈到的现象观察,我觉得是从发生学的角度来讲。这里面有个提法,就是说法理的自我呈现,我觉得不太好理解。这个表述是否妥当?今年邱本教授发表《如何提炼法理》,还有丰霏发表的《如何发现法理》。“如何发现法理”给别人的印象是,这种法理是客观的存在,我们研究者站在后来的立场上去发现这个东西,法理确实本身具有一种客观的属性。“提炼法理”这个提法包含了提炼主体的这种主观加工的意思。我觉得,法理是普适的、古今中外都客观存在的,它是可以被发现的。但是,这里面提到“自我呈现”,我觉得不太好理解。因为法理是客观存在的,但毕竟它是需要人通过研究,通过主观加工、主观努力才能发现。所以这个“自我呈现”的表述是否妥当?而且你谈到的这个标准一、标准二,能不能成立?因此,这个提法还是要考虑。还有就是这个“分形结构”,你也用到了有关的资料。这个实际上就是你把它化约为一个最小的单元,对它进行一种非常细致的分析,这个体现了对法理的一种研究进路,这个我觉得是首先值得肯定的。但同时我觉得,是不是所有的法理都需要以这种方式来把握?因为有的法理是宏观层面的,有的是非常细致微观的,不是所有的都是如你所讲的这种分形结构来展现。这里面恐怕还需要更多地关注到其他的表现方式。后边第三部分谈到的是“要义”,这里面更多地结合到古代的一些典籍当中的提法,尤其是论证了“理在事中”,就是法理蕴含在具体的事理当中。你最后提到了“解放思想、实事求是”,我觉得,这个实在是过于宏大,属于一种政治上的话语,这个是不是合适?需要斟酌。文章的第四部分恐怕是与文章主题论证相对应的重点部分,谈到了五个方面,但是五个方面的表述都是说“法理”作为概念应该作为法理学的研究对象,每个都是这样表述。我觉得这就显得太长、太烦琐,把这个表述去掉好像也不影响你要表达的这几个面向的意思。时间比较仓促,简要地对这四位的发言做了一些评议,可能有不合适的地方,请指教。

主持人

谢谢焦宝乾教授。下面有请第二位评议人苗炎副教授。

评议人／苗　炎

法学博士，吉林大学法学院副教授，《法制与社会发展》副主编。

我负责评论的五位发言人，其中有两位论文集里没有书面稿，今天是临时听了一下，有可能理解不太准确，首先声明一下。

杨清望老师的发言《“法理中国”的提出及其对法治中国的新发展》，如果没有理解错的话，主要谈“法理中国”这个概念对于“法治中国”概念的意义和价值。他首先说的就是这些年来对中国法治发展的一些担忧，由此引发了他对“法理中国”概念提出之后对“法治中国”概念的这种积极影响的思考。当然，从政治话语上来讲，如果我没记错的话，改革开放之后，最早在官方文件中出现“法治”应该是1979年9月9日的《通知》，然后到1997年十五大的“依法治国”，之后提出的就是“法治中国”，之后又提出“全面推进依法治国”，现在叫“全面依法治国”。实际上，政治话语上这种变化，在我看来，语词上的意义不是最关键的，关键的是其背后内涵的发展情况。清望从四个方面谈了“法理中国”的提出对于“法治中国”的新发展，包括是法治中国的镇定剂，还是镇静剂？没有听清。以及改革开放的镇定剂，沟通法律部门的融合剂等这四方面。这个文章的视角很新颖，尤其是对“法理中国”这个概念的具体运用。但是，我就提出一个逻辑问题供你参考。既然这篇文章的主题是写“法理中国”的提出对“法治中国”的新发展，但是后面谈的这四方面好像并不都是从“法治中国”的角度来提出。第一方面提的是“法治”，它是“法治中国”的镇静剂。第二方面好像谈的是改革开放的镇定剂还是镇静剂，包括是交流的催化剂等。如果从逻辑上来看，可能严格来说，这个题目是和文章第一部分对应的，后面三部分可能与文章题目之间的逻辑关系会出现一些问题，逻辑上可能需要调整一下。

继磊这个文章发表出来之后，当时在学界影响是比较广泛的，回应了徐爱国当时那篇文章的一些问题。当然,关于徐爱国那篇文章中所谈问题之真假暂且不论,一个研究外国法律思想史的来谈法理的问题,至少在我看来好像不是太合适。但是它毕竟引起了一番波澜。继磊这篇文章提出了一个其实也是很有讨论意义的问题,就是现在中国法学的基石范畴有没有必要再进行一个调整?他认为,应该调整到“正义”,以“正义”作为法的基石范畴。当然,从现在论述上来看,首先要肯定这个提法的理论意义,但是,另外,当然这篇文章后面也提到了,但是没有完全展开的一个问题,也是我最关注的地方,就是如果把“正义”作为法学基石范畴的话,那么,如何体现出法的特殊性?这可能回到一个老生常谈的问题。从 19 世纪起,西方人为什么提出法律实证主义?就是像奥斯丁,他就是想把不属于法学的东西都剔除出去,所以才出现了法的实证主义。包括后来的凯尔森,他也坚决反对讨论正义的问题,他认为这些问题不是不重要,不是否认它重要,但是它不属于法学问题,不是法律问题。如果现在不把“权利”作为法学的基石范畴的话,如果把“正义”作为法学基石范畴,因为正义它不仅仅是法学讨论的问题,政治学、伦理学里都有涉及,那么这样的话,法学的特殊性在哪里?这里有一个很大的危险,如果把正义作为法学基石范畴的话,是不是会把法学本身的这个学科的独立性给消灭掉,这是这个问题提出来的最大的一个挑战。

陈翠玉老师从概念史的角度梳理了“法理”这个概念、语词在汉语上的发展,认为最早出现在汉代,包括它在汉代生成时的一些问题。我觉得这种研究是非常基础,也是非常必要的。因为中国经过几千年的发展,有些语词的含义并不清楚,首先是语词是从哪里来的,我们不知道,我们根本不知道它什么时候来的,这是一方面。另外一方面就是,有些概念实际上古今含义是变化非常大的,比如,“法官”这个词我们现在用得非常频繁,“法官”指的是谁?实际上,在中国古汉语里面,“法官”这个词出现得很早,在《商君书》里就出现了,但是在中国古代史中,我们现在法官这个称呼,实际上绝大部分不用这个词。法官在一些古典小说里指的就是道士,跟我现在说的 your honour(法官)这个词是完全不一样的。所以,概念史的研究就是理清这个概念内涵的起源和发展,是非常必要的一个基础性工作。当然,这个工作有的时候比较吃力不讨好,因为要花很大力气去查故纸堆。陈翠玉老师的研究是非常具有开拓意义的,现在基本上把这个基础打下来了。我更感兴趣的是,能不能继续从汉代向后去梳理,去逐渐梳理“法理”这个语词也好、概念也好,它在中国历史上的内涵变迁,以及它背后这种原因和影响。

郭晔老师的这篇文章,是比较典范地运用了法理的概念具体地去解释今年修宪的意义和价值。我觉得把法理这个概念运用得比较娴熟,这个内容从逻辑上来看也是很完整的。但是,我这里面非常感兴趣的,是这篇文章里提出的几个概念,我觉得很有必要推进一下。比如,你提出的前提性法理、程序性法理、实质性法理,包括国家法理这几个概念。

的确,好像以前没有这些说法。在这篇文章里面好像没有具体解释这几个概念,就是把它运用了。能不能从一般的意义上去解释一下?比如,什么是国家法理、程序性法理和实质性法理,包括前提性法理这些概念。如果能够把这些概念从一般的意义上作一个界定,那可能对其他的研究也会有一般的指导意义,就等于是从一个具体到一般的过程。

郭栋的文章,他昨天给我发过来之后,我看了一下,本来想看全文的,但是时间太短了,因为你的文章还很长,可见应该说下了很大的力气。我主要是把这篇文章的摘要从头到尾地仔细看了一下。这个文章整体的研究应该说是到了一定的深度,但是一些逻辑上的问题还需要进一步澄清。比如文章的题目,副标题是“中国法学基本范畴研究”,这个题目好像与文章内容不是特别吻合。文章主要研究的内容可能还是于关于中国法学基本范畴研究的研究。因为你主要是一个梳理性的总结了一个发展史,直接针对的不是范畴本身,而是关于范畴研究的。另外,就是在这篇文章里面提到的一些法学基本范畴的表述,我有点疑问,你可以再确认一下。第一个问题就是,法学基本范畴在张老师的研究里面指的是什么?你的文章里好像说指的是权利义务,但是我的印象里,可能他当年写《法哲学范畴研究》的时候,这本书里指的法学基本范畴并不仅仅包括权利,可能还包括法、法律责任、法律文化等概念。在基本范畴之外,权利义务是基石范畴,然后权利是核心范畴等。从研究者的角度来说,可能还是要完整地去还原原作者的一些观点。另外的一个问题就是在文章里涉及的每一位作者提出的观点,里面谈到的基本范畴,他指的这个基本范畴是不是和张老师说的基本范畴是一个意义上的?如果不是一个意义的概念,可能就会出现以往出现过的关于原始社会有没有法这种争论,实际上后来发现大家谈的不是一回事,其实这就没有意义了。可能就是从研究的逻辑性角度,还是需要进一步地去考量。因为时间关系我就讲这些。

主持人

谢谢苗炎副教授。

我们这个单元一共有九位报告人和两位评议人,大家的发言都很精彩,我今天也是受益匪浅,学到很多新的东西。我个人认为,从部门法学研究来看,法学发展的程度、界限越来越清晰,也就是说部门法与部门法之间、部门法内部,以及部门法与法理学之间的界限越来越清晰,说明我们的研究越来越深入。作为部门法的学者来参加这么一个法理学的重要会议,我感到非常荣幸。本单元的会议就到此结束,谢谢大家!

分论坛三　法学范畴的实践维度

【主持人】

周江洪

【报告人】

蔡立东

彭诚信

任喜荣

杨　贝

刘红臻

王红霞

瞿郑龙

章安邦

【评议人】

胡玉鸿

曹险峰

主持人／周江洪

法学博士，浙江大学光华法学院常务副院长、教授，中国法学会民法学研究会常务理事、法学教育研究会理事，浙江省法学会副会长。

我们第三分论坛的主题是“法学范畴的实践维度”。我整体看了一下，感觉这个单元更符合张老师的理念，我如果理解得对，就是要把部门法与法理给打通。

首先，我们有请蔡立东院长，他的发言题目是《论权利的行使》。

报告人／蔡立东

法学博士，吉林大学法学院院长、教授，中国法学会法学教育研究会副会长、网络与信息法学研究会副会长，吉林省法学会副会长。

论权利的行使

谢谢，首先，欢迎大家，招待不周的地方敬请谅解。确实来的人比较多，都是好朋友。我想大家来不仅仅是客人，更是一个主人。因为大家都是带着对共同事业的热爱，对法理研究的热爱来的，所以我心里还稍微安慰一点。大家不会在意我们在接待上、在排序上等的一些瑕疵。刚才，江洪也介绍了，张老师的意思还是把法理研究从法理学推向部门法学，我坚信法理研究肯定是新一轮法学理论非常重要的增长点。法理研究在民法学一定会生根发芽，也就会有所体现。这样一个问题，也是我最近思考的重点。

我一直想，我们的民法学教材，比如《民法总则》能不能一开始就像曼昆的《经济学原理》一样，列出民法学的十大原理，侵权法、合同法、物权法能不能做出这样一个理论抽象,使学生在进入这些科目学习的时候,就知道要把握几条逻辑线索。带着对这个问题的思考,这些年我也做了一些民法法理的研究。在民法法理研究的过程中,我发现了一个很重要的现象,也就是我们中国的民法学,特别是大陆的民法学,对民事权利的行使缺乏关注。国外的教材,还有我国台湾地区的教材,都会有专门的一章来写权利的行使。但是大陆的民法教材,我还没有看到哪一本教材,用专章来写民事权利的行使。那就促使我来想这样一个问题,为什么他们会重视这个问题?在某种程度上,他们的民法学研究,我们不得不承认,比我们早,比我们成熟。所以他们的共同选择,可能就构成我们问题意识的来源。

带着这样的思考,我发现其实他们对民事权利行使研究的重视,是有道理的。为什么?无论如何,民法是一种化解利益冲突的技术。我国大陆民法化解利益冲突,主要是从权利、义务和责任配置的角度来展开的。欠缺权利行使的利益冲突的解决机制,相对来讲比较僵化。为什么僵化呢?在我看来,一个人的利益主张要获得法律上的正当性,首先应该证明他有一项权利作为法律支撑。可能在这样一个问题上,在我国大陆只需证明到这个程度,就可以正当化一个利益主张。但实务上是否到此就可以化解利益冲突呢?其实还不是这样,因为你有了一个权利,从民法的机制来看,你还要证成这个权利是可以用这种方式行使的。这样我们可以看到,只有“权利的享有 + 权利的行使”才能构成民法化解利益冲突的完整机制。比如,我们有一项权利,是不是能够做出这样的一个行为?这样一个行为能不能得到法律的支持呢?不一定,还要看这个权利能不能这样行使。你在股东大会上投了一个赞成票,反过来能不能主张撤销股东大会决议呢?当然依据《公司法》,作为股东你有这样的一个权利,但是你能不能这样行使呢?司法实践中,不允许你这样行使,因为这是典型的出尔反尔行为,构成了有违诚实信用的典型行为。所以我觉得,民法中应该有一条,我概括一个基本的法理,不知道这个准不准确,一会儿胡老师也可以提点,就是权利的享有和权利的行使是应该分离的,你有权利,你可以享有权利,但是你不一定能这样来行使这个权利。主张这样一个分离,我觉得大概有两个意义。

一个意义就是一会儿诚信教授可能要讲的,就是怎么用它来化解一系列的利益的冲突。用权利行使化解利益冲突,比单纯的用权利享有化解利益冲突,有很大的弹性。你不能说剥夺一个人的一项权利,但是这样一个权利基于先前的一些行为,你就不能这样地行使。我看到了大陆法系把“诚实信用和禁止权利滥用”都作为权利行使的规则来加以确认。特别是本次《民法总则》的一个制度创新,就是用第 130 条到第 132 条规定了权利行使的问题。这个我觉得应该引起足够的重视,这样的一个创制性的规则就把权利行使提到了非常高的地位,使我国大陆以民事权利的享有和行使共同来化解利益冲突，来解决利益纠纷，这样的一个制度非常完整。

权利行使为什么还重要呢？我觉得权利行使还是新兴权利发生的一个机制。这些年，我重点地研究了农地的“三权分置”。我觉得中央文件为什么写权利的分置，而不写权利的分离？以前我们是“两权分离”，现在我们到“三权分置”，为什么会有这样一个提法上的变化？我没有看到关于中央文件这方面的解读。但是我觉得这个词的变化，它表示着人们对一个现象认识的深化，或者是一个不同的认识。那么我思考的一个核心问题是什么？因为农地“三权分置”是把集体所有权和土地承包经营权“两权分离”的家庭联产承包责任制的制度做了一个调整，变成了集体所有权、土地承包权和土地经营权，这里实际上核心的技术就是用益物权是怎么发生的。以前我们讲的是，用益物权是从所有权分离出来的，所有权分离出部分权能，形成了一个独立的权利，就是用益物权。中央的文件为什么写分置？为什么会有这样一个变化？我想，用所有权的权能分离理论来解释用益物权的话，实际上有个前提，就是说我们的所有权权能是可以具体列举的，才能够分离出来一部分权能，来确认它是一种独立的权利。而德国民法，它的所有权的权能不是具体列举，它是一个概括的，就是强调所有权的绝对性和支配性。我们继受的是苏联和日本的民法，日本的民法，江洪就是专家，列举了4 项权能，我不清楚它为什么这样列举，江洪如果有这方面的知识，也帮我们提示一下。所以在这样的一个前提下，我觉得才有权能分离的理论，这样的一个观念是怎么产生的？我觉得还是跟国家的实证法学传统有关系，也就是说所有权是国家法律赋予你的，它不是一个现代的自然权利。你有所有权，等于国家法律就给你这样 4 项权能。我觉得它之所以在苏联、日本产生，应该有其思想根源。一会儿有机会，也想请教江洪一下。现在我觉得我们支撑和解释“三权分置”这样一个制度创新，就需要一种理论上的创新。用益物权的发生机制，在我看来，在“三权分置”的背景下，应该转换为所有权行使，也就是说通过行使所有权，所有权人设立了一个用益物权。设立这样一个用益物权，只是权利行使的结果，并不导致所有权权能的残缺。这样有什么好处？第一，使所有权的权能保证完整性和弹力性。我觉得有一个非常形象的表述，说所有权分置出一个用益物权，就像所有权这个球被挤压了一样，就是说你的所有权行使设立用益物权，只是所有权部分权能的行使受到了限制，因为你已经实现了你的部分权能。第二，可以保证权利的平等性。用益物权和所有权是平等的，用益物权甚至在某些效力上是优先的。第三，最大的好处，借助权利行使理论，可以无限制地设置多层次的用益物权体系。比如，我们在土地所有权上，可以设立一个土地承包经营权，在土地承包经营权上，我们可以再设置一个土地经营权。这个在以往的物权法上是没办法实现，为什么？我觉得物权法，物权种类和效力的这样一个确定，它受制一个基本的技术，这个技术就是登记技术。可能德国民法出台的时候,它的登记技术是以纸质媒介为载体的登记技术。现在的信息化登记技术改变了传统的这样一个介质,登记容量无限增大,也可以方便查询,所以使我们这套制度设计有一个技术的可行性。

我重视权利行使的研究,第一,增强民法化解利益冲突的能力,使制度的容量更加增大,更加富有弹性。第二,更加丰富我国民事权利发生的机制,可以用这样的一个理论来丰富我们国家的物权体系。我觉得未来的民法,享有的民事权利的行使相区分,也应该成为一条比较重要的原理,这就使物权法区分原则的思想能够延伸到整个民法的法域。

主持人

谢谢。刚才蔡立东老师讲的是权利的享有、权利的行使要分开。还给我抛了个砖。其实,我是不懂日本民法、物权法的。在日本,民法典当中规定了权利支配、占有、使用这个问题。这有可能是受到法国法律的影响,但是当地基本上把法国法搬进来,很难说到底有没有这些东西。所以,我要研究一下,只能说回去要好好学习,看看有没有什么能找到的缘由。

我们第二位发言人依然是研究民法的彭诚信教授。

报告人 / 彭诚信

法学博士,上海交通大学凯原法学院教授,中国法学会民法学研究会常务理事。

有关权利冲突几个核心范畴的理解

谢谢周江洪主席,也感谢沈国明老师、季卫东老师,还有胡玉鸿老师来指导。每次到母校来,感觉都像回山东老家过年一样,忙忙碌碌,无所事事,疲惫不堪,其实都是感情太深使然。当年的《当代法学》这本杂志,我已经一字不落地读到了 43 页,看到包括在座沈老师在内的当时非常年轻的老师,写出的论文激情澎湃、洋洋洒洒,感触很深。我们现在的年龄比当时的沈老师们要大多了，现在的研究讨论能不能像他们当年的论文产生那样深远的影响，真的不好说，应该向老一辈学习的地方太多了。

我本人的研究也深深打下了吉林大学法学院权利法学的痕迹，因为从 1999 年写博士论文《主体性与私权制度研究》，到现在就一直研究权利理论。我今天的论文题目也与权利理论有关，主要讨论的是权利冲突。因为在写博士论文的时候，一个绕不去的坎就是不理解什么是权利冲突？尽管书也出版了，但相关内容是硬着头皮写出来，其实是走偏路了。

什么是权利冲突？现在有很多学者往往把它与侵权行为、权利滥用混淆在一起，如果仅从描述性的视角来看，看似有一定道理，但其实有违法律原理。若把权利冲突看作侵权行为的一个特例，那便是先验地认为侵权行为本来可能是正当的，后来越过权利的界限了，便是侵犯别人权利了。从规范意义上，这种解释是不太合适的。我通过几个有关权利冲突的典型案例，让大家看看合不合适。第一个案例是说外公外婆爷爷奶奶四个老人争夺一个不到 10 岁的孩子的抚养权，因为爸爸妈妈不幸都去世了。那大家来看，爷爷奶奶和外公外婆对这个小孩有同样的抚养权，其主张都有权利依据，即都有正当性，都有权利。还有一个典型案例是说一个人死了，他的妹妹和他的侄子争执要把他安葬到在不同的城市，比如一个主张安葬在无锡，一个主张安葬在常州。我认为这个案例也比较典型。结合这样的典型案件，我就先来分析一下用侵权行为解决好不好？能不能解决此类案件？答案应该是否定的，理由何在？因为侵权行为的构成主要有三大要素，一个是事实构成，主要是解决损害问题；另一个是不法性的有无；还有一个要素是有责性。大家来看，涉及权利冲突，在事实构成损害上它是有的，否则它就难以形成权利冲突，若没有什么损害，权利之间就不会打仗了。但把不法性运用到权利冲突就不合适，就前面提到的两个案例来看，难道爷爷奶奶、外公外婆没有对孩子的抚养权吗？或者说他们之间的抚养权有什么区别吗？难道死者的妹妹和死者的侄子对那个死去的哥哥或者叔叔的骨灰主张安葬权有什么不对吗？有什么区别吗？用不法性这个条件来解决权利冲突就很不合适。对于有责性来说，由于其主要是解决过错问题，而在权利冲突当中，则难以找到双方有过错，或者，恰恰双方都没有过错，因为权利行使本身都是实现其正当利益的行为。所以，在不法性与主观可责性方面，它与侵权行为是完全不一样的。在法律后果上也是不一样的，侵权责任的法律后果主要以损害赔偿为主要责任承担方式，而且是以完全赔偿为原则的。而权利冲突的判断，并不以损害为主要要件，而是因为两个权利都有正当性，因同时行使而陷入了僵局，其中一个必须要摆脱出来。它主要解决的不是补偿问题，而主要是摆脱僵局问题，它和侵权的目的完全不同。还有，侵权以完全赔偿为上限，而权利冲突若需要赔偿的话，完全补偿应该是下限。什么叫下限？即以完全补偿为基点，并鼓励胜诉方向做出让步的一方给予更多的补偿，唯有如此才更有利于解决问题。当然，这仅是我的一个初步想法，在法律上还没有找到依据，民法本身就是当事人意思自治为基础，双方就此达成合意便解决了冲突问题。即便到了司法程序，若有这样的理念在，也会因此而鼓励当事人做出让步，且对它的损害也是一个更为有利的保护。

如果用权利滥用原则来解决好不好呢？我刚在《中国法学》发了一篇有关权利滥用原则的论文，先谈谈权利滥用原则具体解决什么问题？权利滥用行为在表面上看是正常的权利行使行为，但实质上是越出了权利的内在界限。越界后的法律后果是什么呢？它最主要的法律后果便是限制滥用行为。就是不能越界，要把越界的权利拉回来，拉到权利应有的界限之内。还有一个问题就是，如果权利滥用行为给他人造成损害的应不应该补偿？答案是会有补偿，但与对侵权行为造成后果的全额补偿目的不同，它的补偿仅是适度的补偿，有时仅给象征性的补偿。像霍姆斯大法官曾经裁判的一个案件，有个滥用权利人故意种爬山虎以便把其邻居的窗户全部遮挡。在这种情况下，霍姆斯大法官仅判权利滥用人承担 1 美分的象征性补偿。因为，对于实现权利滥用最主要的目的来说，补偿不是最主要的，更不谈不上补偿的上限、下限问题，而是禁止滥用行为、排除滥用行为。这与对待权利冲突与侵权行为的法律后果都不一样。如果能用图示表达三者关系的话：权利滥用的越界就是破壳，本来这个圆是权利范围的界限，但是一方过了这个界，这叫滥用，它是越了内界。侵权行为越的是外界，它没有正当性基础，直接无端地侵犯了别人的权利。

什么是权利冲突？就是两个权利圆碰撞，你挤我，我挤你，但既没有突破各自的权利边界，更没有侵入他人的权利范围。权利冲突的本质到底是什么？我认为，理解权利冲突必须首先要理解什么是权利。权利最重要的特性或者本质就是正当性。侵权主要是违反了不法性，权利滥用行为是表面上看似合法，而实质上越过了自己的权利边界，从而不具有正当性，即外在看似合法而内在却不正当。由于权利的本质是正当，那么权利冲突的本质就是两项正当利益之间发生的冲突，后果便是两项正当利益无法同时实现。能同时实现就不叫冲突了，这是权利冲突的第一个特征。第二个特征是什么？事实上的冲突和法律上已经解决掉的冲突都不叫权利冲突。那什么叫事实上的冲突？两个男孩同时追求一个美女。有冲突，对不对？你有恋爱自由，他也有恋爱自由，若女孩答应了其中一个或有答应其中一个的可能，便有可能发生冲突。但诸如友情、爱情等不属于法律领域的事情，法律想管也管不了。还有一种冲突，比如在一物二卖中的两个买受人之间，尽管看似在法律上有冲突，但这种冲突已经被善意取得等制度解决，便不再是权利冲突了。再如相邻权，你是我家邻居，因下大雨你家门口道路水漫金山，我家门口道路照常通行。你想从我家经过，但我却不允许，这也是冲突，表面上的法律冲突。这在法律上并不存在实际的冲突，因为基于相邻权利我必须让邻居通行，对不对？所以说这种已经被法律解决掉的冲突以及事实上的冲突都不属于法律意义上的权利冲突。

权利冲突就是两项法律上正当利益的客观存在，而行使或实现过程中陷入僵局，比如我前面提到那两个案例。怎么来解决掉它呢？若认为通过侵权不行，通过权利滥用原则也不行，那该如何解决？其实，权利冲突是具有自身法律后果的、独立的规范性制度，其特有的法律后果第一个就是权利之间的相互让步。相互让步是权利冲突的最重要的规范特征，而法院判决也都证明这一点，比如前面讲到的例子，爷爷奶奶和外公外婆争孙子或外孙的抚养权，每个人的权利行使都有其正当性，如何判决呢？法院最后判孩子 10 岁前分段抚养，就是说一个月或两个月等为阶段轮流抚养，因为抚养权是可分的。10 岁之后就征求孩子意见，因为本案判决当时（2012 年）限制行为能力还是 10 岁，到了《民法总则》才修改为 8 岁，这或许是判决的一个潜在依据。第二个法律后果是权利的超越与补偿之债。因为权利冲突主要是解决权利僵局的，必须要论证出来其中一个权利优先，这是最复杂艰难的环节。毕竟两项权利都有正当性，爷爷奶奶与外公外婆都有抚养权；死者的妹妹与侄子都有安葬哥哥或叔叔骨灰的正当性。但问题关键在于如何论证出来哪一个人的权利优先？此类案件必须进行个案判断，并运用合适的法律适用方法、法律论证理论来解决，解决此类疑难案件说到底就是完全取决于法官采用什么样的高招。个人认为阿列克西的原则理论或权衡理论是一个很好的借鉴与参考，因为时间关系就不举例子进行演示了，有兴趣的可查阅 2014 年我在《法学研究》上发表的一篇论文。为什么要把权利的超越与补偿之债放在一起呢？道理在于，判决一项权利做出让步，就应该或必须给让步权利人好处，因为让步方本来也是正当地行使权利，只有给他充分补偿，才能让他做出让步。该补偿既不是损害赔偿也不是象征性补偿，而是一种法定债务。也就是说，只要定性为权利冲突，就必须给权利让步方这种补偿之债，且这种补偿之债一定要以完全赔偿为下限。即不但要足额补偿，而且也不排斥权利胜出方在这个基础上超额补偿，唯有如此才有利于解决权利冲突僵局。第三个法律后果是容忍义务。就是让步方获得充分补偿后，做出让步了，那就得负有容忍义务。因时间已到，就不多说了，我不久会就上述问题专门写出论文供大家批评指导。

谢谢大家！

主持人

我确实应该发话来回应刚才蔡院长的这个问题。蔡院长一上来就说权利就是民法,是化解利益冲突的技术。然后你(指彭诚信)讲,其实像侵权、权利滥用等都是权利冲突问题。我是表示反对的,我借主持人之职权(回应一下),我理解,侵权严格上当然不是权利冲突问题,但是它本身是权利保护的问题。当然,如果真的涉及刚才你讲的第二种类型,权利优先和补偿之债,其实是会涉及侵权法来解决问题、用侵权法来解决冲突。比如,日本民法上讲的“相关关系说”。“相关关系说”就是利益的平衡,两种权利或者两种权利和利益之间的一种平衡。其实,这个不能完全排斥,侵权的方案就是放在最后的方案之一。所以我还是赞同蔡老师讲的,就是权利冲突的这种化解其实是民法作为一种综合性技术而不是单一的某种技术来解决这个权利冲突。民法本身是一个综合性技术,你也讲了一二三很多种,它具有多样性。关键还是,权利冲突这个概念,就像刚才彭老师讲的,它到底是什么意思?这就回到我们今天一直讨论的,这个30周年纪念大会的主题,就是法学的范畴。就是说,范畴清楚了,后面的整个解决方案就清楚了。我就多说几句话,不好意思。接下来,我们有请任喜荣教授。

报告人/任喜荣

法学博士,吉林大学法学院副院长、教授,中国法学会宪法学研究会常务理事,吉林省法学会宪法学研究会副会长。

范畴研究、宪法转型与合宪性审查

我长期致力于宪法学研究,非常荣幸有机会参加法学基本范畴研讨会。

我的全部法学专业教育都是在吉林大学法学院完成的,吉大深厚的法理学研究传统给予我独特的学术滋养,塑造了我在宪法学研究中的方法选择、问题意识和思想阐释。以权利为核心的法学基本范畴研究对宪法学的影响极大,直接带动了宪法学研究从原来的阶级分析范畴到后来的权利分析范畴的转型。我1995年留校做宪法学研究，亲身经历了肇始于法理学界的权利范畴研究推动宪法学转型升级的学术发展进程。作为标志性的学术活动，自2004年起，中国法学会宪法学研究会每年都会举办"中国宪法学基本范畴与方法"学术研讨会，迄今已举办14期，目前已出版两本文集。法学范畴研究以规范法学和概念法学为研究进路，全面深化了中国宪法学的基本理论，相关的学术总结性文章已有不少。从具体的概念和范畴出发进行研究已成为实现理论创新的重要方法论选择。

法学范畴研究在不同部门法学科表现出差异性。刚才两位发言人都是民法学家，民法因为鲜活的日常生活和活跃的司法实践，而成为一个极富创造力、同时技术色彩浓厚的学术研究领域。在中国，宪法文本因为不能直接用于司法中的纠纷解决，从而缺少了司法解释的推动力，这使宪法学的研究更多的围绕理论建构和制度建构进行。这样的研究倾向在具体范畴的研究上也有鲜明的体现。中国宪法学具有长期的制度研究传统。这一研究传统往往将具体范畴放入特定的制度背景，或者以制度建构为目标进行分析。近期以合宪性审查为代表的范畴研究就体现了上述特征。

2017年10月，党的十九大报告中明确提出要推进合宪性审查工作，今年的宪法修正案将全国人大法律委员会更名为"宪法和法律委员会"，其职责在继续承担统一审议法律草案等工作的基础上，增加"推动宪法实施、开展宪法解释、推进合宪性审查、加强宪法监督、配合宪法宣传等工作职责"。合宪性审查有望在制度上得到切实推进。"合宪性审查"与"违宪审查"两个概念，虽然在概念内涵、制度内容和方法论取向上存在细微差别，但是在制度运作机制上则是基本一致的，都是用来发现法律规范是否与宪法相一致，从而保障宪法的最高法律效力，维护国家法治的统一。"合宪性审查"目前正在取代"违宪审查"成为该制度机制研究的主流概念。概念的选择本身只有在中国特色社会主义法治实践的宏观背景下，才能够得到充分理解。

围绕合宪性审查的研究，逻辑上存在合宪性审查的现状是什么，如何推动现状的改变，以及制度变革的合理性与必要性等问题。

我国的合宪性审查从制度形态上看，实际上处于"备而不用"的极不活跃的状态。主要表现在我们特别重视宪法的修改，特别重视宪法的法律化实施机制，甚至通过法律文本当中的合宪性宣告，即"依据宪法制定本法"，来解决合宪性依据的问题。比如我国现行有效的266部法律当中，有80多部法律在第1条宣告"依据宪法制定本法"。"依据宪法制定本法"有多重含义，如果从合宪性审查的角度来看，实际上具有合宪性宣告的功能。因为对于全国人大及其常委会来讲，并不需要在普通法律当中阐明自身立法权的合理性,也不必然需要阐明立法本身的宪法依据。我国的地方立法通常会规定其上位法依据,异曲同工,某种程度上发挥了合法性宣告的功能。在实践中,通过法律草案的审议机制来进行合宪性控制,也是中国独特的合宪性审查的制度实践。

宪法和法律委员会的设立有可能改变上述“备而不用”的现状,发挥“破题”的功能。自20世纪80年代以来,中国宪法学界长期关注和探究宪法监督制度的发展,系统研究了立法审查、司法审查、专门审查等宪法审查模式的基本内容、主要内容及其利弊得失,同时探讨了中国宪法审查制度的发展方案。可以说,在诸种可供选择的方案中,立法者采取了变革最小的方案,既没有成立宪法委员会,更没有采用其他步伐更大的变革模式,只是把法律委员会更名为宪法和法律委员会,在不改变其法律性质的前提下,增加了推进合宪性审查的职能。在这样的基础之上,如何“激活”合宪性审查的发展?在制度机制上,我感觉还是应该从全国人大常委会积极行使宪法解释权的角度来推动制度的发展。因为从目前合宪性审查的运行实践来看,宪法解释是最主要缺失的制度环节。全国人大常委会只有积极行使宪法解释权,才有可能使中国的合宪性审查机制真正成为有活力的机制。目前的立法和司法实践对全国人大常委会宪法解释权的行使提出了迫切需求。

因为时间的关系我就讨论这些。谢谢!

主持人

谢谢任老师,我简单说几句。任喜荣老师讲的就是宪法学,她以合宪性审查这个基本范畴为例,来给我们阐释了概念范畴的选择对于法学实践、法学研究的重要意义,而且她还对这个概念范畴如何落地做了阐释,其中就讲到宪法解释也是一种重要途径,并阐述了很多例子。可能时间关系,后面还有很多具体条文就没有一一展开。

我们接下来有请杨贝副教授。

报告人／杨 贝

法学博士，对外经济贸易大学副教授。

论案件事实的四个层次

谢谢各位老师。首先特别感谢吉林大学的邀请。在法理学的重镇，讲一些基本的法理学问题，我心里还是很惶恐的。今天带来的这篇文章是我这几年对于案件事实的一个不太成熟的思考，虽然文章初稿已经写完，但是我觉得还有很多问题没有解决。

我写这篇文章主要是来源于我们在授课过程当中对于案件事实这个基本问题的困惑，比如我们《宪法》第41条规定，公民不能够捏造事实，不能够歪曲事实，并要求国家机关查清事实。我就很好奇，这说的事实是不是一个事实。捏造的事实其实是无，逻辑上，我们没有办法去证明一个本不存在的事实。再如，诉讼法要求司法机关要以事实为根据。广告法要求，广告代言人要依据事实来做出这个广告。那广告代言人依据的这个事实和司法机关作为根据的这个事实，是不是一个事实？我们会发现其实它们都不太一样，这些不同的事实直接指向了不同的权利义务，但是我们并没有完全地把这些事实问题理清楚，所以我就很好奇，我想做一个基本的梳理。举一个简单的例子，我们这一次来长春纪念的是30年前的那一场关于基本范畴的讨论。那30年前关于基本范畴那场讨论，在座的可能就沈老师当时在场，那是过去真实发生的这样一个事件，在我文章提出的分类里属于第一个事实，就是原生事实，因为它是真实发生过的这样一个事件。那么现在我们所有人关于30年前那场讨论都只是对那场讨论的一种再现。所以我想的是在对于事实的分类里面，其实逃不过哲学上的两个范畴的分类，一个是本体意义上的事实，一个是认识论意义上的事实。本体意义上的事实就是30年前在长春真实发生的那一件事。我们现在所有关于这场讨论的讨论涉及的事实都只是再现事实，我觉得明确这一点非常重要，因为很多人都在说事实胜于雄辩，我是依据事实在说话，而实际上我们这些人所说的所有事实本质都是一样，都只不过是再现事实，在原生事实面前，没有人比别人更高一等。这是我看到的基本分类。原生事实和再现事实其实是很多学者已经隐隐提到,但是没有做一个特别完整的梳理,我想做的就是,把这两点再做一个更细致的梳理,以避免一些不必要的误会。比如,原生事实作为一个客观存在,大概有这样一些特点:第一,一次性,一次性是指它发生过,就不会再发生。第二,不可通约性,这是与再现事实相比。再现事实分为三个层次,三个层次之间可以相互转换,是可通约的,但是原生事实和再现事实之间不可通约。第三,保真性,因为它真实发生过。第四,它是一种客观实在。这四种特性会导致几个认识论上的意义;第一,如果它是不可通约的保真,那它在我们发现案件事实的过程中,永远具有指北针一样的坐标意义。虽然它没有办法重现人间,但它一直是我们的指北针,我们会朝着这个方向努力。第二,它是实在的,实在就意味着它是可以被认识的。这就是陈波老师之前发表的那篇文章,我们可以从 30 年前的那个事件当中撕扯一些碎片下来加以认识。比如《当代法学》1988 年第 3 期,就能够为我们认识那场讨论提供一些线索。第三,就是一次性,一次性就是说它不会再发生,这就意味着没有人能够完整地再现过去的那一场讨论,这包括比如昨天我们发现,孙莉老师她其实没有来,但是很多人都不知道这一点,就是我们对于这个事件认识可能会有不完整。这是原生事实的特点。

再现事实和原生事实比起来,因为它是在完全不同的范畴出现以下的特点。原生事实是自然发生的,但再现事实则是人的头脑的创造物,原生事实是唯一的,但再现事实是多元的,甚至可能是冲突的,这就是一千个观众心中有一千个哈姆雷特。原生事实是全然一体的,但是再现事实难免都是片面的,因为没有人有这种全知的、全息的认知能力。最后一个,原生事实的客观和再现事实的客观有不同的指向。原生事实的客观性是指,它作为一个客观存在。因为我们只讲再现事实,我想再次强调的是,所有关于案件的讨论,都只是讲再现事实,没有人有能力去谈原生事实。只是因为原生事实留下了一些线索,我们可以去认识它,但是没有人敢说,我是对原生事实的一个完整复制或者是再现,我觉得这是需要澄清的。理清再现事实的这个本质是因为,我刚才强调的,我们所有关于案件事实的讨论都只是在说再现事实,所以我觉得有必要把再现事实的特性、影响因素去说一下,比如它受到再现主体的认知能力、记忆能力,还有心理规律等的影响。至于他刻意地去歪曲,基于利益的诉求去做一些捏造,那就更不用说了,值得我们警醒的,比如现在根据心理学的研究,记忆是可以移植的。有些人可能本来没有经历过这个事情,但是在心理学家的这样的引导下,他完全可能提出一个他本来并没有经历的事实,这是哈佛大学的实验已经印证的。这些讲的就是再现事实的不可靠,我觉得这样的一个警钟是为了让我们之后的法律人意识到,在进入法律领域之后,会产生证据事实和裁判事实——这是我讲的法律领域的两个再现事实,但是无论我们怎么去说证据事实和裁判事实,它们的底色,也是它们的本质,就是再现事实。再现事实存在的这些局限性在证据事实和裁判事实那里,很难得到彻底的消除,我们只能够利用制度或者程序去对它进行最大的一个克减,这是我想说的基本的两个范畴。

在再现事实这个领域,一个司法程序活动其实还可以再分为三个层次,一个是普通的再现事实,就是一般人对于这个事件的再现,任何人都可以去说它,这是一个再现事实。另外一个是证据事实,那就是我们初步地收集到了一些证据,依据证据对原生事实做了一个摩状,这是在解释学上所说的这样的一种摩状活动,但在这个活动里面它主要是一种发现性的,就是我不对这个事情做过多的评价。但这其实很难,因为公安机关在收取证据的时候,其实还是会受到自己前见的一些影响,他觉得这是一个什么样的案件,就会照这个思路去寻求。但是这和裁判过程当中的裁判事实还是有本质的区别,公安机关不能够凭借自己在先的价值判断随意地取舍,我们主要还是要求他进行价值中立的判断和证据的收集,这是证据事实。然后接下来是一个我个人觉得也是受制比较大的一个概念,我用的是裁判事实,之前我一直在反复思考要不要用法律事实这个概念,这是因为我在梳理这个文章的过程当中发现,法律事实,法理学的经典定义是引起法律关系产生、变更或者消灭的事件或行为,这样的一个定义是偏实体化的。因为我们经常讲的是这些事实,比如你和人家谈恋爱,这不是受法律调整的,所以这不是一个法律事实。但是我们讲的法律事实其实是一个实体意义的法律事实,我们虽然说你这是谈恋爱,或者说你这个分手协议不会产生法律意义,但是它在程序法意义上还是会导致这个案件的中止。在程序法意义上可能仍然是有意义的,所以我觉得法律事实的这种实体化导向可能需要再做一些调整,因此我在这个地方用的是裁判事实,裁判事实的建构和证据事实是不太一样的,因为它主要是一种评价性活动,在这个地方我们是基于已经收集到的证据做出一个评价,或者说对事实做出一个建构,因为裁判事实和证据事实在再现的过程当中,本质不同导致的评价标准是不太一样的,对于裁判事实,我们更多的时候是要看它是不是能够圆融无碍地再现一个事实。就是从法律上来说它是不是融贯的,但是证据事实我们没有那么多的要求,如果公安机关、检察院、律师等把案件基本证据依法收集到,做一个基本的描述就可以,但是法院不可以。法院给出的一定是一个让人觉得没有漏洞的故事才可以,这是我们看到的裁判事实。裁判事实可以做进一步的区分,一个是程序性的,一个是实体性的。实体性的裁判事实,就是我们原来所说的这个法律事实会导致实体的权利义务关系发生变化。但是所有的生活事实都可能成为一个程序性的事实。比如浙江曾经发生过一个涉及情人借贷协议的案件,在我们看来,这份协议不具备法律意义,最后驳回原告请求。显然,这个驳回导致程序性法律关系终止,情人借贷就是我们所说的这种程序性的裁判事实,在原来的法律事实观下没有办法得到一个合理和可信的解释。因此需要对它做一个更新，这就是我对于案件事实的这样一个梳理。

其实我最开始的时候是分成四个层次，原生事实、再现事实、证据事实和裁判事实，是逐级往上的，但是后来我觉得原生事实和后面的三个层次具有根本性的不同，所以我索性就按照之前这个思路就把它分为了两个范畴，然后在再现的这个范畴里面我们可以再去仔细地梳理各个层次的事实，它会对应的建构义务，这就是我不太成熟的一些思考，希望各位指正，谢谢大家！

主持人

谢谢杨老师。这个事实问题，确实搞不清楚。我自己学到很多。说到这个案件事实，其实事实的层次很多，这是个基本范畴，杨老师主要讲的是案件事实。其实我们民法当中还会涉及比如我们虚假陈述的时候，或者说明义务、告知义务，我要告知对象，如果跟事实不符，我可能就是缔约过失责任等之类的，构成欺诈等。那个事实与这里的事实又不一样。如果套用这个原生事实、再现事实，这里面到底是哪个层次的？这个与裁判事实肯定是不一样的东西。所以关于这个概念，我们还有很多要去开拓。因为刚才一开头杨老师就提了，法律文本当中有很多地方都用了“事实”这个概念，所以还需要继续去开拓这个基本范畴。

接下来我们有请刘红臻老师。

报告人／刘红臻

法学博士，吉林大学法学院副教授，吉林大学理论法学研究中心副主任。

经济法哲学：经济法的“法理”表达

各位老师，大家上午好，我今天报告的主题是《经济法哲学：经济法的“法理”表达》。

首先，我想先介绍一下这个选题的背景，即作为其上级议题的论题，也就是法理学和部门法学知识合作的问题。关于法理学和部门法学的知识合作，它的理想状态我们经常会想起比如英美等普通法系的大法官做的那些经典判例，或者是哈特、富勒这样的法学大师，他们能够在制度的构建和理论的构建当中，达到那样一种水乳交融的状态。在这种状态下，法理学与相关部门法学的智识合作是没有学科间隙的，在知识上没有输入输出和代码转译的障碍与壁垒。但正如我们所看到的，这只是一种理想的状态，在大多数时候，要达到这种完好的知识循环无论对于法理学还是对于各部门法学都是一个很大的挑战。部门法学者要有法理思维，面对反思性、争议性或者疑难性的制度问题、实践问题要有基本的理论框架和分析工具；而法理学也要由一阶理论构建的高坛俯身面向生活、面向制度、面向实践。在这个方面，法理学和各部门法学都需要进行反思，并且也都正在进行反思。

张文显教授很早就注意到了这个问题，并致力于开辟新的研究进路，提出新的范畴、议题、命题、方法等，在推进法理学与部门法学的升级转型和无缝对接上做出了奠基性和引领性的探索。例如，早在 20 世纪 90 年代，在当代中国“法理学”知识体系的构建之初，张老师就将其界定为法学的一般理论、基础理论、方法论和价值论（意识形态）；之后，他更是倡导和推动了“生活中的法理”和“部门法哲学”这两门课程、两个研究领域、两种研究路径的开设和普及；及至现在，他又进一步提出“法理：法理学的中心主题和法学的共同关注”，并以此为基础组织和策划了“法理研究行动计划”等，这些对于包括法理学和各部门法学在内的整个中国法学的成熟化来说，都是具有重大里程碑意义的标识性成果。我们今天这个分会场 90% 的同道，无论主攻法理学还是各部门法学，都是法理研究行动计划的成员，大家也都陆续在这个研究方向上出产了重要的学术作品。

具体到我个人的选题，我想结合自己的知识背景，从法理学和经济法学相互支持合作的角度来思考一下这个问题。一般而言，大家普遍认为经济法没理论。其实，经济法学特别注重自己的基础理论的构建，每次开年会的时候，谈到总论的发展，大家都有很强的危机感和紧迫感。同时，经济法学也承认自己的缺陷，确实比如税法、财政法、金融法、消费者权益保护法等宏观调控法和市场管理法，这些法律领域都涉及政府的监管，那么多侵犯公民权利或者不科学配置、不合理约束公权力的法律法规在出台和实施，究其原因，经济法理论的不成熟难辞其咎，可以说，经济法在理论上的缺陷直接影响到它实践功能的发挥，使其在制度设计和实践反思上缺乏应有的批判力和构建力。

从经济法作为新兴第三法域的产生发展史来看，经济法学发展的理想状态不应该是它现在的这种状态,经济法学和社会法学应该是最能秉持现当代的时代精神、最具理论底蕴、最能扮演理论创新急先锋角色的学科和知识领域。因为,作为其大背景的,是20世纪经济、政治、社会、伦理秩序的社会化转向,是社会正义崛起、福利国家转向和回应型法治兴起,而伴随这一秩序变迁过程的,是经济学、政治学、伦理学、法学等知识领域喷涌而出的理论创新和方法论创新,这些对于处置国家与市场关系的经济法来说,无疑都是至关重要而又极其丰富的资源输入。

但是很遗憾,经济法恰恰就完美地错过了这个理论资源集中喷发的富矿地带。现在经济法的理论构建基本上还是沿着经济学的进路、套用经济学的话语和命题,还停留在市场和政府双失灵的前提假定上,还驻足于制度、法条、政策的机械性解释,没有反思,也没有批判。

所以,经济法理论的发展应该再往前走一步,应该从经济学的话语和知识体系转换到真正的法学的话语和法学的知识体系。国家规制市场经济,从经济学话语和知识体系转译过来,其实就是公民或者市场主体的个体权利与国家经济权力之间张力关系的处置问题,具体说,就是市场主体的财产权利、契约自由与国家的宏观调控权力、市场监管权力之间的关系问题,这是一个特别大有可为的空间。因为,这两者之间关系的背后是一个价值冲突的问题,是公民个体的自由和社会性目标的追求之间的关系,而这两者之间张力关系的处理是一个实践理性的问题,需要论辩而没有唯一正确答案。在此,可以开发和利用的理论资源太多了。在经济学领域,除了最著名的凯恩斯和哈耶克之争外,制度经济学内部还有科斯和庇古等的争论,而其分界线就在于是更多信奉市场、更多信奉个人的权利,还是更多信奉国家规制、更多信奉社会性目标的追求。另外,伦理学领域最著名的就是罗尔斯和诺西克之间的争论。在法理学的领域当中,表现为林林总总的社会学法学的兴起,像利益法学、社会工程法学、现实主义法学、法理社会学等,都为怎么样来处理市场主体个人自由和以社会性目标追求来论证自己合法性的国家经济权力之间的张力关系提供了理论资源。

另外,除了理论资源之外,我觉得还有一个体制结构的问题。在这里面,其实更深层的,它牵涉到了立法权、行政权和司法权之间关系的问题。其实,当把经济法的制度构建问题还原成国家治理问题以及经济体制和政治体制改革问题时,实际上它就回落到了立法权、行政权和司法权之间相互关系的问题上。这个问题其实理想状态当中,应该和任老师刚才讲到的宪法实施问题、合宪性审查的问题相结合,都是同一项工程当中最核心的组成部分。

接下来,就是作为法理学与经济法学的交融,经济法哲学的构建问题。所有的部门法其实都贯穿相同的两大主线，就是法治和权利本位，张文显教授把它用一个词概括叫“良法善治”，其实各个部门法都用自己不同的话语、不同的调整机制，在追求这样一种良法善治的状态，就是来贯穿法治和权利本位的基本逻辑。

当然，各个部门法，公法、私法和社会法，其调整机制不一样，对法治和权利本位这一基本逻辑的尊奉在表现形式上也会不一样，像在公法或者是带有公法性质的社会法领域中，前台运作的主要是国家权力，而权利主要是在程序上或者在后台操作上起一种沉默的、规定性的、类似于语法的作用，例如，第一，追问公权力的合法性的基础；第二，为公权力设定限度；第三，强调对公民程序性权利，比如参与权、监督权、知情权等的尊重和保护。公法、社会法领域对权利本位理念的贯彻，基本上是强调这样一些基本面向。经济法作为新兴的第三法域，也是这样。基于这一理解，我认为经济法理论的构建，其实它的核心范畴是国家经济权力，经济法能不能做到良法善治，取决于对国家经济权力的配置是不是合理、对国家经济权力的规制是不是到位、是不是真的尊奉了良法善治的逻辑来配置和规制这样一种权力。

主持人

谢谢刘老师又来指导我们。

其实，刚才刘老师讲的时候，我是很有感触的，因为我硕士期间学的也是经济法。当时我就深有感触，经济法到底应该怎么用？而且，我的博士期间学的其实也不是民法，当时神户大学只有一个学术学位就叫理论法学。看它是哪个专业，其实是看你的博士论文跟的导师是谁，所以，我也是理论法学的博士，因而感触很深。刚才听刘老师讲到要把经济法、部门法理学做好，我们非常希望也非常期待，而且可以期待。随着这种部门法法理的推进，我想，经济法学还是应该能够达成，就像刚才刘老师讲的，应该能够达成那种愿景，我就说这些。

下面有请王红霞副教授。

报告人／王红霞

管理学博士，中南大学法学院院长助理、副教授，主要从事转型法治、经济法、信息与网络法等方面的科研和教学。兼任《中国法治实施报告》副主编、《经济法论丛》副主编，中国法学会经济法学研究会理事、网络与信息法学研究会理事等职。

论社会整体利益

谢谢主持人、评议人，各位老师、各位专家，以及在后排就座的各位同仁，我是中南大学法学院的王红霞。其实这段时间我也写了一些有关法理的文章。但是这一次会议，我思来想去还是选择了这样一个题目，一方面是希望能够更加匹配这一次会议的主题，另一方面也是希望能够借由这个问题，展示一下我们作为主要从事经济法研究的学者，在这些年来的一些部门法领域内的法理思考。

当然还有一个非常重要的个人的原因，就是希望向我身边的刘红臻老师致敬。其实在1999年刘红臻老师就发表了《经济法基石范畴论纲》一文，这篇文章可能在法理学范围内也是有影响的，但是它更深刻的影响是在经济法学领域。直到现在，这篇文章的理论的高度和解释力，包括它的文字的表现力都是我们在持续的学习的。也是我作为一名经济法的老师，在每年教学的时候，必须要去解读的重要文章。刘老师在当时提出的经济法的基石范畴，也就是社会整体利益的问题，给我们经济法学后续的研究提供了非常多的启示。

但是下面的问题也来了：1999年刘老师提出经济法基石范畴之后、经济法学界逐步确立了这个共识之后，甚至全国人大写入社会主义法律体系白皮书之后，何以没有以此为逻辑起点，循序地推演出经济法的范畴体系，进而形成系统的经济法理论。或许一个重要的原因是在于对社会整体利益究竟为何仍需要更直观的解读。事实上社会整体利益是一个极为抽象的范畴，它何以存在又如何发生影响？我想通过一个例子来从侧面加以解读。

我是前天到长春，由于忘记了带我的无线鼠标接收器，我就到旁边的一个数码小店买了一个新的无线鼠标。鼠标标价58元，一番讨价还价后我们50元成交。从民法的意义上来看,这个合同是真实意思表示的一致结果,合法有效。双方能够达成这样的一个交易的原因,是因为大家认为这个交易能够满足各自的需求。从经济学的角度来说,在交易达成的一瞬间,彼此的福利都得到了增加。但这样的解读就够了吗?值得进一步追问的是,为什么就在宾馆的附近,那么近就会有这样的一家小店?为什么这家小店就有这样一款鼠标,并且可以以50元钱来卖给我?要知道鼠标的生产厂家是广东,但为什么我不需要跑到那里去购买?在购买之前,我还挑选了其他的四种鼠标,他们是如何出现在长春的市场上?这是一个仿佛像空气一样现实存在、缺他不可但是并没有被我们有效关注、深刻解析的问题,但这恰恰就是经济法关注的问题,即市场何以可能?交易何以发生?并不是所有的交易都可以这样方便的达成的,社会整体利益的一个重要内容,就是一种大体上被叫作市场机制的东西。在市场中,大规模的买者和卖者广泛存在,大量的原子化的交易机会广泛的存在,并且密切的相互关联。这种关联我将其称为"影响"。

"影响"是一个听起来特别不显眼的范畴。但是我认为影响这个词,可能会比损害或其他的一些范畴,更能有效地揭示经济法所关注的问题本身。在我们的日常生活之中,不仅只有交易关系,不仅只有侵权的关系,实际上还有一种类型的关系:某一个市场主体,它的某一种行为,其实是可能经由交易,包括一连串、一系列的交易,来间接地对其他人的利益发生作用的。这里包括虚假宣传、"搭便车",包括垄断协议、经营者集中,等等。经济法的传统话语体系里面是用损害来表达这个意思的:损害了其他竞争者的利益,损害了消费者利益,但是它不符合"损害"这样一个在法学上已经很成熟的范畴的基本的逻辑定位。因为表面上看,侵权并没有发生,合同也不存在,但是确实利益又遭受了冲击。这种影响的发生是借由这样的一连串、一系列的交易,而逐步地落实到其他的社会成员的身上的。

我认为,经济法所关注的社会整体利益,恰恰就是日常交易的背景,也就是一个公平的交易秩序和公平的竞争秩序。大规模的交易本身正是市场,那么市场背后的这个机制是我们所关注的内容,它当然可以传导非常正向的利益,因为我们都知道合作是有盈余的,如果双方的这种合同是一种合作的,合作是会带来盈余的。大规模的合作会带来巨大的社会盈余,这种盈余是来自整个社会的分工和协作,我们也可以把它看作生产力的发展。那么这种生产力的发展到底是怎样惠及大家的呢?是通过海量交易的发生和福利传导,才给我们带来了更多样的产品、更优质的产品、更廉价的商品。

在十多年来经济法学界,包括经济法圈外多热衷讨论社会整体利益不等于社会利益、不等于公共利益、不等于社会公共利益。但是它到底是什么?它的主体到底是什么?我认为所谓经济法所要关注的问题,其实是个体对其他个体的这样的一种影响,而这种影响如果是一种不当的影响，那么这个影响应该纳入法律的调整。当然这种影响有如下的一些特点，比如受影响的主体是不确定的，范围是广泛的；影响的方向也是不确定的，它既可能带来更好的交易促进，正向影响，也可能带来不利益的影响；这种影响具有不可视性，也很难量化，而且这种影响会随着时间而渐渐地递减……所以当我们去发掘和提炼这种影响的时候，如果它不是到了一个非常显著的并且我们能够有效确定的范围，法律不应该出手去调整它。

经济法一定要借由经济学的科学研究，包括人类的经验积累，然后去寻找到哪些行为可能更大地、更显著地、更深刻地、更持久地影响到其他的主体的利益，以至于其他人不能够有效的、便利的、廉价的在市场上购买商品或者开展交易，或者是从事他想要从事的行业。经济法由影响而关联到社会整体利益的这样的一个思考，至少可以回应或对应到我们经济法里面的很多理论，比如经济法强调科学性，因为我们即使确定了很多行为是违法的，但事实上这些违法行为的影响，在我们事后的经济分析里面发现是“假阳性”的。又比如经济法强调谦抑，不能简单断言某一行为违法进而直接禁止，我们得确准那种显著的、实际的影响是真实存在的。再如，影响与侵权也有很大的差别，所以经济法很大程度上是一种行为法，它实际上是社会主体共同去协调一致的行为方式，例如大家都说好，一致地靠右走。但靠左走错了吗？并没有。只是如果我们大家一致协调行动，就会给我们带来更好的秩序和自由。

时间的关系，我前面铺垫的太多了，但是实际上要点我也差不多说完了。我知道非常的不成熟，渴望得到大家的批评指正。谢谢。

主持人

谢谢王老师，她的知识很渊博，对“整体利益”的概念分析很到位，她还提出一个很重要的概念，即“影响”。我想，“影响”这个概念肯定会影响到经济法学本质的，可能对整个法学基本命题的重构都有重要的影响。

接下来有请第七位报告人瞿郑龙老师。

报告人／瞿郑龙

法学博士，苏州大学王健法学院讲师。

作为一个概念的"法律制度"：概念化和问题化

各位师长好，我是来自苏州大学王健法学院的瞿郑龙，很高兴也很激动，这次能够回到母校参加这个会议。在座各位很多都是我的老师，像彭诚信老师当年本科的时候在三教五阶给我们上物权法课，我的印象非常深刻，当时300多人的大阶梯教室几乎是座无虚席，而且有些时候，学生安静和专注的场景使课堂上除了听得到彭老师的声音之外，偶尔只能够听到阶梯教室表的滴答声，所以那个时候真的是对彭老师非常崇拜，当然现在更加崇拜。因为上硕士的时候，我们寝室一个同学，他研究的是与民法相关的一个问题，就是研究道德运气对于侵权法当中责任分配的影响。他向我介绍这个问题的时候，我们讨论，他说彭老师是国内第一个把这样的问题提出来的学者。有一次在吉大小北门法律学者书店意外地碰到彭老师的时候，我还向彭老师提起过这个事情。刘老师也是，刘红臻老师给我们上过博士的课，所以肯定也是我的老师。当然，包括这里来旁听并且指导的沈国明老师和葛洪义老师，也都是1988年参加这个会议的前辈师长，所以我今天的感觉就像是回到母校向各位前辈师长汇报我最近阶段的学习情况。

今天主要是向大家汇报一下我的一篇论文的一个初稿，论文在论文集第一本的第171页，论文稍微有点长，我就不详细地展开了，有兴趣的可以看这个论文集。这个论文的题目是《作为一个概念的"法律制度"：概念化和问题化》。我主要讨论的是如何把"法律制度"这样一个语词把它概念化、学理化。概念化的一个主要工作就是进行概念的分析，并且揭示通过这样一个概念能够表达什么问题，或者开发出什么问题。

对于法律制度这样一个概念的界定，我觉得可能有三个维度或是属性：第一个是作为"法之本体"的法律制度，就是把"法律"本身理解成为一种"制度"，相对于把法律理解成一种"规则"、一种"理性"，或者理解成一种"意志"，这是从法律本体的角度来讨论，像麦考密克、拉兹、阿列克西等人都曾经在这个意义上来讨论作为“制度”的法律。第二个意义上的是作为“法之要素”的“法律制度”，它主要是相对于作为法律要素的法律规则、法律原则而言的，包括其他学者提到法律技术、法律标准、法律政策等，这种意义上的“法律制度”主要就是在这样一个层面上讨论的，这是第二个层面。第三个层面是作为“法之方法”的“法律制度”。比如作为一种分析方法，是分析法律规范、分析法律现象、探究法律问题的一种制度主义解决方法，就是在这个意义上来使用“法律制度”。

我今天主要讨论的是作为第二个意义上的这种法律制度，就是说法律制度作为一个法律要素，是否可能或者如何把它进行概念化、理论化的分析。目前这样一个问题的提出，主要是针对我国对于“法律制度”这样一个语词的使用现状而引发出来的。目前我国学者对于“法律制度”这样一个语词的使用大概存在三个方面的问题，第一个问题就是，很多时候我们在使用“法律制度”的时候几乎是日用而不自知的。我们没有把它作为一个“概念”，只是说有一个婚姻法律制度，或是有个什么样的其他法律制度，或者把社会主义法律制度也要用“法律制度”这样一个词来表达，所以当追问什么是法律制度的时候，大家并没有给出一个明确的定义，或者没有给出一个明确的理论化的把握。所以它只是一个大家都觉得心照不宣的语词，但是没有把它明确化，提到意识前面来思考。这是第一个缺失。第二个问题就是，已有的对于法律制度的诸多定义，或者这种概念化的把握，主要是一种定义偏好，就是给它下一个属加种差式的定义，这样一种定义偏好，没有办法完全揭示“法律制度”这样一个概念所具有的理论和实践意义。所以现在包括哈特以后，提出我们很难通过属加种差式的定义对一个概念进行把握。无法通过这样一个定义，对一个概念背后所反映的问题进行把握和揭示，这是一个非常大的理论缺失。第三个问题就是，目前有关法律制度的研究，还没有揭示出法律制度背后所存在的一些法律理论和实践问题，没有把这样一些问题充分地开发出来，所以这是我觉得目前我国学界对法律制度这样一个概念和范畴的现有研究的第三个缺失。

我国学界目前对于法律制度这样一个语词，主要是在三种意义上来使用，第一种意义就是，从法的本体意义上来使用法律制度，就是几乎把“法律制度”等同于“法”或是“法律”。这样一种把法律制度等同于法的用法，我觉得没有太多意义，因为对于法或法律这样一个概念核心范畴的讨论已经非常复杂，用法律制度来等同于法和法律，除非能够带来更多的新的理论构建，否则增加一个新的名词来使用，表达我们日常生活当中“法”这样一种现象是没有任何理论和实践意义的。第二种意义就是，在“法律体系”的意义上使用“法律制度”一词。当我们在谈到中国特色社会主义法律制度的时候,基本上就是等同于中国特色社会主义法律体系或者法治体系。比如我们中国学者编的部分词典解释道,“法、法制”就是“法律制度”的简称,这就是从一个宏观性的法律体系的层面上来使用“法律制度”这样一个语词。但这样一种用法基本上是没有太多理论意义的,因为我们现在已经有一套非常成熟和发达的法律体系的理论,就是legal system 意义上的法律体系,这个“法律体系”实际上从严格意义上来说,对应的是西方的这种法律体系,也就是“legal system”。这种从宏观意义上把法律制度等于法律体系,或等同于法律体制,我觉得都没有太多的理论意义,没有办法使法律制度成为一个具有独立意义的理论概念。因为我们已经有了“法律体系”“legal system”这样一个非常成熟的概念来表达这样一个问题。第三种意义上的用法就是在“legal institution”意义上来使用“法律制度”一词。这样一种意义上的法律制度,它大概是与法律原则、法律规则等法律要素相对而言的,这样一个意义上的法律制度是我这篇论文主要讨论的问题,也就是如何把 institution 意义上的法律制度概念化,如何把它理论化。

对于作为一个法律要素的法律制度,它主要是一个偏正短语,所以要对法律制度进行解析的话,首先要对这个偏正短语的核心关键词——“制度”有一个把握。在制度经济学、制度政治学和制度社会学当中,对于制度的理解是非常丰富的,所以我主要借鉴了20 世纪中期以来的制度经济学、政治学和制度社会学这样一些领域的制度主义理论,以此作为理论参照来理解到底什么是法律制度。其他学科对于“制度”的理解,主要有五种阐释模式:

第一种理论是把“制度”解释成为一种规则,包括政治制度主义,詹姆斯·马奇等学者都是在这一意义上来使用制度,他们认为制度就是一种规则。相对于这样一种界定“制度”的理论模式,法律学界例如麦考密克,虽然他没有明确提出法律制度这样一个定义,但是他说,法律制度是一种由成套规则构成的法律体系的重要组成部分,所以他也是在这样一种制度或规则意义上来使用、理解法律制度,这是第一种用法。

第二种理论是把“制度”理解成为一种组织。美国社会科学百科全书中的制度词条,解释什么是制度呢? 它举了一些例子,比如医院、监狱,就是所谓的 institution。所以这样一个意义上的制度,实际上就是等同于将其归结为组织。《牛津法律指南》对于一个法律制度的界定,实际上很多时候也是相当于把它归结成一种组织,比如公司法律制度,都被归结为一种组织,有些就是实体存在,像大学、律师学院、公司等,它觉得这都是一种所谓的 institution,就是说制度,这是第二种意义上的法律制度。

第三种意义上“制度”被阐释为一种模式论。这种理论把制度解释成为一种行为模式，这种行为模式的制度理解反映在法律学界，主要就是一种法律现实主义的理解，法律现实主义是如何理解法律制度的呢？它说一项法律制度就是人的行为，一项法律制度就是同类行为不断发生，就是一种行为模式，就是一种行为惯例，这种行为模式使相同类似的这种行为会不断发生。这种行为不断发生，经过结晶化以后，就是一种模式或是制度。这是第三种对于法律制度的理解。

第四种对“制度”的理解是把它归结为一种实体论。这种理论没有明确说制度是不是一种规则，是不是一种组织，是不是一种行为模式，而是说制度是一种实体，制度这种实体是什么？这种理论认为不好概括，所以就简单用一个所谓“实体”的范畴来表达对制度的理解。这种理论反映在我国这个法学界，就是姚建宗老师等人对于法律制度的理解，认为法律制度是一种围绕着一个独立的中心范畴而形成的，以法律规范为基础，由多种法的成分和要素相互连接和有机组合，并贯穿于所有法律部门而存在独立的法律实体装置。所以这种理论并没有把法律制度界定为一种规则，或界定为一种行为模式，或界定为一种组织，认为这些界定都有一些不准确的地方，所以提出一个独立的独特的对于法律制度的界定，这是第四种对于法律制度的理解。

第五种对于“制度”的理解是一种综合论，综合论就是对前面几种理论学说的一种综合，有的学者认为制度既是一种行为模式，也是一种所谓的组织，也是一种所谓的规则，对这几种要素进行一个综合，就是其所理解的制度。这是现有的制度主义学派，经济学也好，政治学也好，社会学也好，还有其他一些学科对于制度的一种主流理解。相应的这种理论在法学界所体现出来的就是一种对于法律制度的综合解析。

我觉得现有的对于法律制度的这些诸多理论认识都具有很强的启发性，但是每一种认识都有各自的内在缺陷，而且很明显，比如把法律制度理解为一种行为模式，这种概括就是明显的法律现实主义的理解。这种理解的缺陷在于，我们日常生活或者日常法律学者对于法律制度的理解，最起码要落实为一种所谓规范，它不单单是一种所谓的行为模式。对于法律制度的规则理解也存在缺陷。因为很多时候法律制度的构成不限于狭义的规则，而且还有原则、标准、技术、政策等。所以单独用一种所谓的规则来理解法律制度，也是不大匹配准确。其他把法律制度理解成为一种组织，也存在很大的缺陷。因为很多法律制度没有实体的组织载体，有些制度是有实体组织载体，像婚姻、公司、大学、学院等，既可以说它是一种制度，也可以说是一种组织形态，这个没有问题，但是很多法律制度都没有这些有形的组织作为实体载体。

这是对于现有制度和法律制度理解的一个简单反思，但是我现在也没有思考清楚法律制度到底是什么。我觉得现在很难提出超越现有的对于法律制度的理解，所以这只是对现有理论的一个梳理和反思。我的一个基本立场是，对任何概念做一个简单的属加种差的定义是远远不够的，所以我实际上是放弃了对法律制度做一个简单的属加种差的定义，我把对法律制度的理解推进了第四个部分就是探究法律制度的特征。我觉得法律制度有这样几个特征，第一个构成性，第二个稳定性，第三个规范性，第四个是自主性，第五个是操作性。这种操作性相对于法律原则来说非常明显。

第五个部分是法律制度的问题化，就是通过"法律制度"这个概念把与其相关的法律理论和实践问题开放出来。其实当中存在很多法律制度的一些问题，包括法律制度的运行方法，都需要我们进一步去讨论，我的发言完毕，谢谢主持人周江洪老师。

主持人

谢谢瞿老师。在进入下一个环节之前，我发现来我们现场指导的前辈越来越多，让我们表示热烈的欢迎。（掌声）由于时间关系，我们就直接进入下一个环节。刚才瞿郑龙是1987年的，我记得好像下一位发言人章安邦是1989年的，有可能是我们现场最年轻的报告人。

报告人／章安邦

法学博士，浙江工商大学法学院法学理论系主任、讲师。

作为基石范畴的"司法权"的内涵

提到了年龄话题，非常遗憾，我是确定不可能亲身经历过1988年那场论战和那个会议的。但是，我们这一代学人其实是非常受惠于那一次的会议以及那个会议的讨论成果，以及它对中国法治的贡献。非常感谢母校和张文显老师的邀请，因为我在吉林大学法学院度过了十年最美好的青春，习得了最丰富的知识。

回到我的论文，2014年我读博士开始，国家推动了新一轮司法改革，我在博士论文选题的时候,觉得司法领域的研究应该是一个学术富矿。当我后来查资料的时候,突然发现一个问题,我们最近将近十年的司法研究,全部是停留在要么对中国特色社会主义的司法理论体系的阐释和论证,要么就是像陈柏峰老师他们做那种实证化的研究,做司法的大数据或者实证调查的分析。

其实对司法改革这样一个问题,我是不怎么主张一种所谓的过分强调顶层设计的理念。因为在中国,大家知道从20世纪70年代改革开放以来,所有我们的真正成功的经验、成功的模式都来自地方的试点,地方的自主性发掘,甚至是“于法无据”的改革和突破,中央再去提炼经验,再去推广这种模式。这一次司法改革把员额制这个制度搬过来,但是,最可怕的是制度搬过来了,背后支撑它运行的基本理论却没有搬过来。所以像前两天在微信上面流行的比较火的一篇文章,叫《法治的模式不能定于一尊》,它其实是讲我们走中国特色社会主义法治道路,但是这个命题的一个前提就是我们是有法治的,它有一些内核性的东西,它有一些要素是不可缺的,不管是富勒的定义,还是怎样一个定义,它有一些最基本构成要件和一些元素是必须存在的,所以司法权的最大公约数是什么?就是司法权在现代文明国家,这个前提应该还是现代国家,因为前现代社会司法权可能不是这样的。在一个现代文明国家,我们在建构法治国的过程当中,我们应该遵循的基本逻辑,司法权应该包含的基本内容。

所以文章上来就是先讨论作为一个基石范畴的司法权,就是突出了司法权在司法理论体系当中的基石范畴地位。因为不管司法规律、司法文化、司法责任概念范畴等,它们最终根本上的一个核心是围绕司法权在做制度设计与理论建构,司法权当且应当作为一个基石范畴。这篇论文是我在我自己能查到的资料范围里建构“司法权”这样一个所谓的最大公约数。比如我首先是区别司法话语和政法话语,其实我们国家官方对司法以及司法权的定义和讨论往往是在政法话语这样的一套话语体系当中进行的。所以在20世纪90年代时,像我们的前辈沈宗灵老师,他提出司法就是法的适用,在那个时候应该是非常先进的司法命题与理论。

但是,我们后来看到为什么在中国一直没有解决的问题就是司法机关究竟是指哪个机关?包括宪法也没有明确,学术界也没有明确,大家都是各执己见。因为在法律适用论这样一个概念体系下面,我们把所有参与到司法以及司法相关活动的公权力机关,或者说在运用判断权这个权力的国家机关,有的时候把它放进去,有的时候不把它放进去,这是一个非常混乱的场面。日本的宪法学家芦部信喜教授提出最终司法这个概念有个东西是通约的,即它是以解决纠纷为基本目标。在这样的前提下,再讨论我们对司法权性质的界定。比如司法权是判断权,习总书记提出司法权是对案件事实的判断和裁判。像日本的学者兼子一就提出:“所谓裁就是一刀两断的解决,判就是做出辨别是非黑白的这样的评价。”

所以司法权，首先把它定义成一个判断权，应该问题不大。然后我们进一步定义司法权是权威的判断权，需要确立司法权威是毋庸置疑的。但是，司法权威其实在内部分成两种类型，或者说现代文明国家的司法权必须包括两种类型：一个是强制性权威，就是我们所谓的传统意义上理解的，司法以国家暴力和强制力为支撑，它有强制行使、强制执行等强制权威。但是在一个现代文明的国家，仅仅靠强制是不可能治理的。所以我们还要引进“技术性权威”的概念。司法真正能够成为权威，是因为它是以理服人，而不是以强力服人，这也就是为什么要推动法理研究的意义。正是通过法理在司法裁判中的运用，真正做到胜败皆服。所以技术权威其实就是说理裁判的权威。

在司法权威实现上，我们尤其强调的是要通过庭审的实质化去推动和形塑司法权威，而不是像我们原有的刑事诉讼模式中奉行的案卷笔录中心主义。这样的一种操作模式是不可能让真正的利益相关者认识到他自己的权利和义务的。司法权还是一个终局的权威的判断权。也就是如何对待司法存在的错误，司法是必然发生错误的，我一直持这个观点。任何国家司法中都会有冤假错案，都会有误判，就跟世界杯的裁判一样都会有误判。但是司法的错误必须通过司法方式去解决和纠正，通过上级司法权的判断来纠正，而不是司法有错误了，发生错判了，马上就介入另外一个权力去纠正它。

因为我在浙江成长和工作，现在“枫桥经验”是非常火的一个问题。“枫桥经验”的核心就是“小事不出村，大事不出镇，矛盾不上交”等。现在要求司法行政机关介入司法调解当中，而且要达到特定的调解率，要在开庭之前调解完。调解在中国是很有意义的是东方模式，这个案子在进入司法程序之前，你怎么调解都是可以的。但是一旦案件进入司法程序尤其是到法院之后，调解活动就不应该再出现，任何进入司法程序之后的调解，全部是在消解司法的权威。所以我觉得司法权有没有终局性，就决定了司法这个国家权力是不是真正意义上的司法权，还是只是把它当一个类似行政权、立法权这样的一个国家公权力而已。所以包括在国际文件当中，像《公民权利和政治权利国际公约》这样的文件都认为，司法权是否具有终极性，作为一个人权保障制度，是一个国家是否实现了人权保障的基本判断标准。

好，我的发言就到这里。谢谢。

主持人

我们所有的发言都结束了，其实安邦这个题目很有意思。司法权是我们经常见到的词，但是，把它这么一点点地剖析开确实不容易。因为我记得与这个相关的话题，比如我们入学考试、法律硕士的面试，我们有时候会问这个题目“司法部行使司法权吗？”这是个挺难的一个题目。是吧？这是一个题外话。

我们现在进入评议环节。（会议原拟定的评议人蒋悟真老师临时缺席）要不先请胡玉鸿老师讲一讲吧？

评议人／胡玉鸿

法学博士，苏州大学王健法学院院长、教授。

谢谢周院长。今天很不幸误打误撞，要被多数暴政决定来做临时评议人。大家今天也很有幸，我们很多专家学者、青年才俊有这么很有质量的学术发言，对于我们学法理的来讲，特别是我们这里很多部门法学者，他们的发言对我个人而言有很多的启发。

蔡院长是讲了我们法理学当中的一个研究的薄弱环节“权利的行使”问题。我昨天在大会上发言讲到，我们以前讲法律实践的时候，仅仅集中于国家的法律实践，而个人的法律实践才是法律实施当中最为主要的部分。所以，这个权利的行使本身就是一个个人的法律实践的问题，我们拥有权利，这个权利到底如何来行使？虽然没有看到整体的论文，但我觉得，从蔡院长总的讲话当中，确实有很多让我们去探讨的问题。比如权利的行使，从主体、内容、特点，也就是按照法律关系这么三个要素来讲，它都可能会派生出很多的问题：你要自己行使，还是他人来行使？若是他人行使，在这里面就涉及有的是国家来帮你行使，有的是他人来帮你行使，而有的是自己的亲属来帮你行使。在这里面有小孩的隐私权，我们经常讲儿童的隐私权和各种权利，这样他本人是无从主张，也没有办法通过诉讼来维护自己的权利，所以只能借助于亲属或者监护人。还有很多权利，比如，一个公民在国外遭受到了侵犯，我们可以通过国家的外交途径来为他讨回公道，所以在这里面，可能就是有国家的代为行使。还有，我们经常讲的民法上的代理，包括诉讼的代理，这个权利又由他人来行使，但是在这里我们可能要涉及一个法理上需要问的问题，是不是个人的权利都可以由他人来代为行使？这个问题可能确实也是需要注意的。另外，我们也提到很多相关的问题，包括权利的行使机制等。也就是说，我觉得，可能从蔡院长的这个发言当中派生出很多问题，一种情况可能就是国家吸纳了公民的权利，实际上我们所有的外交权，都可能意味着对公民权利的吸纳。比如，我刚刚讲的引渡罪犯，罪犯对我们的公民造成了损害，而公民无从通过自己的力量来保护自己的权利。所以，在这个时候，国家这种权力实际上就是吸纳了个人本来应当拥有的权利。另一种情况，就是国家设定条件来让你行使权利，比如正当防卫。正当防卫权就在特殊的场景之下，国家不在场的时候，我们设立这么一个严格的条件，让个人来主张或行使权利。当然还有一种情况就是，个人自主行使。所以像这些问题，当然还有很多的可以判断出来的问题。比如公益诉讼，公益诉讼是不是意味着国家对个人诉权的一种吸纳？我想，这里问题很多，值得我们去探讨反思。所以，虽然蔡院长讲得非常简略，但是我觉得给我很多的启发。

彭诚信教授的发言，就权利冲突、侵权行为和权利滥用这三者做了一个很好的界分。虽然他讲的侵权行为在我们法理上不太常论述，但是权利滥用和权利冲突肯定是一个非常重要的问题。就像彭教授界定的一样，权利滥用就是我们越界，也就是说在某种程度上，个人虽然有这个权利，但是不正当地行使这个权利。那么法理上提供的意义是什么？我们经常研究如何来规制国家机关的自由裁量权，但是我们如何对个人滥用权利行为进行规制，我们现在研究的很少，所以我经常向研究生推荐《权利相对论》这本书。它就研究一个概念，“滥用权利”概念怎么来的？我想，这个实际上对我们有很多的启发，我们个人是会滥用自己的权利的。但是在法理上我们也经常问这么一个问题，个人有没有权利滥用自己的权利？如果说我愿意对自己滥用的后果承担责任的话，那我为什么不可以滥用呢？这种情形，就像拿钱买东西一样，我们愿意花这个价钱，那么我算不算正当？我有没有“正当滥用”这么一个权利？所以，这个方面可能也值得去探讨。当然这里面，包括彭教授举的例子里面，可能涉及法哲学当中一个确实很重要的问题，即权利和利益不可通约。但是在彭教授很多说法当中，甚至把权利与利益混合在一起。我们讲权利和利益不可通约，这个还是从康德以来就作为一个原则，罗尔斯也讲到权利优先于善，就意味着权利不能和利益进行互换，权利和权利之间可以比较。刚刚我们也提到《宪法》第 51 条，那就是一个典型的把权利和利益进行互换的例子。就公民在行使自己权利和自由的时候，可能会侵害到国家的、集体的、社会的利益和其他公民个人合法的权利和利益。那么，这里的权利和利益同义，这个本身可能也会导致很多问题，就是把权利降格。所以，我想这个方面可能需要注意。

那么，任喜荣老师从宪法的合宪性审查角度，确实总结了我们的合宪性审查可能备而不用的情况。这里也专门提到了以宪法解释权的行使来作为合宪性审查的切入点，我觉得这的确是一个很重要的问题。因为《宪法》当中有很多需要解释的地方，比如我经常跟学生讲，《宪法》里用到“部分”这个词就的确需要解释。比如，全国人大常委会在全国人大闭会期间，有权对全国人大通过的基本法律进行部分修改，那这“部分”到底是多少？一个法律500条，修改450条，算不算是“部分”修改？另外，我们除了这个机制以外，十八届四中全会《决定》也提到一个很重要的内容，就是规范性文件要纳入合宪性审查的范围，比如大学这些规章制度是不是合法？这对学生的权益是会造成很大影响的。比如有的大学该发给学生的奖学金不发，而把这个钱全部集中起来资助学生出国，这表面上也是用在学生身上，但是对学生来讲是很不公平的。因为基本都是理工科的学生能出国，文科的学生包括法学院的学生基本出不了国，所以这实际上就损害了很大一部分学生的权益。这样的做法要不要纳入合宪性审查、合法性审查范围，可能就是一个非常重要的切入点。

杨贝老师提到的案件事实的四个层次，的确是一个非常重要的问题。把案件事实划分为原生事实和再现事实，从认识论的角度来说，也就是说，我们是否客观或者是否加入了主观评价？你的这种划分可能会涉及像凶器、伤情，它到底是一个原生的事实，还是一个再现的事实，对吧？一个凶器摆在里面，我们叫物证。物证是很典型的，它就是一个原生的东西，但是可能它也再现在我们面前。你在进行这个划分的时候，都是从一种证言的角度来对这个事实进行的分析，但是有很多具有客观具象的物体，可能是跟犯罪作案工具有密切联系，这个方面可能就需要考量了。再一个就是说，把案件的事实分成了证据事实和裁判事实，这个有没有必要？因为刚才也有的学者提出来，不能讲以事实为根据，应当是以证据为根据，我所有的证据都是在法庭、庭审的过程当中，经过查证属实的事实，这里已经融入了一个评价的过程，那么这又怎么样来弄？还有一个就是我经常讲到，以前我们讲证据的三大特征是真实性、关联性、合法性。真实性、关联性这个可能没什么问题，关键是合法性能不能作为证据的本质特征，我认为是不合适的。比如，在中国古代《唐律》中，刑讯逼供就是一个合法的举证手段。而现在，包括秘密侦查，为什么引起这么大的争议？如果秘密侦查用的范围过宽，每个公民都可能处于国家的监控之下，导致了人人自危。所以我讲，能不能用证据的伦理性来替代证据的合法性？那意思指的就是，所有证据的取得都应当以符合伦理的这么一种准则的方式来进行。所以，我由此经常讲非法证据，我觉得就是两个：第一个是侵犯人的尊严，第二个是刻意利用人性的缺陷所获取的证据，都应当称为非法证据。因为没看到杨老师的全文，所以我也只能简单说一说。

刘红臻老师提出的这个问题实际上是一个非常重要的问题，也就是说，经济法这个学科,包括我们讲到法律部门的时候讲的经济法这个部门,有时候也讲不清楚经济法到底包含哪些内容,也就是它缺乏一个统一的逻辑上的整体。也就是说,你通过什么样的一个主线能够把银行法、反不正当竞争法、反垄断法串在一起?所以,我们可能缺少一个主线,这就涉及(经济法的)基础理论到底怎么样来弄?我记得,原来一位经济法老师专门出一本书,他把需要国家干预作为经济法的基础理论。当然,我们讲,红臻老师可能讲得更深,也就是市场主体的经营自主权和国家规制之间的张力和矛盾构成了经济发展存在的一个基础。并且她是从体系结构以及经济法哲学的角度。在这里,实际上我们现在也很困惑的,经济法和社会法,到底如何来区分?

这也包括后面红霞老师的一个问题,如果把社会法定位在两个主要的层面,第一个是给予公民更多的社会福利、社会保障,这是一个层面。第二个层面是给弱者以特殊的保护,它可能确实更多追求的是社会公共利益、社会的整体利益,也就是说,以社会公平的立强扶弱观念来形成整个社会秩序。所以,在这个方面,它和我们经济法到底如何来区分?经济法是不是也追求这么一种社会利益?所以,这个方面我不是太清楚,但我觉得可能是一个问题。

红霞老师的话围绕着我刚刚讲的,也就是社会整体利益做了一个很好的论述,特别是以市场何以可能、交易何能存在这样一个基本问题来探讨社会整体利益的安排。并且,对社会整体利益有一个非常直观的表述,就是公平的交易秩序或者公平的交易环境等。我觉得,这种表述可能比空洞地讲社会的整体利益更加切实,特别是如果放在经济法这个层面,它就是维护人类的正常的交易秩序,通过一组交易,能够产生新的财富,或者说保证人们的交易安全等。她在这里提到"影响"的问题,我觉得这个的确是一个我们以前没有注意的问题。也就是说,我们讲侵权,大家可能都理解,但是可能我们受一个虚假广告的影响,购买了本不该买的东西。现在这种例子有很多。比如,有的时候我们去书店,因为跟书店的老板比较熟,他给你打折,你觉得不买一本书回去不好意思,对不起他,所以很多不想买的书最后也买了。或者他很热心地给你推荐,你就把这个书买下来。可以说,这种影响是无所不在,而他确确实实又直接影响着我们自己的一个交易行为。所以,在这个方面我觉得是一个很有意义的问题。比如,在这里我们实际上有很多理论支撑"影响"。比如,我们讲有限理性的理论,因为我们虽然讲在市场上每个人都应该成为经济人,应当以理性来判断我们自己行为的合理性,但是人的理性都是有限的。还有一个像社会学讲的社会模仿,我们会模仿别人的行为。或者说,按照赞恩《法律的故事》里面讲到的"社会一致性法则",这是法律的一个起源,也就是我们经常会向同伴的行为看齐,否则我们就觉得自己是异类,所谓"木秀于林,风必摧之,行高于众,人必非之"。所以,我们会选择从数从众的行为。当然,可能还有其他的理论基础,我觉得这个问题非常重要。

瞿郑龙老师的关于"制度"的(概念),应该讲也是我们国内学者在法律层面上对制度梳理得比较清楚的一篇文章。我个人一直也觉得,制度研究或者制度的定义本身就极为重要。我当时一直和学生讲法律制度的问题,但我主要是从两个层面:一个是我们中国法制史上,就没有区分法律和制度或者法典和制度。像《唐六典》《大明会典》《大清会典》,它是法律吗?严格来讲它并不是法律,它是国家的一套典章制度,而这个就像我们今天刑法的空白罪状一样,你违反了制度,可能是要受到制裁。但制度本身是涉及整个机关的正常运转。所以,我觉得,在这个意义上把制度跟法律区分开,对法制史研究也有非常重要的意义。我为什么讲这个问题?刚才我讲的不像郑龙讲的那么细致,因为我觉得原来我们在法律上使用制度主要有三个层面,第一就是和教育制度、经济制度并行的社会制度的一个门类,这可能是比较广义的制度。第二,我们会把它叫作中观的制度,包含你这里面提到的立法、行政、司法这些制度,当然还有以法律门类来归纳的,比如合同制度或者证据制度等。第三,郑龙这里面实际上没有提到,或者没有很明确地提到,也就是说,它是在部门法之下,但是又在法律规则之上的这样一种制度。比如,诉讼法明确规定,法院审判实行合议、回避、公开审判、两审终审制,它是明确定位在制度层面上的,所以我当时就用了一个不太确定的说法。我想这个意义上的微观的制度是什么?那是一种调整同类规则的一个集合体,也就是说,相关的一些条款对有关回避的对象或者回避的事由、回避的申请、回避的禁忌组合成了一个回避制度。这是一个微观的,也是法律层面上最小的一个制度的类型。这个方面后来郑龙可能要说,因为讲了太多跟组成有关的,可能确实让法律人觉得很空。但是,我们可以结合一些具体的例子,包括制度经济学中经常举到的例子。

安邦老师讨论司法权,特别是提到司法权是一个终局的、权威的判断权,但是,论述从整体上还是要再把问题缩小一下,因为讲的太多问题了。司法权是判断权,孙笑侠老师似乎早就说过,那篇文章也算是我们法学界的一篇名文。但是,能不能把司法权的本质定位在判断权?因为我们讲判断,这个是不是能够代表司法权最主要的特征?这还需要进一步去斟酌的。因为我们讲的法院是作为人类社会所设置的一个常设的解决纠纷的机构。所以,从它的功能来讲,它是要通过裁决的方式来对案件做出一分为二的判断,并且通过裁判的执行来使社会秩序得以稳定。所以,这里能不能把它归结为判断权?你可以看看洛克,洛克就讲到,为什么人类社会从自然状态过渡到文明状态?他讲的第一个原因就是自然法的隐晦不明,第二个就是缺乏一个主持纠纷裁决的机构,第三个就是说这个裁决的执行没有公共力量的保障。后面两个都和司法有关。但它们未必可以定位为判断权这么一个权限之上。实际上,从司法的功能来讲，它是要通过有这么一个强制性的权威的裁判来维系社会和平和秩序，这可能才是司法更为本质的东西。对这个问题我一直觉得还是有些困惑，我们对于任何一种权力做一个很简单的归纳，表面上看简单明了，但是可能会遗漏很多本该去注意的问题。因为确实没有看你们的论文，我是听你们口头讲的，我就瞎说几句，不好意思。

主持人

谢谢胡老师。我觉得，我们证明了“多数人暴政”没有错。那接下来我们就请曹险峰老师评议。

评议人／曹险峰

法学博士，吉林大学法学院副院长、教授，吉林省婚姻家庭法研究会副会长兼秘书长。

胡老师对每个人的点评很全面，我基本就不用做啥了，因为胡老师已经评论完了。像蔡老师和张老师所欢迎的，我也想从我这个角度欢迎一下各位专家学者来到吉林大学。大家知道，现在是假期，能够牺牲宝贵的假期时间来这边参会，非常感谢。说实话，我没有胡老师这个水平，因为几位前辈在这，所以我不是挨个的一个一个评论，我讲的实际上不叫评议，应该是叫感想。我谈一点感想，就是听完这个单元之后，我不知道是会议的特意安排，还是大家不约而同的一个选择，我发现今天有几个事儿。第一个事，大家都普遍关注了概念的概念本身，你看咱们今天探讨的几个主题，比如彭诚信老师的“什么叫权利冲突”，权利冲突是正当加正当，还是正当加不正当？这是“权利冲突”的概念本身。还有比如杨贝老师的“什么叫事实”、红霞老师的“社会整体利益”、郑龙的“法律制度”，还有安邦的“司法权”。所以，我想这是咱们这个环节所探讨问题的一个核心，就是到底什么是一个元概念？这是我谈的所谓的第一点感想。

第二点感想。我发现还有一个问题，就是元概念的或者说概念的准确性的问题。实际上，比如蔡老师在他文章里也谈到，说所有权是被当作一个公理性的概念接受的。什么叫所有权？所有权有四项权能，占有、使用、收益、处分，我们当作一个公理性的东西。但实际上，我们现在需要反思的是，所有权的权能是否应该被这么具体概括？还是一个所谓的抽象概括？还是不应该概括？这是我想说的第一个方面。也就是说，我们会发现，现有的好多概念需要做一下系统的反思，这是说第一个例子。第二个例子，实际上就是“过错”。大家知道，你看我们现在言必谈“过错”，比如要谈侵权法，所有法全谈“过错”。但提醒大家注意的是，我有一次参会，才突然意识到一个问题。比如我国台湾地区，没有“过错”概念，日本法上也没有“过错”概念。刑法我不知道，就侵权法这个角度上，全是“故意”或“过失”，不谈“过错”了。所以，咱们把它当作一个公理性的存在，说“过错”等于“故意”加“过失”，人家都不用了。我们好像现在对这个问题都有一个很大的忽视，我们觉得这不是问题。这是第二个方面，我们对于概念的准确性应该予以一个系统的反思。

第三个方面，就是我们现在的学术研究缺乏一个基本共识。比如最典型例子“归责原则”，你要梳理一下，从《民法通则》之前谈“归责原则”，一直到现在的《侵权法》通过之后都多少年了，再看“归责原则”体系。从1986年前到现在三十年了，我们谈“归责原则”还没谈明白，还没有在学界达成一个普遍共识。所以，我觉得这是个很可怕的事儿。换句话讲，学界很重大的精力全投入一个基本上咱别说没用，肯定有点用，但用处不一定有那么大的角度上。我们民法上到底是“两元归责说”还是“三元归责说”，我看有学者还总结出“三元归责说”A、“三元归责说”BC等一些非常无用的东西。我们在大而空的东西上投入精力太大了，小的应该精确掌握的东西，却好像投入精力很小。还有，比如违法性，我们现在还探讨这个，包括最近争论比较大的人格权、人格权概念本身存不存在等这些问题。

所以，简单看我说的这三方面理由，我想中国法学走向成熟，得有一个前提，得把这些基础东西搞明白了。换句话说，我们要不要在关注所谓法学的基本范畴的同时，关注概念本身，关注规则本身？只有在这几个方面共同努力，我想才有所谓的中国智慧的、中国特色的法学。

这是我简单的一点感想，谢谢大家。

主持人

谢谢险峰教授。时间到了，我们结束吧。我想，我们再一次鼓掌，感谢我们自己，感谢大家，感谢在这里旁听的老师同学们。我们这场论坛就到这里结束，11:30准时回到主会场。

分论坛四　法学理论与方法前沿

【主持人】

陈云良

【报告人】

马长山

周尚君

赵　骏

姜　涛

郭　忠

熊文聪

江秋伟

宋尧玺

谢　郁

【评议人】

杜宴林

王凌皞

主持人／陈云良

管理学博士，中南大学法学院院长、教授，中国法学会理事、中国卫生法学会学术委员会主任。

我们分论坛四的主题是“法学理论与方法前沿”。首先，我们有请马长山教授给我们做演讲。

报告人／马长山

哲学博士，《华东政法大学学报》主编、教授，中国法学会法理学研究会常务理事。

智能互联网时代的中国法学自主性

如今是改革开放40年，权利本位论提出30年，应该说这是一个很有意义的节点。权利本论，突破了当时的“阶级斗争”范式，是改革开放和思想解放在法学领域的重要体现，是一场革故鼎新的学术运动，引领中国法学走上了“立足中国、迈向世界”的发展道路。

然而，我们也应看到，追赶现代化和实现民族的独立复兴，是近代以来中国生存发展的总体逻辑。但西方法学理论“水土不服”的困境，也一直困扰着中国法治实践过程，更何况，现代性的忧患与危机早已成为不争的事实。为此，近两个世纪以来的中国法学发展进程，始终没能摆脱西方/东方、现代/传统、移植/本土的深层纠结和困局。

不过,随着当今信息革命的到来,人们的生产关系、生活方式、行为方式、价值观念等都会发生重大而深刻的变革,因此,立足于工商业生产生活关系基础上的现代性法律必然遭遇到前所未有的挑战,而世界各国也不得不去面对“同一起跑线”的相同或相似问题。于是,在中国追赶法律现代化的进程中,就又出现了信息社会所带来的某种程度“重新洗牌”的变革契机。这无疑会给中国法学走出西方/东方、现代/传统、移植/本土的困局、塑造中国法学的自主性提供重大机遇。一方面,智能互联网催生了新型经济关系和社会关系,对既有法律体系形成了严峻的挑战;另一方面,智能互联网加剧了传统、现代性与后现代性的碰撞交融,形成了特有的“中国问题”。很多旧有的习惯将被颠覆,很多旧有的制度将面临挑战,而许多以前我们曾经依赖的东西,现在也正在数字化时代支离破碎。这就意味着,贯彻平等、自由、公正和民主原则的现代性的法律体系,遭遇了前所未有的困境与危机,也面临着前所未有的重大变革发展前景。在这样的特殊时代境遇下,中国法学就会面临三重任务:一是继续扬弃传统法律文化,对本土实践进行理论提炼;二是仍要借鉴西方现代性的法律理论与制度,积极融入全球法治发展进程;三是充分利用智能互联网发展的机遇,推动自主创新和法学变革。这就为塑造中国法学的自主性提供了前所未有的压力和机遇。

我们注意到,面对智能互联网带给现有法律制度的挑战和颠覆越来越多、不断加深,是通过扩展现有法律来予以包容适用,还是制定相对独立的法律部门来解决,抑或是立足信息革命来对现有法律制度进行总体性、协调性的变革升级?学者们对此形成了明显不同的立场、进路和策略。其一,问题进路的扩展主义。该种进路带有明显的“守成主义”倾向,它认为智能互联网带来的无非是一些新问题、新挑战,只要通过补充、扩展和完善相关立法,就可以对其予以包容、应对和解决。其二,挑战进路的并行主义。该种进路反映了面对挑战的“开放主义”取向。他们认为,智能互联网所带来的全新问题与挑战是现有法律难以(至少不能完全)解决的,因此,需要大力加强智能互联网的专门(领域)立法,设立专门司法处理机制,形成现有法律制度与智能互联网法律制度的并行结构。其三,转型进路的革新主义。该种进路立足智能互联网的“内在”立场,具有变革主义的情怀。他们主张,智能互联网带来的不仅仅是各种挑战,还伴有相当程度的颠覆性变革,使现有法律制度难以包容、应对和有效解决这些层出不穷的诸多问题。因此,迫切需要根据信息革命背景下生产关系、生活方式深刻变革发展的需要,进行理论和制度上的积极探索和创新,从而推进从工商业社会向信息社会的法律制度变革升级。

它到底是问题、挑战,还是变革升级?这无疑取决于生产关系和生活关系的客观要求。首先,研判它是一场“革命性”变革,在于其本质上的深刻变化。一是在规制范围上，现有法律制度越来越难以包容新业态、新模式的“创造性破坏”，传统监管模式和制度机制遭到越来越多、越来越深的挑战；二是在理论逻辑上，现有理论的解释力越来越低，越来越难以自圆其说；三是在问题性质上，这些新挑战越来越带有“破窗性”、颠覆性，按照现有法律制度和思维方式只能是疲于应对，但却难以解决。事实上，网络犯罪、虚拟财产、数据权利、算法歧视、智能机器人等所带来的挑战就明显地具有这些特征。

其次，称其为“革命性”变革，并不意味着把现有法律制度推倒重来。客观而言，任何革命都不可能是否定一切、推倒重来的，而是在继承中变革和重塑制度，即便是比较激进、比较彻底的法国大革命也是如此。事实上，与历史上的农业革命、工业革命所伴生的新制度，其实也都可视为一场相对传统制度而言的“法律革命”，在某种意义上都是制度范式的升级换代。打个未必恰当的比喻，如果说采集时代的规则体系（丛林空间、生存法则、共产共妻）是人类法律制度的 1.0 时代，农耕时代的法律体系（物理空间、等级身份、家庭流转）是人类法律制度的 2.0 时代，工商业时代的法律体系（物理空间、平权身份、商业流转）是人类法律制度的 3.0 时代，那么，智能互联网时代的法律体系（双重空间、流动身份、虚实流转）就会将人类法律制度带入 4.0 时代。而这场 4.0 时代的“法律革命”，当然不可能是撇开现有制度的另起炉灶，更不是全盘替代，而是在既有制度基础上的转型升级。

最后，这场“革命性”变革是一个不断探索创新的过程，并没有预设的蓝图和结果。制度革命都不会是急风暴雨式的瞬间巨变，而是一个从量变到质变的转化过程，因此，这场“法律革命”也必然表现为一个逐渐加深、变革创新的演进过程。在这一进程中，并没有一个预设的明确目标、蓝图或者结果追求，而是根据智能互联网时代的生产关系、生活关系、行为方式、价值观念等的深度变革要求，根据人与自然、人与人、人与机器之间关系的解构与重构的客观需要，来重新思考最基本的准则和制度机制。也就是说，它是一个尚不确定的、带有多种可能性的转型升级的探索过程，以应对各种新问题、新挑战和重建规制秩序。

由上可见，智能互联网时代带来的各种法律挑战，并不是简单的新问题、新领域或者新权利，而是当今信息革命的深刻反映和基本面向。这就要求我们站在智能互联网的“革命性”变革时代潮流之中，积极致力于探索创新，中国法学的自主性才能真正确立起来。一是转换法学研究范式，致力于自主创新；二是确立适应信息社会发展的新型法律理念，确立信息社会的正义理念、立足数字经济和智能社会发展的客观要求来塑造新型权利义务观、确立权益的平衡保障理念；三是反映趋势和回应实践，切实提炼“中国问题”；四是强化中国理论贡献，促进国际学术对话，从而为建立符合信息时代发展要求的新型法律体系奠定坚实基础。

（在全部发言和评议结束后，马长山教授针对江秋伟的发言，又作了补充发言）

江秋伟博士生的论文我是第二次听到。上次是我在杭州主持的一个会上，因为我想把时间留给其他人，我就没讲。今天第二次听到了，本来我也不想讲，陈老师非得让我讲。这篇论文，第一，我是感兴趣；第二，我认为是值得研究；第三，我认为怎么研究的路径值得思考。也就是说，你是对核心价值观进入司法进行证成性的研究，还是进行批判性的研究，或者是做中立立场的研究，这可能很引人注意。我这个人观点是很鲜明的，我反对做证成性的研究，但是批判性的研究得有道理，中立性研究是最好的。这里边有很多问题我觉得值得考虑。我尤其是不能接受把一个政治性的、一个道德性的准则贯彻到司法系统里，你很难找到一个法治国家可以这样做，本身这个套路就是有问题的。我认为，你是年轻人，我年轻的时候，我们老师经常教导我说，你的研究要对国家、社会负责任，你的研究要对你以后的成长负责任，以后要对你的学生看到你成果时的那种心理负责任，所以这个研究就很重要了，这是我说的第一个意思。第二个意思，这里有人说死刑的问题吗？上次开会也是有一个老师说的关于死刑的问题，用国际人权的一些理念说中国要废除死刑，我是特别地不赞成这样的看法。这样的一个研究，我觉得，都是从理念到理念，就没有扎根中国。14 亿人口，这么多死刑，还惊诧？我今天刚好在微信上看到兰州又打死人了，上海前两天那个人泄愤上幼儿园去杀孩子。要没有死刑，那更严重，中国人的素质、理性能力没有达到废除死刑的程度。你要是废除死刑，说保障人权，保障死刑犯、杀人者的人权，但是你忽略了被杀者的人权。保留死刑是更好地保护人权，在中国目前状况下。再说若都不死刑的话，监狱都关不下。不信你试一试，得有多少人去杀人？所以，这个事情我觉得一定要慎重，这种研究要立足客观，要现实，不是从概念拿来的，不是西方有什么我就搬什么，不能这样。

主持人

谢谢马老师。马老师给我们实际上提出了互联智能网时代法学的重构这样一个问题。下面我们有请周尚君教授报告。

报告人／周尚君

法学博士，西南政法大学行政法学院教授，中国法学会法理学研究会常务理事。

近40年中国法理的“三次发现”

谢谢主持人陈云良教授。我的核心观点与马长山教授刚刚所讲的中国法学自主性是完全一致的。实际上，中国法学包括中国法理到目前为止，可以说还没有脱离20世纪80年代戴逸教授提出的“法学是幼稚的”判断，或者正如张文显教授所说的没有形成“共识性法理”。如果从社会科学研究的规范性、科学性和可检验性的角度审视，可以说，当前不少研究仍停留于“非知识性的个体情绪反应”。

我所要讲的近40年中国法理的“三次发现”，就是想推导出中国法理的“实践主体性”这样一个概念。改革开放可以说是中国人第二次“开眼看世界”。我们第一次“开眼看世界”是170多年以前。那时候中国人刚刚接触到西方“洋货”，所以对西方产生了很多好奇。而第一次“开眼看世界”，他们身上已经背负了前面看世界当中所带来的太多困惑。中国“三千年未有之大变局”以来一直处于压抑地位，他们所看到的那个世界，如欧美世界，一开始就不那么美好。所以，第一次开眼看世界的思想结晶是转向马克思主义，转向了一个对西方社会进行“总体性批判”的思想。

改革开放再一次提醒人们，“开眼看世界”不仅只看“总体性批判”这一种思想，而是重新转向西方世界，去看一看它所运作的那一套经济发展的制度化逻辑。改革开放以后，我们可以把思想界和政治界所展开的这种“思想跨越”理解为三个阶段。第一个阶段就是改革开放初期，中共十一届三中全会破除“两个凡是”的权威；第二个阶段是1992年到1997年，邓小平南方谈话到中共十五大，摆脱姓“资”姓“社”，破除姓“公”姓“私”的困扰；第三个阶段是目前，中共十九大正式提出中国主要矛盾发生变化。实际上中国的主要矛盾在多年前就已经萌发，至少2011年中国成为世界第二大经济体以后就在悄然发生变化。当前，我国社会主要矛盾已经转化为人民日益增长的美好生活需要和不平衡、不充分的发展之间的矛盾。其中最关键的是“美好”，“美好生活需要”关键在“美好”。而“美好”就在于民主、法治、公平、正义、安全、环境等方面的需求。第一次思想跨越主要在思想观念中进行了一种哲学式重构，重点是世界观的转变，属于实践哲学；第二次思想跨越属于经济领域的体制转轨，重点是价值观、市场价值的塑造；第三次思想跨越属于社会领域的时代转换，重点是人生观的转变。如果从法学角度，中国法学第一个阶段，第一次思想跨越，跨越了“革命与改革”赛跑的困境，最终确立中国法学改革话语权。“革命与改革”赛跑是雷颐先生提出来的。改革每往前走一个刻度，革命也会随之而上。改革的步伐和进展越慢，被革命赶超的可能性就越大。中国法学在这个过程当中经历了两者之间的斗争的全过程。改革开放前夕，中国法学的法律斗争论、法律工具论，法学是进行阶级斗争的科学，强化“国家机器”这一观念。

革命与改革最根本的区别是：革命使用暴力，改革崇尚渐进；革命强调必然性，改革强调可能性；革命往往以“创世”自居，改革反对“创世”。新中国成立前夕，1949年2月，中共中央颁布《关于废除国民党的六法全书与确定解放区的司法原则的指示》。该指示确立的基本原则即废旧法、树新法、以法为斗争武器。彭真在《关于政法工作的情况和目前任务的报告》中也指出，政法工作的目标是“破旧立新”“打倒反动政权，接着就是在被粉碎的旧政权的废墟上，建设人民的新政权”。从法统上彻底摧毁旧制度的影响，为重建一套具有新民主主义性质的政权结构和意义体系做准备。政法机关是“刀把子”的观念，支配了新中国成立以后30多年的法律话语。即便是到了20世纪80年代中期，要改革这一观念仍殊为不易，反对“刀把子”甚至被当作资产阶级自由化倾向。而“专政”一词，则是以“敌我区分”为前提，与“人民—反人民”的“两分法”紧密联系在一起，即对人民民主，对敌人专政。

中国法理的第一次发现是“发现法治”。第一个阶段是法律工具论和斗争论之后，到1978年12月，李步云教授在《人民日报》发表《坚持公民在法律上一律平等》，重提1957年“反右”中曾被批判为“没有阶级观点”的一个基本命题。1979年和1980年，李步云教授等两度撰文提出我国罪犯的权利保障问题，明确指出“罪犯也是公民”，服刑期间也应当获得公民待遇。所以，回溯过去，可以看出那个时代法学家们是如何破解“法学是阶级斗争的科学”这样一个命题的。同时，20世纪70年代末至80年代初，在人心思法、人心思治的大背景下，全国范围内还发生过一场人治与法治问题的大讨论，经历的时间跨度比较长，加起来差不多有十年的历程。

第二个阶段法学是权利之学。长春会议的实录摘要以“商品经济、民主政制的发展与法学的重构”为题发表，回应了当时中国社会政治的根本特征。会上，张文显教授等明确提出“以权利义务为法的基本范畴重构法学理论”“法要以权利为本位”的观点，从法学体系重建的角度祛除阶级斗争范式对法学研究的影响。同时，张文显教授还提出了当时中国法理的两个严重缺陷：阶级论为纲；规则为核心范畴，把复杂的活生生的法现象归结为没有活性的规则，导致“见物不见人”。从 1988 年开始，孙国华、严存生、郑成良、张恒山、葛洪义、刘作翔等一大批法学学者参与到该学说的讨论和争论之中。对权利本位论的研究进而深化为对法学研究范式转向的研究，最终形成了从阶级斗争范式到权利本位范式转换的当代中国法哲学研究范式转换模式。权利本位论的提出和深度讨论，对于中国法学克服“法学幼稚”的学科状态发挥了重要作用。作为一种新的理论范式，它为法学提供了一种有别于“左右之争”的讨论范畴，提供了审视、批判和重构传统法学的逻辑前提。

中国法理的第二次发现，是“发现中国”。20 世纪 90 年代，尤其是 1992 年邓小平南方谈话发表后，当时改革已成为无可争议的时代主旋律，中国社会改革和发展的步伐明显加快，中国法理的主流问题也随之发生了明显变化。可以说，以 1992 年邓小平南方谈话和党的十四大为标志和推动力，中国法理研究加快了自身观念变革和理论更新的步伐。“左”和“右”的困扰在中国法理的改革话语中逐渐消退，“古今之争”“中西之争”成为当时中国法理研究的基本问题意识。中西关系、古今关系的思考，最终无论是得出中优于西还是西优于中，抑或古胜于今还是今超越古，这种学术性话语本身带有了渐进性、反“创世”和可能性等改革话语特性，与激进的、“创世”的必然性革命话语之间有根本的区别。而且，这一话语流变同时带有了“去政治化”的时代特征。在这一话语之问题意识激发下，中国法理以法律文化论、法律移植论、本土资源论等理论话语参与到中国国家建设的改革浪潮中。

1991 年，梁治平教授出版《寻求自然秩序中的和谐：中国传统法律文化研究》，提示受现代化范式支配中的法学学者认真审视中国传统法律文化的改革之路，回望梁漱溟 70 多年前（1942 年）就提醒人们注意的中国的“理性早启”和“文化早熟”。梁治平提供了一个讨论平台：“法律改革的命运在根本上取决于文化建设的成败。法律问题最终变成为文化问题。”不同的文明可以有不同的法律，可以产生不同的法的精神。

而高鸿钧教授却提出，法律移植（legal transplant）进入现代社会后，普适性法律文化日渐脱离一般文化，有了独立价值，它们的基础不再是一般文化，它们的根基也不再是特定的民族及其生活方式，而是基于交往理性的商谈及其共识。因此，这些现代法律文化可以跨越不同的文化类型，穿越不同民族的生活方式，逾越不同国家的政治体制，成为所有现代社会的价值最低公分母。

针对法律移植的模式构造，苏力提出了批判性意见。他认为，“就总体来说不存在普适的法治模式”。他说，有人可能以日本或其他亚洲国家作为法律移植的成功范例,但这种成功也许是一种迷惑人的表象,因为这些国家法律的社会运作都是根植于本土的。因此,我们不可能仅仅依据我们心目中的理想模式或现有理论来规划建立出一个能有效运作的现代法治。我们的责任只是在中国经济改革的大背景下,注重研究和解决中国的实际问题,这就是在创造、累积资源。

中国法理的第三次发现,是“发现社会”。我给它取了个题目叫作“必须保卫社会:迈向中国实践主体性的法理研究”。根据西方法学发展轨迹,舒国滢教授区分了“法学内的法学”和“法学外的法学”。他认为,前者是法律家或专业法学家的法学,它运用一套法律家创制的法律语言,沿用来自法律家经验的解释方法,完成法律实务之问题解答,以追求实践—技术的知识之旨趣。德文名曰 Jurisprudenz(“狭义的法学”)或 Rechtsdogmatik(“法律教义学”)。他满足于体制内法律解释、评述和法的续造,极力在实在法平台上工作,追求法之安定性与一致性,“守护着经年相沿的行事方式和语言体系,不大情愿在法律之外寻求问题求解的视角,抵御来自正统法学之外的思想方式、概念和知识”。后者是哲学家、伦理学家或政治学家的法学,是专业法学以外的思想者法学,它所关注的问题、运用的语言及知识追求与法学内的法学有所不同,其采取“外观的立场”而又企图深入法律之内在的根本问题(如“法律存在和效力的终极根据”)。法学外的这些学者常年垄断着对自然法的解释权,自然法学同时也成为哲学家、伦理学家、神学家或政治学家在学科围墙之外“干预”法学知识领地的通道,直到19世纪实证主义兴起以后这种状况才发生改变,“法律家的法理学”取代了自然法学。然而,“双轨”并行多年之后的西方法学并未由此走上一元化道路,继之而起的是多元分化的法学发展格局。对于经历了“千年未有之巨劫奇变”的中国而言,面对西方武力、器物和典章制度的轮番进攻,传统中国不得不作出激烈而又矛盾的现代回应。西方法学的多元竞争格局,给中国法理带来矛盾甚至混乱的同时,也提供了发现中国法理的契机。

中国法理,既不可能从西方法学原理中移植而来,也不可能从中国经验中直接呈现出来。正如应星教授说的那样,“社会现象不是自在的,而是被呈现、被建构出来的。没有人独特的感知,没有敏锐的问题意识,社会实在纵然如神祇般矗立在山顶,人也可能视而不见”。中国的社会事实既复杂且丰富,已经为中国法理的研究提供了富饶的土壤。只有从中国经验出发,以科学的分析方法最大限度地解释和理解中国法理“是什么”的问题,才有可能找到真正的中国法理。法理不是被发明出来的,中国法理更无法通过创造而产生。当然,研究方法所获得的结论只对事先设定的样本负责,只在测量标准范围内有效。同样,从中国经验中发现并建构的中国法理,是描述和解释中国社会现实的理论,它可以对中国样本负责,在中国测量范围内产生强大解释力。

但这并不是说它在中国之外不能产生解释力。如果这种理论获得了中国样本之外的解释，或者在中国之外被证实，那就说明该理论开始成为一种法律的基础理论而具备一般性和成熟性。

当前，中国法理思潮中兴起了法教义学、社科法学、自然法学等研究方向。可以说，这三个方向都有自己的优势和特色，都值得进一步丰富发展。但同时也需注意的是，法学不能公开放弃现有学科界限外的广阔天地。有人会说，如果学科界限不明显，你可能对问题认识不够深刻，或不会产生学科优势。这是一种理想状态或假想状态。我们的正确思想从哪里来？每个人都有自身的理想，法学家也有不同的法治理想。然而，是先形成理想，然后去衡量社会；还是先认识社会，然后在社会事实基础上形成理想？简单的两组逻辑让不少法学家困扰不已。既有的中国法理之所以无法满足变迁中复杂社会的治理要求，乃是因为它常常在法律条文这种创造的尺度内工作。“应然”无限美好，却无法推导出事实中的“实然”。理论是灰色的，生命之树常青。面向社会事实本身，是以现实所展示出来的问题为中心展开学术，而非以语言和逻辑构建的学术为中心比附社会。学术自身不会产生问题，问题只会产生于社会。中国法理的实践主体性的产生一定是源于中国社会的。

谢谢大家。

主持人

谢谢周教授。他用了思想发现这个词，我觉得特别有意思。前面两次肯定可以说是思想解放，但是，这一次咱不能算思想解放，因为这是思想跨越、思想发现，我觉得你这个用词还是很成熟了。一句话，谢谢。

下面，我们有请赵骏教授。

报告人／赵 骏

法律博士，浙江大学光华法学院副院长、教授，中国国际法学会常务理事，中国国际经济法学会理事。

人工智能对国际法的挑战与机遇

谢谢，很荣幸有这么好的机会向各位学习。这次会议确实是一个非常好的机会，向当年那场富有深远意义的讨论致敬。我今天更多的是想和大家分享，并向大家求教一些问题，因为应对这些问题的对策我还没有想好，所以想借这个机会求教于各位。今天要讨论的这些问题主要是面向未来的，更多是前瞻性的。特别是在当前这个时代，未来来得特别快。

我今天想要和大家分享的是人工智能之于国际法有什么样的挑战和机遇。我想先做三点说明：

第一点说明就是我们可以将和人工智能相关的法律问题分为两类：第一类是将人工智能运用于不同领域可能会产生的法律问题。比如“智能司法”。“智能司法”是由数据和算法两个部分构成的，通过对海量数据的梳理，对案件的类型化划分，再通过深度的神经网络的学习和模块识别，使机器具有一定的深度学习能力，使之能够辅助审判。但是这个过程当中会产生一系列法律问题。比如如何保证算法的公正性？再如，由于机器算法替代了一些程序，如何能够保证程序的公正性、程序的正当性？又如如何协调机器的算法和自由心证之间的关系？第二类人工智能相关的法律问题就是人工智能发展本身遇到的法律问题。从现在弱人工智能慢慢演变为强人工智能的过程当中，法律对人工智能应该怎样进行规制？人工智能应该遵循怎样的规则和伦理？而我后面谈到的一系列的挑战和机遇，既有第一类问题，也有第二类问题。

我想说明的第二点就是人工智能带来的法律问题，既包括在所有部门法中都会产生的一些共性问题（也就是在所有部门法领域都会遇到的问题），也会有一些仅仅在国际法领域中会遇到的个性问题。举例而言，由于人工智能的产生与演进，主客体如何界定，法律关系如何厘清？这可能是所有的部门法都会遇到的问题。但是人工智能带来的问题也有一部分是仅仅出现在国际法领域的。当然,这些挑战和机遇也是动态发展的。在弱人工智能时期,人工智能还是能够在人类的有意义的控制之下的。然而,一旦发展到强人工智能甚至不受人类有意义的控制时,相应的挑战机遇以及对其规制都会相应发生变化。

我想说明的第三点是我们需要根据人工智能带来的挑战与机遇去思考如何进行相应的制度供给。我们首先要去发掘人工智能到底有什么样的问题,会带来什么样的挑战和机遇,有什么样的需求。我们需要相应去思索理论以及制度上的供给。在此过程中,我觉得有三点绕不开的问题。

其一,我们需要思考是否需要新设理论、制度或者机制？若是,则新设理论/制度/机制与已有理论/制度/机制之间的关系如何？这个问题在所有领域都会反映出来。举例而言,在亚投行的设立与运转中,中国扮演非常重要的角色。它与美国在其中扮演重要角色的世界银行,以及和日本在其中扮演重要角色的亚开行之间是什么关系？如何通过相应制度设计防止"逐底"(race to the bottom)的产生。这就是类似的问题。

其二,国际规则与国内规则如何形成良性互动。此互动是双向的,一方面,很多国际的义务需要通过国内法来具体的落实;另一方面,国内法也可能会向国际社会传递诸多信号,也可以为国际社会提供范本,也有可能成为国际制度公共品的范本。

其三,我们需要充分考察前车之鉴和他山之石。比如在深入推进"一带一路"倡议的过程中,我们就需要充分考察欧盟治理体系的起起伏伏,需要认真梳理布雷顿森林体系从兴旺发达到日渐式微的脉络。再如,近期热议的 GDPR 带来的一系列深远影响,与美国当时出台 FCPA 有相当的可比性。历史视角下对于 FCPA 的审视,能够带来很多应对 GDPR 的思路。又如,聚焦到对于人工智能的规制,我们也可以从历史中寻找一些参考甚至答案。例如,对于网络空间,对于海洋,我们当时也是在慢慢探索中才逐渐找到一些方案的。当前,在人工智能这个新领域,此前的不少方案或者思路也可能成为值得借鉴的他山之石。

以上是我想做的三点说明。

人工智能对于国际法会带来各种各样的挑战与机遇,我将之分为两类:第一类对于国际法的基本制度和基本原则可能会带来的挑战和机遇。第二类是它之于国际法当中的不同的子领域,比如国际人道法、国际海洋法、国际贸易法、国际金融法、国际投资法,人工智能会带来一些什么样的挑战和机遇。

第一类问题中有一些是共性的问题。比如人工智能法律地位到底是什么？它是否具有人格？具体在国际法当中,人工智能的出现可能会导致需要对传统的国籍、外国人的法律地位、庇护、引渡、难民等制度,重新进行界定。再如,国家责任制度也可能受到冲击。国家责任制度有两个前提条件。其一就是有作为或者不作为的行为，它是要归因于国家的。其二就是这个行为构成对国际义务的违反。然而，随着人工智能的发展，其代表一国的行为是否可以归因于一个国家？再如，由于每个国家在人工智能方面的能力和激励不同，而算法也可能存在歧视，我们如何能够使之符合主权平等、无歧视原则？

在具体领域，挑战就更多了，比如国际人道主义法规定了战争中需要遵守的一系列原则，例如要使用相应的武装系统，区分原则、比例原则等。但是如若是人工智能发动的战争，此时这些原则如何理解？如何实现人类对人工智能下相应武器系统实现有意义的控制？再如知识产权，每个国家对人工智能的保护程度和标准不一样，如何来认定人工智能的归属？如何避免人类把人工智能设备自身生成的一些发明创造冒充为人类自己的作品？相应的这些规定如何在世界范围内进行协调？又如，人工智能应否拥有人权？其权利义务应该怎么样界定？其是否需要遵守国际人权法？还如，海洋法上的无人船舶如何界定？无人船舶是否享有无害通过权？无人船舶引发的船舶污染问题由谁来承担责任？

关于对人工智能发展的规制路径，可能可以从好几个维度全方位去努力。比如，就整个治理框架当中的软法组成部分而言，是否需要修订相应的国际规则？是否需要制定新的国际规则？新旧之间到底如何协调？再如，就治理框架当中的国际监管机构而言，应怎么设立？由谁来设立？按照什么样的程序来设立？这些都是我们需要进一步探索的问题。

我今天主要的目的是把我之前的一些不成熟的想法抛出来，然后求教于各位，谢谢。

主持人

谢谢赵骏教授，其实人工智能很热，但是我觉得，我们法学界还是有很多人不愿意接受，不愿意承认，甚至拒绝。我记得上次也是在吉大开会，有很多人就是不愿意接受这个事实。但是，刚才马老师和赵老师的发言就表明，实际上人工智能已经深刻改变了我们的生活，改变了我们的法律制度，改变了我们的法学结构，这个非常有价值和意义。

第四位发言的是姜涛教授，大家欢迎。

报告人／姜 涛

法学博士，南京师范大学法学院副院长，教授，江苏省廉政法制研究会副会长，江苏省港澳台法律研究会副会长。

刑法解释如何走进社会生活：从法理思维的视角

首先谢谢主持人陈云良院长，也非常感谢会议的主办方提供这样一个难得的发言与学习机会，我发言的题目是《刑法解释如何走进社会生活：从法理思维的视角》。

我今天主要表达两个方面的想法：第一个方面的想法是和本次会议的主题有关，即权利本位论在刑法学领域当中是如何发挥它的巨大影响的，整体而言，法理领域上从阶级斗争论到权利本位论的范式转变，在刑法学上大致体现为从"刀把子"到大宪章的范式转变。这种转变一方面是时代变化所引起的，另一方面也和我们法理学以及整个法学理论的进步密不可分。

今天要表达的第二个方面的想法，就是我提交的这篇论文，即从刑法解释的领域，来看一看张文显教授最新所提出的法理思维，会对刑法解释的运作带来什么样的革命？在讨论这个问题之前，我们可能也会注意到，刑法领域的案件最能够引起争议，比如许霆案、于欢案、赵春华案、王力军案等，都引起了社会大讨论。那么，在这些讨论的背后会涉及什么样的法理问题？这就构成了本文的问题意识与思考方向。对此，我们不妨以于欢案为中心进行分析。于欢案的事实其实并不复杂，但是案件的定性却是"生死两重天"，一审法院以故意伤害罪（致人死亡）对于欢判处无期徒刑，二审法院以故意伤害罪对于欢判处五年有期徒刑。但是，这个案件的讨论并没有到此为止，学界不少学者都为这个案件喊冤，认为这个案件应属于正当防卫，不应当定罪。如果我们把时间往前再推移十年，来看一看广东所发生的许霆案，就会发现本案也存在类似的争议。许霆案的案情也非常简单，但是一审、二审，包括二审之后的讨论，都很耐人寻味，一审对许霆以盗窃罪判处无期，二审对许霆以盗窃罪判处五年有期徒刑。但是在这个案件生效判决做出之后，还有相当一批学者认为许霆是无罪的，而这个无罪的观点也获得了英国许霆案的"背书"。

面对这些引起重大争议的疑难案件，我们必须思考以何种思维才能使刑法解释走向正善之门。作为前提，当我们在进行刑法解释的时候，是以什么样的立足点、用什么样的思维方式去解释，带来的解释结论完全是不一样的。在论文中，我把这样一些案件在司法实践中所面临的公众认同危机问题，归结为司法裁判过于依赖法律思维，忽视法理思维，从而导致案件裁决上的“合法但不合理”现象。法理思维是法治思维的理论形态，是规范论之价值判断的最终来源，是国情民意的学理表达，是“法律要近乎人性”的司法体现。迎接中国法学的法理时代，需要解释者重视刑法解释的法理思维，解释者必须心怀正义，目光往返于案件事实与法律规定之间。归纳来看，法理思维对刑法解释的影响体现在两个层面：一是犯罪论体系的价值评价由规范论到情理论的基本转变。学界当前多数学者主张犯罪论体系的价值评价由存在论转向规范论，其实，存在论与规范论都是国外的，只有情理论是中国的，如果这一命题成立的话，它确实是颠覆的，且这个颠覆确实是扎根于中国的，是中国学者对世界的贡献。二是把常识、常理、常情融入的具体的解释实践中。法理思维也强调刑法解释上的价值判断，只是这种价值判断来源于社会生活，与普通民众的“常识”“常理”“常情”相关，主张“公道自在人心”。身处时代转型时期的刑法解释理论，必须重视法理思维，从而实现法律思维、法治思维与法理思维的解释学循环，以追寻刑法解释之合法性与合理性之间的最佳平衡点。

我的发言到此为止，不当之处请大家批评指正，谢谢大家。

主持人

谢谢姜涛教授，其实刑法对我们社会的影响，尤其是刑法典型案例的影响，比其他部门法更广泛更重大。也许姜教授可以关注一下，目前我们湖南有一个很有名的刑事案件，可能大家都听说了，就是陈杰人案件。可能我们在座的应该都听说过陈杰人，是一个网络大V，经常批评各级政府，这一次就是直接批评、点名批评我们的省委常委，质疑我们一个省委常委的入党年龄。他还是我的一个小老乡。前面他多次批评全国各地各级政府的时候都没有出事，这一次被抓了，到底构不构成犯罪，构成什么犯罪？请姜教授关注一下。网上对他有什么评价？说他一人挑战整个湖南省，挑战整个中国。当然，他的一些做法我们其实不认同，他还是比较鲁莽。但是，他这种敢于批评、敢于质疑的精神，我还是觉得很有价值。请我们刑法学界可以关注一下。

下面我们有请郭忠教授。

报告人／郭　忠

法学博士，西南政法大学教授。

法律指引为何失效

首先非常感谢会议的主办方给了我这样一个机会，能够汇报一下我的这篇论文。这篇论文实际上去年就已经写成，尚未发表，或许里面还存在一些问题，希望大家能够进行批评指正。

这篇论文主要关注了“法律指引”这样一个主题。当然我这个标题《法律指引为何失效》，并不是说法律的指引总是失效，而是说在某些特定的人那里，出现了失效这种一种情况。

在谈这个问题的时候，我联想到我自己小的时候经常看到的一些报道：某某英雄在救人的时候，脑海里面就会回想起毛主席语录，然后就勇敢地冲过去把人救起来了。现在我们知道实际上救人者当时什么都来不及想，他就这么救了。作为一位罪犯，当他做出犯罪行为的时候，和救人者类似，他其实也是什么都没想，主要是出于一种冲动。这个结论来自我在看守所做的一个调研。我做这个调研，最开始的时候并不是想要去做一个普遍性的犯罪心理状况的一个调研，而是主要想针对某些特定的犯罪人群。比如，基于双方互动的这样一些犯罪，故意杀人、故意伤害之类的。但是在我做调研的时候，那个看守所只有很少这样的类型，大多数犯罪属于盗窃、贩毒（以贩养吸）这种情况，其他类型的犯罪也比较少。所以，当时我拿到这样一个调研的结果之后，我有点失望。但是，在调研结果中，我意外地发现了这样一种情况：大多数的犯罪行为，当他们做出之际，脑海里面并没有在犯罪行为和制裁后果之间产生一种勾连。也就是说，行为时并没有想到这个制裁的后果到底是怎样的，并没考虑这个问题。尤其让我比较震惊的是，多次坐牢的人有这个特点的比例更高。行为的发生，他们更多地把它归结于当时的冲动，归结于当时的鬼迷心窍，或者说自己当时来不及想这样一个问题等。我还发现，法律对他们的指引作用，甚至还不如道德规范对他们的作用更为强烈。

所以,我进一步对这个问题进行了研究,主要是基于认知神经科学和心理学,对这个法律指引的作用,进行了一番思考。我试图解答为什么行为人会有法律指引失效这样的情况?怎么去弥补这样一个问题?

对于指引失效问题,我主要从两方面来进行解读和论证。一方面,就是自由意志。另一方面,就是人类理性。就法律的指引作用来讲,必须存在一个前提。第一个就是存在自由意志,人不是像动物一样,而是因为我们能够自由地进行一个选择,选择违法或者不违法。在这个基础上我们才能够接受法律的指引,这是第一个方面。第二个方面就是我们人类是具有理性的。从经济学角度来讲,我们都是理性的,都是利己的,从这样一个角度我们可以进行一种计算,哪一种对我们是更好的,通过这个成本收益,我们可以决定我们自己的行为违法还是不违法。

实际上我们人类的行为从自由意志角度来讲,认知神经科学已经对这个问题进行了一种科学化的研究,经过实验,他们得出了一个结论,就是人类并不存在一种自由意志,这个是普遍性的结论。但这个结论到底对不对?现在在学术界还存在争议。神经科学家主要基于20世纪以来神经科学的系列研究结果(最早源自里贝特实验),做出了一个重大结论:在我们意识到自己的行动之前,大脑早已做出了行动的决定。就是说在我们意识作出决策之前,大脑(尽管我们并没有意识到)就已经决定了要做出一个什么样的行为。当然对这样引起轩然大波的结论,也有很多学者不相信,也有所批驳,它到底是不是一个普遍性的结论?但是它确实在法学领域掀起了一场革命,特别是在西方,人们发现有些人做出犯罪行为是基于他的大脑的某些缺陷导致的结果,并不是基于他的自由意志,他完全没办法控制自己,比如在大脑长了肿瘤,或者因为其他什么大脑病变的情况。但这只能够说明某些人,不能够说明普遍的这种情况。所以从这样一个角度来说的话,人有没有自由意志,在法学界仍然悬而未决,但是不是也可以得出一个结论,就是自由意志实际上是受到限制的,因人而异,它并不像我们想象的那么多,这是第一个方面。

第二个方面就是人类理性。对于理性,我们往往把它视为人类超越动物的一个很重要的特点。实际上人的理性并不像我们想象的那么多,我们很多特点还是和动物更为接近一点。认知神经科学也发现,人的大脑系统有两个系统,从卡尼曼的研究来看,当然它主要是心理学,把大脑分为系统1和系统2。另外一个神经科学家伊格曼把大脑分为情绪性系统和理性系统两大系统。在大多数时候我们运用的是情绪性系统,我们的理性系统很少运作,因为我们的理性系统的运作成本是非常高的,我们要花费脑力。在大多数时候,我们从事一般的日常行为的时候,是不运用理性的,但实际上我们在很多行为,当它一旦成为一种习惯的时候,没有经过理性的思考。像盗窃、贩毒、某些犯罪行为，当然不是所有的行为，他们在做出这个行为的时候，并不是理性思考选择的结果，而是来自情绪性系统的支配。

基于这两个方面，我觉得要重视人类行为的特点，要对我们的人性有更多的认识。由于有了神经科学的发展，我们可以对它有更多的认识，我想这个认识可能对法学的发展会有更多的启发。对于我的启发来说，我认为也许要更多去认识我们中国传统的礼法结合体制的重要意义。

礼法结合即我们不仅应当重视法律对行为的指引，还需要注意实现礼对行为的作用。礼对行为的调整主要是基于人与人之间的互动，由于人的社会属性，人始终被社会、被他人所决定。在社会活动中，由于大脑镜像神经元的作用，人们不知不觉地模仿着他人，这意味着他的理性和他的自由意志被互动着的对方的行为所束缚。那么我们怎么来利用人们被社会所决定、被他人所决定的这个特点，来形成一种秩序？这就需要依赖礼的制约作用，而不是仅仅依靠一种抽象的规范来指引。另外，礼乐教化和修养身心可以起节制情感，变化气质之功效，正如梁漱溟所言，礼乐设施的目的在于实现“清明安和”，以祛除“愚蔽偏执之情”和“强暴冲动之气”，使人的心理情致随之顿然变化而不觉。礼乐教化可以让人实现更好的自我节制，防范自己的冲动，来形成秩序，这是礼的一个很重要的功用。这两个方面就是我思考的结论性的、弥补性的措施。

好。谢谢大家。

主持人

谢谢郭忠教授。他实际上更多地从认知科学、医学的角度来分析人做出行动的决策过程。实际上刚才你的结论，就是昨天徐老师讲到的县衙的那几个字“天理、国法、人情”，中国人做出行为决策，可能更主要是受这几个字的影响。我觉得普通大众的行为决策更多的是道德指引，恐怕没有法律指引为需求，普通老百姓不会去研究法律怎么规定。刚才你讲的经济人的计算，广州大学那个案件就很典型，反映了这个结构。谢谢郭教授。

下面我们有请熊文聪副教授。

报告人/熊文聪

法学博士，中央民族大学法学院副教授，中国知识产权法学研究会理事，最高人民法院知识产权案例指导研究(北京)基地专家咨询委员会专家。

知识产权的法律逻辑与修辞

谢谢主持人，谢谢主办方给我这样一个学习的机会。我主要研究知识产权法，并且着重从法理视角来分析研究部门法问题，所以一看到本次会议的通知，我就积极报名参加，很荣幸主办方还给了我一个宝贵的发言机会。

我向大会提交的论文题目为《双重误读：知识产权特殊性反思》，这篇文章是我之前完成的，主要偏形式逻辑和民法体系的视角，而不是从法理视角。为了今天的发言，我想换一个题目，以漫谈的形式聊聊中国知识产权界为什么不太讲法理。触动我想说这个话题，是因为昨天我把大会开幕式的照片发到微信朋友圈，有好友质疑我研究知产的怎么去混法理圈了？言外之意就是，包括知识产权法在内的部门法似乎跟法理学毫无关系。我觉得这不是个别人的看法，而是普遍的观念，就是知识产权法与法理学隔得太远了，所以井水不应该犯河水，你研究你的知产就好了，不要混到其他圈子里面去，混其他圈子浪费时间、毫无帮助。我想，这可能是一个问题，即研究知识产权法这类特别专业的部门法，还需不需要依靠法理学？

首先，我想告诉大家中国的知识产权学术圈到底有多大，以中国知识产权法学研究会每年参加年会的人数为参照，如果不是主办方控制的话，早就超过1000人了，是各类法学研究会中年会参会人数最多的，参会人员主要是高校的教师和研究人员，还不包括人数更多的专业法官、律师和代理人，可以想象这个圈子有多大。

就我自己的研究和学习心得，我觉得知识产权学术圈有一个很重要的特点就是特别关注最新的科学技术，包括互联网、人工智能、云计算这些，还有一个特点就是特别喜欢在文章中引用别的国家的立法或司法动态，特别推崇“拿来主义”。在方法论上固步于从法律条文到裁判结论这样一种三段论式的推理模式，这样一种思维模式或者方法论可能就会导致很多审判法官看不清法条或者判决对于整个产业或者说整个社会的影响。

我举几个例子，比如最近讨论比较热烈的事件：体育赛事直播画面、网络游戏或人工智能生成物的可版权性，以及网络服务提供者承担侵权责任是要按照服务器标准、用户感知标准还是实质替代标准。又如商标的近似和混淆，两者之间到底是一种什么关系？

围绕这些问题，很多学者是从法条、技术或比较法的视角来分析，但我觉得这些问题其实都可以从法理上进行思考并得出一个比较妥当的结论。比如网络游戏要不要用知识产权保护，知识产权圈现在的共识是应当保护。但为什么还保护不好呢？为什么还有那么大的争议呢？有人认为这是我国的知识产权立法出了问题，是工具出了问题，法官也很无奈，巧妇难为无米之炊。但事实真的是这样吗？

我个人认为很多时候其实是我们的方法论出了偏差，是我们对法律的理解出了偏差，是思维出了偏差。比如作品类型是不是一个可版权要件？关于这个问题，现在中国绝大多数的著作权法司法判决都认为，OK，原告说你这个东西是受著作权保护的，你要证明这个东西是作品，还要证明它是哪一类作品，就是著作权法第 3 条，哪一类作品又要符合著作权法实施条例的第 4 条，第 4 条已经成为可版权要件的一个必要条款，比如美术作品它就必须达到一个较高的审美价值，电影作品它就必须采取一个摄制的方法固定在有形的介质上等。这是法官自我的解读还是立法者的原意呢？从什么时候开始做这样一种推导，并成为一种不可颠覆、不可挑战的教条？我觉得法官就是在写判决书说理的时候，有的时候不太自信，在认定原告主张的符号表达具有独创性、已经构成作品的前提下，总觉得一两句话略显单薄。

我们现在的制度或政策要求法官在判决书中详尽说理，但法官又不太擅长讲故事，所以久而久之就使实施条例第 4 条，本来它只是一个弥补说理不足的角色，最后堂而皇之地成为一个可版权要件。我对这种观念提出过反思或者批判，因为从形式逻辑、文义解释、体系解释乃至比较法，均得不出作品类型是一个可版权要件。实施条例第 4 条只是对某类作品表现形式不那么客观准确的描述而已，完全不能作为一个评判可版权与否的规范性条款。也就是说，哪些法条是规范性条款，哪些只是描述性条款，法官把两者混为一谈了，为什么会混为一谈？根源就在于他在法理上、方法论上出了问题。从这个意义上说，著作权法本身从来没有用一种类型来限定可版权性，著作权法是开放的，法官应该从狭隘的概念法学的思维模式中解放出来。关于独创性问题，传统观点认为作品必须体现作者的思想情感或个性化选择，必须达到较高的艺术价值，才能受到著作权保护。

我的观点是，独创性不是根据作品类型的不同而事先划分“一刀切”式固定的评判标准，它只能在个案中，基于个案的具体情形去考虑，它和作品的艺术价值、是否体现了作者的个性毫无关系，那怎么去考虑它的判断标准呢？我个人认为应该从法经济学的视角去考虑，也就是说在经济学上，稀缺性是财产的一个基本属性，著作权是财产权，也就意味着著作权保护的是一种财产，既然是财产（英文用 property 是非常正确的），就必须具有稀缺性，稀缺性正好对应著作权法中的一个核心概念，就是独创性。稀缺性取决于供求关系，也就是说，当供大于求时，就意味着不稀缺，它就不是财产，就没必要受到保护，这个时候就应该抬高独创性的门槛（判断标准）；当供小于求时，就意味着比较稀缺或很稀缺，它显然就是财产，需要受到保护和激励，此时就应该降低独创性的门槛。著作权法是市场的法则、财产的法则，应当回归经济学理性，而不应当从文艺审美或生活层面去看待作品。

再如著作权法还有一个概念就是思想表达二分法。对这个概念也有很多误读，我之前也写过文章，我的结论是法官不可能拿着量杯、卡尺、显微镜或者某种文艺理论去识别作品中的思想或表达，那著作权法中的思想是什么呢？我认为其实就是一种法律修辞，即它是法官在做出价值判断之后的修辞手法。再如，有一些非常知名的甚至拿过全国优秀法官称号的法官都认为，反不正当竞争法是知识产权法的兜底法，我对此持否定意见。如果说就同一个行为用不同的法律条文进行两次不正当性评价，结果却得出两个自相矛盾的结论，那这是在嘲讽立法者无能吗？这个问题根源就在于他没有理解知识产权保护的法定权利和反不正当竞争法保护的法益是有本质区别的，两者之间不可能是相互替代或补充关系。

再如，刚才提到的商标近似和混淆可能的关系，不少商标法领域的专家讨论到底是鸡生蛋还是蛋生鸡，到底是先判断商标近似得出混淆可能，还是先有了混淆可能再去得出商标近似？因为时间原因我就不展开了。我觉得这里面根源就在于混淆了价值判断和修辞表达，所以我认为原理和方法永远比具体的操作更重要。当你真正理解了原理、选对了方法论，你会发现法条本身并不是机械生硬或破败不堪的，而是充满了各种服务于价值判断的修辞手段和解释工具。德国著名哲学家尼采曾经说过，人最后在事物中找到的东西只不过是他自己曾经塞入事物的东西。

教义法学和社科法学孰是孰非，是最近法理学界争论比较大的一个问题。但我觉得目前在知识产权领域，既不是教义法学也不是社科法学，而是一种权威主义法学。中国的知识产权立法都是由相关部门来领导的，商标法由商标局来领导，著作权法由版权局来领导，专利法由专利局来领导，在每次制定或修改的过程中，或多或少会加入这些部门的利益在里面。最高人民法院曾多次出台很多知识产权的司法解释和典型判例，但是这些司法解释和典型判例随着时代的更替，像翻烙饼一样翻来覆去。这就回到我们今天或者说整个会议的一个核心问题,很多学者在30年前就提出了权利本位,权利本位是什么?我觉得就是法律至上。像昨天上海交大的沈国明老师所言,法律至上是一个几乎接近真理的理念,但今天却没有实现的条件。我觉得在知识产权法领域体现得是很突出的。我硕士学的法理,博士学了知识产权法,所以我比较偏爱用法学理论的视角和方法论来研究知识产权问题,很有幸在吉林大学法学院主办的《法制与社会发展》上发表过两篇论文,我的博士论文,也是运用休谟定律——事实与价值二分法来探讨知识产权法的逻辑和修辞问题。

最后我觉得自己之所以能够走上学术道路,确实要感谢中国很多优秀的法理学者,他们的文章论著给我提供了很多取之不尽的启发和智慧。我觉得知识产权法虽然是部门法,但却是法理学研究的一座富矿,法理学家和部门法学家之间应当建立一种良好的互动和交流,谢谢!请多多批评指正!

主持人

谢谢文聪。他从知识产权部门法的角度谈了很多新观点。

第七位发言人是浙江大学光华法学院博士研究生江秋伟同学。

报告人/江秋伟

浙江大学光华法学院博士研究生。

价值的司法适用是冗余的吗?

谢谢各位老师,各位前辈,各位先进。我今天想讲的一个题目是关于价值的司法适用。这样一个题目,它的学术背景是这样的:现代国家的法律实际上是为人们提供了明确性规则以指引人们的行为。这种明确性法律规则试图排除掉一些所谓的情感判断。比如在凯尔森看来,所谓的价值判断,就是一种情感的表达,具有相对性;即使许多人在价值判断上达成一致,也不能推导出此判断之正确性。而如果人们需要一种共同的行为规则,那么人们就必须排除掉各种价值判断,形成明确的规范体系。此传统经过“二战”后被重新认识。比如在德国,评价法学认为价值是非常重要的:价值指引我们如何去适用这些规则。而在我们的实践中,其实每个人的价值判断实际上影响着整个共同体的行为指引。在这种背景之下,我试图要讨论的,就是价值的司法适用以及是否可能。

基于这样的背景,本人主要选取了我国关于社会主义核心价值观的司法适用案例。之所以选择这个研究对象,主要基于这样的考虑。第一,全国人大及其常委会在《宪法》与《民法通则》里面已经将社会主义核心价值观入法入宪了。第二,最高人民法院在相关的司法文件中强调,各级人民法院必须要以法为媒,推进与实践社会主义核心价值观。在这样的背景下,本人试图寻求或者解决的学术问题是:我国各级人民法院是如何适用社会主义核心价值观,以及出现什么问题?进而我们如何看待和解决这些问题?本人选取的司法案件来自“中国裁判文书网”。在“中国裁判文书网”的“裁判理由”选项中,本人以“社会主义核心价值观”或“社会主义核心价值”为关键词进行全文检索,然后剔除掉了一些无关的或者重复的案件之后,可以得到427个司法案件。427个司法案件主要是民事案件,还有一部分是刑事和行政案件。

本人对这427个司法案件进行类型分析之后,发现主要有三种类型,即道德教育宣示型、直接证成结果型与补强证成结果型。其中最主要的一种类型我把它定义为道德教育宣示型。所谓道德教育宣示型,即在司法适用过程中,审理法院通过适用相关法律就已经证成了裁判结果,但是审理法院还在裁判理由中特别强调“为了践行社会主义核心价值观”之类教育宣传的语句。

而所谓直接证成结果型,指的是在司法适用过程中,审理法院直接通过社会主义核心价值观推导出裁判结果,而不是通过法律条文实现之。比如在“徐宗美与张云辉、张云莉共有物分割纠纷案”中,该审理法院在裁判理由中认为:经庭审查明该费用属于按照农村风俗进行所谓做法事的封建迷信活动的支出,有违社会主义核心价值观的要求,因此不予支持。在这个分割共同财产的案件中,所涉行为或费用如果属于封建迷信而有违文明(社会主义核心价值观),就无法得到法律(司法)的支持。

而所谓补强证成结果型,指的是在司法适用过程中,审理法院通过社会主义价值观的阐释,进而引出相关的法律条款,最终证成裁判结果。比如在“侯小雅与淅川县力强水泥有限公司劳动争议案”中,原告方因为不满企业分配其从事体力劳动而发生纠纷。理由在于其认为其能力应该从事脑力劳动的工作,因而企业不应该分配其从事体力劳动。审理法院则认为,原告方的行为不符合敬业的精神。按照敬业精神,无论是体力劳动还是脑力劳动，当事人都应当兢兢业业地干。不过，审理法院在阐释“敬业”这一社会主义核心价值观之后，援引了劳动合同法、企业规章制度中的企业的用工自主权进行说理，最终通过用工自主权证成企业有权利解雇当事人。

通过对这三种类型的说理与论证的分析，本人发现，对于大部分案件而言，其实把社会主义核心价观从裁判理由中全部剔除，审理法院同样能够按照现有的法律进行裁判，得出合法的裁判结果。当然审理法院之所以会仍然在裁判理由中使用“社会主义核心价值观”，有一种因果性的解释。即在我国这样一种体制之下，或者说法院行政化的逻辑之下，各级法院必须对践行社会主义核心价值观作出某种态度，特别是对国家、上级法院显示出一种尊崇的态度。不过，本人并不试图进一步做因果性的分析，而是从事一种法理上的分析。所谓的法理上的分析，借用德里克·帕菲特和罗伯特·诺齐克的概念，就是一种主张能否既得到客观理由的支持，又对相反的主张进行有力的反驳。针对价值的司法适用的法理上的分析，主要涉及这样的问题：价值在司法适用中是不是必要，或者说是不是冗余的。正如前面三种类型的案件所揭示的，如果按照法律规则的话，社会主义核心价值在司法过程中似乎是冗余的。那么，在“法律是明确性规则”前提之下，在司法适用过程中，价值发挥作用是不是冗余的以及是否可能？反对价值的司法适用主要涉及三种主张。

价值冗余论认为，在司法过程中，价值适用本身就是冗余的。他们的观点基于这样一个前提：法律规则的功能在于对行为进行指引。比如交通规则“红灯停，绿灯走，稍等片刻”，这种规则是非常明确的，因而这种规则就是完美的。既然法律规则是明确的，那么司法适用过程中的价值就是冗余的，因为法律规则就能对行为进行指引。

第二种我把它称为价值缺陷论。面对第一种观点，价值适用论者会对价值冗余论者提出这样的批评：法律规则是不完美的，法律规则会出现过度包含或者包含不足的情况；既然法律规则是不完美的，这就需要通过价值来对法律规则进行弥补。面对价值适用论者的批评，价值缺陷论者可以提出这样的反驳：既然法律规则会出现过度包含或者包含不足的缺陷，那么价值同样会出现这些缺陷；而价值更为严重的缺陷在于价值不具有和规则一样的明确性。因此，在司法适用过程中，价值无法提供明确的行为指引。价值是如此的抽象，以至于其并不蕴含明确的内容，而只是提供一种评价。以诚信为例，双方签订了合同，双方都按照约定履行自己的义务。这可以称为诚信。然而在一方未履行义务时，另一方是否应当按照约定履行义务呢？基于不安抗辩权，后者无论履行义务与否都属于诚信。

第三种我把它称为价值无用论。面对价值缺陷论，价值适用论者会对价值缺陷论者提出这样的批评：虽然价值可能存在缺陷，但是具有评价性功能的价值依然能够弥补规则的缺陷。比如企业在招聘中明确一定身高的人才能受聘,在平等价值的观照下,企业的行为就是不应当的。面对价值适用论者,价值无用论者可以提出这样的反驳:价值是如此的多元,以至于不可能得到唯一的价值来对这个行为进行评价。在企业招聘中,基于企业自主权,一定身高的人才能受聘可以得到证成。在这种情况下,平等与自由就是相互冲突,更何况还可以援引其他更多的价值参与竞争。

这是三种反对价值适用的主张。基于价值的非明确性、评价性以及多元性,它们都主张价值在司法适用过程中要么是冗余的,要么是不能发挥作用的。这三种理论的共同主张就是:法律规则(行为规则)必须是明确的,而且法律规则的缺陷应当通过明确的方式予以消除。而价值没办法实现这一主张。价值是相当抽象的,比如社会主义核心价值,自由、平等、公正、敬业、诚信、友善到底指什么?它们是如此的抽象,以至于无法具体化为一条行为规则,进而对人们的行为进行指引。但无论是价值适用论的反对者还是赞成者,都共享了一个基本的前提:司法是一种基于共同的行为规则的裁判活动。价值适用论的反对者认为,法律规则的缺陷不可能仅仅通过价值适用而得到补救。相反,法律规则的缺陷之所以在司法过程中得到弥补,关键在于司法造法,而不仅仅依赖于法律规则和价值。建立在司法造法的基础之上,具有评价性、多元性的价值可以通过司法造法,通过价值诠释与权衡,进而弥补相应的法律规则的缺陷。在这种司法造法的意义上,价值适用在司法适用中是能够发挥作用的。不过在价值司法适用过程中,法官需要承担相应的论证负担。特别是价值司法适用的方法,如价值推理、价值选择,需要发展出相应的明确性特征。这个主要就是我的结论,谢谢大家。

主持人

谢谢秋伟。社会主义核心价值观是这两年的研究热点。去年国家社科规划办有个核心价值观的专项课题,今年前不久又颁布了,一个给了华东政法大学,另一个给了西南政法大学。而且,今年很奇怪,不是给每个学校都发,他们是有选择的。好像湖南就只有我们学校收到,其他学校没收到。法理学者可以关注下这个,可能以后还会有。而且,听说社会主义核心价值观还在提炼,提炼出来以后,可能还有一些课题出来。

下面,我们第八位发言人是宋尧玺研究员。

报告人／宋尧玺

法学博士，广州大学人权研究院助理研究员，中国法学会立法学研究会理事。

公民权与社会团结的关系研究

谢谢陈主席、杜老师、王老师，谢谢各位专家。特别有幸能够参加这次盛会，让我向大家汇报一下自己学习的一点小心得。

我主要的研究兴趣是公民权与社会团结之间的关系，这是和我本人的成长与求学经历有关系的。我出生在国家的陆路边疆，求学也是在东北和西北陆路边疆，或者是在东南海疆，包括我国台湾地区，去年在剑桥的时候，也是生活在一个相对于欧洲大陆的边疆位置，也就是英国。在地理与文化上，边疆处于差异与多元的位置，这种多元的经历会让我产生一种如何与不同的人相处这样一个问题，这个问题回到政治哲学或者到法哲学领域，或者回到社会哲学领域，我们可以给它归结为一个社会团结问题。

我们知道，有很多种方式可以促进社会团结，比如凝聚共识、伦理教育、民主法治、道德的提升等，很多可以促进社会团结与社会和谐，但是从法学里面能找出一个什么样的制度形式，能够对这个问题有所促进呢？我想到的就是权利理论。传统的权利理论，我们研究的是 right。但是如果我们仅仅从 right 的角度出发，它跟社会团结的关系的连接问题在于它是间接的，但是如果我们从包含 right 但是又不限于 right 的 citizenship 这个角度来出发，可能就会建立一种与社会团结有连接的属性和内涵，人就是通过这个 citizenship 彼此连接起来，有人把 citizenship 翻译为公民身份，也有人翻译成公民资质、公民性，也有人翻译成公民权，我是采取了公民权的这种译法。这种公民权就为我们这个分疏差异的社会提供了一个重要的团结要素。它将被阶级、性别、族群、年龄、社会的财富差异情况、教育背景、种族、宗教等这些分化的社会又重新聚合起来。

现代社会共同体的团结是由公民权来提供的。但是公民权和社会团结之间到底有什么关系？公民权在什么程度上能够促进社会团结？反过来说社会团结在什么程度上又能够反过来促进公民权利的发展，我主要是对这个问题很有兴趣。这分为两种：一种是公民权与社会团结的统一，另一种是公民权与社会团结的冲突。在这个统一的层面上，就是作为包容性制度这样的一个公民权，实际上它是要将更多的在阶层、民族、种族、性别等方面存在差异的公民，包容进公民权这个体系当中，这些存在差异的公民因为差异而导致被歧视、被排斥、被边缘化，与主流人群和优势人群相比起来处于不平等的地位，所以作为包容性的公民权，它需要将存在差异的这些公民平等化、普遍化、同质化，即将所有社会成员视为公民而平等的看待。也就是说这一意义上的公民权是自由主义意义上的普遍性的公民权，它提倡是一种一致，是一种自由主义上面的那种最为霸道的那种情况。所以它需要将这种社会个体的差异改造成完全的无差异的公民，这种以平等为取向的包容性的公民权，不断的生产的这种同质的公民，以此来达到社会团结的目标，在这里公民权与社会团结就获得了一致性。

英国研究 citizenship 的先驱是马歇尔，他对 citizenship 进行了一个分类，包括政治权利、经济权利、文化权利。但是他提出了一个特别经典的问题就是平等的公民权与不平等的资本主义体系之间存在张力关系。他的问题的关键在于它们之间是相互对立的，这两种原则是如何在同一块土地上面生息繁衍的？公民权是平等的，但是资本主义体系是不平等的。这两个东西之间有什么关系？他其实就是在探讨作为平等的政治法律身份的公民，是如何在非暴力的基础上解决社会的经济不平等的问题，但是他是从英国的近代史线性的发展来解说英国权利的演变史。这是公民权与社会团结的一致性，那它的冲突在于哪呢？就在于公民权与社会团结之间要达到那种真正的完全的一致是不可能的，不能仅仅将公民权作为一种社会整合的力量，有很多的理由还可以使公民权与社会整合的一致性归于无效。

我们知道现在社会越来越处于一个多元化的社会，就像罗尔斯提出来的那个特别经典的问题，一个因各种尽管互不相容但却合乎理性的宗教学说、哲学学说和道德学说而产生深刻分化的自由平等公民之稳定而公正的社会如何可能长期存在？也就是说，尽管合乎理性但却相互对峙的各种完备学说，怎样才能共同存在并一致认同立宪政体？也就是说，我们这个社会是怎么样能够团结在一起而不导致分裂？其实社会一直处于一种团结和冲突的关系之中，在这样一种不断的动态的过程当中，有冲突是特别正常的一件事。冲突本身并不可怕，但是问题在于我们通过什么样的方式来解决这种冲突，或者我们的社会能够容忍什么样的冲突？或者什么样的冲突，我们是不能够容忍的，然后公民权能够在这里做出一些什么样的贡献？也就是说为了追求平等和社会团结的现代公民权制度，现在依然导致了这样一种差异，问题到底是在哪？在包容和排斥、平等和差异之间横亘着一个什么样的问题？现在来讲，公民权的包容和排斥的界限就是民族国家。民族国家是公民权的基础，也就是说我们中国的公民是因为你具有中国国籍，所以你享有中国公民所应当享有的公民权。但是你如果不是中国公民，你就享受不到这些权利。或者说同样的情况我们也可以放到美国，你如果不是美国公民（比如难民）是享受不到美国公民的公民权的。

所以在这样一种情况下，公民权的本质其实是排斥而不是包容。这是由民族国家资源的稀缺性导致的，这种稀缺性导致资源和利益总是难以被所有人共享，可以预见的是，只要存在公民权排斥和包容的这个界限，即民族国家体制，那么公民权和社会团结的冲突就会一直存在下去。平等和差异是一对张力。一方面，当平等发展成为极端的一致的时候，它的背后就潜藏着一种霸权和一种狂妄，因此在这个极端的平等一致和人类的多元差异本质之间就必然会产生冲突，也就必然会对不一致的事物进行排斥。差异群体由于无法符合普遍公民权的需要，而被排斥在公民权之外。另一方面，与前一方面相关的是平等和差异，平等到底是要包容差异，还是要消除差异，抑或是将差异控制在合理的范围之内，这个合理的范围如何确定？我的结论最终来讲是公民权一定要迈向人权的领域。

由于时间关系，我就讲这些。好，谢谢大家。

主持人

谢谢。宋尧玺的研究非常有价值。目前实际上无论是国内还是国外，恐怕最主要、最重要的矛盾就是族群矛盾、种族矛盾、种族冲突，这也是全世界所有学者都在关注的议题。你这个研究我觉得非常有意义和有价值。

最后一位发言人是浙江大学光华法学院博士后谢郁。大家欢迎。

报告人／谢　郁

法学博士，浙江大学光华法学院博士后，浙江大学中国地方治理与法治发展研究中心研究员。

法的价值之普遍性何以可能？

各位老师、同学，上午好。法的价值问题是法作为评价性事物的一个根本问题。如今，关于法的价值讨论更多转变为技术性讨论，即法律方法论下的价值权衡问题。但是，价值权衡的前提是可权衡之价值的确认。法的价值不同于个人价值，它具有普遍性的要求。因此，摆在我们面前的是，法的价值的普遍性如何可能的问题。

关于法的价值，一直存在关系说、主观说和客观说三种。首先，关系说其实不应该成为某种价值概念本质的一个说明，关系其实是价值得以存在的一个前提，但它不是价值本身。张恒山老师多年前关于价值概念辨析的文章中对此已经做了很好的分析，我就不再赘述了。以此，在关系语境下，实际主要是价值的主观说和客观说。帕菲特在《论重要之事》一书中，主要讨论的也是这两类。客观说多是诉诸客体的一个重要属性或特征，而这一客观要素能给我们一个好的理由。我们是在这个意义上说明价值的客观性。如苹果的甜或富含维生素等，给了我们一个客观的价值。但是，从属性到价值仍存在一个鸿沟，而且对于法律这种人造物，也并不如苹果等这类自然实存一般，存在某种客观的属性。法律的属性或特征等内在要素不等于法律的价值，如刀的锋利或可以切割东西不是刀的价值；而且，法现象的客观性与法价值的客观性也不存在必然联系，任何价值必然要通过一定的客观载体予以展现，如友谊也是通过人与人间的互动展现的。主体的客观性论述，则往往诉诸特定的历史社会状况所给予人的限定性，并以物质基础决定上层建筑予以说明其客观性，此种论述在说明主体的价值需要、选择或评价等涉及主观意志时就会遭遇到融贯性挫折，并最终将主体予以消解。

而且，“客观”一词在人文社科领域，在描述人类事务上，它意味着有一客观的因此是正确的价值，关联着真理唯一论，所以存在一个独断论的危险。也就是说，如果主张法的价值是客观的，就会涉及认识唯一性与正确性的问题。必然会有人独断称，他所认识的这个法价值才是正确的,其他认识都是错误的。人类历史上的种种教训告诉我们,这种独断在权力的加持下,会带来多大的苦难。因此,借由对人类理性的批判而否定的真理唯一论,人们放弃了对于不容否认的外在或先定的价值的信仰,个人的良心自由成为了价值判断的最终标准。从这一前提出发,价值的客观性转化成普遍性,不再存在外在的亟待理性加以把握的价值,而是追求能够成为所有社会成员或最为广泛承认的价值。

但是,这种进路更多是一种形式进路。就人类共同生活的特定秩序而言,始终需要一种价值观导向的确定性给定,对于法规范而言,这构成其正当性的基础。而若要注入实质性要素,仍然要进一步地反思:对于法律这种人造物而言,其本身到底存在什么属性或特征使它必然能够提供某种好的理由吗?还是更多的是外部赋予的?即将法律作为追求某一目标的手段而具有的工具性价值。

由此可见,存在有两类不同的价值。这种区别在过往学者论述中实际上也有提及,但每个人对这两类价值的内容界定有所不同。那么,对于法律而言,到底何种属性是本质性的?这一点构成了它是否具有一种最广泛的普遍价值的前提。

就根本上而言,法律的基本属性在我看来其实是一种可预测性。任何一条法规范只要说出,就创造了一种可预期性,让人了解到某种类似情况下会得到某一后果。值得注意的是,这一属性所推论出的秩序,正越来越被学者视为法的一项重要价值。然而,在我看来,这一点实际无法推导出一种十分可欲的好的价值,当然,它是一种价值,某种最低程度的意义上,秩序本身是好的,但也仅此而已,如纳粹的秩序就不一定是大家所欲的。而且,如果可预期性能够成为一种评价性属性的话,那么,可预期性这一属性就应该能够成为法律的价值。即法律应该满足这一价值。这里存在一种转换,即本身描述性的属性(实然)的进入到评价性的属性(应然)。而且,由于前者的存在,意味着只要不具有可预期性,就不是一种法;而不是说,存在一种不具有可预期性的法。那么,如果这种属性无法构成一种评价性属性,提供行为可预期性,对于法律而言,这一属性就无所谓好坏,即它既可以成为某些好的东西的一个成分,也有可能成为另一些坏的东西的一个坏的成分。法律的可预期性既可以对善有贡献,也可以对恶有贡献,而且对善的贡献与对恶的贡献可能都一样。换言之,很有可能就不存在一种必然性,即法律是善的一部分,其完全可以以同样的方式成为恶的一部分。

法律的可预测性能使人们通过它追求一种好的社会秩序,其他价值都是基于此点,由主体外部赋予的。因此,对于那些人类借由法律这一客体所追求的价值,到底如何在价值特殊性与普遍性的张力间得以明确,是一个关键问题。

首先,来自(一般意义上的)人的某单一需要,我们会确定各种价值。这些单一需要构成了元价值。如被同等地对待,可以自主地选择和生命不受侵犯等。

其次,如果说每种价值都有核心内容得以区分的话,有些价值我们就要重新加以审视,否则就会产生混淆。这也是为何有学者提出,正义不应该作为法律的价值,因为自由、平等等都能解释为正义。若要承认这些都是价值,那么就意味着有些是元价值,有些是复合价值。一方面,明确哪些是元价值,更有利于我们在实践中对价值间冲突予以分析;另一方面,如无必要,请勿增加复合价值,因为多个元价值组合成复合价值,必然使该复合价值内部保持着一定的不可调和性,在特定情境使之瓦解,或问题分析复杂化。

再次,对于一国法律体系而言,元价值的标识并不太困难,元价值间的关系、在具体事件中何种价值更优才是关键。如平等中怎样区别同与不同?基于同意的侵犯生命是否也予以保护?复合价值的内容阐释由于涉及不同元价值的统合,而这种统合是需要进行阐释的。这些阐释构成了元价值核心内容外更为丰富的价值内容,也就成了价值的特殊性所在。

最后,上述具体的价值内容应当来自一国或一民族,乃至世界性的历史经验教训基础上的反思、批判与民主商谈共识。寄希望于民主商谈以获得共识,是不可能脱离历史情境而在真空之中获得。而这种基于特定历史事实所获得的具体理解和阐释,才真正构成所谓的一国或一民族的价值特殊性。比如我国没有种族隔离和南北内战,我们其实是很难理解其中所孕育的自由与平等;再如我国有动荡十年,应该能够深刻理解其中所揭示的思想自由,正当程序或人权理念……这些才构成我国独特的价值内容,而价值的特殊性与普遍性应该是在这样一个层面上予以说明的。

主持人

谢谢谢郁博士后。他对法律价值进行了各个层面的分析。那么,我们的九位发言人的发言就都完成了。

下面,有请我们的评论人对于以上发言进行评论。我们先请杜宴林教授评论。

评议人／杜宴林

法学博士，教育部人文社会科学重点研究基地·吉林大学理论法学研究中心主任、教授，吉林大学法学院副院长，兼任中国法学会法理学研究会理事、中国法学会董必武法学思想（中国特色社会主义法治理论）研究会常务理事、吉林省法理学研究会会长。

我刚刚跟凌皞老师还在说，这个分论坛的发言不太好评，我就象征性地点几句吧。第一个是马长山老师，马老师非常有敏锐的眼光。的确，中国法学自主性的问题，多年来都没有走出西学的影子，真的是很难走出西学影子。所以马老师发现一个话题，新的问题咱们人人平等，最有可能走出中国自主性的道路。所以这个判断我是比较能接受的，而且我特别佩服他思路非常新颖。因为同样都是新的人类面临着的问题，不管发达国家、发展中国家都遇到同样的问题，都有可能发挥自己的聪明才智和生存智慧，真有可能走出自主性，所以它就是互联网时代带来的东西，所以这个判断我是认可的。而且，我觉得马老师眼光非常独到，很准、很好。

周尚君讲中国法学脱离幼稚病这个东西，现在的判断可能，一般来讲，就是要看怎么看。你要说（贡献）有多大，就是说为实践贡献了很多，好像也没有太多。当然现在正在努力做自主性的研究。所以，尚君的结论是正确思想来源于实践，这个话题、这个判断是非常正确的。我也觉得，因为理论与实践的关系，通常而言理论还是来源于实践的，所以这一块我是认可的。这三次发现，刚才主持人说思想解放，可能前面那个相对（可以），尤其“两个凡是”，可能是尚君特别容易地把“发现”做了相应的命题性的规范。解放也行，发现也行，反正就是看怎么定位，这块我不多说。

赵骏老师这个话题，我估计他关注很长时间了。因为他说这个话题实在讲都是应该面对的问题，他应该关注了很长时间。所以，我也没法评价你这个问题。我现在刚看人权会议（指“改革开放与中国人权事业的发展进步”研讨会），发了一个论文给我过来（英文论文），它就讲，算法很有可能对弱势群体构成重大的冲击，乃至把他们可能生存之路都堵死了。这是他们人权会议发给我的一篇论文的思想。现在我就不多说这些，期待赵院长好好地阐述你的思想，我们到时候好好地把握把握，因为你可能很多论文还没写，但是你关注时间很长。

姜涛的这个尝试我特别认可。虽然说刑法学界，姜院长你刚才讲，刑法学科这一块可能对你，因为知识依赖性和知识路径（的原因），他们不一定认可，但是你的尝试我觉得肯定很有道理，而且是很有效，只不过是你的同盟军太少了点儿，现在很难撼动他们的地位。但我觉得你做这样的尝试是非常好的。你看这个表述是，走进生活还是换个词语？反正刑法解释，因为我粗浅的认识是，刑法这个东西的确有很多和社会生活（相关），而有些具有政治性，比如反革命罪以前有，现在取消了这样的罪，它和社会生活可能关联度不会太高。所以这有可能是这帮人反对的一些原因。但是你说情理那一块，我想这个是只要学中国法律的都清楚一个话题，中国法律肯定要讲情理，不能简单地只谈理性，因为这做不到的。说到死刑论证，科尔曼教授是西方国家中相对较少的支持死刑的，其他大多数学者都是要取消死刑，他是坚决支持死刑的，而他肯定也是有他的考虑的。因而，情理话题不仅仅是中国话题，还是世界话题。

郭忠老师从认知心理学角度进行相应的论证，这个论证的方法是新颖的。这个我就不多说，因为这块没看过。关于时效这块，我不知道。就自由意志和人类理性这一块，关于有限的自由意志、有限人类理性，我的粗浅理解是这个结论大伙认可的。所以你现在从认知心理学角度，或者科学角度进行，这可能是最新颖的地方。你看能不能在这里再多做一些文章，因为结论咱们都理解，就是论证手段。所以，你也会写文章。我们一般那个学生写文章，就是他结论好，差不多行了，他就不会写了，所以像你这种进行论证或印证性的文章，的确为我们学生提供很多的指引性作用。

下面一个就是熊文聪老师。知识产权为什么不太讲法理，实际上我看你好像还是讲法理的，因为你是法理人的底子，所以你是以其他形式实际上也在讲法理。我对知识产权是这样把握的，因为知识产权很多人认定，就我们法理学也认定它是一种人权。刚开始还不接受，后来接受了。我就想简单说一句，就是你讲的所谓的关注高度的市场法则，这个我是认可的。因为知识产权的确是市场法则现象，所以以文学性、生活属性这块去认定可能有违世界知识产权体系保护。这一块，我是不知道。

江秋伟博士写得非常好，目前为止我看的写这个核心价值观的论文，你的论文还真像回事，其他写的学理性都不太够。这个论文我没仔细看，但是下面我简单说一下。核心价值观太多了，用哪个？比如，用公正、正义、和谐那些？他们闹不闹矛盾的？你说这个案件要用公正去判断？还是用民主去裁判？我就不知道你到底是选哪一个核心价值观往上用？这个供你参考。但是，我想法学是一种妥协艺术，所以价值衡量的问题一直存在，但是我就不知道你这个论文和他们既有的研究如何对待这个问题，就是能不能相应地与传统性的结合起来。

宋尧玺的这篇文章可以和谢郁沟通一下。以前我们都认为正义是最高的价值，但最近我看了很多文献，都把秩序放在重要的位置。所以，就看你怎么评价怎么判断，这个话题可能也没完全正确的答案，只要能说得过去就行，言之成理就行。尧玺想表达的就是人权是最基本的底线，容忍平等或者容忍差异或者排斥差异，总之有一个最起码的底线，你先得有人权。不管排斥的和包容的也好，还是把基本人权放在第一位，是不是这个意思？作为底线，万俊人老师他们写了一个最低限度的价值相关的规范伦理方面的论文，他的意思就是哈贝马斯商谈理论都不行，你必须用人权来作为最基本底线。看看他的东西。

好，我就简单讲到这儿，不尽之处，请原谅。

主持人

谢谢杜宴林教授。下面我们请王凌皞教授点评。

评议人／王凌皞

法学博士，浙江大学光华法学院副教授，浙江省法理学会秘书长。

谢谢陈老师，非常荣幸。其实，给我安排在点评这个位置上，我觉得非常地不合适，惶恐，诚惶诚恐。做报告的要么是长辈老师，要么是兄长，我都是读大家的东西长大的。所以，我觉得更多的是谈一些学习的心得。

我觉得，马长山老师、周尚君老师、赵骏老师，还有郭忠老师，他们的论文，我认为有一个共同点，就是它们都关注最前沿的科学的进展，包括自然科学、社会科学的，人工智能这个可能属于自然科学或者技术，关注法学与它们之间的关系。马老师和周老师他们都提出，我们要通过某种技术的进展来建立中国法学研究的主体性。我是相当地认同的。包括马长山老师非常高屋建瓴地对信息社会给工业社会带来的挑战，以及它对法律具体规定的基本性变革的分析；包括尚君老师在谈到中国法学的幼稚病、如何通过几次思想解放或者观念的变革来实现这样一个工作；赵骏老师关注了国际法上一系列的重要进展。我看到无人船只消息，好像中国的研究是比较前沿的，这个马上投入使用了，是不是？比如赵骏老师也提到了这方面的非常紧迫重大的一些问题。郭忠老师是从守法的角度,或者法律指引人的行动的角度,从认知神经科学非常深入、细致、深刻对人的本性之自然科学认识的角度,进行了很多富有见的的剖析,这是我第一个部分的学习心得。

第二个部分是姜涛老师、熊文聪老师,还有秋伟、谢郁,其实大家谈的也是一个有点类似的问题。最近几年,法学界出现了关于方法论的一个争议,我觉得几位老师的论文与方法论这个争议有一定的关联。其实我之前也读过姜老师很多东西,如法律教义学,还有内部体系、外部体系,姜老师是不是也写过一些?我非常认同姜老师的看法,就是说刑法里好像有一种观点,认为某种法条主义的对刑法的理解,是不是要和法治价值更贴切一点?这种观点是不是值得进一步思考?姜老师实际上提出了这样一种理论,也可以看作对法教义学的某种修正或者批判。熊老师也是一个类似的问题意识,认为现在知识产权法学是不是有过度的概念法学的倾向?要引入法理学,尤其是和法律价值相关的法理,归纳起来最后可能还是一个法律价值的问题。这是两位老师通过法理、法律价值的角度,对法学的研究方法,从各自的部门法研究的领域出发进行的一个修正。秋伟的这篇论文之前我读过,就是说这个研究也非常得好。我也同意刚才杜老师说的,是不是在其中区分一下各种价值起到的功能,一方面价值在类型上有不同的功能;另一方面,它在说理上是不是有的可能是属于真的用作正面论证的,有的可能是修辞的,或者是额外附加的。当然,后面这些讨论非常好,就是(价值)不是冗余的,取决于它在这里面扮演什么样的功能,有些什么样的价值,在里面扮演什么样的功能?谢郁的论文,我觉得也是一个非常重大的、核心的法理学主题,就是法律价值到底怎么来处理?谢郁有很大的雄心,实际上是想接着 20 世纪 80 年代这个讨论,我看《当代法学》纪念文集上就有很多这方面的论文。但我觉得,这里你处理的问题到底是不是一个法律价值的普遍性问题?刻画上面,是不是再考虑一下?你处理的问题,似乎在我看来,因为没看过论文,重点是不是在于诸多价值之间的结构及其互相的关系的问题?是不是有一部分处理这个?所以,这是不是一个普遍性的问题?我们说,普遍性通常也是某个价值,它对不同的主体或者不同的情境下是不是具有普遍性?所以我觉得你是不是在普遍性的用词上,或者是不是在结构上面再做一些进一步的分析性的处理?比如,这里是不是一个 innovacational value,就是说不同的价值如何共处的问题?比如自治这个价值,自主 autonomy 这个价值,或者法治这样的价值,和其他价值肯定是不一样的。比如,你刚才也讲到了,可预测性的价值,它是用来促进其他价值,在促进其他价值的过程中到底是怎样一个关系?或者,价值的客观性是不是直接就能推出对自治价值的某种损害?或者推出人类的压迫和苦难来?我觉得也不一定。这个推理是不是要进一步精致化?

尧玺的这篇文章当然好像也是法律价值这个部分，应该说，就是研究了某两个特定的价值，我觉得是非常有意思的。因为，通常我们对权利的理解好像是有点个人主义的倾向，但是，比如公民权，既有团结的功能，又有某种个人主义保护的功能。长时间困扰我的一个问题，就是说，实际上我们说权利的要求，尤其平等保护，这种对权利形式上平等保护的要求与团结之间的关系，我觉得，其实是比较紧密的。当我们说到在一个社群内部，其中一部分人对另一部分人形成了某种暴力上的宰制，或者这种不公正的对待的情况下，我们很难说这个社群是"一个"社群，因为其中一部分人受制于另一部分人，甚至没有某种平等的资格。所以，某种意义上说，我觉得平等的资格与团结之间是有关系的，并且平等的资格在公民权内部似乎是重要的一个规范性的要求。假设没有平等资格的话，那么很多东西就没法谈了，当然这里就会与一些观念起冲突，就 global justice 这样的一些问题，这些都会有一些问题。所以，我觉得尧玺这篇文章也是非常的好。

我的评论就讲到这里。

主持人

感谢各位报告人的精彩发言，感谢评论人非常全面、非常深刻的点评。我们这个论坛应该还是有一些特点：第一个我们是多元化，交叉多部门法学研究。我觉得交叉更容易产生新思想，更容易受到启发，更有收获。第二个就是年轻，我们最年轻的是秋伟博士。昨天我们有几个老师说，30 年前很年轻，30 年以后怎么样。30 年以后，你们回想起来今天这个发言就很有意义和价值。第三个特点，我觉得是我们的每个命题都是面向实践。在此，我也想引发一句，我们有的学者说实践法学，我也不太赞成这个提法，法学哪个问题不是面向实践的？哪个问题不会联系实践？法学就是实践性学科，这是我们这个论坛的第三个特点。最后，感谢各位发言人、点评人，还有本论坛的各位参与者的支持。

闭幕式

【主持人】

张文显

【学术总结】

公丕祥

【闭幕讲话】

李　林

【闭幕致辞】

蔡立东

主持人 / 张文显

哲学博士，吉林大学哲学社会科学资深教授，浙江大学文科资深教授、法理研究中心主任，中国法学会副会长、学术委员会主任，国务院学位委员会法学学科评议组召集人，教育部社会科学委员会法学学部召集人，中央马克思主义理论研究和建设工程咨询委员会委员，国家教材委员会委员。

尊敬的各位专家，我们现在进入“法学范畴和法理研究”学术研讨会的闭幕式。由我来主持闭幕式的议程，其主要内容有三项，一是由公丕祥教授做学术总结，二是由李林教授做闭幕讲话，三是由蔡立东院长致闭幕辞。

那么，现在就有请公丕祥教授做学术总结。大家欢迎。

学术总结 / 公丕祥

法学博士，南京师范大学教授，中国法治现代化研究院院长，中国法学会学术委员会委员、法理学研究会副会长、法学教育研究会副会长。

新时代中国法理学的逻辑力量

为期一天半的“法学范畴与法理研究”学术研讨会，在大家的共同努力下，马上就要结束了。根据会务的安排，我非常荣幸地对本次会议作一个简要的学术总结，不周之处，尚请各位专家、各位老师批评指正。

30 年前，在当代中国改革开放的强劲东风的激荡下，在纪念改革开放 10 周年之际，由吉林大学法律系等单位主办的法学基本范畴研讨会，在中国法学界产生了重大而深远的历史性影响，成为新时期中国法理学重构进程中的一个鲜明的学术标志，极其深刻地影响着中国法理学发展的时代走向，有力地推动了改革开放历史新时期中国法理学乃至整个法学领域的发展与进步，有力地推动了当代中国法治现代化的历史进程。

30年后的今天，欣逢改革开放40周年，在法学界有识之士的积极建议下，在张文显教授的精心指导下，吉林大学法学院等单位以“法学范畴与法理研究”为主题，再次召开学术研讨会。来自全国各地不同法学学科的专家学者齐聚一堂，隆重纪念法学基本范畴研讨会召开30周年，深化研究法学基本范畴领域的重要论题，大力促进法学范畴研究与法理研究的有机对接，将法理研究更加内在地嵌入深化法学基本范畴研究的全过程和各方面，无疑具有殊为重要的学术价值与现实意义。诚如张文显教授在本次研讨会开幕式上的致辞中所阐述的，纪念、深化、对接这三个关键词，是本次学术研讨会的鲜明主题。毋宁说，这三个关键词铸就了本次学术研讨会的“灵魂”，由此展现了法的时代精神。

因此，这次学术研讨会是新时代中国法学界一次主题重大、蕴含厚重、凝聚共识、影响深远的高规格、高水准的高端学术盛会。会议的组织者为与会者准备了一套极富历史时代价值的学术文献，其中有三份更是令人深为感佩：一是30年前召开的法学基本范畴研讨会的论文专辑。二是由张文显教授主编的刚刚出版面世的第五版《法理学》，这是一部以法理为中心主题的全新的法理学教材，时代定位、与时俱进、转型升级、兼容并包、教学相长，是这部教材的五个关键词，实现了法理学教材的又一次与时俱进。三是由致力于推动“法理复兴”的“法理研究行动计划”推出的、正在编纂之中的《法理文丛》第一卷《法理复兴之端》。在研讨会开幕式上，吉林大学杨振斌书记、中国法学会法理学研究会徐显明会长、中国法学会张文显副会长分别发表了热情洋溢的致辞。研讨会围绕法学范畴研究与新时代中国法学、法理学核心概念与法学概念体系、法理与法理学等论题，设置了由三个单元组成的大会报告；围绕权利范畴与权利本位、法理与法治、法学范畴的实践维度、法学理论与方法前沿等论题，别具匠心，颇有创意，设立了四个分论坛。与会的110名代表，有29位提交了书面交流文章，80位左右作了会议交流发言，论域集中，参与广泛。大家满怀学术热忱，以深沉的学术责任感，聚焦主题，深入研讨，相互切磋，增进共识，研讨会达到了预期目的，取得了圆满成功！

总体来看，这次学术研讨会在以下六个方面进行了深入交流，收获了新进展。

第一，关于1988年法学基本范畴研讨会的历史地位。在发言中，与会代表对1988年法学基本范畴研讨会（以下简称长春会议）给予了高度评价，归纳起来，主要有以下几个方面：其一，1988年的长春会议，是对当代中国正在蓬勃兴起的社会主义市场经济大潮的法学理论回应。其二，1988年的长春会议，是法理学界解放思想、锐意创新的历史产物，超越了苏联的国家与法的学说范式，实现了从以阶级斗争为纲的法学研究范式向权利本位的法学研究范式的历史性转换，促进了法学研究的规范化、学术化进程。其三，1988 年的长春会议，有力地推动了改革开放历史新时期中国法理学体系的重构进程，法学从政治学中分立出来，愈益获得自主性地位，对法学领域的整体面貌产生了历史性的影响。其四，1988 年的长春会议，生动地展现了理论转变为实践的巨大力量，极其深刻地推动了当代中国法治现代化的时代进程。很显然，1988 年的长春会议，是当代中国法理学发展进程中的一段“传奇”，是新时期中国法理学转型变革的一个具有标识性的重大法学事件，为当代中国法学研究、法学人才培养和法治建设作出了历史性重要贡献，必将永载中国法理学的史册之中。

第二，关于改革开放以来中国法理学 40 年的基本估计。今年是中国改革开放 40 周年。40 年来，随着中国社会转型变革的历史进程，中国法理学经历了极不平凡的发展历程。在会议交流过程中，与会代表发表了诸多有见地的看法，主要有：有的专家认为，改革开放以来，中国法理学走过了一个恢复、重建和发展的历史行程，这是一个自身概念逐渐确立和发展的过程，是一个逐步自主地回应中国问题、迈向中国实践的过程。在这一过程中，法理学研究的组织体系、研究论域等发生了历史性的变迁。有的专家认为，经过 40 年的不懈求索，中国法理学正在学术思想史上占有独立的地位，逐步提升到可以与国际同行共时对话的水平。有的专家认为，改革开放以来的中国法理学，走过了一个从阶级性的纠结到西方法理学的双重作用，再到中国法理学的回归的艰难复杂的历史行程，其间的历史意味值得法理学界深入思考。有的专家强调，改革开放以来的中国法理学为当代中国的改革开放提供了有力的理论支撑，作出了历史性的贡献，但是也存在不能很好地满足制度变革的理论需要的突出问题。

第三，关于新时代中国法理学的创新发展。中国特色社会主义进入新时代，社会主要矛盾发生新变化，对当代中国法学发展与法治现代化进程产生了极其深刻的全局性影响。与会代表在发言中一致认为，本次学术研讨会是新时代中国法理学创新发展进程中的一次历史性会议，意义重大，影响深远。与会代表对进入新时代的中国法理学的时代走向发表了卓有见地的看法，主要有：其一，新时代中国法理学的创新发展，必须坚持以习近平新时代中国特色社会主义法治思想为指导，努力促进中国法理学的学理化、本土化、大众化、实践化、现代化。其二，新时代中国法理学的创新发展，必须认真对待法理问题，着力推动从以权利本位为中心的研究范式向以法理为中心的研究范式的时代转变，为建设法理中国贡献学术力量。其三，新时代中国法理学的创新发展，必须立足中国文化传统和国情特点，顺应时代发展大势，以全面依法治国进程中的法理问题为研究对象，着力提升中国法理学的整体质量。其四，新时代中国法理学创新发展面临的重要课题，就是要回应改革开放进程中的法治挑战，高度关注转型期的重大法治问题，延长法学参与变革进程的生命周期，不断满足制度变革对法学理论的需求。其五，新时代中国法理学的基本趋向，是走向实践和面向法理的理论创新，实践与法理之间的有机互动，构成了中国法理学变革的强劲动力。其六，新时代中国法理学要深切关注本土法律文化，关注日常民众生活，从中汲取充足的理论养分。其七，新时代中国法理学创新发展的显著要求就是科学化，“法学本质上是教义学”“法学是一门科学”这应当成为提升中国法学竞争力的重大抉择。此外，新时代中国部门法学发展也面临着紧迫的课题。在民法学领域，民法典编纂要去除民事立法中的司法中心主义，消除权力至上论的影响，推进公权力契约化进程；在商法学领域，要深刻把握商事法理，认真对待编纂中国商法典的重大时代课题；在诉讼法学领域，要着力推动中国证据制度转型变革，实现从义务本位向权利本位的历史性回归；等等。

第四，关于深化法学范畴研究。30 年前的法学基本范畴研讨会开启了中国法学认真对待法学范畴研究的历史新时期，对权利与义务等法学范畴的深入探讨，确立了法学范畴研究的新方向。在全面依法治国进入新时代的历史条件下，深化法学范畴研究对于重塑新时代中国法理学的基本面貌至关重要。在研讨过程中，与会代表对进一步深化法学范畴研究发表了诸多很有意义的观点。大家充分肯定了 30 年前长春会议对于法学基本范畴研究的重要理论贡献，在进一步阐述“权利本位”“义务重心”等核心观点的基础上，提出了深化法学范畴研究的重要见解，归纳起来，主要有：要加强权利现象领域的相关概念范畴的研究，包括权利主体与权利客体、权利需求与权利供给、权利配置与权利实现、权利相对性、权利限度、权利滥用、权利相对主义与权利绝对主义，等等；要加强互惠正义、权利本体、法律渊源、责任与法律责任、党内法规、法律行为、证据规则、法与道德、人的价值与法的价值、法律类型化以及商法学范畴等法学范畴的研究；要重视以法学基础范畴为核心构建法学研究体系的内在必然性，厘清基本线索，重建法学系统。实际上，法学范畴研究是一个广阔的学术领域，确有必要立足中国大地，深入开掘，深化研究。诸如，法与法律、国家法治与区域法治、地方法治、地方法制，等等。这是新时代深化法学范畴研究所不能忽视的。

第五，关于推动法理研究。一年前，张文显教授在《清华法学》发表了理论长文《法理：法理学的中心主题和法学的共同关注》，系统阐述了法理领域的基本问题，有力地回应了所谓“中国法理学危机论”的学术看法。目前，一个关注法理问题、研究法治意蕴的学术热潮正在勃然兴起。这种对法理的冲动、需求和热情，来自生动的法律实践生活的需要，对于推进法理中国建设正在产生重要的促进作用。在交流研讨中，与会代表对推动法理研究也提出了很有价值的看法，归纳起来，主要有：要注重揭示法理的核心意义，法理不仅指法律之中的理性，而且意味着规律或强制性的力量，亦即法律权威,要关注法理的关联性概念和基本规定性;要深入理解法理的性质、类型、存在型态等等基本问题;要注意把握好法理研究的基本取向,坚持以实践哲学为准则,从中国法治实践中发现生生不息的富有强大生命力的基本法理。

第六,关于加强法学范畴研究与法理研究的对接。加强法学范畴研究与法理研究的对接是张文显教授为本次研讨会提出的一个重要的理论任务。无疑,这一对接研究,无论是对于深化法学范畴研究,还是对于促进法理研究,都是必不可少的应有之义。在研讨交流中,与会代表发表了诸多真知灼见,归纳起来主要有:一是在法学体系中,法律、法治、法理构成了一个有机的概念序列,法理是法学的基础性概念;法理范畴与其他法学范畴之间相辅相成、内在关联,法理范畴具有浓郁的人文意味,滋润着法学体系的其他范畴。通过法学范畴研究与法理研究的对接,拟促进从以权利本位为中心的研究范式向以法理为中心的研究范式的转换。二是法理浸润于法律日常生活之中,表征为立法的法理、执法的法理、司法的法理、守法的法理等诸多方面,法学范畴研究的重要任务在于发现法理、确证法理、表达法理、展示法理,由此推进法学范畴研究与法理研究的深度对接。三是法学范畴是思维中的具体,是法学网络体中的概念的纽结,其中所蕴涵的法理及其取向,需要长期不懈的努力加以阐释,甚至需要几代法学人的持续奋斗,这是一项开创性的理论工作。四是张文显教授主编的第五版《法理学》,为法学范畴研究与法理研究的有机对接树立了优秀的范例,必将产生重要的学术影响。

总之,这次学术研讨会高端谋划,准备充分,交流深入,共识凝聚,实现了张文显教授提出的"开放、自由、多元、求真"的学术研究的规范要求,确实是一次具有重要现实意义和深远历史影响的学术活动,必将成为新时代中国法理学创新发展进程中的重要学术标志。

主持人

谢谢公丕祥教授。下面请李林教授作闭幕讲话。

李　林

用"闭幕讲话"这个词怪怪的,我也不知道怎么定调,反正想到哪里就说到哪里吧。

主持人

当年，邓小平同志就是在十一届三中全会前召开的中央工作会议上做的闭幕讲话，因而这个说法也是有来历的。

闭幕讲话／李 林

中国社会科学院学部委员，中国法学会副会长、学术委员会副主任，法理学研究会常务副会长、网络与信息法学研究会会长。

坚持五个面向 推动法理学创新

根据会务安排，我就讲几点心得体会，和大家交流。

“法学范畴与法理研究”学术研讨会是中国特色社会主义新时代召开的一次高规格、高水平会议。

一、本次研讨会的意义

（一）对本次研讨会的基本评价

30 年前的法学基本范畴研讨会，是新时期法理学界继关于人治与法治、法律面前人人平等、法的阶级性与社会性、法律体系协调发展等问题的大讨论之后，又一次具有里程碑意义的大讨论。那次关于法学基本范畴问题的大讨论，进一步解放了思想，拓展了法理学研究的视野，引领和推动了中国法理学研究由当时过多关注法的阶级本质等政治范畴、过多关注政治体制改革和法制改革等实践范畴，向以权利本位和义务先定等问题为研究重点的学术范畴转向，回应了“法学幼稚论”和“改革开放头 10 年法学基本上交了白卷”等社会评价和思潮，翻开了法理学基本范畴、基本原理、基本方法等基本学术问题研究的新篇章，标志着中国法理学研究迈上了一个新台阶，为新时期法理学创新发展和推动中国法治建设、法制改革提供了重要理据和学术引领。

（二）本次研讨会的几点启示

第一，法理学研究应当不迷信，不盲从，不唯书，不唯上。

第二，法理学界应当敢于担当，敢于突破，勇于创新，善于创新。

第三，法理学界聪慧睿智，积极稳妥，坚定不移走中国特色社会主义法理学发展道路；把握政治方向而不玩弄政治权术，开展学术争鸣、理论交锋而不搞人身攻击、打击报复，有竞争而不搞斗争。

第四，法理学界应当求大同，存小异，团结合作，齐心协力，共同致力于法理学重大理论、学术和实践问题的研究。

第五，法理学研究应当坚持走自己的路，不走错路，少走弯路，多走直路，争取"弯道超车"。

（三）本次会议更重要的目的

三十而立，四十而不惑。今年是法学基本范畴研讨会召开30周年，改革开放40周年。本次学术研讨会更重要的目的就是要与时俱进，关注当下，审视自我，超越自我，推动法理学创新发展，引领中国法学走向未来。

二、法理学面临的挑战和机遇

法理学面临的挑战和机遇大致来自三个方面。

（一）渊源方面的挑战和机遇

第一，如何将经典作家的政治与法律理论中国化？特别是如何提炼和总结习近平新时代中国特色社会主义法治思想？

第二，在西方法学理论移植式微减弱的背景下，中国法理学研究借鉴的对象是什么？中国法理学创新发展的参照系和评价标准是什么？

第三，苏联的法学理论和其他哲学社会科学理论的影响虽然在淡出衰减，但仍然深深地影响着中国的法理学和其他哲学社会科学。如何实事求是地梳理分析苏联的法学和其他哲学社会科学遗产？如何该遗弃的遗弃，该坚持的坚持，该改造创新的改造创新？这是抹不掉的历史遗迹，它深刻地影响了当代中国法学、法理学和法治进程。

第四，复兴中华法系优良传统困难重重。应当复兴中华法系的合理基因，但是困难重重，谈何容易！

第五，对于革命根据地法制经验的理论化、现代化、法理化总结，一是尚需时日，二是尚需从中总结出当今法理学创新发展所需要的原理、原则和方法。

(二)实践方面的挑战和机遇

第一,中华民族从站起来、富起来到强起来的伟大飞跃对法理学和法治提出了新要求。

第二,中国特色社会主义新时代、新思想、新矛盾、新目标对法理学提出了新要求。

第三,推进政治体制改革、全面从严治党、深化经济体制改革、推进社会治理等对法理学提出了新要求。

第四,全面依法治国、法制改革、区域法治建设、法治文化建设、法治社会建设等对法理学提出了新要求,例如如何将“枫桥经验”法治化。

第五,社会各阶级、各阶层特别是新社会阶层、各群体、公民个人对公平正义、安全秩序、自由平等、民主法治、人权尊严等提出了新需求。

第六,网络信息科技、云计算、大数据等的发展,对法治和法理学提出了新挑战,对法治和法理学的很多基本范畴,如法律关系、法律行为、代议制民主、计划经济、隐私权、财产权、法律关系等,提出了新的挑战。

(三)法理学理论创新和学术发展方面的挑战和机遇

第一,与法理学发展的世界水平相比,尤其是与发达国家的法理学相比,中国法理学还有若干欠缺。这种欠缺不在于我们缺少对发达国家的法理学的学习和借鉴,而在于我们缺乏在学习借鉴的基础上的自我创新和发展,缺乏自己原创性的法理学成果。

第二,与加快构建中国特色哲学社会科学的学科体系、话语体系、教材体系相比,法理学面临许多挑战和任务,例如“两张皮”现象:法理学与部门法学“两张皮”、法理学基本原理原则与中国特色法理学“两张皮”,等等。

第三,相对于哲学社会科学其他学科(如经济学、社会学、哲学等)的繁荣发展,法理学面临许多挑战和任务。

第四,相对于法学其他学科发展的新需求,法理学面临许多挑战和任务,例如,如何为法学其他学科提供法理支撑和引领,如何从法学其他学科中提炼法理学的成分要素,甚至归纳出法理学的重大概念、原则,等等。

第五,相对于法理学未来的历史使命和自身发展,法理学的队伍建设、知识储备、方法创新、能力建设,以及法理学的学科、学术、理论等自身建设,还面临着许多重大挑战和艰巨任务。

中国法理学创新发展的路在何方?路在脚下。应对上述种种挑战的基本出路之一,就是面向中国的法治实践,从实践中寻找发现研究对象,在实践中寻找发现研究方法和动力源泉,用实践的力量推动中国法理学创新发展。

三、法理学创新发展的五个面向

一是面向历史。从中国法治、法学和法理学的历史规律、历史经验和教训、历史基因和文化传统中,找寻中国法理学创新发展的历史资源、历史逻辑、历史合理性。

二是面向现实。更加强调和凸显法理学研究的中国导向、实践导向、问题导向、实证导向、创新导向。

三是面向未来。未来中国将面临这样几个重要时间点:到2020年,全面建成小康社会;到2028年,改革开放50年;到2035年,基本实现社会主义现代化;到2050年,实现中华民族伟大复兴。法理学应当在这一过程中为中华民族的复兴和发展作出新的贡献。

四是面向世界。以法理学的中国特色、中国经验、中国贡献,积极应对现代化、全球化、国际化。

五是面向学术。积极推进法理学学术话语、学术体系、学术规范、学术范畴和范式等的创新发展。

四、法理学者的使命:创新发展新时代的中国法理学

在《以"5·17"讲话为引领,不断推动中国法理学创新发展》一文中,我曾提出要坚持和凸显法理学的以下属性和特征:一是法理学的科学性,二是法理学的实践性,三是法理学的政治性,四是法理学的人民性,五是法理学的包容性,六是法理学的创新性。在法理学的创新发展过程中,要处理好若干重大问题。首先是政治与学术的关系问题。一方面,创新发展法理学,必须坚持以马克思主义为指导。习近平总书记在"5·17"讲话中强调:"新形势下,坚持马克思主义,最重要的是坚持马克思主义基本原理和贯穿其中的立场、观点、方法。这是马克思主义的精髓和活的灵魂。马克思主义是随着时代、实践、科学发展而不断发展的开放的理论体系,它并没有结束真理,而是开辟了通向真理的道路……对待马克思主义,不能采取教条主义的态度,也不能采取实用主义的态度……什么都用马克思主义经典作家的语录来说话,马克思主义经典作家没有说过的就不能说,这不是马克思主义的态度。同时,根据需要找一大堆语录,什么事都说成是马克思、恩格斯当年说过了,生硬'裁剪'活生生的实践发展和创新,

这也不是马克思主义的态度。”[1]创新发展法理学，应当牢记总书记的上述要求，防止“乱贴标签”的倾向，绝不能武断教条地认为“唯我独马”（只有自己是马克思主义的，其他人都是非马克思主义的），“有马则马、无马则非马”（只有在著述中引用了马克思主义经典作家原著才是马克思主义的，没有引用原著就是非马克思主义的）。判断是不是马克思主义法学学者、评价是不是坚持马克思主义法学导向，其标准不是有没有直接引用马克思主义经典作家原著的语录和文字，而要看其研究过程、研究方法和研究结论等是不是坚持和贯穿了马克思主义的基本立场、观点和方法。另一方面，创新发展法理学，必须坚持和发扬学术民主，尊重差异，包容多样，提倡不同学术观点、不同风格学派相互切磋、平等讨论。为此，应当按照习近平总书记在“5·17”讲话中提出的要求，“正确区分学术问题和政治问题，不要把一般的学术问题当成政治问题，也不要把政治问题当作一般的学术问题，既反对打着学术研究旗号从事违背学术道德、违反宪法法律的假学术行为，也反对把学术问题和政治问题混淆起来、用解决政治问题的办法对待学术问题的简单化做法”。[2] 与此同时，要重视构建法理学研究和教学的负面清单（禁止性要求）：第一，坚守政治和意识形态的红线和底线；第二，坚守理论和学术规范的边界和底线；第三，坚守职业伦理的边界和底线。

其次是解放思想和创新发展问题。创新发展法理学，要不断解放思想，积极改革探索，努力实现“五个超越”：一是超越“言必称西方”的西方法学中心主义，学习人类法治文明的精髓和要旨，走中国特色社会主义法学理论发展道路。二是超越主导法学话语体系的“西医法学”理论，汲取中华传统法律文化的精华，借鉴世界法律科学的有益成果，走“中西医法学”相结合并以“中”（中国法治国情）为本的法学发展之路，坚持和发展中国特色社会主义法治理论，构建中国特色社会主义法学理论体系、话语体系和教材体系。三是超越法治形式主义和法治工具主义，坚持形式法治与实质法治相统一，坚持法治价值与法治实践相结合。四是超越法治万能主义，坚持依法治国与以德治国相结合，坚持依规治党与依法治国相结合。五是超越法治虚无主义，坚持法治思维和法治方式，充分发挥法治在构建和实现国家治理现代化中的重要作用，更加重视中国特色法学（法治）体系的构建。创新发展法理学是一个长期实践、不断改革实践的过程，必然会遇到困难、挑战甚至挫折。我们要认准并坚持正确方向，义无反顾地前行。要警惕右，更要防止“左”。正如邓小平同志指出的：“右可以葬送社会主义，

---

〔1〕 习近平：《在哲学社会科学工作座谈会上的讲话》（2016 年 5 月 17 日），载《人民日报》2016 年 5 月 19 日，第 2 版。

〔2〕 习近平：《在哲学社会科学工作座谈会上的讲话》（2016 年 5 月 17 日），载《人民日报》2016 年 5 月 19 日，第 2 版。

'左'也可以葬送社会主义。中国要警惕右,但主要是防止'左'。"[1]我们还应当秉持"不争论""不折腾"的原则。邓小平同志指出:"不搞争论,是我的一个发明。不争论,是为了争取时间干。一争论就复杂了,把时间都争掉了,什么也干不成。不争论,大胆地试,大胆地闯。"[2]不折腾,就是不倒退、不摇摆、不彷徨、不停滞,全力以赴推进全面依法治国,一心一意创新发展法理学,不断开创法学研究的新局面。

五、关于法理学研究的几点建议

第一,法理学的追求:把学术研究、理论研究和对策研究统一起来。首先,学术研究要把兴趣爱好和职业责任结合起来;其次,理论研究应当结合当下重大的现实问题阐述基本法理观点;最后,对策研究应坚持"三点一线",前瞻性战略研究、阶段性策略研究、应急性对策研究,三者缺一不可而有所分工,有所侧重,彼此兼顾,统筹发展。

第二,重视运用三种话语:学术话语、政治话语、社会话语。在学术共同体中,应以学术话语为主导,这是学者的立身之本,是学术研究的基础和前提;参与和影响决策时,要把学术话语及其表达逻辑转化为政治话语、政治逻辑;面对社会大众时,要把学术话语转化为通俗易懂的社会话语和大众话语,这样才能产生应有的效果。

第三,重视统一法理学的方法,把对价值(理论学术)、规范(制度程序)、事实(实施实践)的研究结合起来。

第四,重视对"七治"问题即法治、政治、德治、他治、自治、共治、赛(science)治问题的研究。

主持人

各位专家,各位朋友,刚才公丕祥教授对本次学术研讨会做了精彩的学术总结,李林教授做了一个深刻的闭幕讲话。丕祥教授的学术总结全面客观精准深邃,既展示了本次学术研讨会的全程全貌,又凝聚了与会者的共同思想;既全面系统又画龙点睛,可谓字字珠玑。一个学术会议的成果体现在与会者的发言当中、与会者的学术论文当中,也集中地体现在会议的学术总结当中。所以,丕祥教授的学术总结就是我们这次会议集中的成果显现,我非常赞同,我想与会的同志们也会高度认同的。李林教授的闭幕讲话可以说是高屋建瓴,思想丰富,意蕴深刻,用高瞻远瞩我看也不为过,是非常有远见的。他的讲话对新时代新挑战新面向新使命的背景下法理学的

---

〔1〕《邓小平文选》第三卷,人民出版社 1993 年版,第 375 页。
〔2〕《邓小平文选》第三卷,人民出版社 1993 年版,第 374 页。

使命和责任，对如何坚持以习近平新时代中国特色社会主义思想为指导深入开展法学范畴研究、法理研究和法学理论研究，如何创新发展中国特色社会主义法治理论、建设新时代法学体系、法学理论体系，都很有指导意义。我是完全赞同，我想大家也是同样高度地认同。

那么，下面就请吉林大学法学院院长蔡立东教授致闭幕辞。

闭幕致辞／蔡立东

法学博士，吉林大学法学院院长、教授，中国法学会法学教育研究会副会长、网络与信息法学研究会副会长，吉林省法学会副会长。

各位代表，各位同学，大家上午好。我想，文显老师安排我做一个闭幕的致辞，主要是想让我代表他并代表会议主办方对大会各位代表的精彩发言，对各位同志的热情参与表示一个感谢。我们首先感谢与会代表，特别是要感谢参加 1988 年法学基本范畴研讨会的各位前辈们。本次会议在文显老师的引领下，在大家的共同努力下，本着开放、自由、多元、求真的科学精神，达成了纪念、深化、对接的会议宗旨。大家基于对法学乃至法理学的真情，一致认为法理研究又为中国法学研究打开了一扇门，将成为中国法学知识和理论的增长点，增进了推进法理研究、建设法理中国的共识。此刻，我要代表文显老师说：当法理研究笼罩这一片森林，会有您的灌溉之恩；当法理研究建设成一栋大厦，会有您的砖石之力；当法理研究矗立为一座高峰，会有您的垒土之德。

我还要感谢我的同事们，大家放弃了休假，全力投入了会议服务，以自己的行为诠释了自强不息的吉大法学精神。我还要感谢科大讯飞，让我们感受了现代科技带来的生产力跃升。实际上，我们的思想和你们的字符同样地跳动，我们还要感谢华美达酒店，感谢大世界车队，你们的专业化服务保证了会议的顺利进行。特别是我要感谢直接为代表们服务的志愿者、同学们，从你们的满脸汗水中，我读出了你们个人的美好前程，也读出了我们这个民族未来的希望。

各位老师，各位专家，今年是吉大法学创建 70 周年，我们将在 9 月 8 日召开纪念大会,期待一个月后我们再相见,这里我也顺便代表文显老师,祝大家返程顺利。谢谢大家。

主持人

谢谢立东院长。1988年的法学基本范畴研讨会是在改革开放10周年的时候召开的,今年的这次学术研讨会是在改革开放40周年的时候召开的。在这样一个特殊的历史时期召开的这样一个特殊的会议,必将在中国法学史上留下深深的印记。我们在座的每个人都是这个历史印记的创作者。我向与会的专家朋友们表示崇高的敬意!

谢谢大家。现在,我宣布“法学范畴与法理研究”学术研讨会胜利闭幕。

附录一

追寻和感悟中国法学的历史逻辑

——“法学范畴与法理研究”学术研讨会述评

郭　晔

1988年6月6日至10日，在改革开放10周年之际，由吉林大学法律系和吉林省社会科学院法学研究所共同发起的全国“法学基本范畴研讨会”（以下简称“1988年长春会议”）在长春召开。迎着改革开放的东风，法学家们围绕着如何构造一个与商品经济和民主政治相适应的法学理论体系，进行了大胆探索。与会者达成了“法学应该是权利之学”“以权利义务为基本范畴对法学进行重构”等共识，并掀起了一场法学的思想解放运动。时隔30年，在改革开放40周年之际，“法学范畴与法理研究”学术研讨会于2018年7月20日至21日在长春召开。由中国法学会学术委员会、中国法学会法理学研究会、教育部社会科学委员会法学学部共同指导，吉林大学法学院、吉林大学全面依法治国研究中心、浙江大学法理研究中心、吉林大学理论法学研究中心、《法制与社会发展》杂志社、《当代法学》杂志社共同主办的这场盛会，以纪念“1988年长春会议”为初衷，以深化法学范畴研究为导向，以对接法学范畴研究与法理研究为鹄的。“纪念、深化、对接”既是本次会议的主题词，又是会议一以贯之的灵魂，是历史逻辑、现实逻辑、理论逻辑的高度统一。围绕这一主题，会议展开为有机衔接的七个篇章，分别是：“法学范畴研究与新时代中国法学”“法理学核心概念与法学概念体系”“法理与法理学”“权利范畴与权利本位”“法理与法治”“法学范畴的实践维度”“法学理论与前沿方法”。它们囊括了法律、法治、法理三类范畴，涵盖了经验、理论、实践三重维度，容纳了理念、思维、方法三种视角，兼具回忆、省思、再出发三大使命。“1988年长春会议”的部分与会代表、海内外法学界著名法学家、杰出青年学者共110余人应邀参加了本次会议，近80位会议代表作了交流发言。在开幕式上，全国政协委员、吉林大学党委书记杨振斌教授，全国人大常委会委员、全国人大监察和司法委员会副主任委员、中国法学会副会长、中国法学会法理学研究会会长徐显明教授，中国法学会党组成员、副会长、学术委员会主任，教育部社会科学委员会法学学部召集人张文显教授先后致辞。在闭幕式上，中国法学会学术委员会委员、南京师范大学中国法治现代化研究院院长、南京师范大学法学院公丕祥教授作了全面深刻的学术总结，中国社会科学院学部委员，中国法学会副会长、学术委员会副主任李林研究员发表了意义深远的闭幕讲话。

在大会报告阶段，中国法学会法理学研究会会长徐显明教授以《习近平新时代中国特色社会主义法治思想》为题，公丕祥教授以《新时代的中国法理学》为题，中国人民大学法学院朱景文教授以《中国法理学的探索：阶段、地位、问题》为题，西南政法大学校长付子堂教授以《1978—2018：走向实践的中国法理学》为题，中国政法大学舒国滢教授以《从法学范畴的讨论看中国法学的走向》为题，清华大学法学院高其才教授以《建设中国的法理学》为题，上海交通大学凯原法学院讲席教授沈国明以《建设满足制度创新需求的法学》为题，美国康奈尔大学法学院於兴中教授以《法理的核心思想、关联概念与基本规定性》为题，上海交通大学人文社会科学资深教授郑成良以《权利本位与社会本位的关系》为题，中共中央党校一级教授张恒山以《义务重心论的研究成果与权利本体》为题，上海交通大学人文社会科学资深教授季卫东以《全球化时代的正义标准》为题，上海师范大学光启学者特聘教授刘作翔以《“法源”的误用：关于法律渊源的思考》为题，天津大学法学院孙佑海教授以《构建权利义务责任相平衡的法学范畴共同体》为题，中国政法大学张保生教授以《中国证据制度转型：从义务本位向权利本位的回归》为题，苏州大学王健法学院胡玉鸿教授以《法学基本范畴与法理学研究体系》为题，中国社会科学院法学研究所谢鸿飞研究员以《法学概念类型化技术的新发展：动态体系》为题，中国法学会法治研究所副所长（主持工作）、党内法规研究中心主任王伟国研究员以《作为法学新范畴的“党内法规”》为题，苏州大学王健法学院孙莉教授以《法与道德关系在法理学教材中的表达与置放》为题，西北政法大学严存生教授以《作为人的价值的法的价值》为题，厦门大学法学院宋方青教授以《法理之于立法的意义与功能》为题，武汉大学汪习根教授以《权利本位的内在分化及其治理——新时代权利范畴的矛盾辨思》为题，东北财经大学法学院王子正教授以《“法理”的含义与意义》为题，上海师范大学哲学与法政学院孙育玮教授以《关于“法学基本范畴与法理”的思考》为题，上海师范大学哲学与法政学院王奇才副教授以《国家精品教材〈法理学〉第五版评介学教材》为题，分别作了演讲。中国法学会学术委员会主任、吉林大学和浙江大学资深教授张文显，浙江大学光华法学院特聘教授葛洪义，中国法学会研究部主任李仕春教授分别担任大会三个单元的主持人。中国社会科学院学部委员李林研究员，吉林大学法学院马新福教授，国家检察官学院学术委员会主任石少侠教授，沈阳师范大学、吉林大学法学院姚建宗教授，西北政法大学校长杨宗科教授，吉林大学法学院马新彦教授分别作了精彩而深刻的评议。

在分论坛阶段，中国政法大学陈景辉教授以《权利的规范力：一个对利益论的批判》为题，东北师范大学政法学院尹奎杰教授以《谈权利的建设性》为题，吉林大学法学院李拥军教授以《权利本位的时代价值与中国意义》为题，吉林大学法学院朱振教授以《重新理解优先性：权利本位论的内涵澄清》为题，南京师范大学法学院张镭副教授以《法律权利与法律义务总量等值命题辩议》为题，吉林大学法学院蔡宏伟讲师以《中西方权利理论之比较研究及其前提批判》为题，西南财经大学法学院赵勇教授以《返本开新：民本传统与权利本位》为题，山东大学法学院郑智航教授以《权利话语个人主义方法论的检讨与重整》为题，西南政法大学胡兴建副教授以《中西比较研究背景下的权利话语》为题，浙江工商大学法学院陈林林教授以《法治的形式与实质》为题，中南财经政法大学法学院陈柏峰教授以《法理学如何面对当代中国法治》为题，中国人民大学法学院尤陈俊副教授以《从概念史研究进路看中国的法学基本范畴》为题，南京师范大学法学院丰霏副教授以《“法理”概念的意义》为题，中南大学法学院杨清望副教授以《“法理中国”的提出及其对法治中国的新发展》为题，济南大学政法学院钱继磊副教授以《法学基石范畴的再思考》为题，西南政法大学陈翠玉副教授以《古代“法理”生成考析》为题，浙江大学光华法学院博士后郭晔以《新时代首次修宪的法理基础》为题，浙江大学光华法学院博士研究生郭栋以《从权利本位到法理中心——中国法学基本范畴研究（1988—2018）》为题，吉林大学法学院蔡立东教授以《论权利的行使》为题，上海交通大学凯原法学院彭诚信教授以《有关权利冲突几个核心范畴的理解》为题，吉林大学法学院任喜荣教授以《范畴研究、宪法转型与合宪性审查》为题，对外经济贸易大学法学院杨贝副教授以《论案件事实的四个层次》为题，吉林大学法学院刘红臻副教授以《经济法哲学：经济法的“法理”表达》为题，中南大学法学院王红霞副教授以《论社会整体利益》为题，苏州大学王健法学院瞿郑龙讲师以《作为一个概念的“法律制度”：概念化和问题化》为题，浙江工商大学法学院章安邦讲师以《作为基石范畴的“司法权”的内涵》为题，华东政法大学马长山教授以《智能互联网时代的中国法学自主性》为题，西南政法大学周尚君教授以《近40年中国法理的“三次发现”》为题，浙江大学光华法学院赵骏教授以《人工智能对国际法的挑战与机遇》为题，南京师范大学法学院姜涛教授以《刑法解释如何走进社会生活：从法理思维的视角》为题，西南政法大学郭忠教授以《法律指引为何失效》为题，中央民族大学法学院熊文聪副教授以《知识产权的法律逻辑与修辞》为题，浙江大学光华法学院博士研究生江秋伟以《价值的司法适用是冗余的吗?》为题，广州大学人权研究院宋尧玺助理研究员以《公民权与社会团结的关系研究》为题，浙江大学光华法学院博士后谢郁以《法的价值之普遍性何以可能?》为题，依次在四个分论坛上作了报告。河海大学法学院杨春福教授、云南大学法学院高巍教授、浙江大学光华法学院周江洪教授、中南大学法学院陈云良教授分别担任各分论坛主持人。《当代法学》常务副主编、吉林大学法学院李建华教授，吉林大学法学院何志鹏教授，浙江大学光华法学院焦宝乾教授，《法制与社会发展》副主编、吉林大学法学院苗炎副教授，苏州大学法学院胡玉鸿教授，吉林大学法学院曹险峰教授，吉林大学理论法学研究中心主任杜宴林教授，浙江大学光华法学院王凌皞副教授进行了丰富而深入的评议。

多元开放的主题、立意高远的讲话、激情洋溢的发言、鞭辟入里的评议、广泛深入的对话演绎出法学思想的脉络，开放、自由、多元、求真的会貌张扬了法理精神的火光。由此，中国法学理论体系的创新发展有了方向，中国特色法学体系的构建有了遵循，社会主义法治现代化进程的推进有了力量，法学命运共同体的形成有了希望，每一个会议的参与者均有了获得感。从1988年到2018年，以法学范畴研究为主题的“长春会议”，在30年的时空流转中，不改初心、不负众望、不辱使命，推动着中国法学从青涩走向成熟。为篆刻下中国法学的历史记忆，为标记下新时代法理中国的足印，特撰述评如下。

一、“1988年长春会议”开启中国法学历史新纪元

“1988年长春会议”的召开是中国法学史上的标志性事件，其符合历史发展的趋势，是社会经济发展的必然产物，也得益于法学家们的思想智慧、理论自觉和学术勇气。与会专家学者一致肯定了那场会议深远的历史地位，将其视为一场思想的解放运动、一次法学的范式变革、一个学科的体系重构、一股实践的强劲春风、一条未来的逻辑参照。

（一）法学界从“以阶级斗争为纲”的思想桎梏中解放出来

公丕祥教授指出，“1988年长春会议”是法学界解放思想、锐意创新的历史产

物。朱景文教授回忆到，1978 年党的十一届三中全会否定了“以阶级斗争为纲”，实现了向“以经济建设为中心”的伟大转折，其后我国法学界围绕着“人治与法治”“法的阶级性与社会性”“法的阶级性与继承性”开展了一系列大讨论，突破了“左”的思想桎梏，思想的闸门打开后，必然催生着各领域的复兴，改革开放 10 年后的“长春会议”便是这束思想启蒙之光的折射。舒国滢教授认为，那次会议在法学思想界引起了一场有关权利本位、义务本位和阶级斗争法学的大争论，对中国法学的发展确实起到了极大的推动作用，以张文显教授为代表的研究团队给整个法学界提供了了不起的精神滋养。姚建宗教授表示，30 年前的那场会议，是对 1978 年思想解放的延续，是对那场思想解放运动在法学理论层面的学术回应，它之所以影响至今，而且依然焕发出蓬勃的生命力，就是因为坚持了解放思想。

（二）法理论从“以阶级范式为本”的理论迷梦中觉醒过来

中华人民共和国成立初期，受苏联法学理论的影响，“法是阶级斗争的工具”成为法学界的唯一底色，人们秉持着法之阶级性的信条，在一个扭曲片面的、以“阶级性”为唯一范畴的法学王国中编织着法与国家理论的幻梦。与会专家普遍指出，以权利和义务为基本范畴重构法学理论体系，是新时期法学界亮出的一张明牌，它大胆刺破了阶级斗争范式的坚硬脓包，实现了从过多关注法的阶级本质的政治范畴、过多关注国家制度的政治范畴向以权利本位及义务先定为重点的学术范畴的转向。公丕祥教授指出，“1988 年长春会议”是一次历史性会议，极其深刻地影响着改革开放新时期中国法理学的重构进程。沈国明教授认为，那场会议是摆脱苏联教材模式、构建中国法理学基本范畴的一次努力，是跳出像法的本质属性等一些传统话题、设置新话题的一次努力。根据与会专家的观点，从那时起，被称为阶级斗争的研究范式，像是被连根拔起，彻底从法学的方法队列中消失了。“法学是权利之学”像是被吹响的胜利号角，成为 1988 年响彻全国的科学宣言，法学从一个阶级斗争范式的婢女转变为权利本位范式的先锋。

（三）法学从“法学幼稚论”的学科低谷中解脱出来

“法学幼稚论”的批评直指法学命门：缺乏范畴意识，就缺乏学科成长的动力；没有基本范畴，就没有科学的理论体系；学科地位不独立，就丧失了科学的对话能力。[1] 法学要摆脱幼稚论的讥讽，就必须寻找科学的逻辑起点，以概念和范畴为

---

〔1〕 参见张文显、于宁：《当代中国法哲学研究范式的转换》，载《中国法学》2001 年第 1 期。

根基和砖瓦,搭建科学的理论大厦。徐显明教授在开幕式上说道,30 年前的研讨会开辟了中国法学的新纪元,寻找到了法理学研究的新起点;在这个逻辑起点之上,法理学也找到了自己应该研究的对象,法理学从此走向了科学。这个逻辑起点就是“权利和义务”这对法学的基本范畴,从它们出发,法学家们建构起现代中国的法理学范畴体系,使法学从政治学的怀抱中分离出来,获得了自主的地位。李林研究员同样认为,“1988 年长春会议”拓展了法理学研究的视野,回应了“法学幼稚”和“改革开放头 10 年法学基本上交了白卷”等社会评价,翻开了法理学基本范畴、基本原理、基本方法等基本学术问题研究的新篇章。按照沈国明教授的说法,在这个过程中,“国家与法的理论”逐步变成“法学基础理论”,并进一步升华为“法理学”,为中国特色社会主义法律体系提供了理论支撑。不仅如此,对法学基本范畴的研究也推动了法理学与部门法学的对话,如谢鸿飞研究员所言,“1988 年长春会议”是法理学影响部门法学的典范,法学基本范畴研究带动了民法学基本范畴及其体系的研究,权利本位论为民法学确立了逻辑起点和新的研究范式。任喜荣教授同样提出,“1988 年长春会议”开始的法学范畴研究对宪法学产生了深远影响,中国宪法学的基本理论在宪法学范畴研究的进程中得到全面深化,从具体法学范畴出发进行的研究推动了宪法学的进步。张文显教授指出,“1988 年长春会议”增强了中国法学界的范畴意识、理论意识、体系意识,引发了法理学、宪法学和各部门法学的高度重视,之后召开的系列研讨会、座谈会和发表的数千篇专题论文,推进了中国法学的概念化、科学化、体系化。

(四)“权利本位”为商品和市场经济、民主政治刻下标志性界碑

立足历史的视角,多数与会学者对 30 年前“权利本位论”的提出赞不绝口,他们认为,这不仅是法理学历史上的一个传奇,而且也是顺应改革开放大潮、推动中国法制现代化进程的历史性标识。与 30 年前那场会议的与会者坚信权利意识“是推动商品经济、民主政治和法制的动力”[1]一样,见证了改革开放以来经济腾飞、政治进步、法治崛起之历程的法学家们同样坚信,权利与权利的保护是与改革开放的需求相契合的。亲历“1988 年长春会议”的马新福教授表示,市场经济的参与者要有独立的人格才能成为市场主体,市场主体一定是权利主体,权利本位观顺应了市场发展的要求,反映了改革开放背景下市场主体对权利的需求。因而,正是市场

---

〔1〕 郑成良:《商品经济、民主政治的发展与法学的重构——法学基本范畴研讨会综述》,载《政治与法律》1989 年第 1 期。

经济的涌动，催生了“1988年长春会议”，使那场会议也具有了划时代的意义。汪习根教授也认为，30年前关于“权利本位”的大讨论所带来的不只是法理的重大创新，还极大地助推中国迈入权利法治保障的实践王国。权利本位大讨论，为结束一场反法治、反人权的悲剧作出了历史性贡献，为从人治走向法治奠定了法学理论基础。30年前的与会者王子正教授回忆到，在当时的情况下，权利本位观点具有一定的政治敏感性。因而，那次会议提出的一些论点和观点，不仅需要学术能力，更需要直面真理的勇气。历史的发展也印证了与会者们的判断。在“1988年长春会议”之后，“权利本位”理论迸发出巨大的实践影响力，为市场经济和民主政治注入了强劲的法理动能，成为改革开放以来法制现代化进程中的一个标签。

（五）法学又站在新的历史方位上

对30年前“长春会议”的纪念，特别是对“权利本位”研究范式的回忆，使会议始终浸润在改革开放初期解放思想、勇于探索、百花齐放、学术平等的浓厚氛围中。然而，追溯过去仅仅只是会议的序曲，如何站在新的历史方位上把握法学发展的历史逻辑，把对法学范畴的研究提升到一个新的水平，则扣动着所有与会者的心。在广泛的交流中，就怎样创新发展中国法学和法理学，专家学者们形成了以下几点认识。

第一，面向时代。法理学既然分享了这个时代的精华，也自然无法跳出这个时代的框架。站在时代制高点的法学，一定要领悟这个时代的精神，窥见这个时代的变革，回答这个时代的问题。公丕祥教授指出，当代中国正在经历着我国历史上最为广泛深刻的大变革，作为以法的现象、运动的普遍性规律和最一般的宏观问题为研究对象的法理学，无疑应当是法治时代精神的集中体现。新时代中国法理学的创新发展，必须把握大变革时代提出的重大法治问题，形成法理学话语系统的崭新形态。徐显明教授通过系统梳理习近平新时代中国特色社会主义法治思想体系，揭示了当代中国马克思主义的时代内涵和法理脉络，描绘了驱动新时代中国法学步步前行的思想引擎。季卫东教授提出，必须站在全球化的视野中重新思考法理学研究的意义。马长山教授则立足于智能互联网时代而提出，在数据算法已经成为重要生产要素的时代，传统法律理论和法律体系将面临被颠覆的危机，中国法学必将迎来以科技变革为契机来实现自身自主性的最佳时刻。

第二，面向本土。转向中国、归根本土，是中国法学家科学把握历史发展规律、敏锐捕捉学科发展契机、深刻反思时代精神所需之后的不谋而合。朱景文教授认为，改革开放以来，中国法理学的探索在历经了“阶级性的纠结”“西方法理学的双重作用”这两个阶段的酝酿、准备和反思后，是到了该构建中国自己理论体系的时候了。中国法理学理应扎根于中国的土壤中，对中国问题的关注是中国法理学研究者责无旁贷的使命，否则只会让自己的研究丧失特色，甚至沦为他人的翻版。徐显明教授认为，法理学要善用优秀的中华法制文化资源，创造性转化、创新性发展，构建中国的法学话语体系。以他之见，言必称希腊的历史已经结束，言必称欧美的历史也应当尽快结束，法理学是到了实现本土化的历史阶段了。

第三，面向世界。放眼全球、对话世界，是中国法治走向未来的必由之路，是中国法学不可逃脱的时代命运。於兴中教授在观察世界法学趋势后提出：一方面，西方法理学界在哈特、德沃金之后便没了领军人物，西方法理学的霸权时代已经结束；另一方面，西方世界的法律制度也面临着巨大的信任危机，重拾人们对法律的信心已成为全球性的任务。据此，中国法理学要做好法律实践的经验总结、理论提升和法理淬炼，让中国特色的法理学屹立于世界法学之林。

第四，面向实践。实践包含微观的生活实践和宏观的制度实践，二者均是法学发挥作用的场域。李林研究员指出，中国法理学要回应理论和实践上的各种挑战，必须面向中国法治实践，从实践中寻找研究对象，在实践中寻找研究方法和动力源泉，用实践的力量推动中国法理学的创新发展。付子堂教授以改革开放 40 年的中国法治实践为背景，指出了中国法理学从移植到建构再到实践的转变轨迹和中国法学面向实践的历史逻辑。高其才教授认为，建设中国的法理学，要深入本土的法现象，总结法的术语，提炼法的精神，从民间法的生活中思考法理，以满足民众特别是乡民对法的需要，保障他们的权益，维护他们安宁的生活。沈国明教授提出，法学在满足制度创新方面是可以有所作为的；基本经济制度中碰到的许多新问题，需要法理学提出有说服力的理论推动法治实践前进；要在权利义务范畴的构建之上，深入研究权利义务范畴的实现，以提高法理学对制度建设的解释力和助推力。

第五，面向科学。科学并非就是法学的巅峰，但其却是法学走向巅峰的必经之途。许多专家学者均提出了法学应该成为一门科学的观点，但就法学如何成为科学的问题，认识略有不同。公丕祥教授指出，我们要回到马克思关于从抽象上升到具体这一形成和建立理论概念体系的辩证方法和科学思维方式，使抽象的规定在思维形成的过程中得到具体再现，科学重建中国法理学的话语体系。舒国滢教授从批判的立场对中国法学的历史和现状进行了反思，他认为，未来的竞争是思想和理论的竞争，中国法学必须走向科学，必须对中国本土问题有更强的解释力，否则就会丧失竞争力。而这条科学化之路必须是一条学习之路，法教义学在这条学习之路中功不可没。朱景文教授则认为，中国法理学比较擅长于对法律问题的价值研究和社会研究,缺乏规范性研究;善于把法理问题政治化,不善于把政治问题法理化。通过规范化的方法,把政治、经济、社会问题法理化,是法理学研究者必须掌握的本领。

此外,与会专家学者还提出了诸如大众化、体系化、具体化、开放化等多种说法,这些来自不同层次、不同视角、不同语境的声音,交织成和而不同的"多重奏"。

二、法学范畴研究开辟新的理论增长点

30 年来,随着法制(法治)步伐的加快,中国法学界的范畴意识也日益增强,多部门、多类型、多层次的法学范畴体系日渐丰富,以权利义务为基石范畴的法理学大厦逐步建成。高潮迭起的会场研讨是这 30 年来法学范畴研究的一个缩影,新颖的基础范畴被发现、深邃的经典范畴被探究、变化的旧有范畴被反思、更多的范畴疑难被突破、现代的范畴意识被凸显。与会者们高昂的学术热情证明:一个科学的范畴体系不是封闭的,而是富有生命力的,它向新的实践空间开放、向新的理论视角延伸、向新的思维方法靠拢、向新的时代论题蔓延。

(一)新法学范畴的发掘

张文显教授指出,对于法治建设和法治改革实践中产生的新情况、新经验、新观点、新话语,需要有新的范畴去概括、去凝练、去建构;对于新兴学科、交叉学科的研究和创新,亟须新概念、新范畴去指引。理论和实践中涌现的法学新范畴在研讨中得到了充分展现。中国法学会王伟国研究员提出,"党内法规"已经成为中国特色社会主义法治体系的重要组成部分,是坚持全面依法治国基本方略、实现依法治国和依规治党有机统一的重要依据,要把"党内法规"作为法学新范畴来研究。任喜荣教授结合我国宪法制度的实践,对"合宪性审查"这一具有中国特色的宪法学基本范畴进行了阐释。她认为,"合宪性审查"是特殊制度背景下的产物,不同于传统意义上的"违宪性审查",只有积极发挥全国人大常委会的宪法解释权,这一机制才能保持活力。瞿郑龙讲师以概念分析方法探索了"法律制度"作为一个重要法学范畴被提出的意义。他深入剖析并反思了"法律制度"的规则论、组织论、行为模式论、实体论等理论模式,指出了法律制度具有的构成性、稳定性、规范性、自主性、操作性等特征,并认为,围绕这一概念开放出来的理论和实践问题必将对当代中国的法学研究以及法治建设产生深远的价值和意义。王红霞副教授则从经济法对社会整体利益的关注出发,指出传统经济法话语体系中的"损害"范畴无法涵盖侵权关系之外的个体与个体交易中发生的不当影响,因而需要一个更加广泛而精准的新

范畴来进行概括。她提出了“影响”这一范畴,以代替“损害”范畴,更加精准地表达了在大规模原子化交易广泛存在的情况下,一个市场主体的行为是如何经由一连串、一系列的交易而落实到其他社会成员的身上的。

(二)经典法学范畴的深化

法学经典范畴,特别是权利义务范畴,不但没有淡出与会者的论域,而且成为本次研讨会讨论的焦点。郑成良教授批判了权利本位过时论,澄清了权利本位与社会本位的区别,即权利本位就是以个体权利作为法律制度的目的、理由和法律的逻辑起点,而社会本位则以社会整体利益作为法律制度的目的、理由和法律的逻辑起点。张恒山教授则在反思传统法学对权利义务关系定位的基础上,对权利的内涵进行了创造性诠释,即权利不是行为、利益或意志,而是社会群体对个人行为的评价,“不得损害他人”这个最原始的义务是评价所依据的标准。李拥军教授则指出,权利本位表面上表达的是权利与义务的关系,实际上指向的是权利与权力的关系。持相似观点的还有朱振教授,他认为,权利本位是一种具有价值定向的关系性概念,解决的是“优先性”问题,其强调的是权利优先于权力,中国的权利本位对应的是阶级斗争,而西方的权利本位针对的是功利主义。张镭副教授则从定量分析的角度考察了权利义务总量等值命题,认为法律权利和法律义务在总量上未必总能算出,即便能够算出也未必能够证明其总是等值的。

此外,围绕权利范畴本身的概念、特征和方法论,与会学者也提出了诸多富有创见性的观点。例如,陈景辉教授提出了“权利的规范力”概念,即是指权利在作为论辩理由时切断或取代实质性理由的效果。他批判了拉兹对利益论的辩护,即引入“共同善”以弥补利益论所导致的在“权利的规范力”上的落差,并认为,“共同善”中必然包含的“自主性”要素使意志论不可避免,侵害“共同善”的非指向性与侵害权利的指向性不相符,拉兹的辩护无论是从实质上还是从概念上都是不彻底的。又如,尹奎杰教授提出了权利的“建设性”特征。他认为,权利不仅是一种批判性的力量,具有否定性的价值,而且其还具有建设性的一面。权利的建设性基于人与人之间的“差异化事实”,来源于人类理性的共识,也是法治建设的必需。再如,郑智航教授对权利话语个人主义方法论进行了深刻检讨。他认为,个人主义方法论在理论上预设个人是法学研究的逻辑起点,强调权利话语的“独白性”,其在理论上存在障碍,在逻辑上也不能很好地回答人类合作的问题。我们应当确立一种关系主义方法论,以主体间的关系为基点,以“为权利而承认”为核心,强调国家权力的积极功能和程序以及程序性权利的重要性。钱继磊副教授另辟蹊径,对权利作为基石范畴的说法提出了疑问,进而提出了应当把“正义”作为基石范畴的说法。苗炎副教授则表示,权利范畴作为法学的基石范畴,突出了法学自身的特殊性,以区别于政治学、社会学等;而把诸如正义这样的范畴作为基石范畴,很可能会消弭法学的独立性,具有很大的风险。

(三)法学范畴与法学研究体系的构建

法学范畴是法学研究体系中最重要的纽结,彼此有机联系在一起,形成法学范畴体系,进而搭建起法学研究体系的框架。胡玉鸿教授指出,法学基本范畴对法学研究体系至关重要,它构成了法学研究体系的基础,是法学研究体系成熟的标志,有力推动着法学研究体系的完备。法学基本范畴根据法学研究类型的不同,分为理论法学基本范畴、经验法学基本范畴和应用法学基本范畴。建立在法学基本范畴基础上的法学研究体系的构建,必须要抓住四条主线:一是法律规范线索,包含法律体系、法律部门、法律文件、法律要素、法律规则;二是法律主体线索,包括法律人、法律人格、法律能力、法律地位、权利和义务;三是法律实践线索,包括国家层面的立法、执法、司法、法律监督,以及个体层面的法律行为、法律关系、法律争议、法律救济;四是法律技术线索,包括法律发现、法律事实、法律适用等。

(四)方法视角的扩充

以法学范畴为对象或主题的研究,具有视野上的开放性和方法上的多元性。与会专家学者的讨论呈现出多样的研究姿态,或是概念分析,或是比较研究,或用历史进路,或用教义学方法,不同的方法和视角扩充了法学范畴研究的路径。以“权利”范畴为例。谢鸿飞研究员从法教义学的视角出发,探讨了在我国民法学上权利类型化技术中饱受争议的“动态体系论”。他认为,动态体系论主要解决现代社会法律实践中面临的价值冲突难题,对法律规范中的法律构成要件和法律效果均有重要影响,但民法学界对这一理论褒贬不一,其本身还存在许多尚待考证的问题。赵勇教授以古今比较的方法,对我国古代民本传统和现代权利本位理论作了阐明和区分,即民本传统本质上是一种集体主义文化,而权利本位论则是个体主义的逻辑。胡兴建副教授从中西比较的视野对不同文化背景中的权利话语进行了考察。他发现,权利在西方思想史上并不是从来就有的,它只是近代以来资产阶级启蒙思想的产物。中西法律思想中关于法的观念,最根本的差别不在于权利,而在于法律背后起支撑作用的是理性逻辑还是主观判断。

（五）多元论域的拓展

对法学范畴的研究不仅是法理学的中心工程，而且也是各部门法领域的重点课题。与会者不同的学科背景辐射到法学范畴研究的多种论域，折射出法学和而不同的“七色光”。张保生教授考察了证据法中权利本位的演进。在他看来，中国证据法学的研究和证据制度的建设过程，也是一个权利意识逐步觉醒、权利保障不断增强的过程。这种从义务本位向权利本位的回归，不仅是对中国证据制度历史的总结，也是未来发展的应然走向。蔡立东教授区分了民法中权利的行使与权利的享有，并指出，把权利的行使从权利的享有中剥离出来，将增大制度的容量和弹性，更有助于化解民事利益冲突。彭诚信教授从民法角度阐明了“权利冲突”的概念，并进而明确了“权利”与“正当”的同一性。他认为，权利冲突就是两项正当利益的冲突，冲突的实质在于它们无法同时实现，其不包含事实上的冲突与法律上已经解决的冲突。杨贝副教授将诉讼法中的“案件事实”这一基本范畴划分为“原生事实”和“再现事实”两种不可通约的事实类型，并进而把“再现事实”划分为普通的再现事实、证据事实和裁判事实三个层次。

三、新时代法学范畴研究呼唤与法理的深层次对接

法理既是对象，也是方法。作为对象，它是以法学基本范畴之一的身份被研究的；作为方法，它是研究其他范畴所依凭的资源或渠道。无论是作为对象的法理，还是作为方法的法理，它们都是深化范畴研究必不可少的因子。与会专家普遍认为，范畴无法理则空，法理无范畴则亡，深化法学范畴研究必须与开展法理研究相结合，法理也只有被嵌入范畴研究的各方面和各环节，才能成为现实。法学范畴研究的深化要与逐步升温的法理研究无缝对接，以在新时代如虎添翼、锦上添花，生成中国法学繁荣发展的新景象。

（一）法理是法学范畴研究的核心对象

张文显教授指出，法理与法律、法治一样，是法学最基础、最具统领性的范畴，从法律到法治再到法理，体现了法治现代化和法学科学化的实践逻辑、历史逻辑和理论逻辑的一致性。与会学者从不同的研究进路，对法理范畴的本体论、方法论、价值论进行了深入交流。公丕祥教授指出，法理就是法治现象的基本逻辑原理，这需要认真深入地发掘和阐释新时代中国法理学本体论的深厚根基、价值论的时代意涵、认识论的逻辑路径、功能论的理论任务、方法论的科学思维以及法理学的体

系重构。於兴中教授区分了两种不同意义的法理概念，即“法律之内的理性或理由”（reason in law）和“法律作为理由”（reason of law），并提出了把法理概念作为价值分析模式以及作为非法学学科的共享概念的预想。

在宋方青教授看来，法理是具有普适性内涵的概念，包含了人们美好的夙愿和价值诉求，并普遍适用于法律实践。法理还具有激发美德和智慧的意义，其本身既是一种实践智慧，也可以被视为一种德性，是美德和智慧的集合体。

孙育玮教授提出，无论是法学基本范畴，还是法理基本范畴，都是支撑其理论体系、逻辑体系的重要纽结和支点。法理研究要注重从法治中国的伟大实践中汲取不竭的理论动力和源泉，注重从中外法治文明和优秀文化成果中汲取丰厚的法理营养。

王子正教授认为，我们对法理探索的兴趣、冲动和需求，应该是来自法律实践的呼唤，把法理作为法理学的中心主题和法学的共同关注，实际上是对法律实践需求的回应。他还指出，法律人最重要的基本功和核心竞争力，不在于对法条的熟悉程度，而在于对法条字里行间和背后所凝结的那些法理的把握程度。不但法律人要深入法理、探求法理，而且国家治理者也要懂法理、用法理。

丰霏副教授则认为，“法理”是一个本土概念，“法理”作为一种研究对象，是自我呈现的，且具有一定的分形结构。“法理”概念的要义在于“事中求理”，而“事中求理”的根本方法是“实事求是”。

陈翠玉副教授对古代“法理”的生成进行了历史考证。“法理”这个词最早出现在汉代。汉代政治思想和治国手段的变革使法的地位发生了很大变化，出现了专门的法律职业群体，“法理”也得以产生。它既出现在许多史书中，也出现在立法文件、司法裁判集中，甚至出现在各类人物的编年史、碑刻文、诗词歌赋中。

杨清望副教授对“法理中国”的意义进行了生动解说。他表示，“法理中国”的提出，理性回应了法治中国的时代需求，是沟通法律内部的一个融合剂，也是法律文明交流的一种催化剂。

（二）法理是其他法学基本范畴得以生成、释明、沟通、论证的基地

法理本身就是其他法学范畴的解释路径、沟通桥梁、论证依据，不以法理为支撑的概念或范畴，就像是科学系统中的一个“血栓”，成为没有生命意义的语词。与会专家学者的发言生动诠释了法理在孕育新范畴、解释范畴内涵、说明范畴关系、澄清范畴理据方面所具有的显著价值。

季卫东教授以互惠原则对全球化与网络化时代的“正义”范畴进行了重新阐

释，提出了“互惠正义”的八项内容：第一，互惠关系将成为普遍原理；第二，互惠即互利，缺乏绝对的标准；第三，互惠正义具有动态性、暂时性；第四，互惠正义缺乏明显的可预测性，却具有实际的效力；第五，基于共识的公共理性愈加重要；第六，互惠正义根据道德价值来调整利益计算；第七，互惠正义拒绝那种把权利与义务相对峙的立场，强调权利与义务之间的依赖关系；第八，强调“正的界说”。

刘作翔教授以法律渊源的误用为例，说明了深入法理研究的重要性。他认为，把法律渊源理解为法官裁判依据的来源是一种误用，有人把判例法国家对法律渊源的理解，不加区别地移植到制定法国家。中国是制定法国家，法官的重要职责是严格按照法律来司法。对法律渊源的理解和解释，要放在中国的法律传统以及制度语境中，而不能简单地比附判例法国家的解释。

王伟国研究员认为，对法学新范畴“党内法规”的研究，离不开对其进行在本体论、方法论上的具有解释力的法理阐释，比如党规与国法的关系问题、党内法规的公开性问题等。汪习根教授在讨论“权利主体”与“权利客体”这对范畴的对应关系时提出，有必要创新超越“发展机会均等”的形式正义观，以“以人为中心的发展正义论”为法理依据，把权利发展的起点公平、过程公平和结果公平置于同等重要的位置，以实现人人共享权利和每个人的全面自由发展。

孙佑海教授通过“权利、义务、责任是一个共同体”的法理命题，突出了责任范畴的基础性地位。他认为，有效的追责是确保权利义务得以落实的必要条件，只有把权利、义务、责任三者结合在一起，才能维护社会的正常秩序，满足社会正义要求。因而，要把责任范畴提高到与权利、义务同等重要的地位，以立法、司法、执法、法律监督和党内法规的实施来保障有效追责。

陈林林教授在阐释“法治”范畴时，以卢曼的社会系统学说和富勒的法律内在道德学说为法理资源，对形式法治和实质法治作了精辟有力的分析。据其所见，“法治”范畴最低限度的共识应当是法治与专制相对立，形式法治强调法律系统的独立性和自主性，即规则的适用不受道德、宗教、政治以及掌权者意志等实质要素影响，但这个在运作上自成一体的法律系统不是无条件的，而应当容纳一些实质性要素，以确保法治不被异化为专制。

综上所述，法学范畴研究若要对法律现象和法治运行具有解释力，就必须要诉诸法理。

（三）从范畴研究到法理研究的学术理性

从1988年至2018年，随着理论层次的深入、研究路径的积累，对法学基本范畴的研究也呈现出自身的规律和特征，形成独特的学术史观察视角。部分与会者聚焦于两次长春会议的主题跃迁，概述了中国法学从基本范畴研究向法理研究迈进的思想路线，深化了范畴研究与法理研究深度对接的认识。

公丕祥教授认为，促进法学范畴研究与法理研究的有机对接，是将法理研究更加内在地嵌入深化法学基本范畴研究的全过程和各方面，无疑具有重要的学术价值和现实意义。显而易见的是，法理研究是中国法学研究尤其是范畴研究的强心剂，它将开阔法教义学的视野、提升法学范畴的对话能力、容纳概念史的研究进路、推动范畴研究向纵深发展。

郭栋认为，从 1988 年到 2018 年，中国法学基本范畴研究经历了初步形成、发展完善、转型升级三个阶段。中国法理学发展正在经历从权利本位到法理中心的理论跃升，在权利本位范式与法理中心范式多元互补的逻辑前提下，以法学范畴体系为框架和质料，赋予其中国法理之内涵和精神，锚定权利、探索法理，是中国法理学的学术使命。

周尚君教授总结了改革开放以来中国法学的三次思想跨越，即从革命法学向改革法学的跨越，从阶级斗争法学向权利本位法学的跨越，以及迈向中国实践主体性的法学。他认为，有必要跳出法学之内的法学（法教义学），关注学科界限之外的广阔天地，以对社会事实的认识为基础来创新发展中国法学。

尤陈俊副教授认为，中国法学各领域的范畴研究在自身发展中也暴露出一些问题。比如，某些基础性法学范畴或概念在不同法学学科，尤其是法理学与部门法学之间存在不可通约的难题，比如，法律行为概念在法理学和民法学中的差异就难以被化解。再如，由于概念史研究在法学范畴研究中的缺位，使某些法学基本范畴和概念还存在认识上的模糊不清问题。依他之见，这些难题的解决亟待法学范式的转型升级。

四、法理研究必将释放中国法学新的生产力

法理研究绝不是一句空洞的口号，也不仅是法学家用来解释法现象的新策略，实际上，它已经成为中国法学气宇轩昂的行动计划，产生出源源不断的理论增长力量。正如徐显明教授所指出的，阐释法理而不是描述事实，才是法理学的安身立命之本。从与会学者的精深研究来看，这个法学新的生产力已经开始释放，法理研究的美好图景已经逐步伸展出来。

（一）推进中国特色社会主义法治理论的成长和成熟

与会专家学者一致认为，以习近平新时代中国特色社会主义思想为指导，全面

系统描述中国法治实践，加快研究中国特色社会主义法治理论是法理研究的优势所在、根基所在、使命所在。

习近平新时代中国特色社会主义思想是当代的马克思主义、21世纪的马克思主义，为中国特色社会主义法治理论注入了时代灵魂。徐显明教授以习近平总书记关于法治的15篇重要讲话为主线，概述了习近平总书记关于全面实施宪法、全面依法治国、全面深化改革、党法关系、总体国家安全观、法治与人治、司法改革、法治与德治、德法兼修等法治思想。他表示，这些丰富的法治思想，已经形成了博大精深的思想体系，是法理学研究和中国法治道路的指导思想。与会学者认为，这一指导思想也是中国法理的源头活水，是通过法理研究丰富中国特色社会主义法治理论体系的内生动力。

同时，公丕祥教授认为，要在习近平新时代中国特色社会主义法治思想的指引下，关注中国法治现实、思考中国法治问题、总结中国法治经验，进而在中国法治实践进程中逐渐形成具有鲜明中国印记的法理学话语系统。新时代中国法理学领域的基本命题、基本问题和基本法理，面临着一种批判性反思，需要中国法学研究者立足于中国法治现代化的伟大实践，深入研究全面依法治国进程中的重大法理问题，系统表达中国法治发展的一般原理、基本规律、法理逻辑，重构具有鲜明风格的新时代法理体系，满足新时代全面依法治国、全面提升法治文明的理论需要。

陈柏峰教授同样提出，提炼中国法理，要从描述中国的法治实践开始，同时也要阐释好中国特色社会主义法治理论。党的十八届四中全会通过的《中共中央关于全面推进依法治国若干重大问题的决定》既是中国法治的实践指南，也是中国法治的理论框架；既是对过去法治经验的全面总结，也是未来中国法治建设的纲领性文件。思考、提炼中国法治实践的法理，需要以此框架为基础去深化、去提升，把宏观的法治素描转换为具体的法理问题。

（二）提升法学与其他学科或领域的对话能力

法理以其深厚的人文底蕴和科学精神，铺设了法学通向哲学、政治学、伦理学、自然科学等学科的轨道。与会学者富有发散性的法理思维方式，揭示出了法理研究的广阔空间和无限潜能。

严存生教授借用人性论，拓展了法的价值研究方法。他认为，人本身就是一种价值的承载物，人们追求的价值主要包括自由与和谐两大类，这两类价值必须结合在一起，片面追求其中任何一种价值都行不通。人们在价值追求中形成了以道德观念为核心的价值观念，人们价值观念的共识就是一个社会的核心价值观。而社会在形成共同价值观的过程中，必须要制定法律，将观念现实化，将道德观制度化，通过法律保证价值观的实现。因而，法律本身即是人之本性的产物。

马长山教授以敏锐的科技嗅觉捕捉到了中国法学与人工智能、互联网技术联姻的可能机遇。他认为，数据和算法将成为人工智能、互联网时代重要的生产要素，并可能颠覆工商业时代以罗马法为基础的法律体系的基本构造，甚至带来空前的巨大变化。所以，中国法学应该抓住这个变革契机，从智能互联网的生产生活关系和社会发展变革中提炼中国问题、创新中国法理。

郭忠教授从认知神经科学和心理学出发，对法律指引的法理根基进行了反思。他认为，构成法律指引之基础的自由意志论和人类理性论，在认知科学上可能是有争议的。例如，许多犯罪行为并不是基于理性思考，而是源于情绪系统的支配。因而，神经科学的发展必将启发我们重新认识人类行为和人性本身，这种认识也将推动法理与神经科学的对话。

（三）推动法律实践走向良法善治

法理研究绝非停留于智识空间的逻辑和修辞游戏，而是具有改变世界的力量，它将把新时代中国法理“良法善治”的内在价值变为现实。与会者们表示，法理从实践中来，也应当到实践中去，推进法治中国建设、实现良法善治是法理研究的应有之义。

宋方青教授认为，一方面，法律实践中处处蕴含法理，法理是实践的灵魂，实践正是通过对法理的解释、论证和应用获得了正当性；另一方面，法理的意义和功能也在于实践。她对法理之于立法的意义作了精致的分析，并指出，传统法律理论将重心聚焦于司法，而把立法视为法律的前政治理论问题，立法要么被忽视，要么被反对。面对我国立法质量不高、立法理论滞后的现实，立法法理必须被认真对待，发掘立法自身的规律，以恢复立法的尊严、提高立法的质量。同时，在立法实践中，法理的身影处处可现，它们发挥着立法论证和解释的功能，体现于立法的目的、原则和具体条文中。法理也是一种法律德性，保证着立法正当性的实现，落实于立法者、规范和受众三个方面。

汪习根教授也说到，对法理的研究直接助推了宪法的历次修正、民法典制定的策略选择、刑法修正案以及一系列单行法的出台。“法无授权不可为，法不禁止皆可为”的执法法理，确立了行政权力的边界，对行政执法实践具有重大意义。此外，法理的研究成果也将有助于法官在裁判文书中释法说理，使司法有效“司理”。

马新彦教授认为，从人治到法治、从依法而治到良法善治分别是近代以来人类社会公共治理模式的两次革命。民法典的制定就肩负着第二次革命的历史重任，把我国的法治国家建设推向更高的阶段。因而，在制度创新方面，要尤其注重对法理的论证：第一，去除民事立法当中的司法中心主义倾向；第二，去除权力至上的思想；第三，推进公权力的契约化进程；第四，把环境权界定为人格权。

五、以法理为依托打造中国法学学术共同体

张文显教授在开幕式上表达了研讨会的宗旨，即“为中国法学理论体系的创新发展，为加快构建中国特色法学体系，为推进社会主义法治现代化进程，凝聚更多真理、更多智慧、更多共识”。这一宗旨蕴含着法理、法学、法治的三重境界，也预示着法理、法学、法治三位一体的共同命运。范畴与法理的对接、法学内部的碰撞、理论与实践的磨合，映照出新时代法理学与法律学（部门法学）、法治实践唇齿相依的相互关系。

（一）“以法理为中心”定位新时代教材

以法理为中心，必将指向研究内容、知识体系、理论体系和话语体系的更新，并首先意味着法理学教材的重新定位和转型升级。

孙莉教授以法和道德的关系在法理学教材中的安放和表达为例，提出了法理学教材如何保持理论的融贯性、契合性和科学性的问题。她认为，现在的一些法理学教材将法和道德的关系置放在“法与社会”这一章，把道德仅仅作为“法”之外的他者，从而把法和道德的关系仅局限于外部关系之上，淡化了这一论题作为法理学根本性和贯穿性主题的重要性。

王奇才副教授以张文显主编、高等教育出版社出版的《法理学》教材第五版为例，介绍了以法理为中心打造新时代法理学教材的情况。他认为，以法理为中心，标志着法学教材编写进入了新时代；以法理为中心，意味着形式和内容上的与时俱进，意味着从法学基础理论到法理学的转型升级，意味着古今、中外、理论实践多层次的兼容并包；以法理为中心，还内涵着以学习为中心、教学相长的教学理念。法理学教材体系、课程体系的改革，与法理学知识体系、话语体系的更新以及法理学学科自主性的成长交织在一起，构成了高教版法理学教材修订的重要特征。

又正如孙育玮教授所说，修订清新法理学教材，是构建法理理论体系过程中的一个初始性、过渡性又带有很强指向性的操作任务。《法理学》第五版教材，是以法理为研究对象的一次尝试，是以法理为中心优化法理学体系的一次努力，也是以教材为起点推进法理研究计划的一个脚印。

（二）“以法理为共识”滋养各学科成长

张文显教授在《法理：法理学的中心主题和法学的共同关注》一文中提道：“法理学中心主题的法理定位必将牵动部门法学法理化，或如一些学者所说的‘部门法学哲理化’。”[1]这一点也是与会专家学者的共识。

付子堂教授认为，法理学若要创新发展就必须从宏大叙事落实到具体法治，这就要求法理学的研究必须把法理作为中心主题，同时倡导和引导部门法学发现和提炼法理，不但法理学自身要走向法治，而且要进一步推动整个法学研究走向具体法治。

於兴中教授认为，把法理作为法理学的研究对象，具有理论联系实际的优势，具有打通一般法理学和部门法理学的潜力，具有包容多学科、多角度、多方法研究的可能性。

石少侠教授同样提出，法理学不能置身于部门法之外，而要对部门法起到指引作用；同时，部门法学也要主动迎接法理学的滋养，丰富和拓展部门法学研究。本次会议涌现出的部门法理研究动态和成果，是法理学与部门法学以“法理”为共同关注的形象写真。

赵骏教授认为，人工智能时代的国际法问题同样也是法理问题。人工智能的运用而产生的法律问题、对人工智能发展本身进行规制的问题，均向国际法提出了挑战。这些问题既包括它对国际法基本制度和原则的挑战，也包括它给国际海洋法、国际贸易法、国际金融法等国际法不同子领域带来的挑战。这些都需要用法理进行回应和论证。

姜涛教授认为，虐童案、于欢案、许霆案等引发社会众议的刑事案件中包含的刑法解释思维问题，还没有得到刑法学界的认真对待。刑法解释必须及时克服单一的法律思维，要融入法理思维，从而自觉实现法律思维、法治思维与法理思维的解释学循环。法理思维在刑法解释中的适用，需要重视常识、常理与常情的法理建构，需要重视期待可能性在刑法解释中的理论价值，需要以情理搭建刑法规范与社会生活之间的“桥梁”。

李建华教授以权利理论为例，指出了法理学与部门法学相互依赖、相互作用、相辅相成的关系。他表示，权利理论是法理学和各部门法的共同主题，法理学的权利理论对部门法的权利理论具有决定性的影响和指导作用，而部门法的权利理论

---

〔1〕 张文显：《法理：法理学的中心主题和法学的共同关注》，载《清华法学》2017年第4期。

也为法理学的权利理论提供了有效证成，并具体践行着法理学的权利理论。

刘红臻副教授认为，现代经济法的核心问题是如何处置“国家规制”与“市场自治”、“法治”与“自由裁量”、“社会目标”与“自由权利”、“国家权力”与“个体权利”之间的关系。这没有唯一正确的答案，需要不同流派、范式、理论之间的辩论和沟通，而这既是法理学知识体系汇聚成海的重要涌泉点，也是经济法学与法理学之间交互际会、互输养料的连结基点。

熊文聪副教授认为，诸如体育赛事直播画面、网络游戏、人工智能生成物的可版权性问题，商标近似和商标混淆的关系问题等知识产权中的疑难问题，均可以从法理上予以思考并得出较为妥当的结论。作为部门法的知识产权法，是法理学法律方法研究的一块富矿，法理学家和部门法学家应该建立起良性的沟通和互动。

（三）“以法理为观照”砥砺法学未来前程

李林研究员在闭幕讲话中对“法理学面临的挑战和机遇”的 16 条概括，像 16 条琴弦一般拨动着与会者的心。它们包含三个方面：第一，法学研究的理论根基与学术渊源方面；第二，法治与社会实践方面；第三，法理学理论创新和学术发展方面。这三个方面的挑战，同样呼应着与会专家学者关于法理学创新发展的多条思路，即面向时代、面向本土、面向世界、面向实践、面向科学，等等。这多重的实体性面向就像是缤纷交错的多彩魔方，如何将它们综合于一体，才是更深层次的挑战。会议愈演愈烈的讨论已经悄然接近了一个共识性的答案，即以法理为观照共同迎接法学的未来。

张文显教授曾写道：“法理是一个具有普适内涵的概念，融通了古今中外关于法和法治的原理、理论、学说、共同价值；法理是一个实践理性概念，来源于实践、在实践中凝练、在实践中运用、在实践中发展”“法理在古代律学和现代法学中像精灵一样穿梭于法学体系之中，并在法律体系和法治体系中激发美德和智慧。”[1] 法理正是不同法学渊源得以言说的基地，法理正是理论与实践得以互动的介质，法理正是法学内外、中外法学得以沟通的途径，因而，以法理对接法学范畴、以法理统合法学渊源、以法理观照法律实践、以法理对话学科内外、以法理畅达中西交往，将是法学伟大前程的不二选择。

行文至此，本次会议的最终目的也渐露端倪：通过法学范畴研究与法理研究的全面、深度对接，将法理学的中心主题与法学的共同关注统一到“法理”上来，将理

---

〔1〕 张文显：《法理：法理学的中心主题和法学的共同关注》，载《清华法学》2017 年第 4 期。

论的核心建构与实践的重点突破归结到“法理”上来，依托“法理”，海纳百川、消除隔阂、凝心聚力，打造新时代中国法学的学术共同体。这个共同体是法律、法治、法理的范畴共同体，是法哲学、法理学、法律学的学问共同体，是理论法学家、部门法学家、实践法学家的术业共同体，也是中国法理、外国法理、国际法理的思想共同体。

六、中国法学新时代的里程碑

会议在时间向度上的结束，并没有终结它在逻辑向度上的寻思。正像30年前长春会议一直牵动着与会者的记忆一样，这场以“纪念、深化、对接”为灵魂的研讨会揣着历史的怀念和时代的追问，在中国法学历史逻辑的蔓延中越走越远。这场主题鲜明、底蕴深厚、影响深远的新时代学术盛会，匠心独运、别具一格，彰显出如下特色。

第一，范畴与法理的对接。会议的初衷是借助纪念法学基本范畴研究学术研讨会30周年，推进法学界的思想解放和理论研讨。会议行至尾声，又唤出了以法理为共同关注的学术共识。范畴与法理的对接，是范畴研究走向纵深的必然出口，是法理寻觅源头的时代偶遇，是这次会议心心向往却又水到渠成的法学传奇。正像公丕祥教授所说的那样，“法学范畴是思维中的具体，是法学网络体中概念的纽结”，以范畴为单位的法学建设远没有结束，但与法理的良性对接将为它带来一次超越自身的机会，概念的纽结与法理的脉络支撑起的将是一个充满生命力的法学有机体。也正如张文显教授所说，要推进法学的科学性，就必须深化范畴研究，要推进法学的先进性，就必须强化法理研究，要实现法学的现代化，就必须促进法学范畴研究与法理研究的深度对接。范畴与法理的对接，也生动体现在会议主办方精心设计的会议材料之中：第一份是代表着1988年法学基本范畴研讨会成果、具有历史厚重感的1988年第3期《当代法学》，记载了30年前“长春会议”的思想痕迹；第二份是代表着萌动于新时代、饱含学术精神的“法理研究行动计划”之初步成果《法理复兴之端》，叩开了中国法理研究的学术大门；第三份是代表着与时俱进、转型升级、兼容并包精神的第五版《法理学》教材，铺设了从法学基本范畴深入法理殿堂的学习“快车道”。范畴与法理的对接既是会议担负的学术任务，也是会议显现的首要特征。

第二，纪念与守望的相连。30年前的会议，如徐显明教授所言，“开辟了中国法学新纪元”；30年间的中国法学，如公丕祥教授所言，“经历了一个极不平凡的发展历程”；今天的会议，如付子堂教授所言，“将推动中国法学进入新时代”。30年的时间线段勾连起两次具有标志性和里程碑意义的法学事件。站在新的历史节点上追忆30年,是为了再次接过思想解放的旗帜,以一样的学术热情、学术智慧和学术勇气,推进中国法学新一轮变革,加快构建中国特色法学体系。30年前,我们砸掉的是法学身上沉重的"政治枷锁",法学有了独立自主的前途;30年后,我们剥掉的是法学身上保守固执的外衣,法学有了破旧立新的自信。这场会议以纪念为端,以守望为砥,以昨日的激情点燃今朝的火炬,开启了一程又一程的学术攀登。

第三,热情与冷静的交融。对时代的祈盼、对学术的浓情、对法理的冲动、对友谊的真诚,烘托出一种热情满溢的氛围,铺开了一幅走向现代、走向世界、走向未来的学术画卷。与此同时,对历史的反思、对理论的批判、对议题的争鸣、对自我的剖析交织成一股冷静深沉的力量,滴落成一片回归本土、回归科学、回归实践的学术乡愁。热情是思想涌出现实、学术冲破藩篱、理念超越现象的一个符号,标刻出中国法学家昂扬向上的斗志和果敢;冷静是意识规制杂多、思维把握认知、理性沉淀经验的一个镜头,抓取了中国法学家自省自觉的理智和厚积。热情与冷静的交融,是老中青三代法学家跨越30年薪火相传的学术品格,也是古今中西不同思潮构建法学共同体的学术努力,更是会议"开放、自由、多元、求真"之学术规范的最佳注释。

第四,内容与形式的统一。过去、现在、未来的理论关怀,与法律、法治、法理的会议单元设计,交相辉映;古今、中外、虚实的思想维度,与东西南北、五湖四海众多法学院所、新闻媒体、技术公司的参与,比肩合奏;叙述、论辩、比较的学术路径,与务实、争鸣、进取的会风会貌,互为表里;会议的内容和形式达至了高度统一。

第五,历史与逻辑的合题。正像与会专家所总结的那样,在改革东风的激荡下,法学经历了恢复、重建到繁荣的历史阶段,法学走过了苏联专制、西方依赖到中国共识的理论模式,法学摸索出一条从"站起来""富起来"到"强起来"的发展轨迹,法学在时空的延展中书写下自身的成长传记。用哲学的术语描述,即是法学从自在到自为再到自在自为,法学扬弃了自身、发展了自身又批判了自身,法学从意识形态到基本范畴再到法理体系,法学在抽象的推进中演绎出自身的辩证逻辑。因而,这次会议的召开不是偶然的巧合,也不是人为的结局,而是一次历史与逻辑的合题。

第六,思想与修辞的默契。会议引发的权利本位与义务(社会)本位、权利之利益论与意志论、法学理论与法治实践、法理学与法律学、法理本体论与方法论、法学命运与时代挑战的争论等,激起一次次思想碰撞的浪花。会议论及的范畴与法理、理论与实践、西方与本土、传统与现代、世界与中国、科技与法学等主题,擘画出一片片思想升华的场域，会议碰触的新范畴、新法理、新科技、新方法、新实践等，迸发出一串串法学新思想、新观念。与之相配，字字珠玑的论文、立意新颖的论点、法理泛在的发言，喷薄着思想翻新的亮点；讯飞系统频频跳动的字符、画外音娓娓道来的陈词、摄影师精挑细选的照片，勾勒着思想交汇的画面；《共产党宣言》170年、《世界人权宣言》70周年、改革开放40年、法学基本范畴研讨会30年，渲染着思想生成的幕景。可以说，思想与修辞的默契合作将会议推至了高潮，隽永的思想与清丽的修辞深藏于会议的每一个环节，感染着与会者的每一颗心灵，譬喻着会议的每一个关键词。当历史的焦距拉得更长，这场会议所蕴涵的意义便更深远。它以法理作为法学共同体的共识和依托，是将学科的碎片化、理论的空洞化、学术的细微化置于反思的框架之下，重新审视中国法学新时代的机遇和挑战而最终得出的结论。这一结论不是独断的教条，毋宁是面向未来的一种方法，与会者对法理中国的素描将伴随着法治中国的实践越来越清晰。学术中的中国、理论中的中国、哲学社会科学中的中国，浓缩成“法理中国”的独特表达，在这次会议的浇灌下破土而出。我们相信，在中国特色社会主义进入新时代的伟大历史航程中，这次会议也将具有里程碑式的意义，标记着中国法学以充分的信心、坚定的步伐迈向新时代，它将成为新时代中国法学积聚力量的基点，成为新时代思想中国不可或缺的美丽印痕。

附录二

出席嘉宾简介

（以姓名拼音为序）

蔡宏伟

法学博士，吉林大学法学院讲师。主要研究方向为法理学、美国实用主义法学。代表性论文有《“许霆案”与中国法律的形式主义困境——兼论波斯纳的法律活动理论》《试论当代中国的“部门法哲学”概念》《正当防卫理论中的国家和个人》等。

蔡立东

法学博士，吉林大学法学院院长、教授，中国法学会法学教育研究会副会长、网络与信息法学研究会副会长，吉林省法学会副会长。在民法总论、物权法、公司法等领域有深入研究。代表性论著有《公司自治论》《行政审批与权利转让合同的效力》《团体法制的中国逻辑》《农地三权分置的法实现》等。

曹险峰

法学博士，吉林大学法学院副院长、教授，吉林省婚姻家庭法研究会副会长兼秘书长。在侵权责任法与人格权法领域有一定造诣。代表性论著有《侵权责任法总则的解释论研究》《人格、人格权与中国民法典》《论我国侵权责任法的侵权构成模式》《数人侵权的体系构成——对侵权责任法第8条至第12条的解释》《在权利与法益之间——对侵权行为客体的解读》等。

陈柏峰

社会学博士，中南财经政法大学法学院副院长、教授。主要研究领域为法理学、法律社会学、农村社会学。出版学术专著《传媒监督的法治》《乡村江湖》《乡村司法》等。

陈翠玉

法学博士，西南政法大学副教授。研究兴趣为法律史、法理学。代表性著作主要有《牟宗三对自由民主的接纳与批判》《古典自然法学派财产权建构的两条路径及其启示》《跨界合作：国家法与习惯法的关系图景》《清朝宗教事务法律治理的历史智慧及当下镜鉴》等。

陈景辉

法学博士，中国人民大学法学院教授。主要研究兴趣为法理论与法哲学。代表性论著有《法律的界限》《实践理由与法律推理》等。

陈林林

法学博士，浙江工商大学特聘教授、法学院院长，浙江省法理法史研究会会长、国家司法文明协同创新中心研究员。研究领域为法理学、法治原理、法律方法与司法决策。著（译）有《裁判的进路与方法》《法律方法比较研究》《法律与道德》《司法决策的心理学》《威权式法治》等。

陈云良

管理学博士，中南大学法学院院长、教授，中国法学会理事、中国卫生法学会学术委员会主任。在法理学、经济法学、卫生法学等领域造诣精深。代表性论著有《儒家伦理与法治精神》《法的模糊性之探析》《转轨经济法学：西方范式与中国现实之抉择》《基本医疗服务法制化研究》等。

杜宴林

法学博士，教育部人文社会科学重点研究基地·吉林大学理论法学研究中心主任、教授，吉林大学法学院副院长，兼任中国法学会法理学研究会理事、中国法学会董必武法学思想（中国特色社会主义法治理论）研究会常务理事、吉林省法理学研究会会长。在法理学、司法学等领域有较深的造诣。代表性论著有《法律人文主义解释》《司法公正与同理心正义》《后现代方法与法学研究范式的转向》《论法学研究的中国问题意识》等。

丰 霏

法学博士，南京师范大学法学院副教授、中国法治现代化研究院研究员。研究领域涉及法理学、法学交叉学科与法律激励理论等。代表性论著有《如何发现法理》《从立法技术到治理理念——中国语境下法律激励理论的转向》《法律激励的理想形态》《法律制度的激励功能研究》等。

付子堂

法学博士，西南政法大学校长、教授，中国法学会常务理事、学术委员会委员、法理学研究会副会长、法学教育研究会副会长，教育部高等学校法学类专业教学指导委员会副主任委员。在法理学、法社会学、马克思主义法律思想史等领域有精深造诣。代表性论著有《法律功能论》《马克思主义法律思想研究》《法治理想国》等。

高 巍

法学博士，云南大学法学院院长、教授，中国犯罪学会理事、中国法学教育研究会常务理事，云南省法学会副会长。在刑法学、法学教育等领域有深入研究。代表性论著有《贩卖毒品罪研究》《经济刑法要论》《中国禁毒三十年——以刑事规制为主线》《盗窃罪基本问题研究》等。

高其才

法学博士，清华大学法学院教授，中国法学会法理学研究会常务理事、中国农业经济法研究会副会长。在法理学、法人类学、习惯法等领域有精深研究。代表性论著有《法理学》《中国习惯法论》《乡土法学探索——高其才自选集》等。

葛洪义

法学博士，浙江大学光华法学院特聘教授，中国法学会法理学研究会副会长，教育部高等学校法学类专业教学指导委员会委员。在法理学、法律方法论、地方法制等领域有精深研究。代表性论著有《法律与理性——法的现代性问题解读》《法与实践理性》《法律方法讲义》等。

公丕祥

法学博士，南京师范大学教授，中国法治现代化研究院院长，中国法学会学术委员会委员、法理学研究会副会长、法学教育研究会副会长。在马克思主义法律思想、马克思主义法学中国化、法治现代化、区域法治等领域有精深造诣。代表性论著有《马克思法哲学思想述论》《法制现代化的理论逻辑》《大变革时代的中国法治现代化》《全球化与中国法制现代化》等。

郭　栋

浙江大学光华法学院博士研究生。主要研究领域为法理学、法社会学。代表性论著有《从共谋走向共治:中国基层治理法治化的困境与路径》《人民美好生活的法哲学内涵》等。

郭　晔

法学博士,浙江大学光华法学院博士后。主要研究领域为法哲学、法理学、马克思主义法学。代表性论著有《寻求一个智力拼图的真相——康德报应主义新解》《兼容并蓄 打开法理学学问新境界》《法律原理的历史脉络》(英文)《追寻和感悟中国法学的历史逻辑》等。

郭　忠

法学博士,西南政法大学教授。主要研究领域为法学理论、法律与道德理论等。代表性论著有《法律生长的精神土壤》《法律秩序和道德秩序的相互转化》《看不见的正义:幽冥文化中的法观念》《法理和情理》《法律如何保卫良知》等。

何志鹏

法学博士,吉林大学法学院副院长、教授,中国国际法学会常务理事、中国人权研究会常务理事。主要研究领域是国际法、人权理论、法学教育等。代表性论著有《国际法治的中国表达》《国际法哲学导论》《国际法治论》《国际法的中国理论》等。

胡兴建

法学博士,西南政法大学行政法学院、监察法学院副院长,副教授。主要从事法律思想史、马克思主义法律思想、法社会学等研究领域。代表性论著有《立法者的远航:卢梭政治哲学研究》,《马克思主义人权理论与中国实践》(合著),《卢梭的政治哲学》(第一译者),《孟德斯鸠的自由主义政治哲学》(第一译者)等。

胡玉鸿

法学博士，苏州大学王健法学院院长、教授，在法理学、法学方法论、行政诉讼法学等领域有广泛而深入的研究，且有创造性见解。代表性著作有《法学流派的人学之维》《法学方法论导论》《司法公正的理论根基》《个人的法哲学叙述》《人的尊严的法律属性辨析》等。

季卫东

上海交通大学人文社科资深教授、凯原法学院讲席教授，中国法学会法学教育研究会副会长。在法理学、法律社会学、比较法等领域造诣精深。代表性论著有《法治秩序的建构》《现代中国的法制变迁》《法律程序的意义——对中国法律程序的另一种思考》等。

江秋伟

浙江大学光华法学院博士研究生，主要集中于法哲学、司法学、法律解释等研究领域。发表论文有《中国地方司法权的内在逻辑》《论中国法治的进程及其评估》《法官的错案归责——以法官的体制角色为视角》。

姜　涛

法学博士，南京师范大学法学院副院长，教授，江苏省廉政法制研究会副会长，江苏省港澳台法律研究会副会长。主要从事刑法学、法理学研究。代表性论著有《劳动刑法制度研究》《宽严相济刑事政策实施的基本原理》《走向知识化的法学理论》。

焦宝乾

法学博士，浙江大学光华法学院教授、浙江大学法理研究中心副主任、《浙大法律评论》主编，兼任“2011 计划”司法文明协同创新中心研究员、中国法学会董必武法学思想（中国特色社会主义法治理论）研究会理事。代表性论著有《法律论证导论》《法律论证：思维与方法》《法的发现与证立》《逻辑与修辞：一对法学研究范式的中西考察》等。

李　淳

法学硕士，国浩律师事务所创始合伙人、执行合伙人、首席合伙人，深圳市律师协会第五届、第六届会长，广东省律师协会第八届副会长，中华全国律师协会律师发展战略委员会副主任。在合同法、公司法、金融法、产权法等领域进行过深入研究，曾参与一系列重大的立法和司法解释工作。

李　放

吉林大学法学院教授，全国杰出资深法学家。在法哲学、法理学、比较法学、经济法学、国际法学等领域有精深造诣。代表性论著有《法学原理》《简明经济法》等。

李　林

中国社会科学院学部委员，中国法学会副会长、学术委员会副主任、法理学研究会常务副会长、网络与信息法学研究会会长。在法理学、宪法学、人权理论、比较法等领域有精深造诣。代表性论著有《立法机关比较研究》《坚持和发展中国特色社会主义法治理论》《人权理论与对策研究》等。

李建华

法学博士，吉林大学法学院教授、民法典研究所所长、《当代法学》杂志社常务副主编。中国法学会民法学研究会常务理事、法学期刊研究会常务理事、国家知识产局专家库专家。在民法总论、物权法、知识产权法等领域有深入研究。代表性论著有《民法现代性与制度现代化》《善意转让合同的立法解析与逻辑证成》《权利本位文化反思与我国民法典编纂》《深入研究民法典制定中几个问题》等。

李仕春

法学博士，教授，中国法学会研究部主任、中国法学会学术委员会秘书长，研究兴趣为法治理论、司法制度、程序法、民事诉讼法等。代表性论著包括《程序安定论》《诉讼欺诈及其法律控制》《案例指导制度的另一条思路》等。

李拥军

法学博士，吉林大学法学院教授，中国法理学研究会理事、全国外国法制史研究会理事，吉林省法治文化建设研究会常务副会长。研究方向为法理学、法律文化学、司法学。代表性论著有《“亲亲相隐”与“大义灭亲”的博弈：亲属豁免权的中国面相》《司法改革中的体制性冲突及其解决路径》《“孝”的法治难题及其理论破解》《当代中国法律对亲属的调整：文本与实践的背反与统合》等。

刘红臻

法学博士，吉林大学法学院副教授，吉林大学理论法学研究中心副主任。主要研究领域为法理学、人权理论与制度，经济法学。代表性论著有《中国特色社会主义法学理论体系的形成过程及其基本标志》《人权的制度表达》《基因权利研究》《司法何以堪当人权保障的重任》《经济法基石范畴论纲》等。

刘作翔

法学博士，上海师范大学光启学者特聘教授、法治与人权研究所所长，中国法学会法理学研究会副会长、法治文化研究会副会长，中国社会学会法律社会学专业委员会副会长。在法理学、法律文化学、立法学、法学基本范畴研究等领域发表了一系列高水平论著，在学术界有广泛影响。代表性作品有《法律文化理论》《权利冲突：案例、理论与解决机制》等。

马新福

吉林大学法学院教授。在法理学、法律社会学、立法学等领域有精深研究。代表性论著有《法社会学原理》《立法论》《新时期中国法理学的发展与反思》等。

马新彦

法学博士，吉林大学法学院教授，中国法学会民法学研究会副会长，吉林省民法学研究会会长。在法理学、民法学、罗马法等领域有广泛而精深的研究。代表论著有《美国财产法与判例研究》《典权制度弊端的的法理思考》《现代私法上的信赖法则》《罗马法所有权理论的当代发展》等。

马长山

哲学博士，《华东政法大学学报》主编、教授，中国法学会法理学研究会常务理事。在法理学、法社会学等领域有精深的探索与研究。代表性论著有《国家、市民社会与法治》《法治进程中的“民间治理”》《公共领域兴起与法治变革》《智能互联网时代的法律变革》等。

苗　炎

法学博士，吉林大学法学院副教授，《法制与社会发展》副主编。研究领域为法理学、司法学。代表性论文有《哈特法律规范性理论研究》《全国人大常委会立法政策反思——以立法修改背景下的司法解释为例的分析》《司法民主：完善人民陪审员制度的价值依归》等。

彭诚信

法学博士，上海交通大学凯原法学院教授，中国法学会民法学研究会常务理事。对民法学原理、物权法、侵权法、合同法等有浓厚的研究兴趣。代表性论著有《现代权利理论研究》《论禁止权利滥用原则的法律适用》《从法律原则到个案规范——阿列克西原则理论的民法应用》《善意取得合同效力的立法解析与逻辑证成》《我国物权变动理论的立法选择》(上、下)等。

齐海滨

法学硕士，华中师范大学教授。在西方法哲学、法社会学等领域研究广泛。代表性论著有《简述伊斯兰法的特点》《法系刍议》《论法律社会学的意义与研究框架》(合著)《系统论方法在法学研究中的应用及其局限——兼论法学方法论问题》(合著)《北大三题》《法律哲学》(译著)等。

钱继磊

法学博士，济南大学政法学院副教授，中国法学会法理学研究会理事、法学教育研究会理事。研究旨趣为法理学、法文化学等。代表性论著有《迈向法理时代的中国法学》《全球化：人权及其保障的陷阱》《对改革开放以来中国社会法研究的实证研究》《试论易经与先秦法家思想的渊源关系》等。

瞿郑龙

法学博士，苏州大学王健法学院讲师。主要研究方向为法理学、法律政治学、宪法学。目前研究领域为现代中国的法治与政治、权利与权力问题。代表性论著有《现代中国法制的政治逻辑》等。

任喜荣

法学博士，吉林大学法学院副院长、教授，中国法学会宪法学研究会常务理事，吉林省法学会宪法学研究会副会长。在宪法理论、比较宪法学等领域有深入研究。代表性论著有《地方人大监督权论》《刑官的世界：中国法律人职业化的历史透视》《理解宪法基本价值的五个维度——重塑依宪治国的观念基础》等。

沈国明

法学硕士,上海交通大学凯原法学院讲座教授、中国法学会学术委员会委员、法理学研究会副会长。在法理学、法学史、地方法治等领域颇有造诣。代表性论著有《渐进的法治》《人权:虚幻与现实》《土地使用权研究》等。

石少侠

法学博士,国家检察官学院教授、学术委员会主任,教育部法学学科教学指导委员会委员,中国法学会商法学研究会副会长、法学教育研究会学术委员会主任。在经济法、商法、检察制度等领域有许多创新性研究。代表性论著有《公司法》《经济法新论》《商法思考的印记》《检察权要论》等。

舒国滢

法学硕士,中国政法大学法学院教授、法学院教授委员会主席,中国法学会法理学研究会副会长。在法理学、西方法哲学、罗马法学、法学方法论等领域有精深造诣。代表性论著有《在法律的边缘》《法哲学沉思录》《中国法学之问题——中国法律知识谱系的梳理》等。

宋方青

法学博士,厦门大学法学院院长、教授,中国法学会立法学研究会副会长、法理学研究会副会长、法学教育研究会常务理事,福建省法理学研究会会长。在法理学、立法学、软法研究等领域造诣精深、影响广泛。代表性论著有《立法与和谐社会——以人为本的理论基础及其制度化研究》《论中国经济特区立法的新格局》《立法法理学探析》《论立法公平之程序构建》《中国近代法律教育探析》等。

宋尧玺

法学博士,广州大学人权研究院助理研究员,中国法学会立法学研究会理事。主要研究领域为法理学、立法学。代表性论著有《公民权的疆界》《论我国公众有序参与立法的模式与实现路径》《政教分离的比较视野——以近代法德美三国为中心》《亚洲能否诞生团结的话语》等。

孙　莉

法学硕士,苏州大学王健法学院教授,中国法学会立法学研究会常务理事、法理学研究会理事。在法理学、立法学、法律程序等领域有许多创新性研究。代表性论著有《德治与法治正当性分析》《德治及其传统之于中国法治进境》《关于改革与法的内在精神的若干思考》《程序·程序研究与法治》等。

孙佑海

法学博士，天津大学法学院院长，中国法学会环境法学研究会副会长，中国环境科学学会常务理事。在环境资源法、审判理论、立法学等领域有诸多创新性研究成果。代表性论著有《生态法学与生态德学》《战略环境影响评价创新研究》《循环经济法制保障机制研究》。

孙育玮

法学硕士，上海师范大学哲学与法政学院教授。在法理学、法律文化学、都市法治文化等领域有系统而深入的研究，并有诸多创新性观点。代表性论著有《走向法治的法理思考》《对法律意识内容结构的再认识》《都市法治文化与市民法律素质研究》《“法制”与“法治”概念再分析》《关于“中国法的现代性”问题探讨》等。

汪习根

法学博士，武汉大学法学院教授，中国法学会法理学研究会副会长。在法理学、司法学、人权及人权法等领域造诣精深。代表性论著有《法治社会的基本人权——发展权法律制度研究》《论法治中国的科学含义》《公法法治论——公、私法定位的反思》《发展权法理探析》等。

王红霞

管理学博士，中南大学法学院院长助理、副教授，主要从事转型法治、经济法、信息与网络法等方面的科研和教学。兼任《中国法治实施报告》副主编、《经济法论丛》副主编，中国法学会经济法学研究会理事、网络与信息法学研究会理事等职。代表性论著有《论法律实施的一般特性与基本原则》等。

王凌皞

法学博士，浙江大学光华法学院副教授，浙江省法理学会秘书长。研究领域为法哲学。代表性论著有《儒家美德法理学论纲》《孟子人性发展观及其法理意义》《西方元伦理学视野中的儒家“正名”学说》等。

王奇才

法学博士，上海师范大学哲学与法政学院副教授，吉林大学全面依法治国研究中心研究员，教育部社会科学委员会法学学部秘书，中国高等教育学会中外合作办学研究分会学术委员会委员，金杜学院学术委员会委员。主要从事法理学、法律全球化和教育法制研究。主要成果有《法治与全球治理——一种关于全球治理规范性模式的思考》《法谚与法理》《法理学教材的新时代定位》《论司法承包责任制》等。

王伟国

法学博士，中国法学会法治研究所副所长、党内法规研究中心主任。在党内法规、司法制度、侵权法、食品安全法治等领域有诸多深入而独创的研究。代表性论著有《最高人民法院民商事类司法解释研究》《国家治理视角下党内法规研究的基础概念辨析》等。

王子正

法学博士，东北财经大学法学院教授、理论法学教学部主任，中国法学会立法学研究会常务理事、法理学研究会理事，辽宁省法理学研究会副会长。在法理学、地方法制、经济法等领域有深入研究。代表性作品有《市场经济法论》《和谐社会的法理思考》《论司法行政及其改革》等。

谢　郁

法学博士，浙江大学光华法学院博士后，浙江大学中国地方治理与法治发展研究中心研究员。研究方向为法理学、地方法治原理、生育权及生育保障制度等。代表性作品有《法律与社会关系的四种命题》《中国计划生育制度变迁中的实践与规范冲突研究》等。

谢鸿飞

法学博士，中国社会科学院法学所民法室主任、研究员，中国法学会民法学研究会副会长。在民商法、比较法、法律社会学等方面有精深研究。代表性论著有《合同法学的新发展》《法律与历史：体系化法史学与法律历史社会学》《民法典与特别民法关系的建构》《追寻历史的“活法”》等。

信春鹰

中共十九届中央委员，十届、十一届、十二届、十三届全国人大常委会委员，全国人大常委会副秘书长、机关党组副书记。曾任中国社会科学院法学研究所党委书记、代所长。在法理学、宪法学、立法学、人权法等领域进行了开拓性的研究，发表了一系列影响广泛的学术论著。代表作有《法学理论的几个基本问题》《尊重和保障人权，实现社会全面进步》《正义是社会制度的首要价值》《全球化与多元法律文化》《妇女与法律》等。

熊文聪

法学博士，中央民族大学法学院副教授，中国知识产权法学研究会理事，最高人民法院知识产权案例指导研究（北京）基地专家咨询委员会专家。主要研究领域是知识产权法、反垄断法、民法和法学基础理论。代表性论著有《事实与价值二分：知识产权法的逻辑与修辞》《“商标个案审查原则”的误读与澄清》《作品“独创性”概念的法经济分析》《知识产权权利冲突：命题的反思与检讨》《司法裁量中的价值取舍与修辞技艺》《后现代主义视角下的著作权的正当性及其边界》等。

徐显明

法学博士，全国人大常委会委员、全国人大监察和司法委员会副主任委员，中国法学会副会长、法理学研究会会长，教育部高等学校法学学科教学指导委员会主任委员，国家教材委员会专家委员会委员，教育部社会科学委员会法学学部委员。在法理学、法律史、人权法、东亚法等领域有精深造诣。代表性论著有《公民权利义务通论》《国际人权法》《法理学原理》《人权的体系与分类》《论“法治”构成要件》等。

严存生

西北政法大学教授，中国法学会法理学研究会顾问。在法理学、法律本体论、法律价值论、西方法律思想史等领域有精深造诣。代表性论著有《法理学》《西方法律思想史》《法的“一体”和“多元”》《法的价值问题研究》《西方法哲学问题史研究》《法治的观念与体制》等。

杨　贝

法学博士，对外经济贸易大学副教授。主要研究领域为法哲学、法律论证、司法判决说理等。代表性论文有《民主与法治的修辞学诉求》《法律的隐喻：表征还是真谛?》《论判决理由与判决原因的分离》等。

杨春福

哲学博士,河海大学法学院院长、教授、博士生导师,中国法学会法理学研究会常务理事、立法学研究会常务理事。主要研究法理学、人权法学。代表性论著有《权利法哲学研究导论》《论法律的对象与对象化的法律》《制度、法律与公民权利之保障——走向法治之路》《保障公民权利——中国法治化进程的价值取向》等。

杨清望

法学博士,中南大学法学院副教授、中国法学会立法学研究会理事、中国法治文化研究会理事、湖南省法理学研究会秘书长。在法理学、司法学、立法学、文化法学等领域颇有研究。代表性论文有《农地征收中权力侵蚀的法律规制——以湖南省H市"地方政府—被征地农民"的博弈为例》《司法权中央事权化:法理内涵与政法语境的混同》《公共服务的"意义"探析与内容重构》《论法律服从的产生机制及实现途径》等。

杨振斌

工学硕士、研究员,吉林大学党委书记,中共十九大代表,全国政协委员。曾任清华大学党委副书记、教育部思想政治工作司司长、厦门大学党委书记。

杨宗科

法学博士,西北政法大学校长,中国法学会立法学研究会副会长、法理学研究会常务理事,陕西省法学会副会长。在法理学、立法学等领域有系统而深入的研究。代表性著作有《法律机制论——法哲学与法社会学研究》《法律的成立:社会与国家》《创新社会管理的立法体制》等。

姚建宗

法学博士,吉林大学法学院教授、沈阳师范大学教授,中国法学会学术委员会委员、法理学研究会副会长,教育部高等学校法学类专业教学指导委员会副主任委员。在法理学、法律政治学、法律与发展等领域有精深造诣。代表性论著有《法律与发展研究导论》《法治的生态环境》《信仰:法治的精神意蕴》《法学研究及其思维方式的思想变革》《中国语境中的法律实践概念》等。

尹奎杰

法学博士，东北师范大学政法学院院长、教授，中国法学会法理学研究会理事，中国人权研究会常务理事。主要研究领域为法理学。代表性论著有《权利正当性观念的实践理性批判》《马克思权利观研究》《权利思维方式研究》《权利发展研究》等。

尤陈俊

法学博士，中国人民大学法学院副教授，基础法学教研中心副主任，《法学家》副主编，中国法律与历史国际学会执行委员兼秘书长，中国法律史学会理事，中国法学会比较法学研究会理事，中国社会学会法律社会学专业委员会理事。主要研究领域为法律社会学、中国法律史、法学学术史和法学研究方法论。出版专著有《法律知识的文字传播：明清日用类书与社会日常生活》《历史社会法学：中国的实践法史与法理》《司法、政治与社会：中国大陆的经验研究》《从诉讼档案出发：中国的法律、社会与文化》等。

於兴中

法学博士，美国康奈尔大学法学院讲席教授，西北政法大学特聘教授，杭州师范大学法学院特聘教授。在法理学、比较法哲学、法治文明等领域学贯中西，具有广泛的国际影响。代表性论著有《法治与文明秩序》《法理学检读》《法学中的现代与后现代》《作为法律文明秩序的“法治”》等。

张　镭

法学博士，南京师范大学法学院副教授、理论法学教研室主任，中国法律史学会西方法律思想史研究会理事。研究领域主要是法理学、习惯法与基层治理、民国司法等。代表性论著有《习惯与法律——两种规则体系及其关系研究》《法学流派与司法方法》（合著）等。

张保生

法学博士，中国政法大学教授，证据科学教育部重点实验室主任，国家司法文明协同创新中心联席主任，中国法学会审判理论研究会常务理事，国际证据科学学会副主席。在法理学、证据科学、人工智能法治等领域有精深造诣。代表性论著有《法律推理的理论与方法》《证据法学》《人工智能法律系统的法理学思考》《事实、证据与事实认定》等。

张恒山

法学博士，中共中央党校一级教授。在法学基本范畴、人权理论、依法执政等研究领域造诣精深。代表性著作有《义务先定论》《法理要论》《依法执政：中国共产党执政方式研究》等。

张乃根

法学博士，复旦大学法学院教授、复旦大学知识产权研究中心主任，中国国际法学会常务理事、中国国际经济法学会常务理事、中国高校知识产权研究会学术委员会副主任、中国法学会国际经济法研究会副会长。在西方法哲学、国际法、知识产权等领域有深厚的学术造诣。其代表论著有《西方法哲学史纲》《国际法原理》《国际贸易的知识产权法》《克隆人：法律与社会》等。

张文显

哲学博士，吉林大学哲学社会科学资深教授，浙江大学文科资深教授、法理研究中心主任，中国法学会副会长、学术委员会主任，国务院学位委员会法学学科评议组召集人，教育部社会科学委员会法学学部召集人，中央马克思主义理论研究和建设工程咨询委员会委员，国家教材委员会委员。在法理学、马克思主义法学、法学教育等领域有精深造诣。代表性论著有《法哲学范畴研究》《法哲学通论》《中国步入法治社会的必由之路》《法理：法理学的中心主题和法学的共同关注》《治国理政的法治理念和法治思维》《法治与国家治理现代化》等。

章安邦

法学博士，浙江工商大学法学院法学理论系主任、讲师。目前主要从事法理学、司法理论、法律社会学等方面研究。代表性论著有《司法权地方化问题的形成与治理》《“监管中心主义”语境下的社区矫正权责失衡问题》。

赵　骏

法律博士，浙江大学光华法学院副院长、教授，中国国际法学会常务理事，中国国际经济法学会理事。研究领域是国际经济法、国际公法。代表性论著有《全球治理视野下的国际法治与国内法治》、*Developed Countries' Cap and Trade Border Measures: China's Possible Reactions* 等。

赵　勇

法学博士，西南财经大学法学院副教授。主要研究领域为法理学、司法理论、民族地区法治发展。代表性论著有《诱惑侦查中的若干问题》等。

郑成良

法学博士，上海交通大学人文社科资深教授、凯原法学院讲席教授，中国法学会学术委员会委员、法理学研究会副会长，教育部社会科学委员会法学学部委员。在法理学、法学方法论、司法学等领域造诣精深。代表性论著有《法律之内的正义》《司法推理与法官思维》《权利本位说》《论法治理念与法律思维》等。

郑智航

法学博士，山东大学法学院院长助理、教授，山东大学人权研究中心副主任，中国法学会法理学研究会副秘书长。研究方向为法理学、司法学和人权法学。代表性论著有《法律内在逻辑的基调演变》《适当生活水准权研究》《乡村司法与国家治理》《网络社会法律治理与技术治理的二元共治》等。

周江洪

法学博士，浙江大学光华法学院常务副院长、教授，中国法学会民法学研究会常务理事、法学教育研究会理事，浙江省法学会副会长。在民法学领域有深入研究。代表性论著有《服务合同研究》《风险负担规则与合同解除》《委托合同任意解除的损害赔偿》《区分所有建筑物的灾后重建》等。

周尚君

法学博士，西南政法大学行政法学院教授，中国法学会法理学研究会常务理事。主要从事法社会学、地方治理、法学观念史的研究。代表性论著有《法学观念史论稿》《地方法治竞争范式及其制度约束》《党管政法：党与政法关系的演进》等。

朱　振

法学博士，吉林大学法学院教授，吉林大学全面依法治国研究中心副主任、《法制与社会发展》副主编。主要从事西方法哲学、权利理论和司法理论的研究，代表性论著有《法律的权威性：基于实践哲学的研究》《共同善权利观的力度与限度》等。

朱景文

中国人民大学法学院教授、法律与全球化研究中心主任，中国法学会法理学研究会副会长、立法学研究会常务副会长，国际法律哲学和社会哲学协会中国分会副会长。在法理学、比较法、立法学、法律社会学、法治评估等领域有精深造诣。代表性论著有《比较法总论》《现代西方法社会学》《跨越国境的思考：法理学讲演录》《中国特色社会主义法律体系：结构、特色和趋势》等。

编　后　记

本书是2018年7月20～21日在长春召开的“法学范畴与法理研究”学术研讨会的全实录，记载了这场法学思想盛宴的点点滴滴。取名为“思想与修辞”，乃是这场会议策划者的心意：思想为时代之精粹，修辞彰学术之情怀，二者水乳交融以表中国法学之意境。

本书的内容首先得益于应邀出席研讨会的百余位学者专家，是他们的思想火花让这本书熠熠生辉，感谢他们堪称经典的智识贡献。同时，也要感谢会议主办方吉林大学法学院、吉林大学全面依法治国研究中心、浙江大学法理研究中心、吉林大学理论法学研究中心、《法制与社会发展》杂志社、《当代法学》杂志社，是他们的同心协作、共同努力、精致安排让这场会议充满开放、自由、多元、求真的气氛，也使这本书思想昂扬、逻辑自然。感谢会议秘书处朱振、苗炎、丰霏、瞿郑龙、徐清、郭栋、孙立军、杨雪、吕欣、谷鑫贺等成员，是他们高效的会务组织工作保障了研讨会的顺利举办。

在本书的编写过程中，讯飞听见公司提供了较高质量和效率的速录稿件。浙江大学博士后彭巍参与了实录稿的分类和部分实录稿的初步梳理，浙江大学博士生郭栋对部分速录稿件进行了必要的纠错和整理，吉林大学韩烜尧、吕品一、刘畅、韩晗、范秋忱、耿思远等同学做了辅助工作。本书的出版凝结着他们的辛劳和汗水，向他们的辛勤工作和无私付出表示感谢。为了增强本书的可读性和真实性，中国法学会孙立军处长主动承担起摄像工作，并从4000余张照片中精心挑选近百张供出版使用，向他的精彩创作和奉献精神致以最诚挚的敬意和感谢。此外，中国政法大学博士生徐婧、硕士生周俊康参与了本书清样的校对工作，向她（他）们出色的文字工作和一丝不苟的作风致以由衷谢意。

本书的出版，离不开法律出版社领导的关怀，离不开教育分社社长丁小宣同志的大力支持，离不开责任编辑陈慧的优质工作，在此向他（她）们致敬并致谢。

以实录方式原汁原味地展示研讨会的全貌，是“法理研究行动计划”的一个新的创意，它不仅体现了对全体主持人、报告人、评议人的崇高敬意和由衷谢意，而且具有深远的学术史意义。本书中所有报告人和发言人的实录均由本人审定后发表,主持人与评议人的实录则先后经副主编、主编修正审定。

在研讨会筹备过程中,会议的主要策划者提出,本次研讨会的主题词是“纪念”“深化”“对接”。而几天下来,会议远远超越了这三个关键词的初衷、内涵和境界。本实录恰记载了这次研讨会在纪念中反思和远望、在深化中提升与构建、在对接中拓展并创新的生动过程和丰硕成果。

本次研讨会是在推进法治中国、构建法理中国的新时代进程中召开的。会议期间,会上会下,会内会外,时时处处洋溢着“法理泛在”的新思维、新思潮、新话语。“法理泛在”不仅是一种思想,也不仅是单纯的修辞,而是中国法治实践逻辑、历史逻辑、理论逻辑展开的自然结果,是中国法学和法理在这个伟大时代创制“法治文明”新的“精神表达”,是法学范畴对中国改革开放40年和新时代实践、制度、理论、文化不断发展的“心意流露”,是价值与理性 、“合目的性与合规律性”在法学领域的深度融合,也是建设法律中国、法治中国、法理中国的积极作为和万众期许。“千江有水千江月,万里无云万里天”,当“法理”泛在“中国”,新时代中华“法治文明”也就庶几近之了!“净月通禅寂,之江沁理深”,中国法治从“无”到“有”、从“虚”到“实”、从“形”到“体”的建设之路上,所有生于这个伟大时代的法学、法律工作者和每一个社会主体都心心相印、心潮澎湃!

本次研讨会和这本思想实录是我们“在路上”的一个标尺,希望它能够引导并照亮未来的路!

张文显　王奇才　郭　晔

二〇一八年八月二十八日